CORPORATE PERSONALITY DENIAL CASE
ESSENCE OF JUDGMENT AND
CASE HANDLING GUIDANCE

公司人格否认案件

裁判精要与办案指导

王春生　张　文 / 著

法律出版社
LAW PRESS · CHINA
北京

图书在版编目(CIP)数据

公司人格否认案件裁判精要与办案指导 / 王春生，张文著. -- 北京 : 法律出版社, 2024(2024.8 重印)
ISBN 978-7-5197-8928-2

Ⅰ. ①公… Ⅱ. ①王… ②张… Ⅲ. ①公司法-法人-人格-审判-案例-中国 Ⅳ. ①D922.291.915

中国国家版本馆 CIP 数据核字(2024)第052593号

公司人格否认案件裁判精要与办案指导
GONGSI RENGE FOUREN ANJIAN CAIPAN JINGYAO YU BAN'AN ZHIDAO

王春生　张　文　著

策划编辑 田亚飞
责任编辑 田亚飞
装帧设计 鲍龙卉

出版发行 法律出版社
编辑统筹 法律出版社
责任校对 王　丰
责任印制 胡晓雅
经　　销 新华书店

开本 710毫米×1000毫米 1/16
印张 22.5　字数 353千
版本 2024年4月第1版
印次 2024年8月第2次印刷
印刷 北京新生代彩印制版有限公司

地址:北京市丰台区莲花池西里7号(100073)
网址:www.lawpress.com.cn
投稿邮箱:info@lawpress.com.cn
举报盗版邮箱:jbwq@lawpress.com.cn
销售电话:010-83938349
客服电话:010-83938350
咨询电话:010-63939796

书号:ISBN 978-7-5197-8928-2　定价:88.00元

序　言

公司作为现代企业的基本组织形式,是最重要、最具活力的市场主体,无疑对近现代生产力迅猛发展产生了巨大的推动作用,而公司法人独立地位和股东有限责任则是构建现代公司制度的重要基石。

公司作为企业法人,有独立的法人财产,享有法人财产权,其独立责任表现为公司以其全部财产对公司的债务承担责任。股东的有限责任体现为,有限责任公司的股东以其认缴的出资额为限对公司承担责任;股份有限公司的股东以其认购的股份为限对公司承担责任。现代公司独立法人制度的维护离不开公司人格否认制度的补充,两者在公司法中应具有十分重要的地位。

公司人格否认被美国的司法判例最早确认为一项重要的法律制度,在不同的国家有不同的名称。在美国叫"刺破公司面纱",在英国其相应概念为"揭开公司面纱",而在德国则被称为"直索责任"或"穿透责任"。公司人格否认的法理基础在于,股东以对公司的出资义务为限承担有限责任,是股东与债权人之间的一种风险分配机制,本身对于债权人来说就存在交易风险,而如果公司股东滥用权利逃避债务,必然会使债权人面临更大风险,而允许否认公司法人人格,则是对债权人权益的保护,体现了公平正义。2005 年我国《公司法》全面修订时增加了公司人格否认制度,此后历次修正过程中均未削减该制度的影响力,其重要意义不言而喻。但我国的立法和司法对公司人格否认制度的认识和重视程度仍然不够。在立法上,2005 年修订《公司法》时仅有第 20 条第 3 款抽象地规定了公司人格否认规则,但无法给法官提供裁判方法上的指导,也不足以应对复杂多样的人格混同情形,以至于有些类型的人格否认案件无法可依。在司法实践中,一方面,一些案例机械地适用法条,以缺乏法律规定为由驳回人格否认诉讼请求的案件不在少数;另一方面,还存在滥用制度的倾向,忽视制度适用要件的论证,裁判说理不充分。因此,公司法人格否认案件息诉服判率很低。

我国对有关公司的各种制度包括公司人格否认制度的学术研究十分丰富,为该制度的完善和发展提供了有力的理论支撑。由四川发现律师事务所王春生和张文两位律师完成的《公司人格否认案件裁判精要与办案指导》,是一本研究公司人格否认诉讼司法实践的实务性著作。作者检索了我国近 10 年来的 500 件公司人格否认案件作为研究对象(详见附表一),从不同维度进行分析,为读者呈现了一幅较为全面的公司人格否认诉讼的司法画像,有利于读者了解该类诉讼的运行现状,同时也揭示了该制度在立法上和司法实践中存在的问题,如不同法官的裁判理由存在较大差异,关于举证责任的分配尚未达成统一看法,人格否认适用出现扩大化的趋势,等等。本书几乎涉及公司人格否认诉讼的全部实务问题,不仅逐一分析了公司人格否认诉讼的构成要件,还设专章讨论了特殊类型的公司人格否认案件,诸如一人公司人格否认、关联公司人格否认、实际控制人人格否认等。

此外,值《企业破产法》修改之际,作者对公司人格否认制度与破产法相关的问题给予了一定的关注,如衡平居次原则、实质合并破产等重要制度的立法滞后问题。关于这些问题,需要指出的是,裁判尺度的细微差异虽然在所难免,裁判标准的混乱却是应当避免的。本书还有值得推荐的地方是,作者针对不同的实务问题,选取了有代表性的案例,进行批判性分析。为了防止片面截取裁判观点、断章取义、误读法官的裁判思路,案例研究必须吃透案件事实,准确理解相关法律以及相关司法解释,才能更好地评价判决结果,为此,作者做出了艰辛的努力,进行了大胆的尝试。

统一裁判观点、坚持同案同判,是人民法院一以贯之的司法原则。2020 年最高人民法院发布了《关于统一法律适用加强类案检索的指导意见(试行)》,

共提出13条意见，指导类案检索工作。本书作者专注于公司人格否认纠纷的类案检索，整理并聚焦于丰富而典型的类案裁判观点，对统一公司人格否认案件的裁判标准、完善相关立法，具有积极意义。

（原成都市中级人民法院院长，
现四川省政协社会法制委员会副主任、
四川省法学会副会长、
四川省法学会破产法学研究会会长）
2023年9月22日

常用法律文件简称表

全　称	简　称
《最高人民法院关于民事执行中变更、追加当事人若干问题的规定》 (2016年8月29日最高人民法院审判委员会第1691次会议通过,2020年12月23日修正)	《变更、追加规定》
《中华人民共和国公司法》 (1993年12月29日第八届全国人民代表大会常务委员会第五次会议通过, 1999年12月25日第一次修正, 2004年8月28日第二次修正,2005年10月27日第一次修订,自2006年1月1日起施行)	《公司法》(2005年)
《中华人民共和国公司法》 (1993年12月29日第八届全国人民代表大会常务委员会第五次会议通过, 1999年12月25日第一次修正, 2004年8月28日第二次修正,2005年10月27日第一次修订, 2013年12月28日第三次修正,自2014年3月1日起施行)	《公司法》(2013年)
《中华人民共和国公司法》 (1993年12月29日第八届全国人民代表大会常务委员会第五次会议通过, 1999年12月25日第一次修正, 2004年8月28日第二次修正,2005年10月27日第一次修订, 2013年12月28日第三次修正,2018年10月26日第四次修正,自2018年10月26日起施行)	《公司法》(2018年)

续表

全　称	简　称
《中华人民共和国公司法》 (1993年12月29日第八届全国人民代表大会常务委员会第五次会议通过,1999年12月25日第一次修正,2004年8月28日第二次修正,2005年10月27日第一次修订,2013年12月28日第三次修正,2018年10月26日第四次修正,2023年12月29日第二次修订,自2024年7月1日起施行)	《公司法》(2023年)
《中华人民共和国公司法(修订草案)》(三次审议稿) (2023年9月1日中国人大网公布)	《公司法三审稿》
《最高人民法院关于适用〈中华人民共和国公司法〉若干问题的规定(二)》 (2008年5月5日最高人民法院审判委员会第1447次会议通过,2014年2月17日第一次修正,2020年12月23日第二次修正,自2021年1月1日起施行)	《公司法司法解释(二)》
《最高人民法院关于适用〈中华人民共和国公司法〉若干问题的规定(三)》 (2010年12月6日最高人民法院审判委员会第1504次会议通过,2014年2月17日第一次修正,2020年12月23日第二次修正,自2021年1月1日起施行)	《公司法司法解释(三)》
《中华人民共和国合同法》 (1999年3月15日第九届全国人民代表大会第二次会议通过,自1999年10月1日起施行,后被《民法典》取代)	《合同法》
《全国法院民商事审判工作会议纪要》 (2019年9月11日最高人民法院审判委员会民事行政专业委员会第319次会议通过)	《九民纪要》
《中华人民共和国民法典》 (2020年5月28日第十三届全国人民代表大会第三次会议通过,自2021年1月1日起施行)	《民法典》
《中华人民共和国民法通则》 (1986年4月12日第六届全国人民代表大会第四次会议通过,2009年8月27日修正,后被《民法典》取代)	《民法通则》
《中华人民共和国民法总则》 (2017年3月15日第十二届全国人民代表大会第五次会议通过,自2017年10月1日起施行,后被《民法典》取代)	《民法总则》

续表

全　称	简　称
《中华人民共和国民事诉讼法》 (1991年4月9日第七届全国人民代表大会第四次会议通过,2007年10月28日第一次修正,2012年8月31日第二次修正,2017年6月27日第三次修正,2021年12月24日第四次修正,2023年9月1日第五次修正,自2024年1月1日起施行)	《民事诉讼法》
《最高人民法院关于适用〈中华人民共和国民事诉讼法〉的解释》 (2014年12月18日最高人民法院审判委员会第1636次会议通过,2020年12月23日第一次修正,2022年3月22日第二次修正,自2022年4月10日起施行)	《民事诉讼法司法解释》
《最高人民法院关于民事诉讼证据的若干规定》 (2001年12月6日最高人民法院审判委员会第1201次会议通过,2019年10月14日修正,自2020年5月1日起施行)	《民事诉讼证据规定》
《中华人民共和国企业破产法》 (2006年8月27日第十届全国人民代表大会常务委员会第二十三次会议通过,自2007年6月1日起施行)	《破产法》
《最高人民法院关于适用〈中华人民共和国企业破产法〉若干问题的规定(一)》 (2011年8月29日最高人民法院审判委员会第1527次会议通过,自2011年9月26日起施行)	《破产法司法解释(一)》
《最高人民法院关于适用〈中华人民共和国企业破产法〉若干问题的规定(二)》 (2013年7月29日最高人民法院审判委员会第1586次会议通过,2020年12月23日修正,自2021年1月1日起施行)	《破产法司法解释(二)》
《全国法院破产审判工作会议纪要》 (2017年12月25日最高人民法院在广东省深圳市召开的全国法院破产审判工作会议通过)	《破产纪要》
《最高人民法院关于审理与企业改制相关的民事纠纷案件若干问题的规定》 (2002年12月3日最高人民法院审判委员会第1259次会议通过,2020年12月23日修正)	《企业改制规定》

续表

全　称	简　称
《最高人民法院关于债权人对人员下落不明或者财产状况不清的债务人申请破产清算案件如何处理的批复》 (2008 年 8 月 4 日最高人民法院审判委员会第 1450 次会议通过)	《人员下落不明破产案件的批复》
《中华人民共和国证券法》 (1998 年 12 月 29 日第九届全国人民代表大会常务委员会第六次会议通过,2004 年 8 月 28 日第一次修正,2005 年 10 月 27 日第一次修订,2013 年 6 月 29 日第二次修正,2014 年 8 月 31 日第三次修正,2019 年 12 月 28 日第二次修订,自 2020 年 3 月 1 日起施行)	《证券法》

注:本表按照法律法规简称的拼音首字母顺序排列。

目 录

绪　论

公司人格否认的价值不仅是在个案中实现法人人格否认,保护债权人利益,更重要的功能是维护公司独立法人人格和股东有限责任。它源于英美判例法,经过大陆法系的传承与发扬,在当代公司法中具有无可比拟的地位。在学术上,公司人格否认制度一直是学者们的研究重点,成果丰硕。但在立法和司法实践中,公司人格否认制度仍有欠缺。公司人格否认诉讼现已成为公认的疑难、复杂案件。笔者结合研究成果与实务经验,得出以下几点原因。

一、立法规定简单,无法应对复杂的案件事实。我国公司人格否认制度确立于《公司法》(2005 年)第 20 条第 3 款,只是笼统地规定了公司与股东之间的人格否认。对关联公司人格否认之诉,最高人民法院则通过 15 号指导案例(徐工集团工程机械股份有限公司诉成都川交工贸有限责任公司等买卖合同纠纷案)确立了裁判规则,但一直等到 2023 年才被正式写入《公司法》。实际控制人能否成为公司人格否认制度的适用主体,从理论上来说,是可以的,但因缺乏明确的法律规定,有些法官不愿意判,甚至不敢判。《民法典》只规定了营利法人的人格否认制度,那么非营利法人和特别法人能否适用该制度?还有,与股东人格混同的公司进入破产程序后,股东财产能否被视为公司的破产财产?目前还没有统一的裁判观点。国外已经很成熟的股东债权衡平居次原则,在我国还没被立法正式采纳。

二、个别立法规定不当，裁判结果不一致。《公司法司法解释（二）》规定公司清算义务人因怠于履行清算义务要承担连带责任，最高人民法院也曾通过9号指导案例（上海存亮贸易有限公司诉蒋某某、王某某等买卖合同纠纷案）予以释明，在一段时间内，不当地扩大了股东的连带责任范畴，愈演愈烈，成为公司法中争议最大的问题之一。根据2019年《全国法院民商事审判工作会议纪要》的规定，9号指导案例被废除。2023年修订《公司法》时调整了公司清算义务人的连带责任（见第232条）。

三、举证责任重，查明案件事实难度大。公司人格否认是一种例外情形，非常态。只有在债权人充分证明股东滥用公司独立地位，严重损害了公司债权人利益，且在无其他救济途径时，法官才会考虑适用该制度。所以这类纠纷需要债权人大量举证，例如股东与公司人格混同，就要设法从财产混同、业务混同、人员混同等方面去证明，不仅要证明混同的持续时间长，还要证明其行为的后果严重，等等。尤其是证明财产混同，债权人往往要依赖向法院申请调查取证，从多方面调取相关证据，案件事实无疑会更加复杂。在英美法系，公司人格否认制度通过判例法建立的原因也正是如此。在我国，公司人格否认制度的一些具体裁判规则、举证责任等，通过指导案例，会议纪要等方式予以确立，也是很好的选择。

四、法官认知的差异。法律的适用，离不开法律解释。例如，何为一人公司？最高人民法院在一起案例中把夫妻公司解释成一人公司，受到广泛关注。实践中，既有支持夫妻公司为一人公司，也有不支持的。再如资本显著不足能否成为法人人格否认的事由？有的法院认为，“以小博大”是正常的商业风险，但根据《九民纪要》的规定，股东利用较少资本从事超出能力范围的经营，表明其没有从事公司经营的诚意。法官认知的差异是公司人格否认诉讼裁判观点不统一的主要原因之一。

为了全面揭示公司人格否认制度的实际运行情况，我们花费了大量时间和精力，从裁判文书网和阿尔法（Alpha）案例检索系统中，有针对性地检索了上千份裁判文书，详细分析了公司人格否认诉讼的构成要件和实践现状。经过实证分析，我们有一些新发现，如近年来法官越来越谨慎地选择“刺破公司面纱”；在注册资本认缴制下，对不实际缴纳出资的公司，法官也会以资本显著不足为由

“刺破公司面纱”;关于原告债权人举证责任,法官倾向于认定当原告举证达到合理怀疑程度时,举证责任转移给被告承担;等等。本书还专门总结了特殊的人格否认案件中常见的争议焦点,如一人公司股东的举证责任,关联公司人格混同的多种表现,实际控制人的认定等问题。关于公司人格否认制度在破产程序中的衔接问题,目前虽处于立法空白的状态,但不意味着法官束手无策,相关裁判的合理性值得评判与斟酌。

写作本书的初衷是,通过大量的实证案例分析,把公司人格否认诉讼的“疑难杂症”尽可能“一本打尽”,给法官、律师同行办理同类案件提供参考与指引。但挂一漏万,不周之处在所难免,期待大家对我国公司人格否认制度给予更多的关注与思考。

CHAPTER 01

第 一 章

公司独立人格与公司人格否认

公司独立法人资格和股东有限责任是现代公司法人制度的基石。公司独立法人资格的确立有赖于公司在意思表示、财产归属、责任承担三个方面与股东保持独立,股东有限责任则建立在分离原则之上。公司人格否认是为制止股东滥用公司独立法人地位,损害公司债权人利益而设计的,有严苛的适用条件,它不是对公司独立法人制度的否认,而是为了更好地维护公司独立法人制度。

第一节　公司独立法人资格与股东有限责任

一、公司独立法人资格的形成过程

公司出现的原动力是私人对财富的追求,商品经济是公司诞生的土壤。公司起源最早可追溯至罗马法时期。罗马法没有“法人”概念,也未对公司的法律地位及其财产性质作出界定,但有两个原则赋予了营利性团体的独立法律人格:第一,团体的权利义务与成员、职员的权利义务是有区别的;第二,团体通过其代表人实施法律行为。[①] 五大法学家之一

---

① 参见蔡立东:《公司制度生长的历史逻辑》,载《当代法学》2004 年第 6 期。

的乌尔比安(Domitius Ulpianus)在解释团体时说:团体独立的性质,虽然由于它的成员组成全部更换,也不影响其独立存在。[①] 这即是强调了团体相较于其成员的独立性。罗马法虽然未主动推动公司的形成和发展,但却承认团体的独立人格,为公司的产生和发展提供了空间。

欧洲中世纪因商品经济和海外贸易的兴起,为吸收社会资金和分散风险,商人之间联合经营成为必要,主要形成行会(guilds of merchants)、索塞特(societas)及康孟达(commonda)三种商业形式。行会一般是指工匠及商人们为了共同利益及成员保护而自愿组织的并由成员承担会费的组织。除服从行会的章程之外,行会的每一个成员以自己的财产独立从事贸易,独立承担责任。索塞特是一种契约性质的普通合伙,每个合伙人对合伙债务承担无限连带责任。而在康孟达中,不仅有承担无限连带责任的普通合伙人,同时还有以投资为限承担有限责任的有限合伙人。这些联合贸易组织具有独立于其成员的人格,具有相对独立的组织、意志和利益,可以被视为以营利为目的的商业公司。

首先以"公司"命名的组织是由西方的商业冒险家在海外贸易中采用的。这种公司区别于以往商业社团的主要特点是:主动通过受领皇家特许状或者经国会法令特准成为法人社团。早在14世纪,皇家特许状就授予此种公司以优先权,但到16世纪随着海外贸易和殖民拓展,才变得普遍起来。这种最早类型的公司被称为管制公司(regulated company),保留了行会的基本制度,各个成员用自己的资产,为自己的利益经营,每个成员的债务与公司、公司其他成员完全分离,团体化的程度并不充分。公司的主要职能在于为成员取得贸易的独占权,为公司取得对特定地域的管理权。后来国家也逐渐认识到了商人在增强国家实力上的重要作用,于是特许制便应运而生。得到特许后,公司在殖民地具有行政职能,事实上分享政府的权力,同时承担政府的相应义务。从16世纪开始,海外贸易公司普遍为政府负担了殖民地的防卫、行政开支。特许管理公司以其自身名义享有法律所赋予的特权,被视为具有法人人格的主体,但其责任的形态仍不独立,不仅要依靠会员的会费,而且同样要依靠费用摊派的手段补充开销甚至弥补亏损。

直至16世纪后期,合股(joint-stock)形态为众多特许公司所采取,各个成

---

① 参见江平主编:《法人制度论》,中国政法大学出版社1994年版,第7页。

员间以联合存货继而联合账号并最终以联合股份的方式统一经营。此时特许状中有关法人人格的内容不断丰富,内容涉及公司名称、共同印章、目的、拥有财产、诉与被诉以及永久存续等。① 但是公司合股经营后其成员所承担的责任与中世纪没有区别,其成员的责任始终处于不限定状态,公司不具备完全的独立责任能力。

资产阶级革命后,自由平等的政治主张和自由放任的经济思想促使人们通过各种手段来限定投资可能带来的不可预测的责任。19 世纪初期的美国各州,在脱离英国殖民统治获得自行特许公司组建的权力后,在对诸如公路、桥梁、运河等公益性事业的公司特许状中,普遍赋予股东以有限责任。至 19 世纪中期前后,随着制造企业的繁荣发展,美国各州普遍采取自由注册并普遍赋予公司成员以有限责任的保护。为顺应发展需要,英国在 1855 年颁布了《有限责任法》,该法明确规定具备法定条件的公司一经注册完成股东即只负有限责任,责任的限度为股东所持股份的名义价值,并要求"有限"字样须在公司名称中反映出来。后续经德、日等国的立法,公司法人制度不断发展完善,公司作为独立的法人,能够独立地承担责任,股东除缴纳出资或股款之外无须负担任何责任——这意味着完整意义上的公司独立法人制度的确立。

二、公司独立法人资格的确立基础

公司独立法人资格的确立意味着公司作为一个独立的权利义务主体而存在。从公司独立法人资格确立的历史来看,有赖于公司在财产、意思及责任方面脱离其股东而独立。

(一)独立意思

公司作为一个典型的组织,其独立意思是依法律和公司章程规定的程序而生成的一种集合意思,既不同于股东的个人意思,也不是各股东个人意思的简单相加,而是经过相关程序的"过滤",在各股东个人意思基础上提炼出的一种独立意思。

理论上,典型的公司内部治理结构是三会并立的形式,即股东会、董事会和监事会。股东会是公司的最高权力机关,也是公司独立意思的形成机关。它由

---

① See Gower, *Gower's Principle of Modern Company Law*, 6th edition, Sweet & Maxwell, 1997, p. 21.

全体股东通过股东会决议的方式形成公司意思。股东会采取“资本多数决”的表决方式形成决议，体现了经济民主，使股东会形成的公司意思具有不同于股东个人意思的秉性。董事会是公司的执行机关，也是公司意思的对外表示机关，它对公司的独立意思能否真实地表达于外起着重要作用。董事会成员由股东会选举产生，其组成人员不限于股东，董事会表决采取“人头多数决”的方式，这就为单个股东把持公司意思表达设置了障碍。监事会是公司的监督机关，其行使监督权的结果会使公司意思在执行过程中得到贯彻落实。股东会、董事会、监事会三者相互协调、相互制约，确保公司独立意思的形成与维持。

（二）独立财产

公司拥有独立财产是公司作为独立法人人格而区别于其他非法人团体的主要标志之一。随着公司财产权利结构的不断调整，公司财产才逐渐与公司成员的财产完全分离而形成公司独立财产。根据经济学家哈罗德·德姆塞茨（Harold Demsetz）关于公司权利结构的三次修正的理论，公司财产最终获得独立主要经历了三个逻辑阶段。[①] 第一次修正使股东自愿将自己投入公司的财产管理权交给了专门的管理者，以便克服每个股东直接决策的高成本，发挥公司的规模效应；第二次修正赋予股东有限责任的特权，使股东不必过虑投资风险而慷慨解囊；第三次修正允许股东自由转让其股份或者出资，使股东无须花费很高的成本去考察公司的经营状况而安心地投资，并可以通过股份或者出资的转让而变相地抽回其股本。公司的财产与其股东的财产相分离而独立存在，尽管这些财产最初来自股东的出资，但一旦股东将这部分财产投入公司之后，股东对这些财产即丧失了所有权，而获得了相应的股权；公司则取得了对股东出资形成的财产的所有权，这些财产成为公司的独立财产，成为公司进行经营活动的物质基础。

但是，公司财产与股东个人具有一种天然联系，公司的股东可能会基于所有权偏好，不愿放弃对其出资财产的控制权和支配权。尤其对于规模较小的公司而言，极易出现公司资本制度和财务制度运作不规范的情形，这样一来股东财产与公司财产混同是非常容易出现的。对此，法律作出了某些回应，如要求公司章程中必须明定公司资本的数额，股东向公司出资时必须经过第三方的验

---

① 参见朱慈蕴：《公司法人格否认法理研究》，法律出版社 1998 年版，第 48 页。

资审查,再如各国公司法都要求公司建立财会制度,这都是从制度上保证公司财产与股东财产的分离,以保证公司财产相对于股东财产的独立性。

(三)独立责任

公司应当以其全部财产独立承担责任,这是由责任自负的一般原则决定的,也是公司独立法人的应有之义。在此需要说明的一点是,尽管"股份有限公司"和"有限责任公司"的名称中均含有"有限"字样,但公司的独立责任却属于无限责任的范畴。根据传统的民法理论,无限责任是指债务人以其全部财产对其债务承担责任,而有限责任是指债务人对其债务在一定限额内承担责任。公司是以其全部财产对外承担责任的,并未限定公司在一定金额内的财产来承担责任,因而是一种无限责任。而人们通常所说的有限责任实际上是对股东而言的,即股东以其出资额为限承担责任。

独立意思、独立财产及独立责任这三大要素是公司独立主体资格赖以存在的基础。当公司以独立的主体身份参与经济活动,按照不同于其股东的独立意思采取经济行为时,其应以公司的独立财产承担独立责任,而公司的股东则可依据有限责任原则享受有限责任的庇佑。反之,如果公司的意思被股东左右,乃至公司的财产仍处于股东的直接支配控制之下,那么股东的有限责任原则也将失去原有的基础,此时法律将考虑刺破公司的面纱,让公司背后的股东直接对公司的债务负责。

三、股东有限责任原则

公司拥有独立的法律人格,以其财产独立承担责任,并不意味着股东无须对公司的债务承担清偿责任。股东是否对公司债务承担责任,取决于法律是否规定其承担有限责任,与公司是否具备法人资格无关。股东有限责任意味着股东仅以其出资额为限对公司债务承担责任,公司债权人无权对股东就公司的对外债务进行追索。

根据公平价值原则的要求,取得有限责任的股东必须遵守两个分离原则。一是坚持股东财产与公司财产分离原则。根据公司独立资格制度的安排,股东将其资产投入公司,并以其对该财产的所有权换取了对公司的股权之后,公司就拥有了独立财产并须承担独立责任,而股东同时获得了有限责任的保护。这样可以保证公司财产的独立完整而不被股东随意抽回,有利于保护债权人的利益。二是坚持股东所有权和公司经营权分离原则。股东不得任意干预公司的经营管理,即使行使股东权利也必须严格按照公司法规定的程序进行,由此保证股东不是公司的另一个自我或者代理人并使债权人形成此种确信,从而隔断股东与债权人之间的直接联系,保证交易的安全。

在公司股东承担有限责任的前提下,公司责任与股东责任完全分离,使公司独立责任体现得更为彻底和充分,公司的独立法人资格也因为公司责任的纯粹性独立而获得其完整性。正因如此,公司只有发展到股份有限公司和有限责任公司时,公司法人人格独立才得以真正实现。

四、对公司法人制度的评价

公司独立法人资格和股东有限责任共同构成现代公司法人制度的根本。从经济的角度讲,首先,公司法人制度有利于聚集社会资本。公司可通过发行股份的方式,将大量的、分散的社会资本聚集在一起,组成公司永久的独立财产,去从事任何单个资本都难以实现的经济目标。另外,公司股份具有很强的流通性,股东可随时转让自己的股本,保证了公司财产的永久性存续。其次,公司法人制度有利于发展大规模经营。尤其是股份公司,既可以吸收大量资本,又可分散投资风险,且以最小的成本将生产的各种要素和各种资源有效地组合起来,产生巨大的规模效应。还可以通过参股或者控股,不仅推动着比自身资本大几倍或者几百倍的资本,而且把分散的小企业组合成大公司集团,发挥着规模经济的效益。再次,公司法人制度有利于提高管理效率。公司所有权与经营权分离,将公司经营管理权交给职业经理人负责,有助于公司内部形成科学的管理体系,克服股东分散、素质不齐、协调成本高的缺陷。加之有限责任的保护,股东也不必时刻紧盯公司经营状况,监控经理的行为,相反股份可自由转让,股东行使"用脚投票"的权利,也会激励有效管理。最后,公司法人制度还可促进投资多元化且分散投资风险。无限责任会使股东对每一种投资都小心翼翼,若投资不当,很可能倾家荡产,而有限责任只会促进股东进行多样化的投资,即便某一种投资失败,最多只是损失这一部分财产,不会波及全部财产。

从法律角度讲,公司法人制度以市场经济条件下投资利益和风险如何合理地在股东和债权人之间分配为标准,追求实现公平价值目标。出资人利用公司形式从事经营,实际上是利用股东有限责任的屏障,将股东与公司的债权人分离,公司的股东不必为公司的债务或者不法行为承担责任。虽然公司对外独立承担责任的财产是由股东投入的,但是股东仅以其出资额为限对公司负责,并不对公司的债权人直接负责。公司将其运营所获收益在股东中予以分配,公司最终解散清算时,依法清偿所有债务后的剩余财产在股东中予以分配。所以,公司的独立人格是公司以自己名义对外开展业务活动,用其独立财产承担责任,切断公司股东与公司债权人之间联系,避免股东受到债权人的直接追索。

公司法人制度的积极作用有目共睹,与此同时其外部风险也令人担忧。以美国的莱德斯(Landers)为代表的市场保护不足派认为,市场只有在有关投资本质、债务人能否履行其契约义务、债务人的财务状况等信息是完整的时候,才能准确地确定债务的价格。因而,在信息不完整的情形下,利息率并不总能反映实际风险。换言之,只有在有效性市场假说(eticient market hy-pothesis)是正确的情况下,才可能准确地确定债务的价格。不仅如此,必要的利息率反映的仅是债权人所能了解到的风险,这一风险的任何不可预测的变化都会使债权人预计的利息率低于实际的利息率,这就可能将债务人举债的成本转由债权人负担。由于投资人、管理者与公司、债权人、产品消费者之间存在不对称信息,公司行为存在机会主义倾向,这种倾向产生了较为严重的外部性,如在一些情况下,作为债务人的公司所提供的利息率会小于债权人所承担的风险,这样公司便将其举债的成本外化给外部的债权人。①

亨利·汉斯曼(Henry Hansmann)和莱尼尔·克拉克曼(Reinier Kraakman)认为,有限责任制由于允许公司不承担其经营中的所有成本,因此会增强股东涉足过度风险活动的动机,它不是赋予股东的特权,而是对债权人权利的剥夺,它会诱使投资者过度投资于风险过高的事业,当有限公司增加了公司没有足够资产以偿还债权人债务的可能性时,公司股东获得了高风险的公司行为人的利益,但却不承担其相应的风险,会导致利益与风险分配的严重失衡。为解决该问题,他们建议废除有限责任,以无限责任配以股东和发起人购买保险的设计,取代有限责任。②

---

① 参见巢红叶、夏雅丽:《有限责任的诸派纷争综述》,载《西北大学学报(哲学社会科学版)》2006 年第 4 期。

② 参见崔之元:《"看不见的手"范式的悖论》,经济科学出版社 1999 年版,第 28~31 页。

有限责任制度固然存在无法克服的弊端,但仍有其存在的必要。一项制度的出现通常以解决某种利益冲突为目的,然而,换一种新制度又可能带来新的利益冲突。回顾公司法人制度的确立历程,其本质是商人希望降低投资风险,将其以全部身家财产负担无限责任的状态转变为仅以出资额为限对外承担有限责任的变革。这种转变无疑是在减轻投资者的风险责任的同时增加了公司债权人的负担和风险。有限责任制度使得他们丧失了在向公司追偿不足的情况下,再向投资人寻求补充偿还的救济机会,明显与公司债权人的目的和利益不符,使得有限责任制度对公司债权人利益保护存在先天不足。因此,该制度本身就孕育了有缺陷的种子。

还应认识到有限责任制作为一种经实践确定下来的现代公司制的基石,是社会发展和法律进化的结果,是法律政策考量下的产物。虽其存在的外部性无法避免,但可通过其他方式予以限制。如若公司活动规模很大,且具有相当的危险性,可利用保险或者子公司降低其危险。一人有限责任公司(以下简称一人公司)给予股东有限责任后又无法起到促进资本集中的作用,则可在一定程度限制有限责任的使用。

从国外的经验积累和我国的实践结果看,尽管有限责任制度有诸多的缺陷,但它无论对于现代西方经济的发展,还是对我国现代企业制度的建立都功不可没。况且,这些缺陷并非在其他制度下就荡然无存。即便是无限责任,因为极不谨慎的过度投资行为,使公司财产或其股东财产不能偿付其所负债务的事件也常有发生。可见,无限责任未必就能消灭这种对债权人的不公平。因此,有限责任制虽非十全十美,但有其客观存在的价值。

第二节　公司人格否认制度概述

一、公司人格否认的一般理念

公司法人制度是一把“双刃剑”,既保护公司股东利益同时又可能损害债权人的利益。传统的公司法以保护股东利益为核心,虽然规定公司财产独立于股东而存在,股东不得随意抽回或者支配公司财产,但是公司法中关于股东选择管理者的权利、重大决策的权利、请求分配股息的权利、股份自由转让的权利等,都使股东尤其是大股东拥有对公司的实际控制的能力,可能出现滥用公司的独立人格和股东的有限责任。公司法人制度中实际隐藏着一种道德危机,当公司股东在法律约束不足时,股东出资不足、抽逃资金、欺诈债权人、规避法律义务或者逃避契约义务等滥用行为将无法避免。公司虽然取得形式上的主体资格,但是公司实际上是用来欺骗交易相对人的法人外壳,完全违背了设立法人的目的。在这种情况下,控制股东利用公司人格和有限责任从事不当行为,危害交易安全,让债权人的利益和社会公共利益遭受损失。

公司法人制度使股东将自己的风险降至最低限度,将公司的经营风险转嫁给公司债权人。公司债权人无权介入公司的经营管理,缺乏保护自己的有效手段。合同债权人虽然可以事先通过协议限定公司行为或者设定担保,但会增加交易成本。侵权债权人没有机会与公司交往,是股东滥用公司人格和有限责任制度的牺牲品。特别是公司为追求高额利润从事冒险事业时,将风险和损失转嫁给债权人和社会公众,公司一旦亏损或者破产,债权人的债权就会落空。在公司股东滥用公司独立人格致使公司不能清偿其债务的情况下,法院面临的是由债权人承担债权不能实现的损失还是由股东承担公司债务的选择。如果将公司独立人格和股东有限责任绝对化,强调股东在任何情况下对公司债务都不负责任,势必助长控制股东借助公司人格从事各种不法行为,损害公司债权人的利益,破坏社会经济秩序的稳定,而公司法人制度也不能真正发挥作用。

为了平衡股东有限责任与债权人利益、社会公共利益,公司人格否认制度应运而生。该制度起源于20世纪初美国的司法实践,后逐渐发展成为英美法系和大陆法系许多国家和地区所共同认可的公司法人制度的补充原则。关于公司独立人格否认(disregard of the corporate entity or personality),英美法系国家形象地称为“刺破公司面纱”(picrcing the corporation's veil),或者称为“揭开公司面纱”(lifting the veil of the corporation)或者称为“无视公司实体”(disregarding the corporate entity)。“刺破公司面纱”是指在承认公司法人存在的前提下,法院在具体的法律关系中,对控制股东滥用公司独立人格从事各种不当行为,致使公司债权人或者社会公共利益遭受损害的,无视公司的独立人格,否认股东的有限责任,而判令控制股东对公司债权人或者公共利益直接承担责任的一种司法规则。大陆法系称之为公司人格否认或者直索责任，法院以严格责任代替有限责任而判令公司成员对其滥用公司人格的行为直接承担责任。通过剥离徒有人格之名而无人格之实的公司人格，使公司背后的控制股东承担的责任由有限责任变为无限责任。

二、公司人格否认的法理基础

适用公司人格否认的法理依据主要是公平正义原则、诚实信用和禁止权利滥用、公司的社会责任。

（一）公平正义原则

"刺破公司面纱"源于英美法系的判例，并作为衡平法上的司法原则而存在。衡平法（Equity）产生于15世纪的英国，是与普通法相对称的一种法律制度。衡平是法官适用自由裁量权追求个案的公平正义，以弥补法律漏洞的司法救济方式。衡平法是在法院判例基础上形成的，当适用普通法无法救济受损害的当事人的利益时，法官根据公平原则来处理特殊问题。衡平法弥补了普通法过分僵硬的不足。"刺破公司面纱"是衡平法原则的运用，是通过法院判例确立的体现公平正义的原则。

公平正义是法律的最高价值目标，而"刺破公司面纱"是对实践中被扭曲的公平正义的矫正。公司法人制度的基础是有限责任，实际上是股东与债权人之间的一种风险分配机制。有限责任虽然可以分散和减小股东的投资风险，但是并不具有化解或者消除投资风险的功能。有限责任制度将原集中于股东的投资风险的部分，分配给债权人。从制度设计上，这种有利于股东的风险分配机制对债权人来说是不公平的，但是由于其能够通过减小投资者风险而促进社会公众投资，扩大公司规模，促进社会财富的增长，从而促进社会发展。如果公司股东滥用公司独立人格必然使公司债权人面临更为严重的风险，进而危及市场经济的交易安全和交易秩序。因此，"刺破公司面纱"是公平正义的法律价值在公司法领域的具体体现。

（二）诚实信用和禁止权利滥用原则

诚实信用原则是民法中的"帝王条款"。在公司法中，诚实信用原则可以平衡股东之间，股东和公司之间以及公司和外部第三人的利益关系，要求股东通过公司谋取自身利益最大化的同时,不得滥用公司独立人格地位,损害其他股东和公司的利益,不得损害外部债权人和社会公共利益。股东有限责任制度实际把投资风险转嫁给了公司外部第三人,因此,我们必须警惕股东将公司作为冒险和获取不正当利益的工具,滥用公司独立人格地位,给他人和社会造成经济损失和侵权损害。例如,股东认缴大量的注册资本金而不打算实缴;通过设立大量的关联公司来转移财产,逃避债务;为牟取暴利以公司名义生产有毒有害的食品危害消费者健康;为降低公司生产成本实施环境污染等。无论是公司违约还是公司侵权,有限责任制度都完全无法弥补债权人的实际损失,反而外化了一部分因股东不当行为导致的损失,这种情形实质破坏了原有利益关系的平衡性,也严重违背了诚信原则和禁止权利滥用原则的宗旨和目标。所以,必须用“刺破公司面纱”对这种情况加以矫正,使债权人等受害人可以与公司背后的股东直接面对,要求其承担无限责任,以弥补自己的损失,从而恢复诚信原则和禁止权利滥用原则的圆满状态。

(三)公司的社会责任

现代公司集团不仅对经济发展产生巨大影响,还对资源配置、环境保护、充分就业、市场繁荣和国家税收等发挥着难以估量的积极作用,而且可以影响乃至左右一个国家的政治结构和社会稳定。因此,公司在现代社会中应当承担一定的社会责任,不能继续坚持公司是为股东获取利益的工具的传统公司法理念。公司除了以维护股东利益为主要目标并对股东负责外,还应维护公司债权人等与公司发生各种联系的其他相关利害群体的利益,承担社会责任。《公司法》(2023年)第20条规定:“公司从事经营活动,应当充分考虑公司职工、消费者等利益相关者的利益以及生态环境保护等社会公共利益,承担社会责任。国家鼓励公司参与社会公益活动,公布社会责任报告。”公司是股东利益、公司债权人利益和社会公共利益等各种利益的集合体。如果股东滥用公司人格和有限责任,将自己的投资风险转嫁到公司外部,就不仅影响公司的合同债权人或者侵权债权人,而且影响着整个社会。因此,公司应当负有社会责任。滥用公司独立人格实际上是违反了公司的社会责任。在这种情况下,公司法人制度不能作为逃避社会责任的屏障,行为人最终应当承担应有的社会责任。

三、各国公司人格否认制度的比较

公司人格否认制度起源于美国,后经英国、德国、日本等国家继承与发展,出现不同的理论学说和适用方法,现已成为各国公司法中的重要制度。

(一)美国的"刺破公司面纱"

在美国公司法上,刺破公司面纱理论主要是在19世纪股东有限责任普遍形成后为了保护公司债权人的利益而设立。美国法院在适用"刺破公司面纱"原则时,表现得十分谨慎,只有在极端的情况下才会适用,否则不会轻易动摇公司独立人格的基本特征。真正创立该制度的案例是1905年"美国政府诉密尔沃基冰箱运输公司案"(United States v. Milwaukee Refrigerator Transit Co.)[①]威斯康星州巡回法院在该案中指出:"就一般规则而言,公司应该被看作法人而具有独立人格,除非有足够的相反的理由出现,然而公司的法人特性如被作为损害公共利益、使非法行为合法化、掩盖欺诈或者包庇犯罪时,法庭会无视公司的独立主体地位,把股东和公司视为联合体。"

在美国的司法实践中,由于"刺破公司面纱"的理由尚不统一,法院考虑的刺破因素也比较复杂,法官为形象表达股东滥用公司独立人格的行为,论证"刺破公司面纱"的正当性,习惯大量使用比喻和形容词予以阐释,例如"另一自我"(alter ego)、"工具"(tool)、"代理人"(agent)、"外壳"(shell)、"傀儡"(puppet、dummy)、"圈套"(snare)等说法。[②] 美国学者曾对这种比喻用语做过统计,竟然有35个之多。[③] 无外乎,美国著名法官卡多佐(Cardozo)形容"刺破公司面纱"的判决理由是"笼罩在隐喻的迷雾中"[④],尽管如此,他们又认为这些判决的实体结果符合法律的公平正义。总体来说,"刺破公司面纱"在美国已发展成为一项成熟的判例法原则,虽然法官在具体案件中刺破公司面纱的理由不尽相同,但经过长期的司法实践经验积累,基本形成了以下几个主要学说。

---

① United States v. Milwaukee Refrigerator Transit Co. 142 F. 247.

② See R. W. Hamilton, *The Law of Corporation*, West Publishing Co. ,1991, p. 82 – 83.

③ See Harry G. Henn & John R. Alexander, *Law of Corporation*, p. 344 foot-note2.

④ Berkey v. Third Avenue Ry. ,244N. Y. 84,94,155N. E. 58,61(1926).

1. 欺诈说(fraud doctrine)。该学说是指在刺破公司面纱案件中股东违反法律法规和公序良俗,滥用公司法人独立人格和有限责任特权欺诈公司债权人。例如在“琼斯诉李普曼案”(Jones v. Lipman)[①]中,一个人签订了出售土地的合同,后又改变主意,为了避免合同的具体履行,他把土地转让给一家自己成立的公司。当然,欺诈必须达到一定程度,给相对人造成严重后果,并且二者之间具有因果关系时,法院才会考虑“刺破公司面纱”。

2. 代理说(agency doctrine)。该学说认为公司的设立、存续和经营完全是依附于控股股东的指令,公司只是以控股股东的代理人身份存在,而实质上丧失了其独立性的一种“外壳公司”,其背后实际控制股东才是“未披露身份的本人”。这种代理关系并不是依据授权代理,只是控制达到相当程度,并使被控制公司的经营达到控制股东经营的目的,即可推导为事实代理。严格来讲,代理说属于与刺破公司面纱同一层面的规则,如果在特定关系中运用代理原则要求控制公司对从属公司的债务承担责任,必须证明从属公司的行为是代表控制公司的,即从属公司是控制公司的代理人,从而控制公司应当为从属公司的行为承担责任。这种责任不是基于公司人格否认的理论,而是民法上的代理理论。

3. 单一企业论,又称企业整体说(enterprise entity doctrine)。该学说认为如果股东成立若干公司经营同一业务,公司事实上是同一企业的不同部门。这些公司以各自独立的形式存在,只是为了使企业整体逃避可能发生的契约责任或者侵权责任,危害正义和公平的实现。此时,法院可以无视各个公司主体的独立性,而将它们视为同一个法律主体来追究企业整体的责任。企业整体说是对公司人格独立原则的彻底否定。典型判例如“美国政府诉达拉斯酒类第4号仓库案”[②],依照案发当时美国各州颁行的行业救济法规规定,一般雇主雇用员工达到8人以上时,须为所有雇用员工提供失业救济基金。本案被告为了逃避失业救济法规规定的义务,虽经营同一事业,但却为此同时设立了4个股份均为其所有,业务均由其操纵但形式上彼此独立的公司,从而使每一公司所雇用的劳工低于失业救济法规规定的人数。州政府于是起诉被告违反了该州的失业

---

① Jones v. Lipman [1962] 1 WLR 832.

② Dallas Liquor Warehouse No. 4 v. State, No. 9723. 213 S. W. 2d 147.

救济法规,审理此案的法官认为被告所组织的四个公司实为一个整体、一个人格,其之所以在形式上设为四个,完全是为了逃避法定的提供失业救济基金的义务,既然被告所设的四个公司实际上为一个独立人格,且四个公司所雇用的劳工总数已超过八人,被告自应为其四个公司所雇用的劳工提供失业救济基金,于是判令被告败诉,否认了四个公司的独立法人资格。

4. 工具说(instrumentality doctrine)。该学说认为当公司成为控制股东的"工具"时,公司的面纱将被揭开,由控制股东对公司债务直接承担责任。当从属公司成为控制公司的工具时,控制公司应对实质上丧失独立人格的从属公司的债务承担责任。工具说的主要标准是过度控制。控制公司过度控制使公司完全丧失其独立的意志和自身的存在,即可认定一公司已沦为另一公司的工具,失去了其独立存在的价值而应否认该公司的人格。援引该学说判案需要满足以下三个要件:第一,要看被告是否属于全面控制,是否在公司的财务、公司决策、商业实践中处于绝对支配地位,公司是否丧失了独立意志;第二,被告公司滥用绝对控制地位进行欺诈,违反了相关法律义务,导致原告的合法权益受到不公正、不正当的侵害;第三,被告的不法行为直接给原告造成伤害或者不公正损失。

上述理论的运用十分复杂,法院在"刺破公司面纱"时,还会采纳其他的一些类似理由。1986 年西弗吉尼亚最高上诉法院仔细搜罗了以往所有的判例,总结归纳列了各家法院在刺破公司面纱时考虑过的 19 个因素:(1)公司资产和股东个人资产混合;(2)将公司的资金或者资产挪作公司外之用(股东个人之用);(3)在公司股票的发行或者认购上不遵循诸如董事会批准等规范的手续;(4)股东个人向公司外的人声明他或者她将对公司的债务或者其他义务承担个人责任;(5)没有保存公司会议记录或者其他重大事件的记录;(6)两个实体的所有者相同;(7)经营管理两个实体的董事和官员相同(一个合伙或者个体企业与一个公司的管理人相同);(8)相对于公司经营所包含的合理风险,所投资本不足;(9)公司没有独立的资产;(10)将公司用作一个"壳"或者"通道"去经营个人或者另一个公司的某个项目或者某一方面的业务;(11)一个人或者一家人拥有全部股份;(12)股东个人和公司共用一个办公室或者经营场所;(13)股东个人和公司雇用相同的雇员或者律师;(14)对公司所有者、管理层和利益相关方的身份进行隐瞒或者虚假陈述,隐瞒股东个人的商事活动,股东不公开自己与公司的联系,在没有充分担保的情况下向公司借债;(15)在关联实体之间不能保持对等关系,缺乏正规的法律手续;(16)将公司实体用作一个“通道”,为另一个人或实体取得劳力、服务和货物;(17)股东或者其他人或者实体以牺牲公司债权人的利益为代价将公司资产挪作他用或者己用,在不同实体之间调拨资产与负债,使得资产集中于这个公司而负债集中于另一个公司;(18)公司与另一人签订合同,目的是利用公司实体规避不履行合同的风险,或者利用公司实体来遮盖非法交易;(19)成立并利用公司来承担另一个人或实体的债务。①

在美国,为防止欺诈和实现衡平,“刺破公司面纱”的规则被广泛地适用于契约、侵权、破产、税收等领域,而不识别不同领域中法律政策或者客体差别,特别是公司的自然状况、组织体系或者交易活动存在一人公司、家族公司、母子公司、关联公司或者集团公司等情形时很容易引起法院的警惕。

(二)英国的“揭开公司面纱”

英国“揭开公司面纱”制度比美国和大陆法系国家发展得较迟,英国的公司人格否认有两种方式:普通法上的人格否认和成文法上的人格否认。在实践中,英国“揭开公司面纱”理论的特色在于以成文法的形式作出规定。② 若没有成文法明确规定和合同明确约定,英国法院通常不愿意“揭开公司面纱”,即便如此,还是有一些规则是通过判例形式确定下来的。

根据英国公司法及相关法律的规定,“揭开公司面纱”的情形主要有:(1)一人成员对公司债务的责任。公司的成员成为一人而继续经营超过6个月的,知道其为唯一的成员的该成员对6个月后的公司的合同债务承担连带责任。该成员只对公司的合法债务负责,对违约或者侵权行为产生的损害赔偿以及其他的法律责任并不负责。而且还以发生合同债务时其为唯一的成员并且知道这种事实为必要,该成员的责任也是无限的。(2)不合格的个人对公司债务的责任。如果公司的一个董事或者有关当事人直接或者间接地管理着该公司,而他是一个未清偿债务的破产者,法院可以剥夺其作为董事的资格,或者认可董事

---

① See Laya v. Erin Homes, Inc., 352 S. E. 2d93, at 98 – 99 (W. Va. 1986). 转引自朱锦清:《公司法学》(修订本),清华大学出版社2019年版,第163页。

② 参见朱慈蕴:《公司法人格否认法理研究》,法律出版社1998年版,第85页。

的职务行为效力，个人对作为董事或有关经营期间产生的公司债务承担责任。债权人既可以直接起诉该个人，也可以同时起诉该个人和公司。(3)欺诈交易。公司终止时，如果发现业已进行的业务有意欺诈它的债权人或者其他人的债权人，或者出于欺诈的目的，法院可以根据清算人的申请，责令有意识实施这种交易的人承担资助财产的责任。

英国法院通过个案的判例确定的"揭开公司面纱"的情形，主要包括：(1)公司的财产以明示或者默示信托的方式由委托人持有，法院往往否定公司的法人人格，承认持有财产的这种信托，尽管在理论上公司仍有权任意处分公司的财产。(2)因征税或者案件的管辖而必须决定公司的住所时，法院有时否定公司的存在，而将实际经营管理或控制的地方作为公司的住所。(3)当公司的设立被作为掩盖欺诈的真实身份的工具时，法院可以否定公司的人格。(4)其他各种法院可能揭开公司面纱的情况，如在犯罪或者准犯罪中的情况。[①]

(三)德国的直索理论

德国适用公司人格否认理论的范围比美国窄，而且非常慎重、严格。德国法院认为，只要能依据相关法律处理问题，则很少"揭开公司面纱"。只有当公司人格被滥用于规避法律、违反契约、侵害社会利益或者其他第三人利益时，才应当否认公司的法人人格。德国的直索理论(durchgriff)发展至今其主要的理论学说有以下三种：[②]

1. 主观滥用学说(subjektive missbrauchslehre)和客观滥用学说(objektive missbrauchslehre)。根据该学说，只有在极少数例外情况下，才可以通过公司法人直接追究股东的清偿责任，如果隐藏在公司背后的股东在主观上故意利用法人损害第三者的利益，或者将法人用于其他非法目的，就属于此种例外情形。后来德国司法界肯定了由主观滥用说到客观滥用说的转变。德国联邦最高法院在多次判决中强调：过分强调股东的主观因素，使得其穿透责任

---

① 参见张晨阳：《比较法视野下的公司人格否认制度及其对我国的启示》，苏州大学2008年硕士学位论文，第9~10页。

② 参见高旭军：《我国公司人格否认制度适用研究——以与德国比较为视角》，法律出版社2014年版，第67~69页。

的适用范围过分“狭窄”,因而在论证股东的穿透责任时不应该考虑股东的主观因素;股东在客观上将法人公司用于非法目的,这已经足以论证穿透责任的合法性。

2. 法规适用学说(normanwendungslehre)或者法规目的说(normzwecktheorie)。该理论认为,法人是由法律制度创造的一种实体,人们一开始就仅仅需要在现行法律规定的、允许法人活动的范围内尊重法人。人们仅需通过解读相关的法律条文及其适用范围,就能解决相应的穿透责任问题。

3. 毁灭公司生存说(existenzvernichtung)。该学说是2001年德国联邦最高法院在一起案件中阐释的一种新学说,根据这一学说,如果股东滥用法人原则,并由此损害了主要用于保护债权人利益的公司资产,而且其侵害行为导致了或加深了公司的破产,股东应该承担“毁灭公司生存责任”。如果股东无视公司资产的法定目的,在没有提供任何补偿的情况下公开地或者秘密地挪用公司资产,而这些资产是公司清偿其债务所必需的,由此而使公司不能清偿其债务或者只能清偿很少一部分债务,这样股东原则上就失去了有限责任保护的权利,就必须对公司债务承担个人的清偿责任;除非股东能够证明:与没有进行上述非法行为时的公司资产状况相比,公司资产仅仅受到有限的损失。

(四)日本的法人格否认

日本学者受美国和德国影响,于1950年开始研究“法人格否认的法理”,但在判例中确认这一法理是在1969年2月27日最高裁判所第一小法庭的判决。该判决认为:“在社团法人中,法人与其组成成员在法律上的人格当然是不一样的,即使在股东只有一人的情况下,也同样是如此。不过,一般而言,法人格的赋予是基于对社会中存在的团体价值进行评价的立法政策,当它作为权利主体而表现时,必须基于法的技术。因此,在法人格已变成徒具形式,或者为规避法律的适用而被滥用时。对法人格的认可,并不符合赋予法人格的本来目的,于是就产生了否定法人格的必要性。”[①]日本学者一般认为,法人人格否认法理在制定法上的根据是《日本民法》第1条第3款,即禁止权利滥用。[②]

---

① 王保树、崔勤之:《中国公司法原理》(第3版),社会科学文献出版社2006年版,第47页。

② 参见刘惠明:《日本公司法上的法人人格否认法理及其应用》,载《环球法律评论》2004年第1期。

在日本的学说和司法实践中，该法理的适用情形可以被分为两大类：一是人格滥用，指的是支配公司的股东为达到违法不当的目的，恶意利用公司法人独立人格制度，以规避法律或逃避合同上的义务的情形。如负有法律或者契约上的竞业禁止义务的人以自己支配的公司而不是以自己的名义从事竞业行为。另一种是人格混同，又称为公司完全形骸化，是指公司与股东的业务、财产整体上持续混同在一起，公司实际上是完全由一个股东控制的公司，公司已变成一个空壳，日本关于法人人格否认法理相关判例中占压倒性多数的正是人格混同。除了由股东或者母公司完全控制之外，资产混同、公司活动的多次重叠、没有遵守公司程式或者公司与个人（母公司）拥有同样的身份标签等因素在判断人格混同时是应当被考虑的。①

上述学说作为公司人格否认制度的理论基础，被世界各国发展并运用，形成了其完整的理论体系。这些理论学说充分显示了公司法人人格否认制度是公司独立人格制度，特别是股东有限责任原则的一种例外和补充。它追求的是效率与公平，维护的是秩序与安全，实现的是经济发展中的平稳与高速，从而禁止一切对公司权利的滥用行为。

四、公司人格否认制度的运用

公司人格否认制度并不会动摇公司独立法人资格的根基，其只有在非常严格的限定条件下才能适用，且在不同情形下其适用是不平衡的。

（一）封闭公司与公众公司

封闭公司（close company）和公众公司（open company）是英美公司法的概念，主要区分是公司股份是否有公开流通市场。封闭公司因股份不易流通，两权分立特征不明显，故人合性更强，更像合伙企业，我国的有限责任公司和未上市的股份有限公司更接近封闭公司；公众公司有公开的股份流通市场，两权分立显著，股东一般不参与公司管理，公众公司在我国对应的是公开上市的股份有限公司。在国外和国内的司法实践中，刺破公司面纱更多地适用于封闭公司，适用于公众公司的情况则罕见。其中的原因也很清楚，即封闭公司的股东多参与公司经营，缺乏外部监督，容易滥用公司独立地位获取不正当利益，相对

① 参见金剑锋：《关联公司法律制度研究》，法律出版社 2016 年版，第 428 ~ 429 页。

而言，公众公司在管理和运作上则比较规范，且更加透明。

(二)母子公司与兄弟(姐妹)公司

母子公司(parent-subsidary company)和兄弟(姐妹)公司(brother-sister company)是容易导致刺破面纱的情形。在司法实践中，法院倾向允许债权人追索母公司的连带责任，这是因为在母子公司中存在的一定程度的统一管理容易形成财产混同和人员混同等，道德风险在母子公司情形下更为严重，且发生在母子公司之间的关联交易也更容易产生欺诈现象。当若干独立公司被同一股东控制，相关公司的独立性可能被否认，将若干独立公司作为单一实体对待，并由其共同承担连带责任，这实际上是企业主体理论的运用。但是，在这种情况下，各兄弟(姐妹)公司的控制股东(个人股东或者公司股东)并不一定会对公司债务承担责任。

(三)积极股东和消极股东

由于股东在公司中的地位不同，在适用刺破面纱时可能对不同的股东给予不同的对待。通常可将公司股东区分为积极股东(active shareholder)和消极股东(inactive shareholder)，积极股东参与公司经营管理，在公司担任具体管理职务；相反，消极股东一般不在公司任职，只是收取股权分红。因刺破面纱主要针对的是滥用公司独立地位的股东，故对积极股东更容易适用刺破面纱并使其对公司债务承担责任，而对消极股东则往往不适用刺破面纱，并使其免于承担债务责任。

(四)自愿交易与非自愿交易

在刺破面纱案件中，可能因自愿交易(consensual transactions)与非自愿交易(nonconsensual transactions)而有所不同。[①] 理论上认为，在自愿交易中，第三人是自愿地与公司进行交易，在这种情况下，债权人在自愿与公司进行交易时，其已经承担了公司不能清偿其债务的风险，故刺破面纱请求很难得到法院的支持。然而在非自愿交易的情况下，由于不存在自愿或者合意的因素，债权人的风险增大。例如，在侵权案件中，受害人因公司的侵权行为而遭受财产或者人身损失，其所受到的侵害总是被动的，不能像合同相对人那样基于对公司状况

① 参见施天涛：《公司法论》(第4版)，法律出版社2018年版，第33页。

的了解而决定与公司签订合同或者发生交易。这只是理论上的分析,实践中还比较复杂,并不是所有的合同相对人都可称之为自愿交易,另外很多合同相对人也并没有能力和条件去了解和调查交易对方的情况。

CHAPTER 02

第 二 章

公司人格否认制度在我国的立法演变

我国公司人格否认制度的立法渊源始于早期关于公司注册资本金的相关行政法规、司法解释中。公司人格否认制度虽然在2005年才被《公司法》正式确立下来，但在此之前的司法实践中，法官运用民法和公司法的基本原则，在个别案例中刺破了公司面纱，为后来立法积累了宝贵的实践经验。

第一节 公司人格否认制度的成文化过程

我国的公司实践开始于20世纪80年代中期，当时的"公司"主要是行政性公司和工厂式公司。行政性公司行使的是政府的管理职能；工厂式公司由企业法调整。在公司理论和立法滞后的情况下，出现大量"皮包公司"，滥用公司形式规避法律、进行欺诈的现象比较普遍。例如，公司资本严重不足，或者抽逃转移注册资本导致公司空壳经营；名为公司，实为自然人独资企业；一笔资金组建多个公司，一个机构运作多个公司，用来转嫁风险，对抗债权人；虚设公司转移资产以逃避债务；母子公司之间互相转移利润或者财产，母公司收缴子公司的全部利润，却让子公司承担母公司的债务等。这些行为严重损害了国家利益、社会公众利益和债权人的利益。20 世纪 80 年代末，国家对公司进行清理整顿，国务院和最高人民法院相继发布了一批有关公司的行政法规和司法解释。

1990 年 12 月 12 日，国务院公布了《关于在清理整顿公司中被撤并公司债权债务清理问题的通知》[①]针对被撤销公司的债权债务的清理事项作出专门规定，坚持有限责任原则，即投资者"在收取资金和实物的限度内""在注册资金范围内"对公司债务承担清偿责任；坚持资本不变和资本维护原则，即"各级机关和单位已向公司投入的资金一律不得抽回"。同时，上述规定也突破了有限责任原则，如公司出资人没有出资或者出资不实，由出资人在申报的注册资本金范围内对公司债务承担清偿责任，出资人侵占、收取公司资产的，在侵占、收取范围内承担清偿公司债务的责任。

20 世纪 90 年代，随着社会主义市场经济制度的逐渐成熟，社会投资热情得到进一步释放，各种性质的企业、公司如雨后春笋般涌现出来。为了维护稳定的经济秩序，防止投机倒把行为，同时考虑到当时立法机关信奉公司资本法定原则等因素，1993 年第一部《公司法》虽制定于并不富裕的年代，但却设立了非常高的公司注册资本门槛，其第 23 条规定："有限责任公司的注册资本为在公司登记机关登记的全体股东实缴的出资额。有限责任公司的注册资本不得少于下列最低限额：(一)以生产经营为主的公司人民币五十万元；(二)以商品批发为主的公司人民币五十万元；(三)以商业零售为主的公司人民币三十万元；(四)科技开发、咨询、服务性公司人民币十万元。特定行业的有限责任公司注册资本最低限额需高于前款所定限额的，由法律、行政法规另行规定。"除此之

① 1990 年 12 月 12 日国务院公布的《关于清理整顿公司中被撤并公司债权债务清理问题的通知》第 3 条规定，各级党政机关及所属编制序列的事业单位，凡是向其开办的公司收取资金或者实物，用于本机关的财务开支或职工福利、奖励、补贴等开支的，应在收取资金和实物的限度内，对公司所欠债务承担责任。第 4 条规定，公司虽经工商行政管理机关登记注册，但实际上没有自有资金，或者实有资金与注册资金不符的(国家另有规定的除外)，由直接批准开办公司的主管部门或者开办公司的申报单位、投资单位在注册资金范围内，对公司债务承担清偿责任。对注册资金提供担保的，在担保资金范围内承担连带责任。第 5 条规定，注册资金是国家授予企业法人经营管理的财产或者企业法人自有财产的货币体现。各级机关和单位已向公司投入的资金一律不得抽回。公司的主管部门或开办单位如有抽逃、转移资金，隐匿财产逃避债务的，应将抽逃、转移的资金和隐匿的财产全部退回，偿还公司所欠债务。如有剩余的，凡是党政机关投资的，一律作为国有资产，由直接投资单位收回；属于集体企业投资的，应退回原投资单位。

外,1993 年《公司法》还特别强调,股东出资必须由法定验资机构出具验资证明,才符合设立条件。对当时商人来说,开办公司是一件非常困难的事情。不过,我国的社会习惯是"上有政策,下有对策",既然只是公司设立时需要实缴验资,于是实践中流行的做法是,公司设立的资本金来源于临时拆借,等会计师事务所出具了验资报告,骗取了行政机关颁发的公司营业执照后,再将拆借的资本金原路退还,即典型的抽逃出资。按照 1993 年《公司法》第 206 条规定,办理公司登记时虚报注册资本、提交虚假证明文件或者采取其他欺诈手段隐瞒重要事实取得公司登记的,情节严重的,撤销公司登记。所以,那些抽逃出资,没有真实出资的公司,立法是不认可其独立法人地位的。

1994 年 3 月 30 日,最高人民法院公布的《关于企业开办的其他企业被撤销或者歇业后民事责任承担问题的批复》(以下简称《企业民事责任承担问题批复》,已失效)规定了企业开办的其他企业被撤销或者歇业后出资人的民事责任,承袭了 1993 年《公司法》的禁止虚假出资、抽逃出资的严格法定资本制度,就其他企业实际投入的资金与注册资金不符情况下,其他企业还是否具有法人资格,分情况进行了讨论,其第 1 条第 2 项规定:"企业开办的其他企业已经领取了企业法人营业执照,其实际投入的自有资金虽与注册资金不符,但达到了《中华人民共和国企业法人登记管理条例实施细则》第十五条第(七)项或者其他有关法规规定的数额,并且具备了企业法人其他条件的,应当认定其具备法人资格,以其财产独立承担民事责任。但如果该企业被撤销或者歇业后,其财产不足以清偿债务的,开办企业应当在该企业实际投入的自有资金与注册资金差额范围内承担民事责任。"第 1 条第 3 项规定:"企业开办的其他企业虽然领取了企业法人营业执照,但实际没有投入自有资金,或者投入的自有资金达不到《中华人民共和国企业法人登记管理条例实施细则》第十五条第(七)项或其他有关法规规定的数额,或者不具备企业法人其他条件的,应当认定其不具备法人资格,其民事责任由开办该企业的企业法人承担。"以企业实际投入自有资金是否满足法定注册资本来判断企业是否具有法人资格,说明立法对公司注册资本的高度重视。对于不具有法人资格的企业,民事责任由开办该企业的出资人承担,与否认公司人格结果无异。《企业民事责任承担问题批复》可视为我国公司人格否认制度的滥觞,影响了最高人民法院后续的其他司法解释观点,并持续很长一段时间。

2001年2月6日,最高人民法院的《关于审理军队、武警部队、政法机关移交、撤销企业和与党政机关脱钩企业相关纠纷案件若干问题的规定》,继承了《企业民事责任承担问题批复》的上述观点,其第3条规定:"被开办企业虽然领取了企业法人营业执照,但投入的资金未达到《中华人民共和国企业法人登记管理条例实施细则》第十五条第(七)项规定数额的,或者不具备企业法人其他条件的,应当认定其不具备法人资格,其民事责任由开办单位承担。"2020年修正该规定时保留了本条内容。

2003年1月3日,最高人民法院的《企业改制规定》则进一步规定控股企业抽逃出资将会对公司债务承担连带责任,更加严厉地约束了控股企业的出资行为,其第35条规定:"以收购方式实现对企业控股的,被控股企业的债务,仍由其自行承担。但因控股企业抽逃资金、逃避债务,致被控股企业无力偿还债务的,被控股企业的债务则由控股企业承担。"上述规定体现了公司人格否认的法理,虽然适用范围有限,但是对于规制我国经济生活中大量存在的滥用公司人格的情况,具有重要意义。

综上所述,2005年之前,在《公司法》和最高人民法院的各种批复、规定中,公司人格否认制度的适用范围主要局限于公司出资方面,对于股东存在的其他滥用公司独立地位的行为,暂未涉及,但这并不意味着实务中未发生真正的公司人格否认的案例。事实上,很多法官基于公平正义之价值导向及诚实信用的基本原则,审理了与此相关的诸多案件①,弥补了成文法的不足,也为公司人格否认正式写入我国《公司法》积累了宝贵的实践经验。

《公司法》(2005年)第20条第3款的规定——"公司股东滥用公司法人独立地位和股东有限责任,逃避债务,严重损害公司债权人利益的,应当对公司债务承担连带责任"——正式确立了我国的公司法人人格否认规则及其基本结构。首先是正面的行为规范的要求,即股东不得滥用公司法人人格和股东有限

① 例如:陈日贵等与佛山市黎明电子技术培训学校等上诉案,广东省佛山市中级人民法院(2004)佛中法民一终字第511号;虎丘实业集团公司诉苏州市双马电器有限公司等案,苏州市中级人民法院(2004)苏中民二终字第312号;江西省林业基金管理站诉江西天野食品开发公司等案,江西省南昌市中级人民法院(2005)洪民二初字第19号;中国东方航空股份有限公司厦门营业部诉厦门市人山航空票务代理有限公司等案,福建省厦门市中级人民法院(2001)厦经终字第228号;北京城乡吴都建设有限公司诉杨金贵等案,北京市高级人民法院(2002)高民终字第362号;等等。

责任的原则;其次是公司人格滥用的法律后果,当股东有滥用行为,逃避债务,严重损害债权人的利益时,应当对公司债务承担连带责任;同时,针对一人公司中容易发生的股东与公司财产混同的情形,《公司法》(2005 年)第 64 条规定"一人有限责任公司的股东不能证明公司财产独立于股东自己的财产的,应当对公司债务承担连带责任",该条规定对公司债权人利益给予了特别关照。此后,公司法经历 2013 年和 2018 年的两次修正,相关内容均未作调整。2021 年 1 月 1 日开始施行的《民法典》总则编第三章第二节"营利法人"中也规定了公司人格否认制度[①],第 83 条第 2 款规定:"营利法人的出资人不得滥用法人独立地位和出资人有限责任损害法人债权人的利益;滥用法人独立地位和出资人有限责任,逃避债务,严重损害法人债权人的利益的,应当对法人债务承担连带责任。"

《公司法》(2023 年)第 23 条(共 3 款)专门规定了公司人格否认制度,而不再将该制度放在某一款中,体现出该制度的重要地位。《公司法》(2023 年)第 23 条第 1 款的内容与原来的规定保持一致,第 2 款"股东利用其控制的两个以上公司实施前款规定行为的,各公司应当对任一公司的债务承担连带责任",新增了关联公司横向人格否认规则,第 3 款"只有一个股东的公司,股东不能证明公司财产独立于股东自己的财产的,应当对公司债务承担连带责任",修订了原来的一人公司人格否认规则。在 2023 年修订前《公司法》中一人公司人格否认被限定在有限责任公司中,并且与第四节的国有独资公司并列,也即排除了国有独资公司适用一人公司人格否认规则,那么《公司法》(2023 年)作如此调整,是否意味着此后一人股份有限公司和国有独资公司也可以适用一人公司人格否认规则呢?

我国的公司法人人格否认制度吸收了国外相关理论的先进经验,是我国公司法制度的一个重大突破,同时也是世界公司立法的一大创新。虽然这一制度本身早被许多国家所采用,但把它作为一个成形的法律制度统一、明确、系统地规定在成文法中,却是我国公司法的创举。

---

① 有学者对公司人格否认制度入典持怀疑态度,参见薛波:《公司法人否认制度"入典"的正当性质疑——兼评〈民法总则〉"法人章"的立法技术》,载《法律科学(西北政法大学学报)》2018 年第 4 期。

案例2－1

厦门市电力投资发展总公司诉厦门永昌荣食品有限公司与厦门喜洋洋食品有限公司等买卖合同纠纷案

福建省高级人民法院(2004)闽民终字第615号[①]

案情简介

上诉人(原审被告):厦门永昌荣食品有限公司(以下简称永昌荣公司)

被上诉人(原审原告):厦门市电力投资发展总公司(以下简称电力公司)

被上诉人(原审被告):厦门喜洋洋食品有限公司(以下简称喜洋洋公司)

被上诉人(原审被告):谢某某

福建省厦门市中级人民法院认定事实:2002年4月5日,电力公司向喜洋洋公司购买果冻条,双方履行了第一笔交易,后电力公司请求将之前支付的定金25万元人民币,当作第二笔货款,但喜洋洋公司没有发货,也没有将该25万元人民币定金退给电力公司。现喜洋洋公司已停止生产经营,无法按时偿还该公司到期的各项债务。

喜洋洋公司系台商独资企业,于1991年由谢某某投资成立,注册资金21万美元,经营范围包括鳕鱼香丝、饼干、糖果等小食品加工,法定代表人为谢某某。永昌荣公司亦系台商独资企业,于1993年11月由谢某某投资成立,注册资金81万美元,经营范围包括生产加工饼干、糖果、果冻等食品及其调味品,法定代表人也为谢某某。两公司的地址、电话号码及从业人员均相同。永昌荣公司设立至今,从未实际开展生产经营活动,也无机器设备,名下的土地、厂房及两部汽车均由喜洋洋公司无偿使用,日常费用则由喜洋洋公司支付。两公司的财务账目虽分别立册记账,但均由喜洋洋公司的会计人员负责制作,且永昌荣公司本身从未发放过工资。1998年永昌荣公司向银行贷款100万元人民币,其中部分由喜洋洋公司使用,至2002年才由喜洋洋公司代为还清全部贷款;2002

---

① 原判决书内容较长,引用时为突出重点,做了删减和提炼。一审案号:福建省厦门市中级人民法院(2004)厦民初字第44号。

年年底，喜洋洋公司用永昌荣公司名下的土地、厂房作为抵押担保，再向银行贷款100万元人民币。审理过程中，根据电力公司的申请，法院向中国农业银行厦门市集美支行(原杏西支行)调查，该行出具证明证实：喜洋洋公司在2002年度共从其账户转出433,400元人民币到永昌荣公司的账户，用于偿还永昌荣公司的银行贷款本息。

喜洋洋公司2002年度的会计报表附注体现：年末其他应收账款主要明细中包括谢某某72万元人民币(其中支付法院诉讼费68万元，付交通事故赔款4万元)；备用金1,045,267.87元人民币，主要核算与上海分公司及关联企业永昌荣公司的往来账款。

1999年6月，赖某栋、赖某绮因与谢某某个人之间发生合伙投资退伙纠纷，向厦门市杏林区人民法院起诉，并申请查封喜洋洋公司和永昌荣公司的机器设备等财产。经法院主持调解，谢某某与赖某栋、赖某绮达成于1999年12月31日之前分期还款554万元台币及利息54万元台币的协议。至2000年12月30日，谢某某的上述还款义务由喜洋洋公司、永昌荣公司共同代为履行完毕。

2003年10月，谢某某与陈某某达成协议，将其在永昌荣公司的所有股份全部转让给陈某某。同年11月，永昌荣公司的投资者经核准变更为陈某某，陈某某担任董事长。此后，永昌荣公司随即委托拍卖公司对其名下的土地、厂房进行拍卖。同年12月，电力公司申请诉前保全，冻结永昌荣公司所得拍卖款中的27万元人民币。

法院裁判

福建省厦门市中级人民法院归纳本案的争议焦点并予以分析、认定如下：

1. 关于谢某某与喜洋洋公司是否存在人格混同及其责任承担的认定问题。第一，我国允许外国投资者和我国港、澳、台地区的个人投资者在我国设立具有法人资格的独资企业，在此情况下，独资企业的股东(或投资者)应严格遵守公司法人制度的基本原则——分离原则，即严格执行公司财产和股东财产、公司经营权和股东财产权的彻底分离。第二，谢某某无视喜洋洋公司的独立人格和意思自治，挪用公司巨额款项用于清偿个人债务，显属公司财产和股东财产混同的典型形态，粗暴地践踏了分离原则。第三，谢某某的行为与公司债权人无法实现债权之间存在着确定的因果关系。因此，应认定谢某某与喜洋洋公司之间存在人格混同,电力公司作为不知情的、善意的公司相对人,可以主张否定公司人格,并通过公司直接要求控制股东谢某某对公司债务承担连带责任。

2. 关于永昌荣公司与喜洋洋公司是否存在人格混同及其责任承担的认定问题。首先,永昌荣公司与喜洋洋公司一样,均为谢某某个人设立的具有法人资格的独资企业,查明的事实表明,谢某某同样存在将永昌荣公司的财产用于清偿个人债务的行为,因此应认定谢某某与永昌荣公司之间也存在人格混同。其次,从查明的事实看,作为关联企业的两公司之间,投资者、经营地址、电话号码及管理从业人员完全相同,实为"一套人马、两块牌子",必然导致两公司缺乏各自独立意志而共同听从于谢某某的结果。最后,现喜洋洋公司徒具空壳,无力偿还数额巨大的众多到期债务;而永昌荣公司还有数百万元的资产,足以推定谢某某操纵并利用关联公司之间的财产转移来逃避合同义务和法律责任。谢某某在公司经营难以维系、涉讼频繁的情况下,将其持有的永昌荣公司的所有股份转让给他人;而在股权变更登记办理完毕后,永昌荣公司的资产即被委托拍卖,其股权转让的真实性、正当性、合理性,均令人产生怀疑。综上,永昌荣公司不具有独立的意志和法人人格,其财产、财务与喜洋洋公司持续混同,共同受制于控制股东谢某某,三被告之间存在人格混同。因此,三被告应对本案债务承担连带责任。

在本案中如仅追究喜洋洋公司的责任,则作为善意相对人的电力公司将无法或可能无法实现其债权,不符合诚实信用原则和公平理念。因此,有对喜洋洋公司适用法人人格否认法理,要求谢某某和永昌荣公司承担连带责任的必要性和正当性。必须予以说明的是,公司法人人格否认规则仅适用于具体个案,其效力不得扩张适用于未参加诉讼的债权人或公司股东。据此,依照《民法通则》第 4 条、第 55 条第 3 款、第 106 条第 1 款及《合同法》第 107 条之规定①,一审判决:(1)喜洋洋公司偿还电力公司 25 万元人民币及利息;(2)谢某某、永昌荣公司对上述还款义务承担连带清偿责任。

一审宣判后,永昌荣公司不服提起上诉,认为在我国现有法律中,不存在类似公司法人人格否认的规定,原审判决没有法律依据。

---

① 为尊重案例原貌,本书案例的"案情简介""法院裁判"两个栏目中保留了原判决书中的法律法规。个别法律法规已失效,如本处的《民法通则》和《合同法》。

福建省高级人民法院认为,原审对谢某某及其设立的两独资公司间存在人格及财产混同的事实认定正确,但原审对此以法人人格否认法理进行论述并据此作出判定并不恰当。首先,法人人格否认法理的含义、特征、认定标准及适用条件等目前尚未有定论,其理论也还处于学界探讨之列,未被立法和司法实践赋予其相应地位;其次,作为以制定法为主要法律渊源国家,司法活动必须以国家立法机关制定的法律为依据,而法人人格否认至今未在我国法律文件中有所表述;再次,虽然我国公司立法更为强调保护法人的独立人格和股东的有限责任,但对现实中存在的股东违背诚实信用原则,滥用公司形态逃避债务侵害债权人的行为也并非无法追究、无法可依,对此《民法通则》在第一章基本原则部分已作出原则性规定,以适应不断发展的社会现实生活的要求,因此在此情况下此类为避免成文法的制定滞后而确立的相关原则性规定可资援用;最后,尤为关键的是本案的法律事实及特征,并不十分符合适用法人人格否定的场合。法人人格否定法理,更妥切应表述为无视或漠视法人人格存在的法理,其适用的结果,不是对公司人格彻底、全面、永久的否认,而是要排除对股东有限责任的保护,直接追究公司股东的责任,原审对此先判令被无视(否定)人格的公司承担义务,再判令股东承担连带责任,似与该法理不合,同时,原审对该法理能否适用于两关联公司间,从而判令该关联公司也对被无视(否定)人格的公司债务承担连带责任,亦无依据及先例可循。因此,本案应以股东滥用控制权,利用人格及财产混同来逃避债务,以致相对人无法分清其相互间的人格和财产,违反诚实信用和公平原则,判令控制股东及相关联的两家公司三者共同对债务承担连带清偿责任为宜。永昌荣公司上诉认为原审判决适用法人人格否定原理无现行法依据,且该法理不应适用于企业法人间的主张有理,但其因此请求对喜洋洋公司的债务不承担连带责任无事实和法律依据,法院不予支持。

原审认定事实清楚,适用法律亦无不当,但原审对责任承担的判定不当,应予纠正,改判决如下:(1)撤销福建省厦门市中级人民法院(2004)厦民初字第44号民事判决第一项;(2)变更福建省厦门市中级人民法院(2004)厦民初字第44号民事判决第二项为:喜洋洋公司、永昌荣公司、谢某某连带偿还电力公司25万元人民币及利息。

案例评析

本案二审判决的时间在2004年,此时公司法还没有关于公司人格否认的规定,法官引用民法的诚实信用原则和公平原则来填补该法律漏洞。我国采取民商合一的立法体制,当商事法律没有就相关问题作出特别规定时,适用民事基本法律的一般规则已成为共识。

本案一审法院认定谢某某与喜洋洋公司、永昌荣公司财产混同的事实主要是:喜洋洋公司 2002 年的会计报表显示,喜洋洋公司替谢某某支付了 72 万元人民币;喜洋洋公司、永昌荣公司代谢某某,给赖某栋、赖某绮偿还了 554 万元台币及利息 54 万元台币债务,但仅从这两处事实,还够不上财产混同的程度。同样,喜洋洋公司与永昌荣公司之间虽有资金往来,但喜洋洋公司有财务记账,恰说明两公司不存在财务混同。谢某某有没有恶意逃避债务的故意,一审法院更多是推定,认为喜洋洋公司是"空壳"公司,而永昌荣公司名下有优质资产,且谢某某将股权转让给他人后,对资产进行了拍卖,其目的存疑。结合现实,法院的"恶意"推定可能正如事实。总体来说,一审法院从股东的主观意图、客观行为、损害后果、因果关系这四个角度论证适用公司人格否认规则的必要性与合理性,裁判思路可圈可点。

二审法院认为本案应以股东滥用控制权,利用人格及财产混同来逃避债务,以致相对人无法分清其相互间的人格和财产,违反诚实信用和公平原则,判令控制股东及相关联的两家公司三者共同对债务承担连带清偿责任为宜。其中,相对人分不清人格和财产的说法,恐与已查明的事实不太符合,交易相对人分不清交易的主体人格,主要是指关联公司交叉履行合同情形,而本案并不存在,因为电力公司只跟喜洋洋公司完成了一笔交易。另外,二审判决对一审判项所做的调整,亦是画蛇添足,一审先判决喜洋洋公司承担合同义务,再判决谢某某与永昌荣公司基于公司人格否认承担连带清偿责任,并无不妥。

第二节　"认缴制"对公司人格否认制度的影响

《公司法》(2013 年)在三个方面修改了我国公司注册资本制度:第一,将注册资本实缴登记制改为认缴登记制,除法律、行政法规以及国务院决定对公司注册实缴有另行规定以外,取消了关于股东(发起人)应自公司成立之日起 2 年内缴足出资,投资公司5年内缴足出资的规定;取消了一人公司股东应一次足额缴纳出资的规定,转而采取股东(发起人)自主约定认缴出资额、出资方式、出资期限等,并记载于公司章程的方式。第二,取消了注册资本及出资形式的法定限制。首先,取消了注册资本最低限额制度,除对公司注册资本最低限额有另行规定以外,取消了有限责任公司、一人公司、股份有限公司的最低注册资本分别应达3万元、10万元、500万元的限制;其次,不再限制公司设立时股东(发起人)的首次出资比例以及货币出资比例。第三,简化公司登记事项和登记文件。有限责任公司股东认缴的出资额,公司实收资本不再作为公司登记事项,公司登记时也不需要提交验资报告。

很多人认为,2013年公司资本制度改革,降低了设立公司的门槛,可大大提高我国公民的创业积极性,极大地提高投资效率。然而冷静过后,逐渐发现由于修法事出仓促[①],社会信用基础和体系不足,以及公司法关于认缴制的整体制度构建残缺等,强调放松"事前监管"的资本制度改革,已经凸显出"事后规制"相当匮乏的弊端。例如,以天价认缴和滥用认缴期限为典型的公司滥设现象层出不穷。2013年公司资本制度改革对公司人格否认制度造成的影响,主要体现在两个方面:

一是公司财产的独立性被异化,财产混同的显著性被放大,公司独立财产原则受到威胁。在认缴制下,股东可在公司设立时认缴出资,将资产保留在股东个人名下,或者在公司成立后将公司独立财产转走,股东也仅需在公司无法清偿债务,债权人追诉股东的出资责任时补足出资即可。由于补足出资的民事责任不具有惩罚性,并不会给股东造成任何经济上的惩戒效果,因此在出资环节任意认缴而运营和清算环节缺乏其他责任制约的现状下,股东以各种手段侵蚀公司资本和独立财产,加剧公司与股东财产混同的现象可能会大幅上升。"认缴制上默许了一定程度的财产混同,即以补充缴纳出资的责任形式扩张责任财产的范围,但并未彻底将公司债务的无限责任施加于股东之上以

① 参见蒋大兴:《"合同法"的局限:资本认缴制下的责任约束——股东私人出资承诺之公开履行》,载《现代法学》2015年第5期。

示惩罚。”①

二是给“资本显著不足”的适用带来困扰。在公司注册资本实缴制下，传统观点认为此处的“资本”是指公司注册资本金与所从事业务隐含的商业风险显著不匹配，股东没有诚信经营公司的意图。而改为认缴制后，实践中就会出现公司注册资本金畸高但实缴资本金很少，且认缴期限很长的现象。例如，在公司设立后 30 年、50 年时实缴到位，这种情形是否属于资本显著不足？或者滥用认缴制的行为是否可以单独作为刺破公司面纱的一项理由？有的学者观点是：“若公司股东通过章程形式约定客观上不可能实现的出资期限，可以认为公司股东主观上存在滥用公司独立法律地位损害公司侵权人权益的故意，理应加重其出资责任。”②

经历 10 年的实践，现在回头看公司资本认缴制，不得不承认这是一项未经充分考虑的改革。在认缴制下，保护股东出资期限利益还是保护债权人利益的两难选择，测试着每个法官的价值判断，不同的裁判观点不仅困扰着实务工作者，也影响了司法公信力。虽说公司注册资本信用的“神话”早该破灭，但并不应一蹴而就，全面放弃实缴制，独创考验诚信的认缴制，尤其是在我国信用制度体系尚不健全的社会背景下。过于宽松的认缴制，实际检验了当前民众开办公司的真实意思，考验了公司股东出资的可信度，从反馈数据来看，结果并不理想，产生了“道德危机”。通过在企查查软件上查询，自 2014 年 1 月 1 日至 2022 年 12 月 31 日，在我国设立的企业形式为有限责任公司和股份有限公司的民营企业，一共有 49, 080, 816 家，其中有实缴资本金（包括部分实缴）的公司仅为 9, 322, 827 家，仅占 18.99%，不足 1/5，即绝大多数民营公司都没有任何实收资本金。

2023 年《公司法》在修订过程中，广泛吸收各方意见，认真听取立法建议。《公司法》(2023 年）在认缴制的道路上调头又转向了实缴制，再次形成了我国特色的公司资本制度，在认缴制与实缴制中达成了折中方案。《公司法》(2023 年）第 47 条规定：“有限责任公司的注册资本为在公司登记机关登记的全体股

① 甘培忠、徐可：《认缴制下的资本违法责任及其困境——以财产混同为视角》，载《北京大学学报（哲学社会科学版）》2015 年第 6 期。

② 石冠彬、江海：《公司人格否认制度在认缴登记制中的适用》，载《江西社会科学》2015 年第 12 期。

东认缴的出资额。全体股东认缴的出资额由股东按照公司章程的规定自公司成立之日起五年内缴足。法律、行政法规以及国务院决定对有限责任公司注册资本实缴、注册资本最低限额、股东出资期限另有规定的，从其规定。”北京大学法学院教授蒋大兴表示，本次公司法修订采取“灵活规制”的方式，要求公司在认缴注册资本后应当在5年内缴足出资，这虽然在一定程度上影响了部分投资者的“设立自由”，但实质上是使“商事自由”重新回归到法治和诚信的轨道上来。这是全面认缴制实施以来的“合法矫正”，尤其是对那些恶意使用注册资本认缴制、旨在欺诈他人的“不怀好意”的投资者，是一种必要约束。[①]《公司法》(2023年)规定股东要在5年内完成实缴出资，主要是考虑我国公司的生命周期。2019年中国人民银行和中国银保监会首次发布了中国小微企业金融服务白皮书[②]，其中披露我国中小企业的平均寿命为3年左右，成立3年后的小微企业持续正常经营的约占1/3。

为保障股东在5年内缴足认缴资本，《公司法》(2023年)同时还规定了股东未按期足额出资的赔偿责任[③]、董事会催缴股东出资的义务[④]、股东出资期限提前到期的情形[⑤]、未实缴出资即转让股权中原股东对新股东的出资“担保”责任[⑥]

---

① 参见新京报：《政解|注册资本“五年实缴”会影响投资者“设立自由”吗?》，载搜狐网2023年12月31日，https://www.sohu.com/a/748575789_114988。

② 参见中国人民银行、中国银行保险监督管理委员会编：《中国小微企业金融服务报告(2018)》，中国金融出版社2019年版。

③ 《公司法》(2023年)第49条规定：“股东应当按期足额缴纳公司章程规定的各自所认缴的出资额。股东以货币出资的，应当将货币出资足额存入有限责任公司在银行开设的账户；以非货币财产出资的，应当依法办理其财产权的转移手续。股东未按期足额缴纳出资的，除应当向公司足额缴纳外，还应当对给公司造成的损失承担赔偿责任。”

④ 《公司法》(2023年)第51条规定：“有限责任公司成立后，董事会应当对股东的出资情况进行核查，发现股东未按期足额缴纳公司章程规定的出资的，应当由公司向该股东发出书面催缴书，催缴出资。未及时履行前款规定的义务，给公司造成损失的，负有责任的董事应当承担赔偿责任。”

⑤ 《公司法》(2023年)第54条规定：“公司不能清偿到期债务的，公司或者已到期债权的债权人有权要求已认缴出资但未届出资期限的股东提前缴纳出资。”

⑥ 《公司法》(2023年)第88条规定：“股东转让已认缴出资但未届出资期限的股权的，由受让人承担缴纳该出资的义务；受让人未按期足额缴纳出资的，转让人对受让人未按期缴纳的出资承担补充责任。未按照公司章程规定的出资日期缴纳出资或者作为出资的非货币财产的实际价额显著低于所认缴的出资额的股东转让股权的，转让人与受让人在出资不足的范围内承担连带责任；受让人不知道且不应当知道存在上述情形的，由转让人承担责任。”

等诸多相关制度,完全改变了认缴制下股东出资责任的自由履行性质,从公司、董事、债权人等多个主体方面强化了不同情形下股东的出资责任。可以说,此前的认缴制下股东出资责任有多宽松,如今就有多严厉,本次修法的巨大转变,是 2013 年认缴制施行 10 年后债权人的“苦尽甘来”。

CHAPTER 03

第 三 章

公司人格否认诉讼构成要件

《公司法》(2023 年)第 23 条第 1 款规定:“公司股东滥用公司法人独立地位和股东有限责任,逃避债务,严重损害公司债权人利益的,应当对公司债务承担连带责任。”债权人主张公司人格否认,要求公司股东承担连带责任,本质是一种特殊的侵权赔偿,这种特殊性主要表现在其在归责原则、举证要求方面不同于一般的侵权行为。根据实务和理论通说,主张公司人格否认应同时具备以下四个构成要件:第一,主体要件:公司股东,但关联公司和实际控制人也被纳入其中;第二,主观要件:股东主观上要有逃避债务,损害债权人利益的恶意;第三,行为要件:股东必须实施了滥用公司法人独立地位和股东有限责任的行为;第四,结果要件:债权人利益受到严重的侵害,如果不刺破公司面纱直索股东责任,债权人的利益将得不到保障。

第一节 主体要件

为应对复杂多样的经济活动,公司人格否认制度呈现出不断扩大适用的趋势,现如今该制度适用主体早已不再局限于公司债权人与公司股东。

一、原告资格

(一)公司债权人

公司人格否认制度是为衡平债权人与公司、股东利益而产生的一项矫正公平的制度,故原告限于公司的债权人,而不能是其他身份。当原告与公司债权债务关系未确定时,不能单独起诉股东主张连带责任,但原告可以在起诉公司的同时,一并起诉股东。在个别案件中,法官也会以公司人格否认诉讼与经济纠纷不属于同一案由或者同一法律关系为由,直接驳回原告的请求。例如,深圳市宝安区人民法院在“深圳市光视讯科技有限公司诉深圳凯视迅达科技发展有限公司等买卖合同纠纷案”①中认为,原告讼争的是买卖合同法律关系中的货款纠纷,关于原告主张的被告与关联公司存在人格混同,应适用公司法法人人格否认,系公司法法律纠纷,在本案中不应一并审理和认定。

(二)公法债权人

在原告资格方面,理论上还存在着债权人身份界定的讨论,即原告债权人是否包含公法债权人?该问题出现的争议点是,因公司人格否认的结果要件是造成严重损害,而对于公法债权人来说,如何确定对其利益造成真正的损害是难以判断的。并且到目前为止,最高人民法院就公司人格否认制度做的相关会议纪要,发布的公报案例和指导案例,也没明确原告债权人是否包含公法债权人。不过,主流观点还是认为,既然《公司法》(2018 年)第 20 条第 3 款未就债之类型做任何意义上的划分,债权人的类型亦不确定,债权人范围理所应当涵盖公法债权人。股东滥用其权利和有限责任既可能损害平等主体私法上的利益,也可能损害公共利益。典型的如税收规避,“借助法人格否认制度,税务机关可以否认法人格的存在而对交易重新定性,打破利用法人格实施的避税套路以维护国家的税收利益”②。

---

① 深圳市宝安区人民法院民事判决书,(2018)粤 0306 民初 2511 号。其他相同裁判观点的案例:广东省广州市中级人民法院民事判决书,(2019)粤 01 民终 11219 号。

② 张怡、吕俊山:《税法中的法人格否认制度》,载《河北法学》2019 年第 1 期。

（三）股东及其债权人——反向否认公司人格

反向否认公司人格是该制度扩张适用的典型情形，公司自身或者公司股东都能主动寻求刺破面纱，以使公司享受原本只有股东才能享有的特权或者债务豁免，这在理论上被称为“内部人反向否认公司人格”，也可以是股东债权人请求刺破面纱，使公司对股东的个人债务承担无限连带责任，这种情形在理论上被称为“外部人反向否认公司人格”。

关于内部人反向否认公司人格，国内的相关理论研究还不够丰富，笔者调查发现实践中有少量相关案例，但是法院不接受该观点。例如，在“上海高金股权投资合伙企业诉江苏省有色金属华东地质勘查局等增资协议纠纷案”[①]中，江苏省南京市中级人民法院认为，股东不能提起公司人格否认之诉来主张其在公司内部的权利。2009 年《重庆市高级人民法院关于审理股东滥用公司法人独立地位和股东有限责任赔偿纠纷案件的指导意见》第 3 条第 3 款规定：“公司、公司其他股东以公司股东滥用公司法人独立人格和股东有限责任损害其利益为由，请求公司股东承担民事责任的，人民法院应当裁定驳回起诉。”2012 年《广东省高级人民法院民二庭关于民商事审判实践中有关疑难法律问题的解答意见》也认为，公司法人格否认案件的原告为债权人，公司或者股东不能请求自我否定法人人格。鉴于我国司法实践对内部人反向否认公司人格并未认可，且司法判例较少，笔者在此就不过多开展，感兴趣的读者，可自行查阅相关文献。[②]

外部人反向否认公司人格，指在特殊情况下使公司为股东的个人债务承担连带责任。最简单的反向否认公司人格的模型是：A 为 B 的债权人，B 是 C 公司的控制股东，为逃避自身债务，B 将个人财产登记转移至 C 公司名下，A 在其债权得不到清偿时请求 C 公司为股东 B 的债务承担连带责任。笔者调研了 2016 年至 2022 年我国反向人格否认案例 33 个，其中法院支持原告反向人格否

---

① 江苏省南京市中级人民法院民事判决书，(2013)宁商初字第 196 号。

② 参见岳万兵：《反向否认公司人格：价值、功用与制度构建》，载《国家检察官学院学报》2021 年第 6 期。

认诉请的案例有 18 个[①],不支持原告反向人格否认诉请但认可该观点(法院不支持的原因主要在于原告的举证未达到反向人格否认的程度)的案例有 7 个[②],完全不接受反向人格否认观点的案例有 8 个[③],这说明我国大部分法院实际还是认可反向人格否认理论的。

在支持原告反向人格否认的案例中,有些判决书并未说明可以进行反向否认的理由,直接判决公司应当为股东的个人债务承担连带责任。在判决书中说明理由的,也不尽相同,有的法院以《公司法》(2018 年)第 63 条为依据,认为缺乏股东互相制约的一人公司极易产生股东与公司的财产混同,不乏股东为了达到规避正向法人人格制度的适用,将资产转移至公司,导致股东自身偿债能力不足从而损害债权人的情形。[④] 有的法院认为从保护债权人的权益、规范关联公司的经营行为、促进企业依法生产经营和健康发展的角度而言,仅适用顺向否认模式,并不能阻止滥用公司法人人格的行为,难以形成对公司债权人的有效救济,故参照《公司法》(2013 年)和《公司法》(2018 年)第 20 条第 3 款,支持

---

① 案号:广东省深圳市中级人民法院(2018)粤 03 民初 873 号;浙江省宁波市中级人民法院(2019)浙 02 民终 3319 号;江苏省南京市中级人民法院(2015)宁商终字第 1786 号;江苏省连云港市中级人民法院(2022)苏 07 民终 869 号;上海市松江区人民法院(2021)沪 0117 民初 12898 号;河南省荥阳市人民法院(2017)豫 0182 民初 7155 号;天津市宝坻区人民法院(2019)津 0115 民初 5906 号;北京市西城区人民法院(2022)京 0102 民初 25434 号;陕西省定边县人民法院(2022)陕 0825 民初 7864 号;安徽省阜阳市中级人民法院(2020)皖 12 民终 5758 号;乌鲁木齐市米东区人民法院(2022)新 0109 民初 3746 号;乌鲁木齐市米东区人民法院(2021)新 0109 民初 4820 号;浙江省宁波市中级人民法院(2019)浙 02 民终 3319 号;河南省信阳市中级人民法院(2022)豫 15 民终 4038 号;湖南省衡阳市中级人民法院(2016)湘 04 民终 386 号;辽宁省鞍山市中级人民法院(2018)辽 03 民终 3920 号;上海铁路运输法院(2020)沪 7101 民初 529 号。

② 案号:河北省高级人民法院(2020)冀民终 189 号;上海市第一中级人民法院(2019)沪 01 民终 1160 号;江苏省扬州市中级人民法院(2011)扬商初字第 0025 号;北京市西城区人民法院(2021)京 0102 民初 33306 号;新疆维吾尔自治区乌鲁木齐市中级人民法院(2022)新 01 民终 3498 号;山东省济南市中级人民法院(2020)鲁 01 民终 12076 号;北京市第三中级人民法院(2017)京 03 民初 291 号。

③ 案号:湖北省高级人民法院(2020)鄂民再 246 号;湖北省高级人民法院(2020)鄂民终 53 号;湖北省宜昌市中级人民法院(2017)鄂 05 民初 233 号;苏州市吴中区人民法院(2016)苏 0506 民初 14 号;上海市闵行区人民法院(2019)沪 0112 民初 7369 号;江苏省泰州市中级人民法院(2017)苏 12 民终 1392 号;广东省中山市中级人民法院(2021)粤 20 民终 1851 号;湖南省怀化市中级人民法院(2018)湘 12 民终 1716 号。

④ 例如:乌鲁木齐市米东区人民法院民事判决书,(2022)新 0109 民初 3746 号;上海市松江区人民法院民事判决书,(2021)沪 0117 民初 12898 号。

反向否认公司人格。[1] 另有法院认为,反向否认公司人格的依据是2015年《最高人民法院关于审理民间借贷案件适用法律若干问题的规定》第23条“企业法定代表人或负责人以企业名义与出借人签订民间借贷合同,出借人、企业或者其股东能够证明所借款项用于企业法定代表人或负责人个人使用,出借人请求将企业法定代表人或负责人列为共同被告或者第三人的,人民法院应予准许。企业法定代表人或负责人以个人名义与出借人签订民间借贷合同,所借款项用于企业生产经营,出借人请求企业与个人共同承担责任的,人民法院应予支持”的规定[2],甚至认为《企业改制规定》第7条规定了反向人格否认的情形,且其中的法理不仅限于对国企的调整。[3] 可见目前我国支持反向人格否认的判决依据和理由纷繁复杂、不一而同。

相比之下,不支持反向人格否认的判决理由较为单一,大部分判决书会以“未有实体法规定”“缺乏相应依据”为由驳回原告诉讼请求。例如,湖北省高级人民法院在“湖北新运矿产投资有限公司诉湖北家鑫典当有限公司、王某与公司有关纠纷案”[4]中认为,滥用公司法人独立地位和股东有限责任的后果都是股东对公司的债务承担责任,法律没有规定公司法人人格的反向否认,需要在立法和实际中进一步探讨和完善。

案例3-1

中信银行济宁分行诉山东中垦美晶米业有限公司等金融借款合同纠纷案

山东省济宁市中级人民法院(2018)鲁08民终3234号[5]

案情简介

上诉人(原审被告):山东中垦美晶米业有限公司(以下简称中垦美晶公司)

---

① 例如:辽宁省鞍山市中级人民法院民事判决书,(2018)辽03民终3920号;江苏省南京市中级人民法院民事判决书,(2017)苏01民终346号;上海铁路运输法院民事判决书,(2020)沪7101民初529号。

② 最高人民法院民事裁定书,(2020)最高法民申2158号。

③ 山东省济宁市中级人民法院民事判决书,(2018)鲁08民终3234号。

④ 湖北省高级人民法院民事判决书,(2020)鄂民再246号。

⑤ 原判决书内容较长,引用时为突出重点,做了删减和提炼。一审案号:济宁市任城区人民法院(2017)鲁0811民初1116号。

被上诉人(原审原告):中信银行济宁分行(以下简称济宁中信银行)

原审被告:美晶集团

济宁中信银行向济宁市任城区人民法院起诉请求:判令中垦美晶公司对美晶集团所担保的张某某借款本金1000万元、相关利息、罚息及实现债权的费用362,400元与美晶集团共同承担连带清偿责任。

一审法院认定事实:2014年5月26日,张某某与济宁中信银行签订《中信银行个人经营借款合同》,约定张某某向银行借款1000万元,借款用途为购货,借款期限12个月,自2014年5月26日至2015年5月26日,采用年利率,以贷款实际提款日的中国人民银行同期同档次贷款基准利率上浮30%……2014年5月26日,济宁中信银行与美晶集团及金乡凌通驾驶培训有限公司签订《最高额保证合同》,第2.3条约定,本合同项下担保的债权最高额度为债权本金1000万元和相应的利息、罚息、违约金、损害赔偿金以及为实现债权、担保权利等所发生的一切费用……2014年5月26日,济宁中信银行按照合同约定向张某某发放贷款1000万元,年利率为7.8%。借款后,张某某自2015年5月21日之后未再按照合同约定偿还借款本息,张某某欠济宁中信银行借款本金1000万元及利息未偿还。

一审法院于2016年3月24日作出(2015)任商初字第1373号民事判决书,判决:(1)张某某偿付济宁中信银行借款本金1000万元,相关利息、罚息;(2)张某某偿付济宁中信银行实现债权的费用362,400元;(3)美晶集团、金乡凌通驾驶培训有限公司对上述款项承担连带清偿责任。现该判决已发生法律效力。

另查明:2014年12月,农垦集团与美晶集团签订出资协议,协议共同出资设立中垦美晶公司,农垦集团以货币出资,美晶集团以其拥有的固定资产和部分无形资产(土地使用权)出资,公司成立后无偿受让美晶集团的商标、专利、域名等无形资产,并以承担美晶系债权债务的方式并购美晶系其他公司。2015年1月8日,中垦美晶公司成立,注册资本1亿元,美晶集团认缴4673.6万元,已于2015年4月28日依据与农垦集团签订的出资协议,鱼台县国土资源局将其土地使用权及房屋变更登记在中垦美晶公司名下,以变更固定资产登记的方式实际投资到位。

法院裁判

一审法院认为,依据《企业改制规定》第7条“企业以其优质财产与他人组建新公司,而将债务留在原企业,债权人以新设公司和原企业作为共同被告提起诉讼主张债权的。新设公司应当在所接收的财产范围内与原企业共同承担连带责任”的规定,济宁中信银行要求两被告应承担连带责任,依法有据,应予支持。

一审判决:中垦美晶公司对张某某向济宁中信银行借款本金1000万元、相关利息、罚息(按合同约定计算)及原告实现债权费用362,400元,与美晶集团承担连带还款责任。

中垦美晶公司不服一审判决,向山东省济宁市中级人民法院上诉,理由是:(1)《企业改制规定》适用的是国有企业改制范畴,而美晶集团系由自然人全资设立的有限责任公司,不是国有企业,且与农垦集团依据公司法相关规定共同出资设立中垦美晶公司,也不属于国有企业改制范畴。(2)《企业改制规定》第7条系外部逆向否认法人人格的规定,其适用的法律基础须是当事人具有逃债恶意和资产减损的结果,本案中美晶集团出资中垦美晶公司不存在逃债恶意,且出资后资产已转为等价股权,不存在适用上述规定的法律基础。(3)假定本案可适用《企业改制规定》第7条,则依据该规定中垦美晶公司亦应在“所接收的资产范围内与原企业承担连带责任”,而一审判决却未设该限额,依该判决则中垦美晶公司须以其全部资产(美晶集团出资仅占中垦美晶公司全部股东出资的46.7%)承担其股东之一的美晶集团的债务,应当予以纠正。

济宁中信银行答辩认为,《企业改制规定》第1条明确规定,“人民法院受理以下平等民事主体间在企业产权制度改造中发生的民事纠纷案件”。由此可以看出,法院对受理案件主体的所有制形式、所有制结构是不加限定的,只要是平等主体之间在企业产权改制中发生的民事纠纷案件,法院都可以受理,都适用该规定。

二审法院查明事实与一审一致。

二审法院认为,本案焦点是中垦美晶公司是否应为美晶集团的案涉债务承担连带偿还责任。首先,关于《企业改制规定》第7条是否仅适用于国有企业及国有企业改制。《企业改制规定》第7条没有专门针对国有企业改制进行规定,而只是限定主体为“企业”,行为方式是“以其优质财产与他人组建新公司,而将债务留在原企业”。本案中,农垦集团与美晶集团共同出资设立中垦美晶公司,美晶集团以其拥有的全部固定资产和部分无形资产(土地使用权)出资,公司无偿受让美晶集团的商标、专利、域名等无形资产,并以承担美晶系债权、债务的方式收购美晶系其他公司资产。美晶集团未提供证据证实本次出资已取得债权人的同意,其以美晶集团优质资产与农垦集团共同出资成立中垦美晶公司,并取得中垦美晶公司相应的股权,同时将相关股权进行了质押。美晶集团以优质资产、核心人员与他人合作,使美晶集团无法正常生产经营,美晶集团的偿债能力严重受损,符合上述规定的主体要件和客观行为表现。其次,关于上述条文是否仅适用于国有企业改制。该司法解释出台的背景是国有企业改制过程中,发现有通过企业改制损害债权人利益现象,为保护债权人利益而制定的。该规定系司法解释,解决的是法律适用问题,而不是针对特殊对象的特有政策。且在该解释有关条文表述中,有些条文专门表述为“国有企业”,而未专门规定针对国有企业的条文,应视为适用于所有企业类型。最后,在美晶集团的出资转化为股权后,在理想状态下,并不导致美晶集团资产的减少,该股权可认定为美晶集团原出资资产的形态转化。如果济宁中信银行选择向美晶集团追偿债权,在其清偿不能时,再追偿其股权,也是济宁中信银行实现债权的方式。但既然债权人可以依据《企业改制规定》要求出资人和目标企业承担连带清偿责任,在济宁中信银行采取后者追偿债权的情况下,亦应予以支持。但中垦美晶公司承担的责任范围应以其接收资产的范围为限,原审判决其对美晶集团的有关债务承担连带责任不当,本院予以纠正。在中垦美晶公司依据《企业改制规定》承担责任后,中垦美晶公司股权结构的变化,可另行解决,本案不予处理。

综上,中垦美晶公司上诉请求及理由部分成立,中垦美晶公司对美晶集团应承担的给付责任应在其接收财产范围内承担连带责任。中垦美晶公司的其他诉讼请求,事实和理由不足,法院不予支持。

二审判决:(1)维持一审判决诉讼费负担部分;(2)变更一审判决为:中垦美晶公司在其接收美晶集团财产范围内,对张某某向济宁中信银行借款本金1000万元、相关利息、罚息(按合同约定计算)及济宁中信银行实现债权的费用362,400元承担连带清偿责任。

案例评析

本案涉及《企业改制规定》确立的“债随物走”规则。《企业改制规定》第6条规定：“企业以其部分财产和相应债务与他人组建新公司，对所转移的债务债权人认可的，由新组建的公司承担民事责任；对所转移的债务未通知债权人或者虽通知债权人，而债权人不予认可的，由原企业承担民事责任。原企业无力偿还债务，债权人就此向新设公司主张债权的，新设公司在所接收的财产范围内与原企业承担连带民事责任。”第7条规定：“企业以其优质财产与他人组建新公司，而将债务留在原企业，债权人以新设公司和原企业作为共同被告提起诉讼主张债权的，新设公司应当在所接收的财产范围内与原企业共同承担连带责任。”第6条、第7条确立了原企业与新设公司对改制前债务共同承担责任的基本规则。但这两个条款在实践中的应用效果并不理想，引发了实务界人士以及学者对该司法解释的激烈讨论。[①]

围绕《企业改制规定》第6条、第7条的争议，实务界与学术界探讨了企业部分改制下债务承担规则的法理基础。先后提出了“法人财产原则”“债权保全规则”“区分合法投资与逃债”“欺诈性转移”[②]“优惠性清偿”[③]“继受人责任”[④]“反向否认公司人格”[⑤]等解说，从公司法、合同法、担保法、破产法等不同角度出发探讨合理确定债务承担规则之可能性。最高人民法院也曾提出“分立重组”说[⑥]，而最高人民法院的法官在审判中也没有完全恪守公司分立之法理。企业

---

① 参见楼建波：《化解企业部分改制下债权僵局的制度设计——兼对最高人民法院改制司法解释第6条、第7条理论基础之争的反思》，载《清华法学》2009年第3期；彭冰：《企业改制中的债权人保护——论“债务随企业财产转移原则”》，载《烟台大学学报（哲学社会科学版）》2005年第2期；王军：《评“企业债务随企业财产变动原则”——法释〔2003〕1号司法解释的一个理论误区》，载《法学》2007年第12期。

② 参见2007年《全国民商事审判工作会议纪要》。

③ 参见彭冰：《企业改制中的债权人保护——论“债务随企业财产转移原则”》，载《烟台大学学报（哲学社会科学版）》2005年第2期。

④ 美国法院考虑“继受人责任”的情形包括：（1）受让资产的公司基于原企业的“管理层、职工、场所、财产”继续运营相应事业；（2）股东具有延续性；（3）原企业停止运营，并“在法律或时机允许时即可清算和解散”；（4）受让资产的公司承接了原企业部分债务，使承接的事业可以继续运营。参见彭冰等：《美国法上的继受人责任》，载《环球法律评论》2008年第2期。

⑤ 参见杜麒麟：《反向刺破公司面纱的制度构建与适用》，载《法学评论》2016年第6期。

⑥ 参见最高人民法院民事审判第二庭编著、李国光主编：《最高人民法院关于企业改制司法解释条文精释及案例解析》，人民法院出版社2003年版，第29页。

部分改制下的债务承担规则似乎陷入了某种困局之中，商业实践、司法实践以及学理研究三个层面都无法达成共识。

经实证分析发现，“债随物走”规则在实务案件中得到了广泛运用，主要有三类案件，具体如下：

一是新设公司获得了原企业资产同时也承受了等值的债务作为对价，这其中并没有出现无偿或者低价转移资产的情况，但是却区分对待了原企业的债权人，没有随资产转移的剩余债权人留在原企业，自然无任何资产可供清偿，即所谓的“优惠性清偿”。尽管《破产法》第32条对此情形作了规制，但其适用有诸多限制。“债随物走”规则允许债权人向新设公司索赔，较为便捷。最高人民法院在公报案例“工商银行山东分行诉信诚公司等借款合同纠纷案”[①]中的观点亦是如此，“企业采取以部分财产和等额债务相抵的方式与他人组建新公司，且对所出让财产不持有相应股份的，未转移债务的债权人有权要求新公司在其所接收原企业财产范围内对原企业债务承担连带责任”。

二是原企业未获得任何对价，或是所获的对价显著低于转移资产的价值，该交易必将损害原企业的清偿能力，效果类似于欺诈性资产转让。此时法院一般会援引第7条，要求新设公司承担债务人的债务。[②]《破产法》第31条和《民法典》第538条、第539条虽然对欺诈性资产转移作了规制，但都要求债权人证明交易对价不公允，这在实践中很难做到。“债随物走”规则为债权人提供了额外救济措施，且减轻了债权人的举证责任。

三是债务人在转移资产的同时获得了新设公司股权作为对价，若债务人所获得股权对价明显不公允，类似于第二类案件，法院通常会支持债权人诉讼请求。[③] 但若债务人所获得股权不存在不公允情形，是否还支持债权人的诉讼请求，这才是实务中争议较大的案件类型，也即本案。在法院支持债权人诉讼请

---

① 最高人民法院民事判决书，(2003)民二终字第106号。该案中，化肥厂1999年与该厂职工持股会及其他几家投资人共同出资设立信诚公司。化肥厂先行投入信诚公司实物资产7772万元，并同时转入负债4812万元，并以实物资产与负债相抵后的净资产2960万元作为其对信诚公司的出资，占信诚公司出资的74%。化肥厂只是以转出的净资产作价持有信诚公司的股份。

② 广东省高级人民法院民事判决书，(2014)粤高法民二终字第35号；辽宁省沈阳市中级人民法院民事判决书，(2015)沈中民四初字第243号。

③ 广东省高级人民法院民事判决书，(2015)粤高法民一终字第45号。

求的判决中，主要理由有企业改制不限于国有企业①、要求新设公司承担连带责任不违背公平原则②、债务人的财产独立性丧失③、债务人丧失经营与偿债能力（本案法院观点）④、债务人的优质资产转化为股东及债权⑤、债务人丧失对财产的控制能力。⑥ 法院不支持债权人诉讼请求的主要理由是：债务人与新设公司具有独立法人资格⑦、债务人通过交易取得了股权⑧、债务人资产形态从实物转化为股权但价值没有减损⑨、债务人并非国有企业⑩、交易并非企业改制⑪、不属于恶意逃债。⑫

在第三类案件中法院虽并未认定原企业对外投资获取的股权对价不公允，但有学者实证研究发现，法院支持债权人诉讼请求的比例仍然占到了65%。⑬事实上，“债随物走”规则在具体适用过程中，有许多模糊之处。例如新设公司承担责任的范围为“其所接收的财产”，新设公司接收的原企业财产一直在使用过程中，既可能发生增值，也可能发生损毁，是以转移时的价值作为计算依据，还是以诉讼时的这些财产价值作为依据？原企业转移资产后取得的对新设公司的股权价值是否应当从“所接收的财产范围内”扣减。调研发现，法院很少对这些问题进行讨论。

“债随物走”规则在防止原企业转移重大资产、恶意逃债、保护债权人权益

---

① 成都铁路运输中级法院民事判决书，(2009)成铁中民终字第3号。

② 河南省平顶山市中级人民法院民事判决书，(2012)平民二终字第685号。

③ 河南省许昌市中级人民法院民事判决书，(2018)豫10民终1758号。

④ 最高人民法院民事判决书，(2005)民二终字第137号。

⑤ 河南省许昌市中级人民法院民事判决书，(2018)豫10民终95号；河南省平顶山市中级人民法院民事判决书，(2018)豫04民终1536号。

⑥ 河南省许昌市中级人民法院民事判决书，(2018)豫10民终95号。

⑦ 山东省高级人民法院民事判决书，(2015)鲁民再字第15号。

⑧ 辽宁省高级人民法院民事判决书，(2014)辽审三民再终字第7号；最高人民法院民事判决书，(2015)民二终字第103号；最高人民法院民事判决书，(2006)民二终字第247号。

⑨ 河北省高级人民法院民事判决书，(2014)冀民二终字第24号；北京市高级人民法院民事判决书，(2006)高民初字第8号；最高人民法院民事判决书，(2017)最高法民再318号。

⑩ 最高人民法院民事判决书，(2006)民二终字第247号。

⑪ 浙江省杭州市富阳人民法院民事判决书，(2017)浙0111民初2974号。

⑫ 河北省高级人民法院民事判决书，(2014)冀民二终字第24号。

⑬ 参见曾思：《“债随物走”规则的理论基础是什么——以企业转投资案例为焦点的实证研究》，载《政治与法律》2020年第5期。

方面的作用不容小觑。但客观来看,该规则的成本与收益是任何理论都无法回避的问题。对于潜在的外部投资者而言,“债随物走”规则可能导致新设公司需要对其中部分投资者的债务承担责任,投资者因而有必要详细调查其他股东的资信状况,进而产生高额的投资成本。与此同时,新设公司的债权人在与公司进行交易前,也有必要调查股东的债务情况,从而判断公司的资信状况,这就导致理论上新设公司几乎所有的经营活动都会受到影响。因此“债随物走”规则可能会提升新设公司股东与债权人的信息成本。但如果没有该规则,债权人只能去执行债务人对新设公司所享有的股权,而股权通常缺乏流动性且受到公司其他股东的制约,债权人无法在短期内将股权变现受偿,股权若被质押,则更无执行的必要。

在“债随物走”规则视野下,法人人格与财产独立不是绝对的。在某些情况下,法人财产独立的制度成本可能超过收益,应受到一定限制,需要法官根据具体案情,综合衡量规则的实际效果进行裁量。在域外,美国法尽管基本坚持法人人格原则,但一些州已经放松了相应的要求,一些法院在处理类似案件时采纳的规则与我国“债随物走”规则实际上极为类似。①

二、被告资格

(一)公司股东

关于被告身份的确定,《九民纪要》第13条规定:“人民法院在审理公司人格否认纠纷案件时,应当根据不同情形确定当事人的诉讼地位:(1)债权人对债务人公司享有的债权已经由生效裁判确认,其另行提起公司人格否认诉讼,请求股东对公司债务承担连带责任的,列股东为被告,公司为第三人;(2)债权人对债务人公司享有的债权提起诉讼的同时,一并提起公司人格否认诉讼,请求股东对公司债务承担连带责任的,列公司和股东为共同被告;(3)债权人对债务人公司享有的债权尚未经生效裁判确认,直接提起公司人格否认诉讼,请求公司股东对公司债务承担连带责任的,人民法院应当向债权人释明,告知其追加公司为共同被告。债权人拒绝追加的,人民法院应当裁定驳回起诉。”

---

① 参见曾思:《“债随物走”规则的理论基础是什么——以企业转投资案例为焦点的实证研究》,载《政治与法律》2020年第5期。

从文义上理解，被告股东应当是公司工商登记的股东。但实际上股东可分为隐名股东与显名股东，公司人格否认诉讼的被告到底是哪一类股东呢？这个问题不难回答，因为公司人格否认诉讼追究的是滥用公司独立地位和股东有限责任的股东，即只要实施了该行为的股东就有可能成为被告，无论是隐名股东还是显名股东。隐名股东可以从实际控制人角度论证被告身份的适格。特殊情形是《公司法》(2023 年)第 23 条第 3 款规定的只有一个股东的公司的人格否认，要求股东举证证明个人财产与公司财产独立，此处的股东便不再区分是否为存在股权代持关系，只要是一人公司工商登记的股东就应承担该举证责任，这与工商登记的公示效力有关。

(二)关联公司

关联公司适用法人人格否认在理论和实务中已无争议。关联公司人格否认的理论主要有三角刺破理论和企业整体理论。三角刺破理论认为，当具有关联关系的公司被一名股东或者几名股东实际控制，而这种被控制的局势可能会损害债权人的利益的时候，这些关联公司就会被判定对其他的关联公司的债务承担责任。在英美法系，如若一个股东或多个股东同时成立多个公司并且这些公司之间还存在很多关联，就会被认定为其实就是同一个企业，这些公司之所以独立存在是为了避免让企业整体担责，最后可能会导致债务无法实现，一般来讲，只将这些公司看作不一样的部门对待，这就是企业整体理论。这样法官在追究责任时就可以把它们当作一个整体从而直接忽略每个公司的独立存在，直接追究它们的整体责任。

2013 年最高人民法院发布 15 号指导案例(徐工集团工程机械股份有限公司诉成都川交工贸有限责任公司等买卖合同纠纷案)确立了我国关联公司人格否认的基本原则，即关联公司人格混同要从财产、人员、业务是否混同进行判断。实证研究表明，15 号指导案例对其后审判产生了相当的示范效应，导致发布前后的审判实践发生了较大的变化。[①] 经过多年的司法实践，《公司法》(2023 年)第 23 条第 2 款终于确立了关联公司人格否认制度，该款规定："股东利用其控制的两个以上公司实施前款规定行为的，各公司应当对任一公司的债务承担连带责任。"

---

① 参见李建伟：《关联公司法人人格否认的实证研究》，载《法商研究》2021 年第 6 期。

案例3－2

徐工集团工程机械股份有限公司诉成都川交建伟工贸有限责任公司等买卖合同纠纷案

江苏省高级人民法院(2011)苏商终字第0107号[①]

案情简介

上诉人(原审被告):川交机械公司

上诉人(原审被告):瑞路公司

被上诉人(原审原告):徐工集团工程机械股份有限公司(以下简称徐工机械公司)

原审被告:成都川交建伟工贸有限责任公司(以下简称川交工贸公司)

原审被告:王某某、吴某、张某某、凌某、过某某、汤某某、郭某、何某某、卢某

徐工机械公司诉称:川交工贸公司拖欠其货款未付,川交机械公司、瑞路公司与川交工贸公司人格混同,三家公司实际控制人王某某以及川交工贸公司股东等人的个人资产与公司资产混同,均应承担连带清偿责任。请求判令:川交工贸公司支付所欠货款10,916,405.71元及利息;川交机械公司、瑞路公司及王某某等个人对上述债务承担连带清偿责任。

法院经审理查明:川交机械公司与徐工机械公司素有业务往来,2005年8月15日,川交机械公司、瑞路公司、川交工贸公司共同向徐工机械公司出具《说明》一份,载明:川交机械公司成立于1999年,由于公司业务的不断扩张,于2004年、2005年先后注册了瑞路公司、川交工贸公司;这三个单位分别与徐工机械公司签订了销售合同,所产生的债权债务以及销售量都算川交工贸公司的,以后尽量规范川交工贸公司与徐工机械公司的业务往来。川交机械公司、瑞路公司、川交工贸公司以及徐州工程机械集团公司成都办事处在该《说明》上盖章。

---

① 原判决书内容较长,引用时为突出重点,做了删减和提炼。一审案号:江苏省徐州市中级人民法院(2009)徐民二初字第0065号。

2006年至2009年，瑞路公司、川交工贸公司与徐工机械公司、徐工重庆公司签订多份工业品买卖合同。其中2006年12月7日，川交工贸公司、瑞路公司共同向徐工机械公司出具一份《申请》，载明：2006年度川交工贸公司、瑞路公司分别销售了徐工集团的装载机、压路机，为了统一核算，现郑重申请将川交工贸公司、瑞路公司在2006年度所有业绩、账务都计算到川交工贸公司名下。

2009年8月6日，徐工重庆公司向川交工贸公司出具债权转让通知书，将其享有川交工贸公司10,916,405.71元的债权及项下全部权利转让给徐工机械公司。

根据工商登记资料记载，川交机械公司成立于1999年4月15日，注册资本50万元，住所地在四川省成都市武侯区簇桥镇龙井村6组，股东为王某某、李某、倪某(2008年3月31日变更为倪某、王某某)，法定代表人于2007年10月31日由王某某变更为倪某。

瑞路公司成立于2004年9月14日，注册资本1000万元，住所地在四川省成都市武侯区簇桥镇新苗村7组，股东为王某某、李某、倪某(2007年8月14日变更为王某某、倪某)，法定代表人王某某。

川交工贸公司成立于2005年4月27日，注册资本100万元，住所地在四川省成都市金牛区蓉都大道天回路817号中储天回二库内，股东为吴某、张某某、凌某、过某某、汤某某、何某某、郭某(至2008年10月20日股东变更为吴某、张某某)，法定代表人为吴某。

三家公司的经营范围重合，经理均是王某某，财务负责人均是凌某，出纳会计均是卢某，工商手续的经办人均为张某、卢某，与徐工机械公司签订合同的经办人均为杜某某。川交工贸公司的股东在瑞路公司及川交机械公司交叉任职或兼职。王某某与张某某系夫妻关系。2006年，川交工贸公司售出的车辆曾由瑞路公司向客户出具收据。在对外开展销售业务时，凌某、卢某、汤某某、过某某的银行卡中曾发生大额款项存入和支出情况(凌某涉及1300余万元、卢某涉及8800余万元)，其中卢某的银行卡内款项转入瑞路公司63.2万元。法院要求瑞路公司针对该63.2万元提供银行进账单、会计凭证等证据，瑞路公司未提供。法院要求川交工贸公司对卢某、凌某等人卡内大额款项存入和支出情况提供财务明细账、会计凭证等证据，川交工贸公司仅提供73笔，涉及金额仅717万元，其余未提供。法院曾征询川交工贸公司、瑞路公司、川交机械公司是否同意进行财务审计，三家公司委托代理人回答需征求当事人意见，但事后未向法院回复结果。卢某在接受公安机关调查时陈述，其个人银行卡中资金的来源有销售徐工机械公司的机械款，有瑞路公司机械租赁款，还有少部分的瑞路公司工程款，还有川交的工程机械配件款；只要有总经理王某某的签字，就按照王某某的签字向外支付。

通过网络查询川交工贸公司的相关信息时，瑞路公司的企业资料信息会一并出现，并且在招聘员工等信息资料上两公司对外预留的电话号码、传真号码等均为同一个。在川交机械公司 2008 年的部分《川交机械时讯报》上，刊登了川交工贸公司的人事任免情况，披露的地址是川交工贸公司的工商登记住所地。川交工贸公司与瑞路公司共用同一份《销售部业务手册》，该手册财务部出纳个人结算卡号登记的是卢某的四个银行卡号。

徐工重庆公司《营销商务政策》所载 2008 年度经销优惠结算政策包括：(1)上台阶政策，以经销商实际回款为核算基础，销售回款达到 1000 万元，优惠比例 1.5%，销售回款 1001 万元至 2000 万元，优惠比例 2%，销售回款 2001 万元至 3000 万元，优惠比例 2.5%……(2)货款结算政策：采用即时销售和寄售车销售方式的，按合同约定及时回款的采取现款结算的给予 1% 优惠……若当季度回款率未达到 100%，则扣减当季度 10% 的台阶优惠，余下 90% 台阶优惠在回款率达到 100% 时再予结算，年底仍不能清零的，取消各项优惠享受资格且各项收息、违约金仍执行，徐工重庆公司保留后期进一步追偿的权利。一审庭审中，川交工贸公司陈述 2006 年的返利款 841,200 元在该公司名下尚未分配，获得返利的前提是货款全部结清，而 2007 年至 2008 年的货款未结清。瑞路公司陈述将销售业绩都计算在川交工贸公司名下是为了获得较高的返利，但是对于返利如何分配没有约定。

法院裁判

一审争议焦点：(1)徐工机械公司享有债权的具体数额；(2)瑞路公司、川交机械公司与川交工贸公司之间是否存在资产混同情形，是否应当对川交工贸公司的债务承担连带清偿责任；(3)九位自然人是否存在侵害公司利益情形，是否应对川交工贸公司的债务承担连带清偿责任。

一审法院认为，徐工机械公司与川交工贸公司、瑞路公司、川交机械公司签订的买卖合同,以及徐工重庆公司与川交工贸公司签订的买卖合同均合法有效。2009年8月6日,徐工重庆公司向川交工贸公司出具债权转让通知书,将其享有川交工贸公司10,916,405.71元的债权及项下全部权利转让给徐工机械公司,该转让行为合法有效。川交工贸公司应当向徐工机械公司偿还欠款并可就其对徐工重庆公司的抗辩向徐工机械公司主张。

第一,关于徐工机械公司享有债权的数额问题。根据庭审调查及各方当事人的确认,债权数额应确认为10,511,710.71元。

第二,关于川交机械公司、瑞路公司与川交工贸公司之间是否存在资产混同情形,是否应当对川交工贸公司的债务承担连带清偿责任的问题。三家公司构成资产混同,川交机械公司、瑞路公司应当对川交工贸公司的债务承担连带责任。

1. 三家公司人员相同。根据庭审调查,三家公司的经营范围重合,经理均是王某某,财务负责人均是凌某,与徐工机械公司或徐工重庆公司签订买卖合同的经办人均是杜某某,即公司重要部门任职人员相同。同时,川交工贸公司的股东在瑞路公司及川交机械公司存在任职或兼职情况。

2. 三家公司企业资料宣传信息相同。通过因特网查询川交工贸公司的相关信息时,瑞路公司的企业资料信息会一并出现,并且在招聘员工等信息资料上两公司对外预留的电话号码、传真号码等均为相同。川交机械公司2008年的部分《川交机械时讯报》上,刊登了川交工贸公司的人事任免情况,披露的地址是川交工贸公司的工商登记住所地。川交工贸公司与瑞路公司共用同一份《销售部业务手册》,该手册财务部出纳个人结算卡号登记的是卢某的四个银行卡号。

3. 三家公司财务混同。(1)三家公司于2005年8月15日共同向徐工机械公司出具的《说明》,即川交机械公司成立于1999年,由于公司业务的不断扩张,于2004年、2005年先后注册了瑞路公司、川交工贸公司,这三个单位分别与徐工机械公司签订了销售合同,所产生的债权债务以及销售量都算川交工贸公司的,以后尽量规范与川交工贸公司的业务往来,以及川交工贸公司、瑞路公司于2006年12月7日共同向徐工机械公司出具的《申请》,即为了统一核算,现郑重申请将川交工贸公司、瑞路公司在2006年度所有业绩、账务都计算到川交工贸公司名下,表明川交机械公司、瑞路公司从徐工机械公司购买设备对外销售却将债务转由川交工贸公司承担。(2)三家公司均与徐工机械公司存在业务往来,徐工机械公司对三家公司的返利长期放置在川交工贸公司账户未分配,三家公司对返利的分配未做约定。(3)2006年川交工贸公司售出的车辆曾由瑞路公司向客户出具收据。(4)三家公司的财务管理人员都是卢某、凌某。对外开展销售业务时,绝大多数的货款回收都是通过凌某、卢某等人的银行卡来完成,进行交易结算。根据卢某向公安机关所做的陈述,其银行卡中资金来源涉及三家公司,支出时仅依据总经理王某某的签字向外支付。卢某作为三家公司共同的出纳会计,如何做到将其银行卡中收到的8800余万元款项一一对应支出给三家公司,三家公司均未提供证据证实,亦未对法院提出的财务审计建议作出回应。

上述事实表明,川交工贸公司、川交机械公司、瑞路公司表面上是彼此独立的有限责任公司,但三家公司无证据证明公司之间资产、财务的独立性,已实际构成资产混同,该行为损害了债权人的利益。三家公司关于其相互之间不存在资产混同的抗辩理由无证据支持,不予采纳。因此,在川交工贸公司不能清偿拖欠货款的情况下,川交机械公司、瑞路公司应对川交工贸公司的上述债务承担连带清偿责任。徐工机械公司的此项诉讼请求,应予支持。

第三,关于九位自然人是否应对川交工贸公司的债务承担连带清偿责任的问题。

徐工机械公司未提供证据证明王某某、张某某将应当归属于公司的资产占为己有,亦未提供证据证明其个人资产与公司资产混同,故徐工机械公司要求王某某、张某某对川交工贸公司的债务承担连带责任,不予支持。

徐工机械公司认为吴某、凌某、过某某、汤某某、郭某、何某某作为股东与王某某构成共同侵权,对三家公司资产混同情况是明知的,亦应当承担连带责任。卢某作为三家公司财务人员,将8800余万元款项存入其个人银行卡,侵占了公司资产,也应当承担连带责任。对此,法院认为,徐工机械公司无证据证明三家公司资产混同系由吴某、凌某、过某某、汤某某、郭某、何某某所为,且法律无明文规定知晓关联公司资产混同就要对公司债务承担连带责任,故对此项诉讼请求不予支持。关于卢某的行为,因其系三家公司共同的财务人员,款项从其个人银行卡收支,系职务行为,且公安机关亦未对此作出侵占公司资产的认定,故对徐工机械公司此项诉讼请求不予支持。

一审法院判决:(1)川交工贸公司向徐工机械公司支付货款10,511,710.71元及逾期付款利息;(2)川交机械公司、瑞路公司对川交工贸公司的上述债务承担连带清偿责任;(3)驳回徐工机械公司对王某某、吴某、张某某、凌某、过某某、汤某某、郭某、何某某、卢某的诉讼请求。

宣判后,川交机械公司、瑞路公司向江苏省高级人民法院提起上诉,认为一审判决认定三家公司人格混同,属认定事实不清;认定川交机械公司、瑞路公司对川交工贸公司的债务承担连带责任,缺乏法律依据。

二审判决:驳回上诉,维持原判。

案例评析

最高人民法院提炼的裁判要旨为:(1)关联公司的人员、业务、财务等方面交叉或混同,导致各自财产无法区分,丧失独立人格的,构成人格混同;(2)关联公司人格混同,严重损害债权人利益的,关联公司相互之间对外部债务承担连带责任。

从本案可知,关联公司是否人格混同,应从人员、业务、财产等角度综合认定,其中财产混同主要表现为公司财务、经营场所、主要办公和生产设备的混同。本案中,川交工贸公司与川交机械公司、瑞路公司从以下几方面可认定为人格混同:一是三家公司的人员即组织结构混同,表现为三家公司人员交叉,经理、财务负责人、出纳会计、工商手续经办人均相同;二是三家公司的业务混同,经营范围基本重合,均涉及工程机械相关业务,经销过程中存在共用销售手册、经销协议的情形,对外宣传时信息混同;三是三家公司的资产混同,使用共同账户,以王某某的签字作为具体用款依据,对其中的资金及支配无法证明已作区分,三家公司与徐工机械公司之间的债权债务、业绩、账务及返利均计算在川交工贸公司名下。因此,三家公司表征人格的因素高度混同,已丧失独立人格。

徐工机械公司一并起诉了王某某在内的9个自然人要求承担连带清偿责任,但法院均未支持。根据查明的事实可知,王某某和张某某可被认定为三家公司的实际控制人,但法院认为徐工机械公司没有证据证明王某某和张某某个人财产与公司财产混同,故不能判令王某某和张某某承担连带责任。由此想知道,股东或者实际控制人一定要侵占公司资产,与公司发生财产混同,才能判令其承担连带责任吗？从举证角度来看,徐工机械公司提交的证据能基本证明三家公司人格混同,王某某和张某某作为实际控制人有过度支配与控制三家公司的情节,在此基础上,徐工机械公司可以向法院申请调取三家公司银行账户流水,以查明王某某和张某某是否与公司财产混同。卢某作为三家公司财务人员,将8800余万元款项存入其个人银行卡,判决书未披露这些资金的具体使用去向,是否完全用于三家公司,如果卢某仅是将该张个人银行卡借给公司使用,归公司管理,个人从未动用该银行卡中的资金,占为己有,那么就正如法院所述这是职务行为。若该张银行卡中的资金流向不明,无法进行审计核查,无法证明个人资金与公司资金完全独立,则可以认定卢某与公司发生财产混同。同理,对其他自然人被告也是一样。

15号指导案例名义上是买卖合同纠纷,实质上是公司法人人格否认的典型案例。法院参照《公司法》(2005年)第20条第3款的规定,判决川交机械公司、瑞路公司对川交工贸公司的债务承担连带清偿责任,有利于防止关联公司滥用公司法人独立地位和股东有限责任,恶意逃避债务,损害公司债权人利益;有利于规范关联公司经营行为,促进企业依法健康发展,有利于充分保护合同债权人的利益,维护正常的交易秩序;有利于恰当运用司法自由裁量权,真正实现司法公正。从法律制度完善的角度看,15号指导案例在遵循立法本意的基础上,明确了"关联公司人格混同,严重损害债权人利益的,关联公司相互之间对外部债务承担连带责任"的裁判规则,扩大了《公司法》(2005年)第20条的适用范围,进一步补充、完善了我国公司法人人格否认制度。

(三)实际控制人

近年来,非股东身份的实际控制人隐蔽于公司股东之后,滥用公司独立人格、侵害债权人利益的现象越发普遍,较之通常股东对公司债权人承担清偿责任的情形,这类实际控制人承担责任因涉及对公司法人人格的"刺破双重面纱"而显得更为复杂。

公司人格否认制度适用于非股东身份的实际控制人符合立法目的。公司人格否认制度目的在于规制滥用公司独立人格,严重损害公司债权人利益的行为。但公司人格的独立性却并不以股东有限责任为其前提,而在于公司是否拥有独立的意志和责任能力,也即若公司的意志为他人所左右、被操控,而丧失独立性时,就不应再承认其享有独立法人资格。正是基于此,公司人格否认制度的适用主体呈扩大趋势,从最初的公司债权人与股东之间的纵向人格否认,逐渐发展到关联公司之间的横向人格否认、公司集团的整体人格否认以及股东债权人与公司之间的反向公司人格否认，究其本质均是在否认公司的独立责任，令导致公司人格不独立的主体承担连带清偿责任，而非仅否认股东的有限责任。因此，公司人格否认规则的基本逻辑应当是谁滥用公司人格，谁对公司债务承担连带清偿责任，实际控制人滥用公司人格亦应如此。《公司法》(2018年)第20条规定将公司人格否认规则的适用对象限定为股东，可以解释为一个有待被司法填补的法律漏洞。[①]

公司人格否认制度适用于非股东身份的实际控制人符合公平正义原则。实践中，因为种种原因，出现了大量并不实际持有公司股份但却可以将公司玩弄于股掌之中的实际控制人。这些实际控制人，多数是为规避法律约束而产生，其中不乏恶意者。虽然公司人格否认制度原本是为那些滥用股东权利并通过对公司的控制而谋取不当利益的股东而设计，但如果那些以规避法律为目的而脱掉股东外衣的实际控制人，一方面隐藏在名义股东的背后肆无忌惮地滥用公司控制权赚取不当利益；另一方面却仅仅因为其无股东身份而不受公司人格否认规则的制裁，不仅使得公司人格否认制度设计失去应有的震慑效果，不能发挥其矫正正义的功能，无法使公司债权人得到应有的救济，而且还纵容规避法律的行为人，使之逍遥法外。如"王某某诉南宁市星堂商贸有限责任公司、许某某买卖合同纠纷案"[②]中，广西壮族自治区高级人民法院认为，从《公司法》(2018年)第20条立足于制裁掌控公司权利的股东滥用权利行为的立法初衷，保护受到不当侵害的债权人利益的立法目的看，公司人格否认制度旨在矫正有限责任制度在特定情形下对债权人利益保护的失衡，非公司股东如公司实际控制人通过操作或控制公司而损害公司债权人利益，与公司股东滥用公司人格损害债权人利益具有同质性，基于公平及诚信原则，应类推适用予以规制，以实现实质公正。

公司人格否认制度适用于非股东身份的实际控制人是诚信义务的应然要求。诚信义务源于英美信托法中受托人对委托人应当承担的责任，是"禁止权

---

① 参见虞政平、王朝辉、吴飞飞：《论公司人格否认规则对实际控制人的适用》，载《法律适用》2021年第2期。

② 广西壮族自治区高级人民法院民事判决书，(2020)桂民终15号。

利滥用”“实质正义”“权责一致”等法律原则在公司法中的具体体现，属于一种管理性的义务。公司法上的诚信义务有个渐进的发展过程，早期一直围绕着所有者与管理者之间的委托代理问题展开，故仅适用于董事、监事及高级管理人员；后来随着股东（主要是控股股东）滥用控制权，损害公司、少数股东、公司债权人权益情况的不断增加，逐步扩展到股东；再后来随着实际控制人滥用控制权和法人独立地位侵犯公司、少数股东、公司债权人情况的泛滥，又进一步扩大到实际控制人。我国理论界和实务界均认可实际控制人具有双重身份，一方面其作为实际控制人具有委托人的地位，另一方面当其介入公司的控制管理活动时，具有受托人的地位，所以应承担与控股股东相同的诚信义务。当实际控制人存在滥用控制权行为的情形，若无法直接追究其责任，显然有悖诚信义务的要求。

（四）公司董事

传统公司法理论从法人主体说角度，都认为董事无须对公司债权人承担责任，立论依据为：其一，根据公司法人人格的独立性，董事以公司名义执行职务，对债权人造成侵害的实施机关是公司而非董事。根据“法人机关责任的一般理论”，该行为后果由法人承担。其二，董事行为为执行股东会决议之行为，如果认为股东会决议是违法的，应由作出相关决议的主体去承担，而不应由执行者去承担。其三，董事受公司之托为公司谋利，董事获得的报酬有限，经营的风险和责任全由董事个人承担并不公平合理。其四，董事并未实行职业保险，没有雄厚的财产作为其担责的财产基础，强行要求董事对债权人承担责任并不现实。其五，董事作为特殊的职业群体，其职业环境需要一定的安全保障，这是公司治理结构科学化的客观要求。[①] 坚持董事责任内部性原则有一定的合理性，有利于激励董事履行商业判断职责，董事作为公司的管理者，必须冒着商业风险作出商业判断，如果要求董事对所有产生风险的行为都承担责任，实际上不利于公司适应市场竞争。

随着现代公司的权力逐渐从股东会向董事会转移的变革[②]，董事的权力空

① 参见郑曙光：《公司董事义务与责任的另一种分析视域——以关联公司人格否定案为视点》，载《宁波大学学报（人文科学版）》2020 年第 1 期。

② 参见叶林：《公司治理制度：理念、规则与实践》，中国人民大学出版社 2021 年版，第 127 页。

前加强并直接影响公司的成败兴衰,以上观点越来越受到质疑并在诸多市场经济发达国家和地区的立法中得以纠正和突破。第一,虽然公司由股东设立和拥有,但由董事和高管实际控制,尤其是在“两权分离”的公司中表现得非常明显,故董事能成为侵害公司债权人利益的主体。同时,作为股东会指派的董事,在股东和公司债权人利益相冲突时,董事无法避免地会听从股东会的意思,做出损害公司债权人利益的决定。因此,董事除作为一般民事主体对债权人负有侵权法上的注意义务外,越来越多的国家逐渐突破董事只对公司负有信义义务的樊篱,开始奉行董事对债权人也负有信义义务的立场。第二,只让公司对外承担责任,不利于保障债权人权益。当公司濒临资不抵债时,公司往往不具有向债权人承担责任的实力,债权人利益将得不到保障。如果公司被董事控制,公司也不会再向董事追偿,在此情形下完全不能约束董事的行为。由公司董事和公司共同对第三人负责,将会使第三人的风险减少或得到有效控制,也有利于对董事行为实施惩罚。第三,董事的职务行为并不必然全部被公司吸收。有学者指出,由公司吸收董事人格的制度设计只是为了理论上的需要,并不符合现代商品经济条件下交易的效率原则。具体而言,董事执行职务行为的合法性是决定人格是否被吸收的适用前提。如果董事执行职务的行为符合法律法规和公司章程的规定,那么董事的人格由公司吸收,由公司对董事行为的后果承担法律责任;反之,则公司不能吸收董事的人格。① 也即,公司在对作为公司经营者的董事的行为负责时,董事亦要为自己的违法行为对第三人的损失承担法律责任。第四,董事要对公司债权人承担相应的责任,符合公司社会责任理论。在现代社会中,公司是多种利益群体,诸如股东、债权人、雇员、消费者、社区等的共同代表。公司不仅以获取最大经济利益为目的,而且还担当着一定的社会功能,如公平地保护公司、股东和债权人的合法权益,维护社会经济秩序,促进社会主义和谐社会的构建,等等。尽管这些群体的利益在不同层面与公司的利益混杂在一起,但对居于经营管理地位的董事来说,这些群体的利益在不同的阶段或时期都需要加以适当的考量和尊重。

传统公司法一味否定董事对债权人的责任并不符合市场经济的客观要求,也不利于规制董事的行为以及保护商业交易安全。从域外经验来看,科学建构

---

① 参见史玲:《我国董事对第三人责任的现状及反思》,载《经济论坛》2006 年第 19 期。

董事对第三人的责任机制是公司法现代化发展的必然趋势。

从我国《公司法》(2005 年)第 21 条、第 150 条及第 153 条的规定来看,仅规定了董事、监事及高级管理人员不当利用关联关系或者执行公司职务时违反法律、行政法规或者公司章程规定给公司、股东造成损失的赔偿责任,但忽视了董事对债权人的损害赔偿责任。近年来,实务界和立法机关的观点正在变化。为了回应司法实践的需求,最高人民法院在适用《公司法》(2005 年)中发现了董事向债权人承担义务的部分法律依据,并发展出两项董事承担连带赔偿责任的裁判规则。一是《公司法司法解释(二)》第 18 条首次提及股份有限公司董事在公司或股东怠于清算时承担连带赔偿责任,二是《公司法司法解释(三)》第 14 条规定了董事协助股东抽逃出资者承担连带赔偿责任。另一方面,在证券市场发展中,2019 年修订后的《证券法》针对董事责任采用了相对进取的态度。根据该法第 85 条的规定,在信息披露义务人违反信息披露义务时,"发行人的控股股东、实际控制人、董事、监事、高级管理人员和其他直接责任人员以及保荐人、承销的证券公司及其直接责任人员,应当与发行人承担连带赔偿责任,但是能够证明自己没有过错的除外"。上述规定旨在保护证券市场投资者,《证券法》所称投资者通常不包括普通债权人。就此而言,《证券法》也未概括规定董事向债权人承担赔偿责任或连带赔偿责任。

《破产法》对此也做了积极有效的推进,其第 125 条规定:"企业董事、监事或者高级管理人员违反忠实义务、勤勉义务,致使所在企业破产的,依法承担民事责任",但未明确规定董事究竟应该对谁承担责任、承担何种民事责任。紧接着,第 128 条明确规定,债务人有《破产法》第 31 ~ 33 条规定的行为(无偿或低价转让公司财产、对无担保的债权人提供担保、对未到期的债权提前清偿、对个别债权人进行清偿、放弃债权),损害债权人利益的,债务人的法定代表人和其他直接责任人员依法承担赔偿责任。基于该条的规定,作为公司的"法定代表人和其他的直接责任人员"的董事,在具有法律规定的损害债权人利益的特殊情形时,受损的债权人可以该条为依据,直接向董事要求承担责任。

《公司法》(2023 年)第 191 条新增"董事、高级管理人员执行职务,给他人造成损害的,公司应当承担赔偿责任;董事、高级管理人员存在故意或者重大过失的,也应当承担赔偿责任",是我国公司法上首次规定董事、高管对债权人造成侵权损害时的赔偿责任。关于该条的衍生问题,如侵权行为的因果关系认定,赔偿范围是直接损失还是间接损失,与公司的赔偿责任如何划分等还需要进行专门研究、解释。

我们能否以《公司法》(2023 年)第 191 条的规定,认为董事也是公司人格否认制度的适格被告?笔者的观点是,公司人格否认制度旨在约束滥用公司独立人格损害债权人利益的人,例如股东、实际控制人,但如果实践中查明某公司董事也存在滥用公司独立地位、逃避债务、损害公司债权人利益的行为,该董事同样能受到该制度的评价,而不必在乎其具体身份如何。

(五)非营利法人与特别法人

按照我国《民法典》的设计,具有独立主体资格的法人可分为营利法人、非营利法人、特别法人三种,其中营利法人要给出资人分配利润;非营利法人以公益目的,不给出资人分配利润;特别法人采取列举式,主要有机关法人、农村集体经济组织法人、城镇农村的合作经济组织法人、基层群众性自治组织法人。

法人人格否认制度的本质是规制滥用独立法人资格,严重损害债权人利益的行为,故除公司(营利法人)之外其他类型的独立法人,从理论上讲,都可适用。但《民法典》第 83 条第 2 款只规定了营利法人出资人禁止滥用法人地位和有限责任原则,即"营利法人的出资人不得滥用法人独立地位和出资人有限责任损害法人债权人的利益;滥用法人独立地位和出资人有限责任,逃避债务,严重损害法人债权人的利益的,应当对法人债务承担连带责任",而非营利法人、特别法人要适用法人人格否认制度则欠缺法律依据。笔者认为,完整的法人人格否认制度设计,应当是在《民法典》第三章"法人"第一节"一般规定"中确立"禁止法人资格滥用原则",从而统领所有法人类型。立足现实,既然《民法典》"木已成舟",作为实务工作者,只能从现有规定出发,结合法人人格否认理论,利用类推适用方法,弥补立法缺漏。

案例3－3

潘某诉无锡杰乐菲办公文具有限公司、曹某等教育培训合同纠纷案

江苏省无锡市中级人民法院(2022)苏02民终3072号①

案情简介

上诉人(原审被告):无锡杰乐菲办公文具有限公司(以下简称杰乐菲公司)

上诉人(原审被告):曹某

被上诉人(原审原告):潘某

被上诉人(原审被告):美语培训中心

潘某向无锡市梁溪区人民法院起诉请求:(1)判令美语培训中心、杰乐菲公司、曹某共同退还培训费共计14,368元;(2)本案诉讼费用由美语培训中心、杰乐菲公司、曹某承担。

一审法院认定事实:2018年11月29日,潘某与美语培训中心签订《长颈鹿美语课程销售协议》,潘某通过支付宝向账户名为"收钱码店主"的账户转账支付12,688元。2019年12月4日,潘某与美语培训中心签订《长颈鹿美语课程销售协议》,潘某通过支付宝向账户名为"giraffe"的账户转账支付12,600元。

杰乐菲公司成立于2016年10月11日,登记类型为有限责任公司(自然人独资),公司设立时的法定代表人、股东为曹某,注册资本为350万元。经营范围:教育信息咨询服务、培训服务、组织文化艺术交流活动、出版物零售、文化体育用品销售。2020年5月19日,公司法定代表人由曹某变更为杨某某,企业类型由有限责任公司(自然人独资)变更为有限责任公司(自然人投资或控股),股东由曹某变更为曹某、杨某某(新增)。

2017年10月24日,无锡市梁溪区教育局出具《关于同意举办"无锡市梁溪区长颈鹿美语培训中心"的批复》,载明:(1)同意设立"无锡市梁溪区长颈鹿美

① 原判决书内容较长,引用时为突出重点,做了删减和提炼。一审案号:无锡市梁溪区人民法院(2020)苏0213民初9268号。

语培训中心”，地址：无锡市××路××号××室。(2)美语培训中心性质：民办非企业(法人)；办学层次：非学历教育；业务范围：英语培训；举办者：杰乐菲公司，董事长、校长：曹某。

根据潘某提供的证据显示，部分家长支付给美语培训中心的学费转入曹某个人微信或支付宝，部分家长支付给美语培训中心的学费转入杰乐菲公司账户。

一审法院向无锡太湖审计所就美语培训中心财务审计事宜进行询问，该审计所工作人员表示由于受到委托方提供资料和委托要求的限制，以及无法实施与企业管理层和财务人员的有效沟通，因此不具备出具年度财务报告的条件，所以无锡太湖审计所没有出具年度的财务审计报告。根据委托方提供的材料，确实存在曹某以个人微信形式收取学费的现象。同时无锡太湖审计所发现，由曹某个人账户支付部分教具、教材以及为外教支付工资的情况。从目前的财务资料来看，曹某个人账户与美语培训中心账户是有经济往来的，但是无法一一对应，无法看出家长将学费转入曹某个人账户后，曹某是否立刻将钱转入美语培训中心账户。

美语培训中心、杰乐菲公司、曹某对询问笔录的真实性无异议，在该询问笔录中明确曹某个人账户为美语培训中心、杰乐菲公司支付教具、教材及外教工资，能与两企业的最终资产情况相匹配，事实上曹某收取的部分学费因外教工资发放的特殊性，受外汇管理的限制，有一部分是通过现金以及曹某个人账户支付，这种财务处理的方式并没有违反会计制度规定。

一审法院要求美语培训中心、杰乐菲公司提供2018年、2019年的财务账册。经对上述财务账册进行统计，学费收取存在如下情况：(1)杰乐菲公司在2018年共计收取学费109笔，金额为1,303,890元，2019年共计收取学费70笔，金额为1,064,464元，两项合计2,368,354元。(2)美语培训中心在2018年共计收取学费50笔，金额为555,578元。2019年共计收取学费201笔，金额为2,147,696元，两项合计2,703,274元。(3)美语培训中心、杰乐菲公司2018年、2019年的财务账册显示，财务账册制作人均为朱某某。(4)杰乐菲公司、美语培训中心账册中反映出杰乐菲公司、美语培训中心购买图书、食品、文具用品，支付交通费、工资、住宿费、车辆保险费、水电费等情形。

一审中，潘某明确要求解除与美语培训中心之间签订的《长颈鹿美语课程销售协议》,美语培训中心表示同意解除。

美语培训中心陈述:(1)曹某作为当时美语培训中心的负责人,仅仅代收了几笔学费,且金额不大。(2)美语培训中心是民办非企业,并不适用公司法关于人格混同的相关规定。(3)美语培训中心开办的培训活动所使用的场地、座椅、家具及办公用品均是杰乐菲公司购买或租赁,支付租金,并且美语培训中心员工的社保也是由杰乐菲公司缴纳,所以杰乐菲公司收取了部分学费,冲抵相应的成本。

法院裁判

一审法院认为,潘某要求美语培训中心退还培训费的诉讼请求,符合法律规定,法院予以支持,但根据双方于2018年11月29日签订的《长颈鹿美语课程销售协议》,每节课应为151元,10节课未上,故该协议项下应退还的培训费金额应为1510元;2019年12月4日签订的《长颈鹿美语课程销售协议》项下应退还的培训费金额应为12,688元,合计14,198元。

法人以其全部财产独立承担民事责任。有限责任是法人成立的核心,如果举办者利用其举办者身份,掏空了法人,是对有限责任的侵害,而非营利法人系法人的一种类型,因此,美语培训中心作为民办非企业法人,属于法人,应以财产独立承担民事责任,可参照适用人格混同。本案中,第一,美语培训中心、杰乐菲公司的注册地址相同,财务人员存在交叉、混同,美语培训中心的经营范围完全包含于杰乐菲公司的经营范围内;第二,美语培训中心的理事长为曹某,杰乐菲公司的法定代表人、唯一股东也为曹某;第三,美语培训中心收取学费的同时,曹某、杰乐菲公司亦大量收取学费,美语培训中心、杰乐菲公司、曹某均存在支付办学费用的情况,致使美语培训中心财产与杰乐菲公司财产无法区分。上述事实表明,美语培训中心与杰乐菲公司在从事英语教育培训业务时,已实际构成人格混同,其行为违背了法人制度设立的宗旨,违反了诚实信用和公平原则,损害了债权人利益。因此,杰乐菲公司应对美语培训中心外部债权人所负债务承担连带责任。

根据《公司法》(2018年)第63条的规定,虽然杰乐菲公司于2020年5月19日将股东由曹某变更为曹某、杨某某,但在本案案涉债务发生时,杰乐菲公司系一人公司,曹某作为杰乐菲公司唯一股东,不能举证证明公司财产与其个人财产相互独立,就应对本案债务与杰乐菲公司承担连带清偿责任,且实际上从本案现有证据来看,曹某亦收取了大量的学费,与杰乐菲公司存在人格混同。

综上所述,一审法院经审委会讨论决定,判决:(1)美语培训中心支付退还潘某培训费14,198元;(2)杰乐菲公司、曹某应就美语培训中心所负上述第一项债务承担连带清偿责任。

杰乐菲公司、曹某不服一审判决,上诉至江苏省无锡市中级人民法院。

二审判决:驳回上诉,维持原判。

案例评析

《民法典》第60条规定:"法人以其全部财产独立承担民事责任。"本案中美语培训中心作为经核准登记依法取得法人资格的非营利法人,亦应以其全部资产对其债务承担清偿责任。根据我国《民办教育促进法》第36条规定:"民办学校对举办者投入民办学校的资产、国有资产、受赠的财产以及办学积累,享有法人财产权。"《民办教育促进法实施条例》第13条规定,民办学校存续期间,所有资产由民办学校依法管理和使用。该条例第62条规定,民办学校举办者及实际控制人存在利用办学非法集资,或者收取与入学关联的费用的;未按时、足额履行出资义务或者抽逃出资、挪用办学经费的,侵占学校法人财产或者非法从学校获取利益的等情形之一的,应退还所收费用并没收违法所得。由此可知,虽然法律没有规定非营利法人的法人人格否认制度,但规定了其独立法人财产权不受侵犯,即民办学校举办者及实际控制人不得以收取学费、从学校获取利益等方式侵犯学校的法人财产权,否则应承担相应的法律责任。本案中,美语培训中心的单位性质及组建方式与公司法人相类似,在此前提下,法院参照与涉案纠纷性质最相类似的《公司法》(2018年)关于法人人格混同的相关规定处理本案,符合立法本意。需要注意的是,本案法院判决曹某承担连带责任的依据是,曹某是杰乐菲公司的一人公司股东,但实际上曹某代美语培训中心收取学费,支付办公费用等经济往来,也足以认定其个人与美语培训中心发生财产混同。

《民法典》在非营利法人中没有规定法人人格否认制度应有其考虑,如果认为非营利法人是公益性质,出资人在设立法人时已让渡了其财产所有权且不能领取分红,若要再追究其出资人的连带责任,会显失公平,也不利于鼓励非营利法人的发展的话,这样的观点恐不能站得住脚。《民法典》中的"非营利目的"

并未对非营利法人从事营利行为作出任何限制,故非营利法人有从事营利活动的能力。相关行政法规或者规范性文件的规定也支持这一判断,以社会团体为例,《社会团体登记管理条例》中规定的"开展章程规定的活动"并没有一概排斥"经营活动",这就意味着社会团体可以开展与其章程相关的营利活动,只要其收入没有在其成员中进行分配即可。在非营利法人从事经营活动过程中,如果没有配套的制度细化非营利法人的禁止利益分配原则,其出资人滥用独立法人地位,搞利益冲突的关联交易,通过高薪变相分配利润等各种损害债权人利益的现象,都无法杜绝,本案即是例证。

案例3-4

逯某某诉安泽县为民干果种植专业合作社、东唐村委会等合同纠纷案

山西省高级人民法院(2019)晋民再53号①

案情简介

再审申请人(一审被告、二审上诉人):安泽县为民干果种植专业合作社(以下简称为民合作社)

再审申请人(一审被告、二审上诉人):解某某

再审申请人(一审被告、二审上诉人):郝某某

被申请人(一审原告、二审上诉人):逯某某

一审被告(二审上诉人):罗某某

一审被告(二审上诉人):刘某某

一审被告(二审被上诉人):东唐村委会

逯某某向山西省安泽县人民法院提出诉讼请求:(1)判令为民合作社和东唐村委会赔偿损失7,757,075元及利息;(2)判令被告解某某、郝某某、罗某某、刘某某承担连带赔偿责任;(3)诉讼费用由被告承担。事实与理由:2012年1月1日,逯某某与东唐村委会、为民合作社签订书面合同书,约定逯某某从为民

① 原判决书内容较长,引用时为突出重点,做了删减和提炼。一审案号:山西省安泽县人民法院(2017)1026民初415号;二审案号:山西省临汾市中级人民法院(2018)晋10民终458号。

合作社处购买核桃树7000棵,与为民合作社签订了222.52亩(农户取得承包经营权土地面积为163.03亩)土地承包合同,承包期限18年。逯某某支付了核桃树款及第一年的土地承包费共计370,512元。2014年6月18日东唐村委会、为民合作社与逯某某再次签订协议书,约定共同履行并承继2012年签订的合同,免除逯某某2013年及2014年所欠的土地租赁费,并赔偿逯某某550,000元经济损失,通过补贴的方式给逯某某。2015年5月开始,为民合作社以逯某某未支付当年土地承包费为由,解除与逯某某之间的合同,并指使村民哄抢逯某某的核桃、油葵等,同时还破坏了逯某某的彩钢房及安装的监控线路、设备,造成逯某某直接经济损失800,000余元并导致核桃树损坏。经鉴定核桃树的经济价值为6,638,102元(资产评估基准日为2017年3月31日)。被告方存在截留补贴款、未全面履行协议、虚报土地面积等违约行为,应当由被告承担连带赔偿责任。

一审法院查明:为民合作社成立于2007年12月20日,注册资金18,000元。股东有6人,分别是:解某某、郝某某、罗某某、刘某某、葛某某、李某某(已故),每人应出资3000元,但均未实际出资。2010年为民合作社分别与各农户签订了《东唐村"核桃基地园"收益方案合同》。2012年1月1日,为民合作社与逯某某签订书面合同书一份,东唐村委会在合同书的"监管方"位置处签章。2012年逯某某支付给为民合作社370,512元,其中核桃树款240,000元,土地承包费130,512元。2013年土地承包费124,212元,实际支付90,000元。2013年6月7日、2014年1月14日逯某某分两次从为民合作社处领取核桃树管理补助费104,000元,2014年逯某某还领取种植药材补贴249,960元。

2014年6月18日,东唐村委会、为民合作社与逯某某签订了一份关于土地流转费用、补贴款支付、借款处理的《协议书》。

2014年10月,逯某某委托山西世信资产评估有限公司对核桃树的经济价值进行了资产评估。评估基准日为2014年10月10日,评估采用收益净现值法,评估价值为4,659,931元。

2015年5月初,为民合作社的股东解某某、郝某某、罗某某共同协商起草了《告知》,2015年5月4日,以合作社名义贴出《告知》:自2015年5月5日起土地和核桃树由农户自己经营管理,如有土地和核桃树纠纷由合作社负责。

2015年7月,合作社的股东解某某、郝某某、罗某某共同协商起草了《解除合同协议书》《解除合同通知书》,2015 年 7 月 26 日,以逯某某拖欠承包费、未付核桃树款为由以为民合作社名义向其发出了《解除合同通知书》,同时由解某某、罗某某具体承办与各农户签订了《解除合同协议书》,致逯某某无法继续经营并造成了农作物及核桃被采收,电力设施及监控设备被毁的结果。

2017 年 3 月 31 日,逯某某委托临汾博新资产评估有限责任公司对涉案核桃树的经济价值再次进行了资产评估,2017 年 4 月 22 日出具评估结论:评估价值为 6,638,102 元(资产评估基准日为 2017 年 3 月 31 日)。逯某某明确表示不再履行合同,要求赔偿其造成的所有经济损失。

法院裁判

一审法院认为,东唐村委会和为民合作社将核桃树出售给逯某某,逯某某对核桃树具有完整的物权。与东唐村委会、为民合作社签订的合同书中明确约定合同解除的条件,一是国家征用土地;二是不可抗力的自然灾害导致土地灭失或无法复耕。在不具备合同解除的情况下合作社的部分股东以合作社的名义向农户贴出《告知》:"自 2015 年 5 月 5 日起土地和核桃树由农户自己经营管理。如有土地和核桃树纠纷由合作社负责。"从而导致逯某某的核桃被农户采收,树木被毁,地上农作物被收割,无法继续经营管理。逯某某明确表态不再经营,合同解除。合同解除后合作社应对逯某某的损失进行赔偿。

合作社属于其他有限责任公司,合作社的股东应当遵守法律、行政法规和公司章程,依法行使股东权利,不得滥用股东权利损害公司或者其他股东的利益;不得滥用公司法人独立地位和股东有限责任损害公司债权人的利益。公司股东滥用股东权利给公司或者其他股东造成损失的,应当依法承担赔偿责任。公司股东滥用公司法人独立地位和股东有限责任,逃避债务,严重损害公司债权人利益的,应当对公司债务承担连带责任。解某某是合作社的法定代表人,郝某某在 2007 年 12 月 20 日至 2017 年初任合作社监事长,罗某某是合作社的会计,这三名股东在 2015 年 5 月至 7 月参与了《告知》《解除合同协议书》《解除合同通知书》的商定起草,解某某、罗某某两人在村里张贴了《告知》,并与各农户签订《解除合同协议书》,在《告知》《解除合同协议书》《解除合同通知书》上均加盖了合作社的公章,其三人利用合作社的独立地位损害了逯某某的合法权益。合作社的独立地位被股东滥用,在此情形下否认合作社的法人人格和股东的有限责任,由合作社滥用股东权利的股东对合作社债权人承担连带责任。其三人的行为属于无权处分,以合作社名义与各农户签订的《解除合同协议书》自始无效,作为过错方应当赔偿对方因此受到的损失。对逯某某的损失三人应当承担连带赔偿责任。作为合作社成员刘某某应当以其出资额3000元为限承担连带责任。本案中,村委会是涉案土地的发包方,作为监管方在合同书上签章,不是合同相对人,不承担连带赔偿责任。逯某某主张损失额的利息无法律依据不予支持。

综上所述,一审法院判决如下:(1)为民合作社赔偿原告逯某某经济损失5,522,298元。(2)解某某、郝某某、罗某某对以上5,522,298元的经济损失承担连带赔偿责任。(3)刘某某以其在为民合作社的出资额3000元为限对以上5,522,298元的经济损失承担连带赔偿责任。(4)驳回原告逯某某的其他诉讼请求。

逯某某不服一审判决,上诉称,东唐村委会作为本案土地承包的发包方,是土地流转合同书的当事人,也是合作社唯一的出资人,且虚报土地实际面积,是本案的适格赔偿责任主体,村委会与合作社之间财产、财务、人员混同,应当由村委会与合作社共同承担赔偿责任。

为民合作社、解某某、郝某某、刘某某不服提起上诉称,由于逯某某的违约行为在先,上诉人依法行使解除权,不应当承担连带责任。

东唐村委会辩称,其并非合同一方,只是监管方,不应承担法律责任。

山西省临汾市中级人民法院二审认为,东唐村委会是土地承包的发包方,在2014年6月18日三方签订的《协议书》中,三方约定继续履行2012年1月1日的合同书,且该协议中明确约定了东唐村委会与为民合作社共同履行合同的权利义务,村委会与合作社之间人员混同,村委会向合作社投资597,000元,履行合同的土地流转费、补助资金的分配等均由村委会来决定并执行,因此,东唐村委会实际上在本案中是合同一方当事人及为民合作社的出资人,应当承担相应的法律责任。解某某、郝某某、罗某某三人作为合作社的股东,商定、制作、张贴解除合同的《告知》《解除合同通知书》等,并与各农户签订《解除合同协议书》,利用合作社的独立地位损害了逯某某的合法权益,原审判决三人承担连带赔偿责任并无不当。刘某某作为合作社成员,应当在其出资额范围内承担连带责任。二审判决:(1)维持一审判决;(2)东唐村委会对逯某某的经济损失

5,522,298 元承担连带赔偿责任。

为民合作社、解某某、郝某某申请再审,其中主要认为原审法院认定为民合作社属于其他有限公司,并适用《公司法》(2018 年)是完全错误的。农民专业合作社是独立的经济组织,由专门的《农民专业合作社法》调整其法律关系,合作社宗旨是服务农民,为全体成员服务,与公司法中的公司及公司股东全然不是一个法律概念。

山西省高级人民法院再审认为,农民专业合作社与公司不同,是独立于公司、合伙企业、个人独资企业的又一市场主体。农民专业合作社应当适用《农民专业合作社法》,而不应当适用《公司法》,原审判决虽然判决结果正确,但适用法律存在瑕疵,应予纠正。

再审判决:维持二审判决。

案例评析

农民专业合作社是《民法典》中的特别法人。根据《农民专业合作社法》的规定,农民专业合作社的性质是在农村家庭承包经营基础上,农产品的生产经营者或者农业生产经营服务的提供者、利用者,自愿联合、民主管理的互助性经济组织。同样作为市场经济的参与者,《农民专业合作社法》强调农民专业合作社从事生产经营活动,应当遵守法律,遵守社会公德、商业道德,诚实守信,不得从事与章程规定无关的活动。因农民专业合作社存在的根本目的是促进农业发展,服务农民和乡村建设,故合作社的制度设计更多就此展开,对合作社与成员之间、合作社与债权人之间的利益关系考虑不足,具体表现为以下四个方面①:

第一,合作社成员身份的取得不以出资为前提,合作社资本金来源不稳定,履约能力没物质保障。公司股东身份的取得必须以出资为条件,股东通过出资让渡了财产所有权换取了有限责任的保护,股东的出资组成了公司资本金,是公司履约能力的重要保障,传统公司法围绕着公司资本金与债权人保护,构建"公司资本三原则"体系。然而《农民专业合作社法》没有对成员出资作强制性

---

① 参见程福如、张树恩:《农民专业合作社法人人格否认适用合理性分析》,载神州律师网 2022 年 6 月 6 日,http://2016.zjbar.com/info/96d757ed10944032896baa6cdf609ece。

规定,第19条规定自然人能够利用农民专业合作社提供的服务,承认并遵守农民专业合作社章程,履行章程规定的入社手续的,可以成为农民专业合作社的成员。也就是说,合作社成员不需要出资即可获得有限责任的保护,这显然与有限责任理论不符,交易相对方也没法相信合作社有相应的履约能力。

第二,合作社成员的出资形式不受限制,经济价值受限。《农民专业合作社法》第5条第2款规定,合作社财产包括社员的出资、公积金、国家财政直接补助、他人捐赠和其他合法资产。除去成员出资,其余的财产来源都取决于很多未知不确定因素。由于农民自身对于货币资本的缺乏,较大部分社员采用非货币形式出资,就存在出资不实的倾向。根据国务院发展研究中心2016年的一组调查结果显示[①],在受调查的22个省市共90家合作社中,以土地、知识产权、农机等固定资产三种非货币资产入股的非核心成员(核心成员为具有一定投资实力的大农户和涉农企业)占非核心成员总数的52.22%。现阶段农民专业合作社成员以非货币形式出资的由全体成员评估作价,而全体成员评估很难做到公平合理,同时构成合作社社员的80%都为农民,缺乏进行价值评估工作所需的资质,非货币形式资产的价值评估因此缺乏公信力,不利于有限责任制度实施和保护债权人利益。同时,在债务清偿时,以实物出资的尚且可以通过折价、拍卖的方式变现,而知识产权、土地经营权、林权却难以同样的方式迅速变现来偿付债务。

第三,合作社成员分红和退社制度不健全,影响合作社的资产稳定性。合作社是人合色彩强烈的互助经济组织,每个成员拥有一个账户,账户记载成员的出资额、公积金份额、成员与合作社交易额。根据《农民专业合作社法》第28条规定,成员退社时,合作社除了退还出资之外,应一并退还成员账户内的公积金份额。这里的公积金是合作社每年弥补亏损后提取的任意公积金,也可同时转化为成员出资,也即意味着那些未出资的合作社成员在退社的时候可以带走合作社的财产。合作社资产极大的不稳定性必然会影响其对外承担责任的能力。

第四,合作社容易被少数人控制,损害多数人和外部人利益。据相关学者

---

① 参见柳岩:《农民专业合作社发展能力调查——基于90家合作社的问卷调查报告》,载《决策》2017年第1期。

实地考察,现存绝大部分合作社都是由非农主体投资建立的,完全由农民自发组建、逐渐成长且正常运转的合作社非常少见。① 还有学者发现,合作社高达95%的股份为村组织带头人持有,剩余股份也是其亲朋好友持有。②《农民专业合作社法》第20条只对企事业单位和社会团体加入合作社的数量比例进行了限制,并没有对股份比例进行限制,使优势资本控制合作社成为可能。根据《农民专业合作社法》第22条规定,出资额较大的成员按照章程规定,可以享有不超过本社成员基本表决权总票数的20%附加表决权,这往往导致现实中的合作社民主管理流于形式,核心成员控制了重大事项的决策权,所谓的"民主决议"变成了"通告决议结果"。合作社被少数大农户或者大资本提供者控制,他们掌握合作社剩余控制权和索取权,利用自身优势资源从分散的小农那里攫取本就极为有限的利润空间,致力于"分蛋糕而非做大蛋糕",不仅导致小农利益严重受损,也严重威胁到债权人利益。

农民专业合作社的有限责任既存在公司股东有限责任的固有缺陷,又因其简陋的制度设计而存在自身特有的缺陷,使得实践中合作社成员利用合作社名义侵害债权人或其他利害关系人利益成为普遍现象。据重庆市彭水县人民法院反映,2014年该院受理涉农民专业合作社案7件,2015年便增加到13件,增速明显,涉案问题主要涉及合作社主要承办者侵占合作社财产、怠于履责等。③有学者认为,现存实际运转的合作社亦未能起到服务"三农"的作用,反而沦为资本剥削农民,骗取财政补贴的工具,偏离其应有轨迹。④ 2021年12月6日,农业农村部办公厅发布《关于建立"空壳社"治理长效机制促进农民合作社规范发展的通知》谈到,2019年以来,中央农办、农业农村部会同有关部门联合开展了"空壳社"专项清理,对无农民成员实际参与、无实质性生产经营活动、因经营不善停止运行、涉嫌以农民合作社名义骗取套取国家财政奖补和项目扶持资金、

---

① 参见李云新、王晓璇:《农民专业合作社行为扭曲现象及其解释》,载《农业经济问题》2017年第4期。

② 参见吕德文:《"空壳"合作社的形成机理及纠偏路径》,载《人民论坛》2021年第7期。

③ 参见张静:《农民专业合作社不能形同虚设》,载凤凰资讯,https://news.ifeng.com/a/20160508/48718641_0.shtml。

④ 参见马彦丽:《论中国农民专业合作社的识别和判定》,载《中国农村观察》2013年第3期;李昌金:《中国农民合作社深度调研报告》,载澎湃新闻2021年1月28日,https://www.thepaper.cn/newsDetail_forward_10972296。

从事非法金融活动等的“空壳社”进行清理整顿。鉴于此，笔者认为针对合作社成员滥用控制权，使得合作社形骸化、工具化，并利用其独立法人资格，侵占集体资产、骗取国家财政奖励、损害债权人利益等行为，应当参照适用公司人格否认，以规范合作社的内部治理行为。

除了以上两种特殊的法人在个案中适用了法人人格否认制度外，实践中还有针对全民所有制企业的人格否认案件，但暂未检索到有法院支持了原告请求的案例，都认为全民所有制企业并非公司法意义上的公司，故不能适用人格否认制度，例如广东省中山市中级人民法院在“广东佳兴投资有限公司诉中山市海外旅游有限公司等与企业有关的纠纷案”[①]中，认为中山市海外旅游有限公司的公司名称中并无标明有限责任公司字样，且其工商登记资料里反映由中山市旅游总公司作为组建单位，经济性质为全民所有制企业，故中山市海外旅游公司并不属于公司法所规定的公司。北京市第一中级人民法院在“北京中关村科技发展(控股)股份有限公司诉中国华电房地产公司等追偿权纠纷案”[②]中，认为根据营业执照记载，福州华电、北京国信、中国华电为全民所有制企业。中关村科技发展(控股)股份有限公司主张本案适用或参照适用法人人格否认制度的规定，无充分的法律依据。

第二节　主观要件

公司人格否认的责任性质为侵权责任，需要侵权人具有主观上的过错。《公司法》(2023年)第23条第1款规定的逃避债务，也存在认定当事人主观目的的价值倾向，但如果严格苛以行为人的主观过错这一要件，将大大加重债权人的举证责任，而且证明主观意图在商事案件中也不具有可行性。在司法实践中，法院基本都是通过股东的行为表现来推定股东的主观意图，因为符合公司人格否认的行为，都不是一朝一夕的，而是一个长期的过程。赵旭东教授认为，公司人格否认的主观要件应该采取过错推定的方式，即如果股东没有足够证据

---

① 广东省中山市中级人民法院民事判决书，(2013)中中法民二终字第620号。

② 北京市第一中级人民法院民事判决书，(2021)京01民终6222号。

证明自己不存在故意，就可以从客观的行为表现上推定股东的主观过错，股东就要对其滥用法人人格的行为承担赔偿责任。[①] 除非公司不能清偿债务是不可抗力、意外事件等情形导致的，无法对当事人作出过错的推定，也就不能适用公司人格否认规则。

与此相关，德国公司人格否认理论上存在主观滥用论与客观滥用论两种观点。德国法曾一度采用主观滥用论，主张法人人格否认制度的适用需要当事人具备规避法定或约定义务的主观要件。客观滥用论则不要求滥用行为人存在主观上的恶意。但后来德国联邦最高法院放弃了主观滥用论，转而采用客观滥用论，认为若过分强调股东的主观因素，会使得公司人格否认规则的适用范围大大缩小，股东在客观上将法人公司用于非法目的，即足以证明股东的主观意图。

第三节　行为要件

公司人格否认的行为要件在我国司法实践中主要表现为三种：人格混同、过度支配与控制、资本显著不足。其中，最常见的是人格混同。过度支配与控制是一种行为，其结果往往导致财产混同。资本显著不足相对而言发生较少，但争议最大，后文将专章讨论。

一、人格混同

公司人格混同又可称为公司人格形骸化，是指公司与股东完全同一，公司沦为股东或者其他公司的另一个自我，导致股东即公司、公司即股东之情况的形成。从公司人格形骸化的基本定义上看，公司人格形骸化只是公司人格混同的必然结果，二者在定义上其实并无区分的必要，故本文统一采用人格混同的概念。

（一）人格混同的判定

公司人格否认制度作为判例法的产物，世界各国关于该制度相关成文立法

---

① 参见赵旭东：《法人人格否认的构成要件分析》，载《人民司法》2011 年第 17 期。

并不多,所以借鉴之初,我国立法也并未对人格混同进行详细规定,只是进行了原则性的抽象概括,至于何种情形下能够认定人格混同则留给法官们自由裁量。

关于人格混同的司法认定,从2004年福建省高级人民法院审理的“厦门市电力投资发展总公司诉厦门喜洋洋食品有限公司等买卖合同纠纷案”①,到2008年最高人民法院审理的“中国信达资产管理公司成都办事处诉四川泰来装饰工程有限公司等金融借款合同纠纷案”②,再到2013年江苏省高级人民法院审理的15号指导案例,我国法院皆是从财产混同、业务混同、人员混同三个方面判断关联公司是否构成人格混同。

在15号指导案例发布前,我国部分高级人民法院对于公司人格混同的判定也出台过一些内部指导意见,如2009年《上海市高级人民法院民事审判第二庭关于审理公司法人人格否认案件的若干意见》第8条,就对人格混同的认定作了规定:“下列情形持续、广泛存在的,可以综合认定股东与公司人格高度混同:(一)(财产混同情形)存在股东与公司资金混同、财务管理不作清晰区分等财产混同情形的;(二)(业务混同情形)存在股东与公司业务范围重合或大部分交叉等业务混同情形的;(三)(人事混同情形)存在股东与公司法定代表人、董事、监事或其他高管人员相互兼任,员工大量重合等人事混同情形的;(四)(场所混同情形)存在股东与公司使用同一营业场所等情形的。”2012年《广东省高级人民法院民二庭关于民商事审判实践中有关疑难法律问题的解答意见》中,对母子公司之间人格混同的认定也给出了相关思路。由于上述文件的效力层级不高,适用范围也有限。

2019年最高人民法院在《九民纪要》中首次对公司人格否认诉讼的裁判思路、认定因素、行为表现进行了全面的解释。关于人格混同,《九民纪要》第10条规定,认定公司人格与股东人格是否存在混同,最根本的判断标准是公司是否具有独立意思和独立财产,最主要的表现是公司的财产与股东的财产是否混同且无法区分。在认定是否构成人格混同时,应当综合考虑以下因素:(1)股东无偿使用公司资金或者财产,不作财务记载的;(2)股东用公司的资金偿还股东

---

① 福建省高级人民法院民事判决书,(2004)闽民终字第615号。

② 最高人民法院民事判决书,(2008)民二终字第55号。

的债务,或者将公司的资金供关联公司无偿使用,不作财务记载的;(3)公司账簿与股东账簿不分,致使公司财产与股东财产无法区分的;(4)股东自身收益与公司盈利不加区分,致使双方利益不清的;(5)公司的财产记载于股东名下,由股东占有、使用的;(6)人格混同的其他情形。在出现人格混同的情况下,往往同时出现以下混同:公司业务和股东业务混同;公司员工与股东员工混同,特别是财务人员混同;公司住所与股东住所混同。人民法院在审理案件时,关键要审查是否构成人格混同,而不要求同时具备其他方面的混同,其他方面的混同往往只是人格混同的补强。

《九民纪要》列举的人格混同表现形式,是对司法经验的抽象性总结。实践中通常很少有一个案件同时具备多种人格混同的因素,即便具备,也不一定必然会刺破公司面纱,还要取决于其他因素,如混同程度、是否给债权人造成严重损害等。由于现实案情的复杂性,人格混同难以归纳出一个放之四海皆准的认定标准,满足什么条件就符合人格混同的要件构成是不可能存在的。因此,对公司人格否认诉讼的研究,尤其要重视个案分析。

(二)人格混同的实质

公司的独立财产是公司承担责任的物质保证,公司的独立人格也突出表现在财产的独立上,只有在财产分离的情况下,公司才能以自己的财产独立地对其债务负责,公司之间的财产归属不明,难以区分各自的财产,违背了公司财产与股东财产相分离、公司资本维持和公司资本不变等基本原则,潜伏着公司财产被隐匿、非法转移或被私吞、挪用的重大隐患,会严重影响公司对外清偿债务的能力,所以财产混同系人格混同的实质因素。

何为财产混同?最高人民法院在"虞某某诉浙江正见建设集团有限公司等建设工程施工合同纠纷案"[①]中的观点为,财产混同是指公司之间财产归属不明、难以区分各自的财产。如二者的住所地、营业场所相同,共同使用同一办公设施、机器设备,公司之间的资金混同、各自的收益不加区分,公司之间的财产随意调用等。财产混同的反义词是财产独立,判断公司与股东之间财产独立,可以从公司财务是否独立于股东个人,公司是否有完整、真实的财务管理制度、现金管理制度和会计账簿,资金往来是否明晰,股东除分红外是否从公司财务

① 最高人民法院民事裁定书,(2019)最高法民申3825号。

上拿走公司财产、公司与股东是否使用不同的银行账户，公司的盈利与股东的收益是否有明确的区分等方面进行审查。[①]

财产混同不是一种行为，而是一种状态，如果该行为发生的次数还不够多，不足以成为一种状态，更遑论发生混同。在“郑某某诉华蓥市矾厂湾煤业有限责任公司、徐某民间借贷纠纷案”[②]中，徐某仅有一次将煤矿公司的500万元转入其个人账户，该行为很显然算不上财产混同，故原告借此主张公司人格否认必然面临着败诉。对于类似尚不足以达到财产混同的程度，但会威胁到公司债权人利益实现的行为，债权人不妨考虑撤销权之诉或者代位权之诉等救济方式。

财产混同的形成过程并非一蹴而就，而是一种持续性、反复性的行为延续。财产混同持续时间越长，说明混同程度越深，对公司独立财产侵蚀越严重，给债权人造成的损害越大。在15号指导案例中，川交工贸公司、瑞路公司、川交机械公司三家公司的财务往来混乱，通过员工账户互相往来资金，账户不分的情形从2005年开始直至2009年，最终川交工贸公司沦为“空壳”，丧失了偿债能力。如果该状态不具有一定的持续性，这三家公司财产混同就难以成立。

也许有人会问，混同状态的持续期有没有最低标准？如果有，是多久？对于该问题，笔者认为财产混同没有最低持续期，关键取决于混同的程度。

（三）财产混同的表现

财产混同最常见的表现行为是财务混同，在不考虑股东与公司属于关联企业时，财务混同具体可分为两种情形：一是股东与公司之间有很多性质不明的资金往来；二是公司使用股东个人账户收款付款，且不做财务记载。

法律不禁止公司与股东之间有资金往来，但要求是所有的资金往来要有明确的法律关系，要做财务记载，否则会被视为性质不明的挪用资金，进而影响公司财产独立性和偿债能力。例如，在“怀化市利丰商贸有限责任公司诉李某某等买卖合同纠纷案”[③]中，法院就认为，李某某作为诚诚公司的法定代表人、股东，长期以个人名义对外进行交易，个人账户与公司账户长期存在大量资金往

---

① 山西省太原市中级人民法院民事判决书，(2014)并民终字第382号。

② 四川省广安市中级人民法院民事判决书，(2021)川16民终147号。

③ 湖南省怀化市中级人民法院民事判决书，(2018)湘12民终551号。

来(自 2015 年 1 月 6 日至 2017 年 9 月 10 日,诚诚公司共向李某某个人账户转账 500 多万元,李某某通过银行个人账户共向诚诚公司转账 100 多万元),违反公司财产与股东财产分离原则,造成资金混同、财务管理难以清晰区分,公司人格和股东人格高度混同。

公司与股东之间的资金往来,有些虽然看起来是正当的,如银行交易明细备注为“借款”“货款”“备用金”,但若无法提供相应的证据予以证实资金往来的真实关系,也可能会被法院认定为财产混同。在“河南尚永装饰工程有限公司诉河南雷漾姿美容服务有限公司等装饰装修合同纠纷案”①中,河南尚永装饰工程有限公司的代理律师向法院申请出具调查令,调取了河南雷漾姿美容服务有限公司(以下简称雷漾姿公司)账号自 2018 年 9 月 4 日至 2020 年 8 月 21 日的流水、雷某账号自 2018 年 1 月 1 日至 2020 年 8 月 17 日的流水,其中雷漾姿公司账号和雷某账号贷方发生额摘要为网转,雷漾姿公司账号向雷某账号借方发生额摘要多为拨款、货款和还款。对此,河南省郑州市中级人民法院认为,雷漾姿公司不能提供公司对于上述资金往来的财务凭证等财务记载,可以说明雷漾姿公司账户与雷某账户混用,难以区别公司财产和雷某的个人财产。

实务中,股东为掩盖挪用公司资金的行为,并不直接从公司账户转账给自己,而是中间通过第三方账户倒一次,起到“洗钱”的效果,这样确实会起到掩人耳目的作用,极大地增加原告债权人的举证难度,不易被发现。

财务混同的另一种表现是公司使用股东个人账户收款、付款。实践中,部分股东基于“自己出资设立的公司的财产也属于个人”的传统观念,或者出于逃避债务、逃避税务、转移公司资产等其他目的,经常以个人账户收取公司的收入,甚至用个人账户支付公司日常开支。这些行为违反了相关法律法规对公司财务制度及银行结算账户的管理规定,极易形成股东与公司之间的财产混同。例如在“向某某诉长沙县蜜蜂王国文化教育培训学校有限公司等合同纠纷案”②中,培训学校自 2018 年 7 月成立运营以来,未使用公账,而是一直使用股东李某某和刘某某的个人账户用于学校学员学费的收取以及租金、工资等支出,学校没有规范的会计账簿和凭证予以记载,无法证明很多款项用途。湖南省长沙

① 河南省郑州市中级人民法院民事判决书,(2020)豫 01 民终 10083 号。

② 湖南省长沙县人民法院民事判决书,(2021)湘 0121 民初 11308 号。

县人民法院认为,学校财产与股东李某某和刘某某个人财产之间界限模糊,无法区分。在"岳某诉莱河公司、吕某、李某某等教育培训合同纠纷案"[①]中,莱河公司系吕某、李某某二人的夫妻公司,公司的主要财务往来、收取的大部分服务费均用吕某的个人账户,再加上吕某、李某某未能向法院提交二人经营期间莱河公司的财务报表、账户信息及交易记录等,北京市第三中级人民法院认为吕某、李某某经营期间,莱河公司与股东个人财产出现混同。

也有观点认为,作为公司法定代表人的股东,用自己的账户进行公司的财务收支行为,是正常的履行职务的行为。例如在"广西南宁鸿发建筑劳务有限公司诉张某等股东损害公司债权人利益责任纠纷案"[②]中,最高人民法院认为,张某作为恒思公司的法定代表人,有权代表公司从事经营活动,包括代表恒思公司收取款项及出具收条等相关民事行为,张某对外代表公司从事的相关民事行为系履行法定代表人职务的行为,应当视为恒思公司的行为,不能仅凭张某上述行为即认定其滥用公司法人独立地位和股东有限责任,导致股东财产与公司财产发生混同。另有观点认为,公司财务会计制度不健全在小微企业中实属难免,应该对使用股东个人银行账户进行收支的行为持包容态度。如北京市第二中级人民法院认为,实践中公司通过个人账户付款的情况时常有之,只要财务处理符合要求,或者由公司对个人进行了偿付,则不足以作为苛责之由。[③] 宁波市鄞州区人民法院也认为,由于小微企业财务制度的不规范,在实践中常有借款资金根据借款人的指示付到第三方的情况,故不能仅仅因为借款资金付到了公司股东的个人账户内就认为该股东的财产与公司的财产相混同。[④]

综上所述,公司使用股东个人账户做财务收支,能否被认定为财产混同,关键要看:其一,有没有依法做财务记载,保留相关财务凭证。如果所有资金往来都有清晰的财务记载,且能提供完整的财务凭证,即可证明股东与公司之间财产独立。其二,代收代付的时间长短。这种不符合公司财务会计制度的现象只

---

① 北京市第三中级人民法院民事判决书,(2018)京03民终8549号。

② 最高人民法院民事裁定书,(2015)民申字第1379号。

③ 北京市第二中级人民法院民事判决书,(2021)京02民终8229号。

④ 宁波市鄞州区人民法院民事判决书,(2013)甬鄞商初字第221号。其他相同裁判观点的案例:海南省文昌市人民法院民事判决书,(2019)琼9005民初1718号;广东省韶关市中级人民法院民事判决书,(2022)粤02民终1289号;广西壮族自治区柳州市中级人民法院民事判决书,(2020)桂02民终4715号。

能是短暂的、一时的，而非常态，如果公司自成立以来一直使用其他主体账户代收代付，即应当认定为该公司没有独立的财产权，已与其他主体发生财产混同。其三，代收代付的金额。公司使用其他主体的账户代收代付是一种例外，金额不能太高。

相关案例如“安徽百大中央购物中心有限公司诉梁某案”①，安徽省合肥市中级人民法院认为，梁某既是坤晖公司的股东又是经营者，虽然梁某先从公司提取现金，再由其对外代表公司进行公司业务和费用结算，最后梁某将结算单据交回公司做账用于冲抵个人往来的操作行为不规范，但并不为法律所禁止。而根据坤晖公司账目，梁某与坤晖公司的资产是分开的，并未出现财产混同、账目混同。坤晖公司经营过程中存在财务制度不完善、记账凭证不规范问题，但在现有证据无法证明梁某滥用其股东权利侵占了坤晖公司财产的情况下，仅因上述财务不规范现象否认坤晖公司的法人人格，依据不足。

在“赵某某诉董某某等股东损害公司债权人利益责任纠纷案”②中，湖南省湘潭市中级人民法院认为，董某某是雷德公司的法定代表人及控股股东，其个人账户一直为雷德公司使用，雷德公司与董某某之间 11 笔转账记录，在雷德公司均有财务记载，均已入雷德公司财务账目。虽然该财务记载多表述为“退回委托款、支付投资利息及费用”，但在该 11 笔转账记录均有财务记载的情况下，只能证明雷德公司财务管理制度不规范，无法证明董某某的行为系为了逃避债务，已达到“滥用”且“严重”损害公司债权人利益的程度。

在“陈某某诉金某某与公司有关的纠纷案”③中，金某某固定地从公司报销学费补贴、顾问费、租金等相关款项，并在银行款项往来账户中予以如实记载，其对报销的费用亦向法院作了相对合理的解释，对此，上海市第一中级人民法院认为，金某某在主观上不具有逃避债务，严重损害公司债权人利益的故意。

二、过度支配与控制

过度支配与控制，是指股东通过对公司的控制而实施不正当行为，并使公

---

① 安徽省合肥市中级人民法院民事判决书，(2014)合民二终字第 00005 号。

② 湖南省湘潭市中级人民法院民事判决书，(2022)湘 03 民终 137 号。

③ 上海市第一中级人民法院民事判决书，(2020)沪 01 民终 10020 号。

司丧失了独立意志，成为股东谋取私利，损害债权人的工具。股东因出资而控制一家公司，本身不能构成适用公司人格否认的理由，公司法赋予了股东享有管理公司以及从公司获取分红的权利，股东对公司享有控制权，主要包括：任免高级管理人员、制订公司发展计划、表决重大事项、查阅公司账簿等，这些都是股东与公司之间正常的管理状态。因此，在公司人格否认案件中，要特别注意区分正常的管理与过度控制，滥用公司独立人格的行为。例如，在“宣化县双盛煤炭经销处诉河北盛华化工有限公司等买卖合同纠纷案”[①]中，法院就认为，国企内部的管理模式，目的是防止国有资产的流失，而公司人格否认中的过度控制是指操纵公司决策过程、使公司完全丧失独立性，二者并非同一含义，不能凭内部管理模式中的审批程序认定国企之间是过度控制。

过度支配与控制，滥用公司控制权最常发生在母子公司之间。母子公司在法律上分别是两个独立的民事主体，但由于母公司往往为了公司集团的整体利益而滥用控制权，支配子公司，人为操纵干预子公司内部经营活动，子公司从外表看像是一个独立法人，而事实上均由母公司所控制。比如公司的经营管理人员由母公司调配、任免；经营决定都由母公司作出；子公司的经营成果也由母公司享有。子公司没有独立的经营权，也没有实质意义上的法人资格，母子公司之间就会发生很多不利于公司治理的情况，如母子公司之间财产混同。

公司人格否认单纯涉及过度控制，滥用公司控制权的案例较少。过度控制判断标准的模糊性和难以确定性，让很多法官只有在能够确认股东与公司之间存在人员混同或者财产混同的前提下，才会支持原告过度控制的主张。但是也有在无人员与财产混同的前提下存在过度控制的情形，故人员混同或者财产混同并非过度控制的充分要件。认定过度控制的关键是看股东是否通过对公司的控制而实施不正当行为，并使公司丧失了独立意志和利益，成为股东谋取利益的工具，严重损害公司债权人的利益。

例如，“四川开美化妆品有限公司诉任某某、贺某等合同纠纷案”[②]，任某某、贺某于2006年至2018年7月在作为今百福公司股东期间，多次以个人名义从今百福公司借款，借款手续简单且并未约定借款金额的限额，也未对还款时间

---

① 河北省张家口市桥东区人民法院民事判决书，(2020)冀0702民初113号。

② 四川省绵阳市中级人民法院民事判决书，(2021)川07民终2989号。

进行约定。戴某某等其他股东均明知该情况，但既未制止也未向任某某、贺某催收借款。对此，法院认为，戴某某等其他股东明知任某某、贺某的借款性质为用于个人消费或者投资，也认识到了借款行为对于今百福公司的停业具有重大影响，有损于今百福公司利益，非但不加以阻止，反而予以纵容乃至支持，其行为本质为与任某某、贺某一起，通过股东会形式，过度支配与控制作为独立法人的今百福公司，致使严重损害今百福公司利益的借款行为长期持续发生，引发了今百福公司经营困难，最终导致今百福公司停业，无力支付供货商货款，严重损害了债权人利益。本案中，虽然戴某某等其他股东并没有从今百福公司大量借款，但其同意、放任任某某、贺某从公司借款的行为，有损于公司和债权人利益，也被法院定性为过度支配与控制。

案例 3－5

山东威玛装备科技股份有限公司诉胜利油田集兴石化安装有限公司等追偿权纠纷案

山东省东营市中级人民法院(2021)鲁 05 民终 2238 号[①]

案情简介

上诉人(原审原告)：山东威玛装备科技股份有限公司(以下简称威玛公司)

被上诉人(原审被告)：胜利油田集兴石化安装有限公司(以下简称集兴公司)

原审被告：东海公司

威玛公司向山东省东营经济技术开发区人民法院起诉主张：集兴公司与东海公司共同偿还威玛公司为东海公司代偿给青岛银行东营区支行的借款 1000 万元及利息。

一审法院认定事实：2017 年 6 月 2 日，东海公司与青岛银行东营区支行签

① 原判决书内容较长，引用时为突出重点，做了删减和提炼。一审案号：山东省东营经济技术开发区人民法院(2021)鲁 0591 民初 2265 号。

订《借款合同》,约定东海公司从青岛银行东营区支行借款1000万元。2017年5月31日,威玛公司与青岛银行东营区支行签订《最高额保证合同》,约定威玛公司为东海公司在青岛银行东营区支行的上述借款提供担保,担保的债权最高额折合1000万元。2018年11月9日,青岛银行东营区支行出具《代偿证明》,载明威玛公司作为保证人已于2018年10月22日为东海公司代偿了本金9,907,086.60元及利息92,913.40元。

一审法院对威玛公司代偿的事实予以确认,威玛公司基于公司法人人格混同,要求集兴公司对东海公司负连带清偿责任,一审法院认为本案现有证据不足以证实集兴公司、东海公司之间存在人格混同。

一审判决:(1)东海公司向威玛公司偿还代偿给青岛银行东营区支行的借款1000万元及利息;(2)驳回威玛公司的其他诉讼请求。

威玛公司不服一审判决,向山东省东营市中级人民法院提起上诉。

二审法院查明:东海公司注册资本4446万元,集兴公司出资2267.46万元,占注册资本的51%,姜某某出资2178.54万元,占注册资本的49%。2012年11月28日,集兴公司、姜某某、东海公司三方签订《承包经营合同书》,约定就东海公司全部生产经营活动由集兴公司盈亏保底承包,主要内容如下:(1)承包经营期间,维持东海公司现有法定代表人不变,东海公司仍独立核算、依法纳税、自主经营、自负盈亏。(2)各方共同选定会计师事务所对东海公司2012年12月31日前财务状况进行审计,此审计报告将作为承包前后财务状况划分的依据;2012年12月31日为承包交接日,承包经营期限为2013年1月1日至2015年12月31日。(3)承包经营期间,东海公司经营无论盈亏,集兴公司每年均须向姜某某给付承包经营保底利润:2013年度350万元,2014与2015年度均为395万元(均为税后),每年分两期给付,由集兴公司直接汇入姜某某指定的账户;集兴公司应得部分自行安排,不足部分自行承担;承包经营期间年度所得纯利润超出集兴公司应得部分,按以下比例使用:30%作为东海公司发展基金,由集兴公司全权支配,70%归集兴公司所有。(4)集兴公司的权利义务:组建生产管理团队,自主任用管理干部及员工;有权决定东海公司的机构设置,制定规章制度;有权根据生产经营需要,添置设备和设施;在保持现有融资规模的情况下,有权根据生产经营需要以东海公司名义进行融资,但集兴公司必须自行承担抵押担保等形式的责任;有权在承包经营期间使用东海公司的支票、账号、发票等财务凭证;为厘清责任,东海公司的现用所有印章在2012年12月31日由集兴公司、姜某某双方共同销毁,并按法律规定刻制新的印章共同到相关部门备案启用,终止承包经营次日再由集兴公司、姜某某双方按照上述办法销毁承包经营期间的印章,重刻并备案启用新印章。(5)如合同期满不再继续签订承包经营合同,各方共同委托会计师事务所以合同期满之日为节点进行审计,出具审计报告,审计报告载明的承包经营期间东海公司的债权、债务由集兴公司享有承担,上述债权由集兴公司自行追偿并承担相关费用,上述债务由集兴公司负责偿还,如给姜某某或东海公司造成损失,由集兴公司承担赔偿责任。该合同到期后,集兴公司、姜某某、东海公司三方又先后签订2016年度和2017年度的《承包经营合同书》,承包期限持续到2017年12月31日。后两份合同均约定集兴公司向姜某某支付的承包经营保底利润每年为税后355万元,由集兴公司以承兑汇票方式支付给姜某某,集兴公司应得部分为370万元。

集兴公司承包东海公司期间向姜某某支付承包费的方式如下:2013年度承包费350万元由东海公司代付,从姜某某暂借东海公司借款中冲抵;2014年度承包费395万元由东海公司代付,从姜某某暂借东海公司借款中冲抵250.4万元,冲抵沈阳华友泡沫制品厂货款144.6万元;2015年度承包费395万元由东海公司代付,从姜某某暂借东海公司借款中冲抵;2016年度承包费355万元由东海公司代付,于2015年10月外购银行承兑汇票355万元支付;2017年度承包费355万元由东海公司代付,从姜某某暂借东海公司借款中冲抵。

法院裁判

二审法院认为,从查明的事实来看,能够认定集兴公司作为东海公司的股东,存在对东海公司过度支配与控制,滥用东海公司的法人独立地位和股东有限责任,逃避承包经营东海公司期间的债务,严重损害公司债权人利益的情形。理由如下:(1)集兴公司通过承包的方式,取得承包期间对东海公司全部生产经营活动的支配与控制。集兴公司、姜某某与东海公司先后签订的三份《承包经营合同书》,均明确约定集兴公司对东海公司的全部生产经营活动盈亏保底承包,享有承担承包经营期间东海公司的债权债务。承包经营期间,集兴公司有权组成东海公司新的领导机构、有权决定东海公司的机构设置和人事聘用,有权根据生产经营需要利用发展基金和以东海公司名义进行融资,有权使用东海公司的支票、账号、发票等财务凭证，并销毁东海公司原印章、启用新刻制印章。可见，集兴公司在承包经营东海公司期间，在东海公司的法定经营范围内，以东海公司的名义开展生产经营活动，取得对东海公司全部生产经营活动的控制权和领导决策权。(2)集兴公司滥用对东海公司的控制权逃避债务，严重损害了公司债权人利益。主要表现在：一是集兴公司滥用承包经营期间对东海公司的控制权，随意处分东海公司的财产用于偿还自身债务，将本应由其承担支付姜某某的承包费均由东海公司代付，且大部分费用是以其承包经营之前姜某某借东海公司的借款予以冲抵，导致东海公司自身财产减少、偿债能力下降，进而损害东海公司债权人利益。二是集兴公司滥用对东海公司的控制权，将东海公司作为其逃避承包经营期间债务的工具。东海公司与青岛银行东营区支行之间的案涉借款，发生在集兴公司承包东海公司期间，根据承包合同约定，集兴公司有权根据生产经营需要以东海公司名义进行融资，东海公司的原所有印章已销毁，新刻制印章备案后由集兴公司掌控使用，因此可以确认案涉借款系集兴公司以东海公司名义进行。集兴公司对东海公司的承包经营已于2017年12月31日期满，根据承包合同约定，合同各方应当对承包经营期间东海公司的财务状况进行审计，由集兴公司承担审计报告载明的承包经营期间东海公司的债权债务。但集兴公司作为东海公司的控制股东和承包方，一直怠于履行合同约定的审计义务。二审法院认为，承包合同约定以合同期满之日为节点进行审计是为厘清合同各方权利义务，而非集兴公司承担承包期间债务的前提条件，更非其以此作为逃避债务的借口。集兴公司通过承包的方式取得以东海公司名义进行融资的权利，但在承包期间结束后，又以公司人格独立和股东有限责任为由意图逃避债务承担，其行为属于利用支配性地位进行的过度控制，已构成对东海公司控制权的滥用，造成债权人的债权受损，其应当对承包东海公司期间发生的债务承担连带责任。

综上所述，一审判决认定部分事实错误，适用法律错误，经二审法院审判委员会讨论决定，判决如下：(1)维持一审判决第一项；(2)撤销一审判决第二项；(3)集兴公司对上述第一项中的款项承担连带清偿责任。

案例评析

通过二审法院查明的《承包经营合同书》内容可知，集兴公司通过承包的方式,取得承包期间对东海公司全部生产经营活动的支配与控制,具体表现在:在承包期内,集兴公司对东海公司的全部生产经营活动盈亏保底承包,承担东海公司的债权债务;集兴公司有权组成东海公司新的领导机构、有权决定东海公司的机构设置和人事聘用;有权以东海公司名义进行融资;销毁东海公司原印章、启用新刻制印章。集兴公司在承包经营期间,取得对东海公司全部生产经营活动的控制权和决策权,并不意味着就构成过度支配与控制。而只有当利用对公司控制权的优势地位,滥用公司独立法人地位,恶意逃避债务,损害债权人利益时,才会考虑是否构成过度支配与控制。就本案而言,体现在两方面:一是集兴公司在承包经营东海公司期间,本应当由集兴公司给姜某某支付的分红款,却大量冲抵了姜某某对东海公司的债务,造成了东海公司应收账款的不当减少,偿债能力减弱,客观上致使集兴公司与东海公司发生财产混同;二是集兴公司承包东海公司期内,以东海公司名义向银行借款,集兴公司实际使用了案涉借款后,按照《承包经营合同书》的约定,在承包期结束之时应当对东海公司进行审计,东海公司在承包期内的债权、债务由集兴公司承担,但集兴公司拒不开展审计,想逃避对银行的负债。

本案没有查明东海公司目前的履行能力,暂不知晓东海公司现有资产能否清偿威玛公司1000万元本金及利息的债权,如果东海公司本身的资产完全能清偿威玛公司的债权,也就没必要刺破公司面纱。集兴公司对东海公司权益的侵犯,可由东海公司自行主张救济。

第四节 结果要件

《九民纪要》专门强调公司人格否认诉讼的结果要件,即“只有在股东实施了滥用公司法人独立地位及股东有限责任的行为,且该行为严重损害了公司债权人利益的情况下,才能适用。损害债权人利益,主要是指股东滥用权利使公司财产不足以清偿公司债权人的债权”。

公司人格否认的结果要件实际上包含了以下两方面的内容:其一,公司财产不足以清偿债务,认定的标准是公司的偿债能力,即公司能否偿还债权人的到期债权,如果公司能够偿还债务,债权人就不能主张否认公司的独立人格。

我国现行法有关“不能清偿”的标准主要存在两种，一种以执行程序之结果作为判断标准，另一种以资产负债表作为判断标准。具体而言，前者以担保法为代表，存在《民法典》第687条[①]规定的“执行财产不能清偿”与《最高人民法院关于适用〈中华人民共和国担保法〉若干问题的解释》（已失效）第131条[②]规定的“方便执行财产不能清偿”两类标准。后者以破产法为代表[③]，从资产负债表和实际清偿能力两个维度进行综合判断。[④] 结合实际，对于人格否认规则之“公司财产不足以清偿债务”应该参考资产负债表标准。[⑤] 实务中，法官可根据《破产法司法解释（一）》第3条之规定或者公司在法院有经强制执行而无法清偿债权的“终本”案件，作出公司无法清偿债务之裁判即符合结果要件，但有相反证据足以证明公司财产能够清偿案涉债权的除外。由此，债权人若将结果要件视为公司“偿债能力损害”“可能无法偿债”等情形，则无法成立，原因在于作为一种侵权责任的公司人格否认制度，具有填补损害之机能，只有债权人实际受到损害时侵权责任方能成立。

其二，债权人无法通过常规途径获得救济，不适用法人人格否认规则将无从保障债权人的利益。若债权人的债权之上已经设定了保证、质押等债的担保，债权人的债权基本上能够通过债的担保而获得救济，就没有必要适用法人人格否认。如果作为债务人的企业对外还有未获清偿的债权，债权人可以通过行使代位权使自己的债权受偿，同样没有必要适用法人人格否认。如2020年

---

① 《民法典》第687条第2款规定，一般保证的保证人在主合同纠纷未经审判或者仲裁，并就债务人财产依法强制执行仍不能履行债务前，有权拒绝向债权人承担保证责任。

② 《最高人民法院关于适用〈中华人民共和国担保法〉若干问题的解释》（已失效）第131条规定，本解释所称“不能清偿”指对债务人的存款、现金、有价证券、成品、半成品、原材料、交通工具等可以执行的动产和其他方便执行的财产执行完毕后，债务仍未能得到清偿的状态。

③ 《破产法司法解释（一）》第3条规定，债务人的资产负债表，或者审计报告、资产评估报告等显示其全部资产不足以偿付全部负债的，人民法院应当认定债务人资产不足以清偿全部债务，但有相反证据足以证明债务人资产能够偿付全部负债的除外。第4条规定，债务人账面资产虽大于负债，但存在下列情形之一的，人民法院应当认定其明显缺乏清偿能力：（一）因资金严重不足或者财产不能变现等原因，无法清偿债务；（二）法定代表人下落不明且无其他人员负责管理财产，无法清偿债务；（三）经人民法院强制执行，无法清偿债务；（四）长期亏损且经营扭亏困难，无法清偿债务；（五）导致债务人丧失清偿能力的其他情形。

④ 参见张其鉴：《论认缴制下股东补充赔偿责任中的“不能清偿”标准——基于回归公司法立场的分析》，载《政治与法律》2017年第3期。

⑤ 参见吴飞飞、刘嘉霖：《公司法人格否认规则中“严重损害债权人利益”标准的认定——基于339份裁判文书的实证研究》，载《金融法苑》2023年总第109辑。

《广西壮族自治区高级人民法院民二庭关于审理公司纠纷案件若干问题的裁判指引》第41条指出，“作为原告的债权人受到的损害必须达到‘严重’程度，即不仅公司对原告的债权丧失清偿能力，且其他法律依据也无法保护债权人利益”。

赵旭东教授还认为，债权人损害结果的发生必须与股东滥用公司人格的行为之间存在因果关系，受损害的债权人必须能够证明其利益受损的结果是由股东滥用公司人格而造成的。判断因果关系是否存在宜采用相当因果关系说，只要具备股东的滥用法人人格行为，且依据社会共同经验可判断其足以导致债权人的损害结果，就可认定因果关系的成立。[①]

综上所述，公司人格独立和股东有限责任是公司法的基本原则。因此，公司法人人格否认只有在公司独立人格和股东有限责任原则被滥用，且严重损害债权人利益时，才能破格适用，法官在拟否认公司的独立人格时，应当采取非常谨慎的态度。

① 参见赵旭东：《法人人格否认的构成要件分析》，载《人民司法》2011年第17期。

CHAPTER 04

第四章

公司人格否认诉讼实证分析

关于我国公司人格否认诉讼的实证分析，国内一些学者已做过相关研究。2012年香港中文大学教授黄辉在《法学研究》发表的论文《中国公司法人格否认制度实证研究》，调研了2006年至2010年的99个样本案件；2016年西南政法大学副教授谭贵华在《西南政法大学学报》发表的论文《我国公司法人格否认规则的司法适用研究——基于2014年的92份判决书的实证分析》，调研了2014年的92个样本案例；2021年西南政法大学博士研究生宋朗在《西南政法大学学报》发表的论文《企业集团"债务连坐"风险及防范——来自471份判决书的经验证据》，调研了2006年至2016年集团情境下公司人格否认的471个样本案例；2021年中国政法大学教授李建伟在《法商研究》发表的论文《关联公司法人人格否认的实证研究》，调研了2008年1月1日至2017年10月31日的144个样本案例。黄辉和谭贵华的实证研究是较早期的考察，恐与当前情况不甚符合，宋朗及李建伟的实证研究局限于关联公司，未能揭示其他类型的人格否认。故为了解近年来我国公司人格否认诉讼的实践现状，有必要再做一次全面的实证调研分析。

第一节 研究方法与数据来源

截至2022年11月16日,笔者在阿尔法(Alpha)[①]案例检索系统中,设置检索条件:法院认为包含:"公司人格否认"[②]"文书类型:判决""案由:民事",符合检索条件的民事判决书一共有1728份,从中再随机选取2013年至2022年的500份民事判决书作为样本案例进行实证研究分析。样本案例具有以下特征:一是每个案件的案情不重复,每个案件的被告均不相同;二是不存在一个案例的一审判决书、二审判决书或者再审判决书同时收录的情形;三是不确保每份判决书都是生效的,其中既有未生效的判决书,也有已生效的判决书。

该研究方法存在以下几点不足:其一,因公司人格否认不是一种法定的案由纠纷,无法通过特定案由进行案例检索,而人为主观设置相关条件进行检索,在一定程度上无法避免检索不全的局限性,为此寄托通过扩大样本案例的基数,来确保实证分析的数据和结论的客观性;其二,在部分案件中,原告提出两个以上不同的刺破公司面纱请求,若法院支持其中一个请求的,即将其归入刺破了公司面纱案件;其三,在区分案件的刺破类型时,对原告提出两种以上不同的刺破类型请求,只将其归入某一种刺破类型进行统计,未将此类案件归入不同的刺破类型进行重复统计;其四,就样本案例的时间跨度而言,样本案例数量还是不够多。

第二节 刺破率总体性分析

如表4-1所示,本书随机选择的2013年至2022年500个样本案例,实证分析结论是我国公司面纱刺破率为36.80%。这一数据与美国的刺破率

---

① 阿尔法(Alpha)案例检索系统是目前实务中主流的司法案例检索工具之一。

② 在司法实践中,"公司法人人格否认""公司法人格否认""公司人格否认""公司法人格否定"等词汇都被法官使用过,相比之下"公司人格否认"在裁判文书中更为常见,使用更为频繁。

相近[①],但大大低于黄辉调研2006年至2010年的99个样本案件得出的我国公司面纱刺破率(63.64%)。另外,谭贵华调研2014年的92个样本案例得出我国公司面纱刺破率为59.78%。而西南政法大学副教授吴飞飞等实证分析了2010年至2021年的136个样本案例得出我国公司面纱刺破率为47.30%[②],能看出刺破率呈明显下降趋势。笔者认为,我国公司面纱刺破率下降的主要原因有三点:一是随着公司法的不断普及,股东越来越注重规范管理公司,其滥用权利的行为逐渐减少;二是最高人民法院通过发布相关指导案例、公报案例以及会议纪要等方式,规范了法官的裁判标准;三是经过长期司法实践积累的经验,法官对选择刺破公司面纱越来越谨慎。

表4-1　2013—2022年我国法院刺破公司面纱总体结果比较

	样本总数/个	刺破/个	未刺破/个	总体刺破率/%
案件数量	500	184	316	36.80

从表4-2统计了2013—2022年各省级行政区及最高人民法院受理的案件数量和判决刺破公司面纱的案件数量以及其刺破率,看不出各地区法院刺破率之间有明显的差异特征,故黄辉早期的实证研究得出我国中西部法院比东部法院更倾向于刺破公司面纱的结论已不符合我国审判现状。说明公司人格否认制度经过长期的司法实践,各地法官对该制度的理解与掌握水平已无较大差异。但可看出,各地区法院受理的案件数量与当地的经济总量大致呈正相关性。

表4-2　2013—2022年不同地区法院刺破率比较

所在地区	案件数量/件	刺破/个	刺破率/%
广东	79	10	12.66
上海	44	19	43.18
四川	40	15	37.50

---

① 马西森(Matheson)在2009年研究了企业集团背景下的刺破面纱案件,发现美国法院只在20.56%的案件中刺破了公司面纱。美国2012—2014年所有刺破面纱案件的总体刺破率为35.25%。参见宋朗:《企业集团"债务连坐"风险及防范——来自471份判决书的经验证据》,载《西南政法大学学报》2021年第1期。

② 参见吴飞飞、刘嘉霖:《公司法人格否认规则中"严重损害债权人利益"标准的认定——基于339份裁判文书的实证研究》,载《金融法苑》2023年总第109辑。

续表

所在地区	案件数量/件	刺破/个	刺破率/%
山东	38	18	47.37
浙江	34	10	29.41
江苏	33	15	45.45
北京	28	14	50
湖南	23	11	47.83
河南	18	9	47.37
广西	17	10	58.82
安徽	13	2	15.38
贵州	14	3	21.43
辽宁	13	6	46.15
湖北	14	7	50
福建	12	4	33.33
江西	10	9	90
河北	9	5	55.56
新疆	9	4	50
重庆	8	5	75.00
内蒙古	8	2	25
天津	7	1	16.67
山西	5	0	0
陕西	5	2	40
云南	3	0	0
吉林	3	0	0
海南	2	1	50
甘肃	2	0	0
黑龙江	2	2	100
青海	1	0	0
最高人民法院	6	0	0

以判决书的作出时间统计案件的年度数量与刺破率，从表4－3可明显看出2013年至2020年法院每年度受理的案件数量逐渐增长，2021年和2022年的案件数量下降的原因是，从2021年开始裁判文书网公开的上网文书数量逐年下降。[①] 2013年至2017年的刺破率要比2018年至2022年的刺破率略高，也能说明刺破率逐渐下降的趋势。

表4－3　案件数量年度比较

年份	案件数量/件	刺破/个	刺破率/%
2013	8	5	62.50
2014	13	6	46.15
2015	19	9	47.37
2016	22	11	50.00
2017	43	17	39.53
2018	43	12	27.91
2019	58	15	25.86
2020	132	43	32.58
2021	113	47	41.59
2022	49	19	38.78

第三节　刺破率比较分析

一、不同刺破类型的刺破率比较

根据理论学说与司法实践经验的总结，公司面纱的刺破类型基本可分为三种：一是"纵向刺破"，即刺破公司面纱让股东或者实际控制人（非股东）与公司

① 最高人民法院相关部门负责人就征集人民法院案例库参考案例有关问题答记者问，其中谈到"从2021年7月开始，最高人民法院按照有关各方的反映、诉求和建议，采取了一些针对性整改措施。通过严格风险筛查、完善公开标准，每年上网文书数量从2020年的1920万件、2021年的1490万件降至2022年的1040万件。2023年1月至今，上网文书数量为511万件。可以说，自2021年以来，优化裁判文书公开机制的工作一直在有序开展，但从未'叫停'过文书上网"。参见《最高人民法院相关部门负责人就征集人民法院案例库参考案例有关问题答记者问》，载中国法院网2023年12月22日，https://www.chinacourt.org/article/detail/2023/12/id/7722128.shtml。

共同承担责任,即刺破一人公司、夫妻公司面纱,本质上属于特殊的“纵向刺破”;二是“横向刺破”,即刺破关联企业(姐妹公司、兄弟公司)之间的面纱,判令企业集团共同承担责任;三是“横向刺破+纵向刺破”,同时出现前两种刺破类型。不同的刺破类型,原告的举证责任和举证内容,司法裁判标准均有较大差异,故笔者认为不同刺破类型案件的刺破率各不相同。

如表4-4所示,最容易刺破的是一人公司面纱,最难刺破的是“关联公司+股东(+非股东)”的面纱,其原因也很简单,取决于原告的举证责任难度。根据《公司法》(2018年)第63条之规定,一人公司的股东需要“自证清白”才能免除连带责任,因此债权人更容易刺破面纱;而债权人要主张刺破“关联公司+股东(+非股东)”面纱,需要承担两种刺破类型的举证责任,举证难度最大,自然刺破率就最低。夫妻公司刺破率位于第二,是因实务中有部分法官将夫妻公司视同一人公司对待,让夫妻公司股东承担举证责任倒置,故降低了原告的举证难度,容易刺破面纱。

表4-4　不同刺破类型的刺破率比较

请求刺破类型[1]	案件数量/件	刺破/个	刺破率/%
公司+股东(+非股东)	218	67	30.73
关联公司	134	34	25.37
一人公司	92	66	71.74[2]
关联公司+股东(+非股东)	46	11	23.91
夫妻公司	10	6	60

[1]关于公司面纱刺破类型的划分,需做以下说明:一是“非股东”身份包含被告中非股东的实际控制人、法定代表人、高级管理人员等;二是“关联公司+股东(+非股东)”包括“横向刺破”与“纵向刺破”,只有法院判令两种刺破类型同时刺破,才统计为刺破案件。

[2]赵剑英等人通过对226件一人公司人格否认案件分析得出,一人公司人格否认率为71.24%。详见赵剑英等:《一人公司法人人格否认司法实践观察报告(一):先导篇|公司法实务》,载微信公众号“天同诉讼圈”2023年7月24日,https://mp.weixin.qq.com/s/ydgrBIJPCBECl_uzFwZJrA。

二、不同审理程序的刺破率比较

了解一审、二审、再审的不同法官对待刺破公司面纱案件的态度,有助于律师预判诉讼请求得到支持的可能性,以便调整诉讼策略,或者进行有针对性的证据收集。黄辉的实证研究发现二审比一审的刺破率低,李建伟的实证研究发现一审、二审、再审的刺破率是递减关系；谭贵华的实证研究发现无法看出中级法院和高级法院的刺破率比基层法院的刺破率低。

如表4－5所示，首先，一审和再审的刺破率要比二审刺破率高，说明二审最不容易判令刺破公司面纱。虽然再审刺破率比二审高，但再审案件非常少，绝大多数案件都止步于再审申请阶段，能启动再审程序的案件至少能说明生效判决在事实查明或者法律适用方面可能确实存在某些问题。其次，在二审和再审的改判率都很低的情况下，改判刺破公司面纱更难，再审改判刺破率为0，说明这类案件法官更倾向于谨慎地维持原判，即便要改判，大部分也是改判不刺破公司面纱。

表4－5　不同审理程序的刺破率、改判率、改判刺破率比较

	案件/件	刺破/个	刺破率/%	改判	改判率/%	改判刺破	改判刺破率/%
一审	250	99	39.60	—	—	—	—
二审	237	80	33.76	47	19.83	17	7.17
再审	13	5	38.46	3	23.08	0	0

三、不同债权性质的刺破率比较

英美法系相关理论认为，债权性质与刺破率之间存在一定关系，即自愿性债权的刺破率应当比非自愿性债权的刺破率低，背后的逻辑倒也很简单，当某人自愿与公司进行交易时，他有机会调查公司的资产情况，当发现资产不足，可以要求公司提供进行即时交易或者提供担保，如果公司对该请求予以拒绝，他可选择放弃交易，如果他继续交易，他就应当承担公司不能清偿其债务的风险；而对于非自愿债权人来说，其所受到的侵害总是被动的，就不应当承担公司不能清偿其债务的风险。[①] 那么我国的法官是否有这样的裁判思维呢？

结合我国司法实践和最高人民法院的《民事案件案由规定》，笔者将债权性质划分为5种：合同之债即原告的债权是因各种经济合同产生的，属于自愿性债权；劳动合同之债即劳动者与用人单位之间关于劳动报酬等产生的劳动债权，劳动合同并非平等民事主体之间合同关系，本质上偏向于非自愿性债权；侵

① 参见施天涛：《公司法论》（第4版），法律出版社2018年版，第33页；朱锦清：《公司法》（修订本），清华大学出版社2019年版，第164页。

权之债即被侵权者与债权者之间因侵权行为发生的损害赔偿债权,属于非自愿性债权;无因管理之债和返还原物之债是基于特定行为发生的法定之债。从表4-6可看出,侵权之债的刺破率并没有比合同之债刺破率高,反而是劳动合同之债刺破率最高。其实在国外也有人通过实证考察发现,合同之债刺破率要高于侵权之债刺破率,如何解释这一现象?也许正如施天涛教授认为的那样,这一标准本身没有错误,而是刺破公司面纱的复杂性导致了上述结果。① 例如,尽管许多刺破公司面纱案件涉及合同交易,但法官考虑刺破公司面纱的因素却是综合的,个案可能还会涉及股东与公司财产是否混同,公司资本是否充足,债权人是否受到欺诈等。也就是说,较之合同之债案件的被告,对侵权之债案件的原告给予更多的同情本身并没有什么错误,但不应该从抽象的意义上去偏向给侵权之债案件的原告更多的刺破公司面纱救济。对合同之债与侵权之债加以区分仅仅意味着法官在处理不同类型的案件所需要考虑的具体事实不同而已。法官不应该将注意力集中在给予债权人更多的同情,而应当关注什么样的行为才是导致刺破公司面纱的因素。

表4-6　债权性质与刺破率比较

债权性质	案件数量/件	刺破/个	刺破率/%
合同之债	489	178	36.40
劳动合同之债	5[1]	4	80
侵权之债	4[2]	1	25
无因管理之债	1[3]	1	100
返还原物之债	1[4]	0	0

[1]上海市奉贤区人民法院民事判决书,(2018)沪0120民初19323号;浙江省绍兴市中级人民法院民事判决书,(2015)浙绍商终字第1373号;湖南省衡阳县人民法院民事判决书,(2021)湘0421民初2792号;贵州省安龙县人民法院民事判决书,(2018)黔2328民初1260号;四川省成都市中级人民法院民事判决书,(2021)川01民终19316号。

[2]浙江省绍兴市中级人民法院民事判决书,(2015)浙绍民终字第601号;上海市浦东新区人民法院民事判决书,(2020)沪0115民初6434号;内蒙古自治区准格尔旗人民法院民事判决书,(2021)内0622民初897号;河南省尉氏县人民法院民事判决书,(2020)豫0223民初3657号。

[3]辽宁省锦州市中级人民法院民事判决书,(2021)辽07民终176号。

[4]内蒙古自治区呼和浩特市中级人民法院民事判决书,(2018)内01民终2704号。

---

① 参见施天涛:《公司法论》(第4版),法律出版社2018年版,第34页。

除开一个无因管理之债案例,劳动合同之债的刺破率是最高的。这主要是考虑到劳动关系的特殊性,在公司人格否认诉讼中,法官通常会审查用人单位是否存在“混合用工”,如审查劳动合同签订主体、工资发放主体、社会保险缴纳主体与实际用工主体、人事管理主体是否有所混同,在举证责任分配上更倾向于用人单位。

四、申请调查取证(审计)与刺破率比较

一人公司人格否认案件实行举证责任倒置,原告的举证责任容易完成,除此之外,其他类型的公司人格否认案件,均遵循民事诉讼举证原则——“谁主张,谁举证”,债权人需要主动证明被告财产混同。在不少案件中,当原告债权人自行搜集的证据不足以证明财产混同时,通常会向法院申请调查取证或者申请对被告公司财务进行审计,以此获取更充分的证据。那么,原告申请调查取证或者审计的案件,刺破率是否要更高一些呢?

从表4－7可知,在排除一人公司人格否认案件92个后,在408个样本案例中,原告为完成举证责任,而申请调查取证或者申请审计的案件有71个,其中刺破公司面纱的案件为26个,刺破率为36.62%,高于原告未申请的案件刺破率9%左右。当然原告申请调查取证或者审计的案件,并不代表法官最终都同意调查取证或者进行审计。进一步分析这71个案件,法官最终同意原告的调查取证或者进行审计的案件有53个,其中22个案件刺破了公司面纱,刺破率高达41.51%。可以看出,原告提出调查取证或者审计的申请对刺破率产生的影响,若法官同意原告的申请,会大幅提高刺破率。

表4－7　申请调查取证(审计)与刺破率比较

申请调查取证(审计)的情形	案件数量/件	刺破/个	刺破率/%
申请	71	26	36.62
申请后同意	53	22	41.51
申请后未同意	18	4	22.22
未申请	337	92	27.30

五、原告身份与刺破率比较

不同的原告身份是否会对刺破率产生影响？从表4-6已知，劳动合同之债的刺破率远高于其他性质债权的刺破率，因此可推测原告为自然人的刺破率应当高于原告是其他身份的。

按照《民法典》关于民事主体的规定，对500个样本案例的原告身份进行了划分，分别是自然人、营利法人、非营利法人、特别法人、非法人组织。从表4-8可看出，原告为自然人的案件刺破率最高，为41.36%，符合理论预测。原告为自然人，尤其涉及劳动纠纷，法官可能会基于对原告地位及举证能力不足的考虑，将举证责任更多地转移给被告，从而导致刺破率提高。

表4-8 原告身份与刺破率比较

原告身份	案件数量/件	刺破/个	刺破率/%
营利法人	285	98	34.39
自然人	191	79	41.36
非法人组织	16	6	37.50
非营利法人	4	1	25.00
特别法人	2	0	0
自然人+营利法人	2	0	0

第四节 刺破因素分析

关于刺破因素的分析，本书结论与其他学者的实证分析结果基本一致，即人格混同是法院刺破公司面纱最主要的考虑因素。例如，李建伟调研的2008年至2017年的144个样本案例中，在100例支持人格否认的判决书中，有90例都以人格混同为主裁判理由，其中同时满足人员、业务、财产（财务）混同等三要素的有55例，占比61.11%，剩余近40%的案件不需要同时满足以上三要素。

表4-9是184个刺破公司面纱案例的刺破因素统计分析，大多数案例都是以人格混同理由刺破面纱的，而财产混同又是判断人格混同的核心因素，一

人公司股东未完成举证责任本质上也是财产混同。最高人民法院在《九民纪要》中也强调了财产混同对于认定人格混同的重要性,“认定公司人格与股东人格是否存在混同,最根本的判断标准是公司是否具有独立意思和独立财产,最主要的表现是公司的财产与股东的财产是否混同且无法区分”。

表4-9　184个刺破公司面纱案例的刺破因素统计分析

刺破因素	案件数量/件	比例/%[1]
人格混同	109	59.24
一人公司股东未完成举证责任	73	39.67
严重损害债权人利益	49	26.63
过度支配与控制	21	11.41
资本显著不足	6	3.26
清算义务履行瑕疵	4	2.17

[1]此处的比例是指相关案件在184个案件中占据的比例。需要指出的是,在同一个案件中,法院可能会基于多个因素刺破公司面纱,因此本列的所有比例相加总和不为1。

虽然过度支配与控制和资本显著不足也是刺破因素,但出现得少。《九民纪要》第11条归纳了过度支配与控制的常见情形:(1)母子公司之间或者子公司之间进行利益输送的;(2)母子公司或者子公司之间进行交易,收益归一方,损失却由另一方承担的;(3)先从原公司抽走资金,然后再成立经营目的相同或者类似的公司,逃避原公司债务的;(4)先解散公司,再以原公司场所、设备、人员及相同或者相似的经营目的另设公司,逃避原公司债务的;(5)过度支配与控制的其他情形。股东过度支配与控制公司的结果往往导致公司与股东发生财产混同,故法官很少单独将过度支配与控制作为刺破公司面纱的理由,而更多与财产混同相结合同时适用。

关于资本显著不足与刺破公司面纱,朱慈蕴教授认为资本显著不足是指公司资本与公司经营事业的风险相比明显过少,表明股东欠缺利用公司经营的诚意,有意将风险转移给与公司交易的第三人,损害或有可能损害第三人的利益,以非常少的出资意图获得有限责任的庇护,是对公司独立法人资格的滥用。①

① 参见朱慈蕴:《公司法人格否认法理研究》,法律出版社1998年版,第144页。

《九民纪要》第12条强调，由于资本显著不足的判断标准有很大的模糊性，特别是要与公司采取“以小博大”的正常经营方式相区分，因此在适用时要十分谨慎，应当与其他因素结合起来综合判断。本次一共检索到有5个案例以资本显著不足作为刺破理由，其中仅以资本显著不足刺破面纱的案件有3个[①]，还有2个案例是结合其他因素共同作为刺破理由。资本显著不足能否单独作为刺破面纱的因素，目前在理论和实务上都存在一定争议。

严重损害债权人利益是股东滥用公司独立地位的损害结果，是刺破公司面纱成立的必备条件，但实践中法官对该要件普遍缺乏分析。除此之外，股东的主观要件也很少被法官专门提及。在分析样本案例过程中发现，若法院查明的事实证实股东与公司财产混同，此时法官考虑公司一直未清偿债务，或者公司在法院已有“终本”案件，加上公司或者股东又未提出相反证据证明公司还具备偿债能力的话，通常会认定股东有损害公司债权人利益的故意，且造成了严重的损害结果。

有4个刺破案件的理由是清算义务履行瑕疵，具体而言：有1件是清算义务人未履行清算义务而承担连带责任[②]，适用《公司法司法解释（二）》第18条第2款；1件是公司股东兼法定代表人在公司破产后未履行保管、移交公司财务账册等义务而承担的连带责任[③]，适用《破产法》第15条和《人员下落不明破产案件的批复》第3条；另外2个案件是股东未经清算即注销公司而承担连带责任[④]，适用《公司法司法解释（二）》第20条。

第五节　举证责任分析

《公司法》（2018年）关于公司人格否认的举证责任规定，只见于第63条，

---

① 安徽省安庆市中级人民法院民事判决书，（2020）皖08民终2791号；四川省眉山市中级人民法院民事判决书，（2021）川14民终8号；上海市浦东新区人民法院民事判决书，（2021）沪0115民初7350号。

② 山东省威海市中级人民法院民事判决书，（2013）威商终字第288号。

③ 浙江省嘉兴市中级人民法院民事判决书，（2021）浙04民终3476号。

④ 黑龙江省鸡西市中级人民法院民事判决书，（2019）黑03民终157号；重庆市第五中级人民法院民事判决书，（2019）渝05民终2169号。

这是考虑到一人公司组织结构对债权人利益存在巨大威胁,故特别规定一人公司人格否认实行举证责任倒置,并被《公司法》(2023 年)第 23 条第 3 款继承。除此之外,《公司法》(2023 年)没有再提及举证责任的分配问题,故此类案件一般只能遵循民事诉讼的基本原则“谁主张,谁举证”,由原告债权人承担举证责任。

具体而言,在公司人格否认诉讼中,如第三章要件分析,主观要件通常由法官根据行为要件来推定,不要求债权人单独举证;而损害结果要件,需要债权人证明公司丧失偿债能力和已穷尽其他常规救济途径,相对容易完成该举证责任。因此,最重要的、难度最大的举证是行为要件。

在 500 个样本案例中,排除一人公司人格否认案件 92 个,在 408 个由原告承担举证责任的案件中,原告申请调查取证或者司法审计的案件有 71 个,占比为 17.40%,但这个数据并不一定客观,有些判决书可能未披露原告提出过该申请。原告提出调查取证或者司法审计的申请,对刺破率有显著影响,刺破率会提高 9%,如果法官同意原告的申请,刺破率会再提高 5%。法官是否同意原告提出的该申请,其本质就是对举证责任的再分配,由此可见公司人格否认诉讼中举证责任的分配对刺破率的影响程度。

理论界对公司人格否认诉讼的举证责任分配,有两种不同观点:一是除一人公司之外,应严格坚持“谁主张,谁举证”原则;二是适用举证责任倒置模式,由被告承担举证责任。在审判实务中,主要采用的是由原告债权人承担举证责任模式,一人公司情形除外。但与此同时,实践中秉持举证责任倒置的呼声却很高。

在分析样本案例过程中发现,不少法院都认为若严格坚持“谁主张,谁举证”的举证原则,对不掌握公司内部情况的外部债权人要求过于严苛,且不利于约束股东行为,认可当原告举证对股东滥用法人独立地位和有限责任损害公司债权人利益产生合理怀疑时,转而要求被告承担没有滥用的举证责任。例如,最高人民法院早在 2015 年的“三亚嘉宸房地产开发有限公司诉海马汽车集团股份有限公司股东损害公司债权人利益责任纠纷案”[①]中就认为:“在审理法人

① 最高人民法院民事判决书,(2015)民二终字第 85 号。其他相同裁判观点的案例:贵州省黔西南布依族苗族自治州中级人民法院民事判决书,(2017)黔 23 民初 14 号;湖南省湘潭市中级人民法院民事判决书,(2019)湘 03 民再 68 号;天津市第二中级人民法院民事判决书,(2022)津 02 民终 583 号;沈阳市铁路运输中级人民法院民事判决书,(2021)辽 71 民终 26 号。

人格否认案件时,考虑到债权人处于信息劣势而举证困难等因素,人民法院通常会根据上述规定合理分配举证责任,在债权人用以证明股东滥用公司法人独立地位和股东有限责任的证据令人产生合理怀疑的情形下,将没有滥用的举证责任分配给被诉股东。但上述举证责任调整的前提,应是作为原告方的债权人已举出盖然性的证据证明股东存在滥用公司法人独立地位和股东有限责任的行为以及由此产生了损害的结果,而不是当然的举证责任倒置。"从绝对坚守由原告承担举证责任,逐渐转变为存在合理怀疑时由被告承担举证责任,体现了法院对公司人格否认案件举证责任分配的公平合理性,有法官将其称之为衡平性举证责任分配①机制。

坚守由原告承担举证责任下的衡平性举证责任分配机制,应立足现行法律规定和实务经验,不断总结原告完成初步举证责任的情形。例如:(1)通过调取公司的银行账户发现其与股东等有频繁的资金往来或者有大量与公司经营范围不符的支出;(2)在与公司业务交易过程中发现公司与股东等相互收款,互开发票,不分彼此;(3)实地调查发现公司与股东等在同一办公场所办公,共用经营、生产场所,一个场所两块牌子;(4)向破产管理人查阅公司的财务账簿资料,发现公司无健全的财务制度,记账混乱,甚至公司财务账簿资料遗失;(5)查阅公司相关涉诉判决文书发现公司与股东等存在大量相互担保,互负债务;(6)调取公司工商登记资料(公司章程、股东会决议、董事会决议、财务报告等)发现股东存在虚假出资、抽逃出资、恶意延长出资期限、过度支配与控制公司、资本投入与公司经营业务明显不匹配、公司发生解散事由后股东长期未组织清算或者直接注销公司等行为。以上情形未充分罗列,有一定的指引作用,但无法完全照搬适用。

与此同时,也可在审判实务中探索原告债权人尚未完成初步举证责任的情形,笔者认为除以上初步完成举证责任情形的相反情形之外,还主要有:一是仅提供工商登记资料,证明公司与股东、关联方之间在名称、经营范围、住所等方面的相似或相同的;二是直接向法院申请调取公司的财务账册等方面证据的,一般不宜准许,更不宜依职权调取公司账目等方面证据;三是径行申请对公司财务账目进行司法会计审计。

① "衡平性举证责任分配"是贵州省高级人民法院李圣瑞法官对"贵州众力佳诚商贸股份有限公司诉贵州毕节大众房地产开发有限责任公司、吴某某等买卖合同纠纷案"所作的案件评析中提出的。

案例4－1

青岛卓邦建筑科技有限公司诉韩某亿、韩某泳等股东损害公司债权人利益责任纠纷案

山东省青岛市中级人民法院(2022)鲁02民终4604号①

案情简介

上诉人(原审原告):青岛卓邦建筑科技有限公司(以下简称卓邦公司)

被上诉人(原审被告):韩某亿

被上诉人(原审被告):韩某泳

原审第三人:创艺牛公司

卓邦公司向青岛市李沧区人民法院起诉请求:(1)依法判令韩某泳、韩某亿在侵占创艺牛公司资产范围内承担连带清偿责任,清偿数额暂主张20万元;(2)本案诉讼费、保全费、保全担保费由韩某泳、韩某亿承担。

一审法院认定事实:创艺牛公司成立于2004年3月15日,股东分别为韩某普、韩某亿,法定代表人为韩某亿。经营范围包括劳务服务、建筑材料销售、住宅室内装饰装修、建设工程施工等。2021年3月29日,经山东省青岛市中级人民法院判决创艺牛公司支付卓邦公司货款588,105.9元及利息,经过强制执行,创艺牛公司现尚欠卓邦公司173,616元。庭审中,卓邦公司陈述,根据创艺牛公司中国光大银行的流水显示,自2011年1月31日至2015年3月25日止,创艺牛公司以差旅费等名义的方式支取银行存款6,895,083.85元,其中差旅费536,983.87元,同城提入借方1,402,979.98元,工资1,261,206元,其显示2015年3月13日以差旅费名义转入韩某泳账户90,000元,2015年3月25日,以差旅费名义转入韩某亿账户43.87元。自2017年11月22日至2020年3月5日止,创艺牛公司转账给韩某亿448,000元,转账给韩某泳151,213元,转账用途标注为稿费、演出费等劳务收入。

---

① 原判决书内容较长,引用时为突出重点,做了删减和提炼。一审案号:山东省青岛市李沧区人民法院(2021)鲁0213民初5016号。

韩某泳、韩某亿称创艺牛公司向韩某亿转账是基于韩某亿代付了工人劳务费，向韩某泳转账是基于韩某泳系创艺牛公司合作的劳务分包方。韩某泳、韩某亿提交创艺牛公司2017年至2019年由青岛润锦会计师事务所出具的青润锦申字第1003、1004、1005号审计报告，审计意见均为：财务报表在所有重大方面按照《小企业会计准则》的规定标志，公允反映了创艺牛公司在2017年至2019年的财务状况以及上述三年的经营成果和现金流量。韩某泳、韩某亿提交的创艺牛公司2017年1月至2020年费用明细中包括工资报销表、创艺牛公司银行交易明细、韩某亿出具的借条（多为偿还工资、工程款）、韩某泳出具的收条、韩某亿的银行转账明细。韩某亿的银行出入账目显示，其多次向其他建筑公司及个人汇款或转账，转款金额一般为数千元至上万元不等。

经查，韩某泳系韩某亿之子。自2009年3月至2015年12月，韩某泳系创艺牛公司员工，由创艺牛公司为其缴纳社会保险。

法院裁判

一审法院认为，根据“谁主张，谁举证”的民事诉讼原则，卓邦公司主张韩某亿与创艺牛公司的行为构成法人人格否认，应当举证证明。创艺牛公司中国光大银行账户的交易明细虽显示，创艺牛公司账户有多笔款项转账给韩某亿，但是对于上述转账，韩某亿均予以合理解释并提供相关证据予以说明，且提交了相关的审计报告等显示创艺牛公司有独立的财务制度以及完整的账册，创艺牛公司具有独立人格。综上所述，卓邦公司仅依据创艺牛公司的银行流水中部分款项转至韩某亿账户，不能证明被告韩某亿与创艺牛公司存在财产混同、人格混同之情形，卓邦公司的该项主张，证据不足，一审法院不予支持。因韩某泳非创艺牛公司股东，卓邦公司主张其基于法人人格否认对创艺牛公司债务承担连带清偿责任，无事实和法律依据，对此不予支持。

一审法院判决：驳回卓邦公司对韩某亿、韩某泳的诉讼请求。

卓邦公司不服一审判决，上诉至山东省青岛市中级人民法院，上诉请求：(1)依法撤销一审判决，将本案发回重审或改判支持一审全部诉求；(2)本案一审、二审诉讼费由韩某亿、韩某泳承担。事实与理由：(1)一审认定韩某亿、韩某泳不存在侵占创艺牛公司7,480,296.85元资产、不存在财产混同、人格混同，属于事实认定错误。原审法院未审理查明2011年1月31日至2015年3月25

日韩某亿、韩某泳以汇票、支票的形式转出共计6,895,083.85元的钱款去向及相关财务凭证。卓邦公司提供的创艺牛公司中国光大银行账户的明细显示,韩某亿在2011年1月31日至2015年3月25日以差旅费、同城提入借方的名义向其个人提款高达680多万元,但并未提交相关的会计原始凭证、原始单据证明差旅费的具体花费明细,同城提入借方也并未提供真实的钱款支出明细证明,明显存在财产混同。原审法院未核对韩某亿的银行出入账目及向其他建筑公司与个人转账或汇款总数额,未对韩某亿在2017年至2019年以劳务费为借口侵占创艺牛公司财产共计585,213元的事实进行审理查明。韩某亿在一审中辩称其行为是为创艺牛公司代付劳务费,明显说谎。创艺牛公司有自己独立的财务账户,没必要由韩某亿代付,且韩某亿并未提供劳务合同、对方开具的发票等能证明其主张的证据,仅提供一份创艺牛公司单方制作的且系在第一次庭审后伪造的工资表,没有与工资表对应的银行流水。创艺牛公司转账时备注为差旅费、稿费、演出费等劳务收入而非借款,创艺牛公司作为一个青岛本地的防水保温企业,竟然会产生5,365,083.87元的差旅费,占创艺牛公司进项总额逾46%,与常理相悖。(2)一审法院将创艺牛公司出具的审计报告作为定案依据,审计报告显系诉讼时单方委托制作,违反公司法规定每一会计年度终了时编制财务会计报告的规定且韩某亿、韩某泳存在超期举证的情形。

二审查明:韩某亿、韩某泳在本案诉讼期间提交的创艺牛公司2017年至2019年审计报告,系创艺牛公司在一审诉讼期间委托青岛润锦会计师事务所进行审计,上述报告出具时间为2021年10月。创艺牛公司、韩某亿未出具其公司完整会计账册或个人账册。

二审法院认为,本案的争议焦点问题是韩某亿、韩某泳是否滥用股东权利损害公司债权人利益,是否应在本案中承担责任。本案中,卓邦公司作为债权人,其提交了创艺牛公司的银行流水,显示创艺牛公司多年以来多次转款给韩某亿,同时银行转账的名义为差旅费、演出费、稿费、工资等。卓邦公司作为创艺牛公司的债权人,并非创艺牛公司股东,对于创艺牛公司内部财务状况等信息并不掌握,卓邦公司提交的上述证据,能够初步证明创艺牛公司将公司款项转给股东的行为,卓邦公司已经完成其举证责任,应由创艺牛公司及股东对上述转款的合法性及合理性作出说明,因此应由创艺牛公司、韩某亿负担举证责任。一审法院将创艺牛公司与股东之间转款合法性的举证责任分配给创艺牛公司的债权人,该举证责任分配不当,应予纠正。通过本案所查明的事实,本院认为韩某亿应当对创艺牛公司在本案中的债务承担连带责任。理由如下:(1)创艺牛公司并没有提交完整的公司账簿、会计凭证,无法证明其已经全面、如实地对公司财务状况进行记载。韩某亿、韩某泳在本案诉讼期间提交了审计报告,但该报告是对往年公司财务状况进行后补审计,出具的时间均为2021年10月,作为正规经营的企业,应当每年对公司财务进行审计,韩某亿、韩某泳提交后补审计报告,无法客观证明创艺牛公司历年来的真实财务状况,该审计报告不应被采信。(2)除审计报告外,韩某亿、韩某泳提交借条等证据,仅是公司账目的一部分,并不完整。其中,除工资外,韩某亿无法证明其他部分款项是否实际发生。结合韩某泳与韩某亿之间系亲属关系的事实,对于本案中,韩某亿、韩某泳提交的证据不具有完整性,不能证明其主张。(3)创艺牛公司系独立法人,其应当具有自己的意思表示能力和独立的财产,对于工资、工程款等公司正常支出,创艺牛公司完全有能力也有义务自主完成,完全没有通过公司股东对外实施上述行为的必要性,当公司正常经营行为被股东个人行为替代时,公司的独立意思表示和独立财产便无从谈起。本案中,韩某亿作为创艺牛公司的股东,其行为构成滥用公司法人独立地位和股东有限责任,致使其与创艺牛公司构成人格混同,韩某亿应当对创艺牛公司所欠卓邦公司债务承担连带责任。因韩某泳并非创艺牛公司股东,卓邦公司要求韩某泳承担上述责任,无法律依据,不予支持。

综上所述,卓邦公司的上诉请求及理由部分成立,予以支持。一审法院认定事实清楚,但适用法律错误,应予改判。二审法院判决如下:(1)撤销一审判决;(2)韩某亿对创艺牛公司所欠卓邦公司债务173,616元承担连带责任;(3)驳回卓邦公司其他诉讼请求。

案例评析

本案原告卓邦公司与第三人创艺牛公司的民事判决已生效执行,59万元的债权还剩17万元未执行到位,卓邦公司举证提供的创艺牛公司的中国光大银行账户流水,应该是在执行案件过程中申请调取的。创艺牛公司的银行账户流水直观显示了创艺牛公司与韩某亿、韩某泳之间的资金往来情况,即创艺牛公司以多种名目向韩某亿、韩某泳进行了大量转账,且持续时间较长,金额相对较大，且其中的稿费、演出费等与该公司经营范围不符合，足以令人引起合理怀疑。韩某亿、韩某泳为解释这些资金往来，在案件审理过程中单方面委托了会计师事务所出具了创艺牛公司2017年至2019年的审计报告，卓邦公司对该审计报告所依据的财务凭证提出了诸多质疑，指出了审计报告的客观公允性问题，但一审法院未采信卓邦公司的质证意见。

二审法院在认定创艺牛公司的银行账户流水出现了财产混同的基础上，重新审查了韩某亿、韩某泳提交的证据，首先指出创艺牛公司没有提交完整的公司账簿、会计凭证，无法证明其已经全面、如实地对公司财务状况进行记载，然后否认了在诉讼中单方面委托会计师事务所作出的审计报告的证明力；其次认为韩某亿、韩某泳提交借条等证据不完整，无法证明除工资外的其他部分款项是否实际发生。二审法院最终认定韩某亿、韩某泳未完成举证责任，创艺牛公司丧失了独立意志和独立财产，与股东发生财产混同。

本案一审、二审法院都认为，韩某泳非创艺牛公司股东，卓邦公司主张其基于法人人格否认对创艺牛公司债务承担连带清偿责任，无法律依据。但我国司法实践早已将法人人格否认制度的适用主体扩张至非股东身份，创艺牛公司股东为韩某普、韩某亿，法定代表人为韩某亿，韩某泳又与韩某亿系父子关系，该公司是典型的家族企业，从韩某泳从公司转走大量款项来看，不排除是公司实际控制人，卓邦公司未提出该观点，二审法院也没有审查与此相关的事实。

案例4－2

贵州众力佳诚商贸股份有限公司诉贵州毕节大众房地产开发有限责任公司、吴某某等买卖合同纠纷案

贵州省高级人民法院（2020）黔民终1125号①

案情简介

上诉人（原审原告）：贵州众力佳诚商贸股份有限公司（以下简称佳诚公司）

① 原判决书内容较长，引用时为突出重点，做了删减和提炼。一审案号：贵州省毕节市中级人民法院（2017）黔05民初36号。

上诉人(原审被告):贵州毕节大众房地产开发有限责任公司(以下简称大众房开公司)

上诉人(原审被告):吴某某

上诉人(原审被告):糜某某

上诉人(原审被告):常某某

佳诚公司向贵州省毕节市中级人民法院起诉,主张:(1)判令大众房开公司赔偿逾期交房损失赔偿金4040万元;(2)判令吴某某、糜某某、常某某对前述逾期交房损失赔偿金承担连带责任。事实和理由:佳诚公司成立目的是为经营超市及零售业,出于提前准备超市经营场所的目的,与大众房开公司签订房屋租赁合同和买卖合同等,其如约履行合同义务,但大众房开公司却迟迟未能交付符合约定的商品房和租赁房,时至今日,商品房仍未通过消防验收,亦未办理权属过户登记,按照合同约定,大众房开公司应当以日利润20万元为标准赔偿损失。大众房开公司股东吴某某、糜某某、常某某实际上拥有公司的完全控制权,三人利用股东的权利,违背股东与公司财产分离原则,将公司资产用于偿还个人(家庭)债务和供个人(家庭)花销,抽逃对公司的出资,导致股东与公司财产混同,使债权人的债权不能完全实现,应当否认大众房开公司独立人格,判令三个股东对公司债务承担连带清偿责任。

大众房开公司、吴某某、糜某某、常某某辩称:(1)任意突破股东有限责任,系滥用诉权,佳诚公司并未提供任何证据证明股东滥用权利逃避债务严重损害公司债权人的利益。(2)佳诚公司未依合同约定缴纳房屋租赁费,也存在违约。(3)佳诚公司诉请以日利润20万元为标准计算赔偿损失,与其公司申报年度日利润标准差距较大。

法院审理查明:佳诚公司系经营超市及零售业的企业。2013年9月16日,佳诚公司与大众房开公司签订《盘古中心门面房、商场买卖及房屋租赁框架协议》,其中约定大众房开公司以9400万元的价格将120.25平方米门面房及约10,000平方米商场出售给佳诚公司,并出租商场另外约11,000平方米给佳诚公司经营超市;房屋交房时间最晚不能超过2014年10月31日,若不能按约定的期限和条件交付,大众房开公司除每日赔付佳诚公司违约金20万元整外,其他造成的损失按照租赁合同及商品房买卖合同的相关约定执行。后大众房开公司与佳诚公司在2013年10月11日签订的《房屋租赁合同》,2013年10月15

日签订的《商品房买卖合同》,都约定交房时间最晚为2014年10月31日,若不能按约定的期限和条件交付,大众房开公司应每日赔偿佳诚公司停业损失20万元。

2015年5月22日,佳诚公司接收大众房开公司交付的商品房及租赁房后装修入驻。至二审调查时,大众房开公司出卖给佳诚公司的商品房仍未通过消防验收,亦未给佳诚公司办理权属登记手续。佳诚公司向大众房开公司支付了部分购房首期款,还欠大众房开公司6,909,000元购房款未付。

诉讼中,佳诚公司向一审法院申请对大众房开公司进行司法会计鉴定,拟证明大众房开公司股东吴某某、糜某某、常某某等人存在滥用公司法人独立地位,存在未实际出资或抽逃出资等情形。一审法院外委办即委托相应公司进行审计,但大众房开公司不配合鉴定工作,拒不提供公司会计凭证进行鉴定。经一审法院多次释明并告之其如不提供会计凭证进行审计则视为认可佳诚公司对此提出的诉讼主张,最终大众房开公司以提供其会计凭证会导致其公司无法正常运行为由,拒不提供相关凭证进行鉴定。

法院裁判

一审法院认为,大众房开公司于2015年5月22日才将案涉房屋交付给佳诚公司,迟延交房202天,已构成违约,应承担相应的违约责任。经委托评估公司对佳诚公司的损失鉴定,结论为:2014年10月31日至2015年5月22日佳诚公司的各种停业损失共计10,048,198元。根据合同法相关规定,认定佳诚公司的违约损失赔偿金为10,048,198元×1.3=13,062,657.40元。

根据《公司法》(2018年)第20条第3款之规定,否定公司法人人格应以公司股东滥用公司法人独立地位和股东有限责任,逃避债务,严重损害公司债权人利益为前提。本案中,佳诚公司向一审法院申请对大众房开公司的账目进行司法审计,以证明大众房开公司股东吴某某、糜某某、常某某等人存在滥用公司法人独立地位和股东有限责任,逃避债务,严重损害公司债权人利益的情形。一审法院移送委托审计机构后,大众房开公司拒绝向审计机构提交会计凭证。经一审法院四次向大众房开公司释明,限定日期要求大众房开公司提交会计凭证进行审计,否则根据证据规则的规定认可佳诚公司的主张,大众房开公司均拒绝提供其会计凭证进行审计。根据《最高人民法院关于民事诉讼证据的若干规定》第48条"控制书证的当事人无正当理由拒不提交书证的,人民法院可以认定对方当事人所主张的书证内容为真实"之规定,应当认定大众房开公司股东吴某某、糜某某、常某某等人存在滥用公司法人独立地位和股东有限责任,逃避债务,严重损害公司债权人利益的情形。根据上述法律规定,佳诚公司主张否定公司独立人格,判决大众房开公司股东吴某某、糜某某、常某某与大众房开承担连带责任的诉讼请求成立,予以支持。

对大众房开公司认为佳诚公司在起诉时,并未提供任何基础证据证明大众房开的股东吴某某、糜某某、常某某滥用股东权利,逃避债务,严重损害公司债权人的利益或吴某某、糜某某、常某某的个人财产与大众房开公司的财产产生混同、无法区分的抗辩意见,不予采纳。

一审判决:(1)由大众房开公司于判决生效之日起30日内支付佳诚公司迟延交房违约赔偿金13,062,657.40元。吴某某、糜某某、常某某对迟延交房违约赔偿金承担连带责任;(2)驳回佳诚公司其他诉讼请求。

佳诚公司、大众房开公司、吴某某、糜某某、常某某都不服一审判决,向贵州省高级人民法院提出上诉。其中,大众房开公司、吴某某、糜某某、常某某上诉请求撤销一审判决,将本案发回重审或驳回佳诚公司的诉讼请求,理由之一是一审判决吴某某、糜某某、常某某承担连带责任没有事实基础和法律依据。即便大众房开公司的部分房产登记在常某某名下,但无法证明吴某某、糜某某有滥用公司独立人格行为,且股东与公司人格混同承担连带责任的结果要件是严重损害了债权人利益,而本案佳诚公司无法证明其利益严重受损。

二审中,大众房开公司提交证据——大众房开公司与常某某签订的三份《商品房买卖合同》及相应收据,拟证明,涉案房屋所在项目大众国际一期登记在常某某名下的三套房屋系常某某购买所得。佳诚公司质证意见为,未见购房款支付凭证,真实事实是常某某从大众房开公司退股,用公司的资产去抵常某某所谓的退股款,也即大众房开公司的股东非法减损公司资产,损害债权人合法权益,即股东滥用公司法人独立人格损害债权人利益,应承担连带责任。

二审法院认为,大众房开公司提交的三份合同均加盖有毕节市七星关区房产事业局备案专用章,结合一审中佳诚公司提交的三份合同所涉房屋的预购商品房预告登记信息等证据,对该三份合同予以采信。

另查明,2015年4月17日,大众房开公司与常某某、张某某分别就毕节市七星关区中山路大众国际(涉案房屋所在项目)一层2号、二层2号、三层2号房屋签订《商品房买卖合同》,并就此办理预告登记。

二审查明的其余事实与一审查明的事实一致。

二审法院认可一审法院对大众房开公司的违约责任及违约金的判项。关于大众房开公司是否存在公司股东财产混同而由股东承担连带责任问题,二审法院认为,根据《公司法》(2018年)第20条第3款规定,公司人格独立和股东有限责任是公司法的基本原则。其一,虽然佳诚公司提交了大众房开公司开发案涉项目3套房屋预告登记在大众房开公司股东常某某名下的证据,以初步证明大众房开公司与其股东常某某存在财产混同的情形,并据此向一审法院申请对大众房开公司的财务账目进行司法会计鉴定,以达到证明大众房开公司股东吴某某、糜某某、常某某存在滥用公司法人独立地位和股东有限责任逃避债务严重损害公司债权人利益的目的,但根据二审中大众房开公司提交的经有关政府部门备案的《商品房买卖合同》及一审中佳诚公司提交的三份合同所涉房屋的预购商品房预告登记信息等证据,可以证实大众房开公司与其股东常某某之间存在房屋买卖关系的高度盖然性,《商品房买卖合同》所涉房屋预告登记在常某某名下具有正当理由。其二,佳诚公司并未举证证明吴某某、糜某某实施了滥用公司法人独立地位和股东有限责任的行为。其三,佳诚公司要求吴某某、糜某某承担连带责任的理由系其认为吴某某、糜某某存在出资不实和抽逃出资的情形,但根据相关法律规定,股东出资不实和抽逃出资对债权人系承担补充责任而非连带责任。总之,佳诚公司在无初步证据的情形下,直接申请对大众房开公司的财务账目进行司法会计鉴定,一审以大众房开公司拒不提交其财务账目而否认大众房开公司的公司人格,判决由吴某某、糜某某、常某某对公司债务承担连带责任不当,二审予以纠正。

贵州省高级人民法院判决:(1)撤销一审判决;(2)大众房开公司支付佳诚公司迟延交房违约赔偿金10,048,198元;(3)驳回佳诚公司的其他诉讼请求。

案例评析

本案二审法官的评析意见为:“当事人在无初步举证表明公司与股东存在人格混同的情形下,径行向人民法院申请对目标公司财务账目进行司法会计鉴定以达到其证明目标公司与股东财产混同进而否认目标公司人格目的,因径行鉴定超越权利行使的正常法律边界且极易侵扰公司正常经营的稳定性，人民法院不宜准许司法会计鉴定申请，也不宜以目标公司拒绝提供财务账目供鉴定而推定目标公司与股东存在人格混同，更不宜依据司法会计鉴定意见而否认目标公司人格。"

笔者认可本案二审法院的观点，原告债权人如果没有初步证据证明公司与股东存在人格混同，直接申请法院调查取证或者对被告公司进行司法审计，无异于将举证责任完全分配给了被告，显然不合适，更可能会引发原告的滥诉。而公司与股东存在人格混同的初步证据，又是哪些？只能因案而异，由法官具体判断。例如，"周某某诉浙江高自成套设备有限公司等合同纠纷案"[①]中，原告周某某举证证明2012年至2015年4年间，被告陈某、陈某某、余某与浙江高自成套设备有限公司（以下简称高自公司）账户之间均有大量、频繁、巨额的资金往来，仅高自公司的基本账户统计，被告三人与高自公司之间发生的资金往来共计559笔，涉及金额高达9144万元，但该案一审、二审法院都认为，周某某提供的公司流水并未达到对法人人格混同可能性的合理怀疑程度。

---

① 浙江省杭州市中级人民法院民事判决书，(2020)浙01民终8819号。

CHAPTER 05

第 五 章

关联公司人格否认案件裁判分析

关联公司人格否认案件以被告多、案情复杂、原告举证困难、刺破率低等特征，成为公认的疑难、复杂案件。关联公司人格混同的关键证据在于财产混同，本章结合司法判例总结了关联公司独有的六种财产混同表现行为，并通过典型案例予以分析，期望能给各位读者提供办案指引和启发。

第一节 关联公司的认定

一、关联公司的概念

关联公司是公司法中比较混乱的一个概念。我国许多法律文件和学术著作将关联公司称之为关联人、关联方、关联企业、关系企业、公司集团、企业集团等。理论界和实务界对这组概念混同使用，尚无统一标准，存在不同观点。江平教授将关联公司分为广义的关联公司和狭义的关联公司，他认为："狭义的关联公司，仅指被其他公司持有股份但并未达到控制界线的公司。广义的关联公司，是指任何两个以上独立存在而相互间具有业务关系或者投资关系之一的集合体。"①广义

① 江平主编：《新编公司法教程》，法律出版社 1994 年版，第 216 页。

的定义较为准确地反映了关联企业的本质内涵，而狭义的定义比较抽象。施天涛教授认为："关联企业是指企业之间为达到特定经济目的通过特定手段而形成的企业之间的联合。这里所谓'特定的经济目的'是指企业之间为了追求更大的规模效益而形成的控制关系或统一安排关系；所谓'特定的手段'是指股权参与或资本渗透、合同机制或其他手段如人事联锁或表决权协议等方法；'企业之间的联合'则是特指具有独立法人地位的企业之间的联合。"[①]该概念指出了关联公司常见的形成方式。

关联公司不是公司法上的公司常态，各国对关联公司规定各不相同。美国最早提出"公司体系"（company systems）、"从属公司"（subsidiaries companies）和"关联公司"（affiliated companies）的概念。这些概念缺乏具体的法律内容，仅仅表明了存在于企业之间相对紧密的联系。欧盟公司法指令中规定，当一家公司直接或者间接拥有另一家公司25%以上的资本总额时，两家公司彼此互为关联公司；或者两家公司同时被第三家公司直接或者间接地分别持有25%以上的股份时，这两家公司彼此互为关联公司。[②]

德国1965年公布的《德国股份公司法》规定关联企业的主要形式是康采恩（Konzern），意思为多种企业集团，是一种典型的关联企业。德国公司法采取列举的方式归纳出关联企业的具体形式，其认定依据是股份或者出资额的占有程度（下限为25%），或者是业务上的支配程度，或者是盈利分享状况。[③] 在日本，虽然关联企业没有出现在基本法律中，但在其财务诸表规则中却对其作出了较为详细的阐述，该规则第8条第4款规定，一方公司实质上拥有另一公司20%以上50%以下的表决权，并通过人事、资金、技术和交易等手段严重影响该公司的财务与经营方针者为关联公司。该规则第8条第5款规定，当按照证券交易所的规定向政府报送财务报表的母公司及其子公司、关联公司，以及财务报表报送公司是关联公司时，与其有关联的公司都叫作"关系公司"。换言之，关系公司是母公司和子公司以及其所谓关联公司的统称。[④] 我国台湾地区接受并使

---

① 施天涛：《关联企业概念之法律透视》，载《法律科学》1998年第2期。

② 参见《欧盟公司法指令全译》，刘俊海译，法律出版社2000年版，第368页。

③ 参见金剑锋：《关联公司法律制度研究》，法律出版社2016年版，第41页。

④ 参见张扣娣编译：《日本企业集团中的母子公司关系》，经济科学出版社1993年版，第2页。转引自施天涛：《关联企业概念之法律透视》，载《法律科学》1998年第2期。

用了“关系企业”这一表示统称的概念，并且在使用上与日本的意义是一致的。学者使用“关系企业”一词作为具有母子关系、参股关系之企业联合的统称。[①]“立法”也径直以“关系企业”作为正式名称。

《公司法》(2023年)第265条第4项规定：“关联关系，是指公司控股股东、实际控制人、董事、监事、高级管理人员与其直接或者间接控制的企业之间的关系，以及可能导致公司利益转移的其他关系。但是，国家控股的企业之间不仅因为同受国家控股而具有关联关系。”企业之间具有关联关系是否可认定为关联企业？这要取决于对关联公司如何理解。税法为解决企业之间利润转移、双重征税的问题，从税收的角度对关联企业做了规定。[②] 现行《企业所得税法实施条例》第109条规定的关联方是指与企业有下列关联关系之一的企业、其他组织或者个人：(1)在资金、经营、购销等方面存在直接或者间接的控制关系；(2)直接或者间接地同为第三者控制；(3)在利益上具有相关联的其他关系。上述规定针对的是企业税收管理中与纳税人有关联的企业。

财政部为了规范上市公司财务报表中披露的关联方及其关联交易，于2006年2月15日公布《企业会计准则第36号——关联方披露》，第二章专门详细界定了关联方的概念、范围等，其中第3条规定：“一方控制、共同控制另一方或对另一方施加重大影响，以及两方或两方以上同受一方控制、共同控制或重大影响的，构成关联方。控制，是指有权决定一个企业的财务和经营政策，并能据以从该企业的经营活动中获取利益。共同控制，是指按照合同约定对某项经济活动所共有的控制，仅在与该项经济活动相关的重要财务和经营决策需要分享控制权的投资方一致同意时存在。重大影响，是指对一个企业的财务和经营政策有参与决策的权力，但并不能够控制或者与其他方一起共同控制这些政策的制定。”第4条列举了关联方的形式：“下列各方构成企业的关联方：(一)该企业的母公司。(二)该企业的子公司。(三)与该企业受同一母公司控制的其他企业。(四)对该企业实施共同控制的投资方。(五)对该企业施加重大影响的投

---

① 参见施天涛：《关联企业概念之法律透视》，载《法律科学》1998年第2期。

② 早期的相关规定有：《外商投资企业和外国企业所得税法》(已失效)第13条，《外商投资企业和外国企业所得税法实施细则》(已失效)第四章，《税收征收管理法》第24条，《税收征收管理法实施细则》第36、37、38、39、40、41条。

资方。(六)该企业的合营企业。(七)该企业的联营企业。(八)该企业的主要投资者个人及与其关系密切的家庭成员。主要投资者个人,是指能够控制、共同控制一个企业或者对一个企业施加重大影响的个人投资者。(九)该企业或其母公司的关键管理人员及与其关系密切的家庭成员。关键管理人员,是指有权力并负责计划、指挥和控制企业活动的人员。与主要投资者个人或关键管理人员关系密切的家庭成员,是指在处理与企业的交易时可能影响该个人或受该个人影响的家庭成员。(十)该企业主要投资者个人、关键管理人员或与其关系密切的家庭成员控制、共同控制或施加重大影响的其他企业。"上述规定将关联关系分为两类;一类是指持有一定比例的表决权股份,或是因契约关系、一致行动等对上市公司具有控制权或者重大影响力的股东;另一类是指上市公司及其附属公司的董事、监事,高级管理人员及其联系人。上述定义是从财会的角度提出的关联公司的概念,并非公司法概念,而公司法意义上的关联公司,其作为法律概念是尚不清晰的。

笔者在此暂不对关联公司下定义,因为在具体的关联公司人格混同案件中,很少有法官会专门讨论被告之间是否符合关联公司关系,而是直接论述其是否存在人格混同的事实,若存在,也就能证明被告之间是关联公司,若不存在,自然也没必要再讨论关联公司的成立问题了。

二、关联公司的形成

关联公司是为追求更好的经济效益和管理效率,通过特定关联关系产生的,这种关联关系主要表现为投资关系、契约关系和人事关系。

(一)基于投资关系形成的关联公司

投资是形成关联公司的主要方式,当一个公司投资开办下属公司或者占有其他公司多数股份资本时,两个公司就自然形成了控制与被控制关系,并由此成为关联公司。通过投资形成的关联公司有以下三种具体形式:一是设立全资子公司。母子公司是关联公司中控制与被控制关系最为彻底的一种公司。二是投资成为控股股东。通常当一个公司对另一个公司的投资达到一定数额时,该公司就能对另一公司实施控制。依据一股一权、股权平等的原则,所持股份比例越高的股东在公司内享有越强的话语权,尤其是涉及公司经营管理、人事任免等方面的事项。三是交叉持股。《公司法》(2023年)和《证券法》对公司之间相互交叉持股未做明确规定，而在实践中，交叉持股一直被广泛运用。在交叉持股情形中，由于互相出资的两公司往往存在内部人控制的情形，因而互为关联公司。根据交叉持股公司之间是否具有母子公司关系，交叉持股可以分为纵向相互持股和横向相互持股。纵向相互持股是指母公司持有子公司股份的同时，子公司也持有母公司的股份，但持股数额不足以改变母子公司关系；横向相互持股是指两个或者两个以上的公司之间相互持有股份，但是这些公司之间并未形成母子公司关系。

（二）基于契约关系形成的关联公司

公司之间可通过契约建立关联关系，从而形成关联公司，并通过契约中的权利和义务的配置约束关联公司。在我国这类常见的契约主要包括：企业租赁合同、承包经营合同、委托合同和信托经营合同等。以企业承包、租赁合同为例，企业承包或者租赁曾经是我国搞活中小国营企业的形式。企业经营承包是指所有者将自己的财产交给承包人经营，双方达成协议，保证所有者得到固定的收益，超额部分则归承包人所有，或者按比例在双方之间进行分配。在经营过程中，所有者对承包人的经营决策不予干涉。企业租赁是指由出租人将整个企业出租给承租人，承租人按照合同规定取得对企业的经营权，并固定地向出租人支付租金。企业租赁合同或者承包经营合同，在法律关系上并无本质区别。从关联企业角度，都是企业主将其对企业的控制权移交给其他企业，同时保留发包人或者出租人的法人资格。如果将企业租赁或者承包给某一企业，则出租人与承租人，或者发包人与承包人，就构成关联企业。

（三）基于人事关系形成的关联公司

公司制度中，董事会是重要的决策机构，通过董事交叉联任，协调公司间的经营政策，在公司之间会形成关联关系。本质上而言，公司董事人选受多数股份控制，人事交叉背后其实有相应的股份支持，因此人事关系实际上体现了关联公司之间的资本参与，即资本控制最终主要体现为人事控制。如果一个公司享有任命另一公司多数董事会成员的权力而控制了该公司的董事会，那么该公司是另一公司的控制公司，而另一公司则是该公司的从属公司。对从属公司董事的控制总是与控制公司所持的从属公司的表决权相关，而表决权的多少又取决于控制公司对从属公司所持股份的多少。

第二节　关联公司人格否认案件的特征

一、刺破因素多，案情复杂

关联公司人格混同要从财产、业务、人员等方面判断，其中财产混同是最重要的因素，但查明财产混同可不是一件简单的事情，如涉及资金混同，需要查明资金混同的持续时间，每笔资金的具体流向、用途、金额等；如涉及业务混同，并不是直接以公司经营范围进行判断，往往还需要证明关联公司在业务开展过程中是否存在相互履行合同，相互盖章等情形；如证明人员混同，需要去调查关联公司的管理人员是否相同，其交叉任职的具体期间是多久等。这些因素叠加在一起，会让整个案件案情变得异常复杂。

二、债权人举证难度大，刺破率低

如前实证分析可知，关联公司的刺破率仅为 25.37%，若同时涉及关联公司背后的行为人，刺破率更低，只有 23.91%，其主要原因在于原告举证不足。这说明两个问题：一是关联公司人格混同现象可能确实不如此前多，公司经营管理越来越规范；二是对于关联公司人格混同的证据，债权人不易收集、提供，从而导致败诉。因此，债权人在没有掌握一定的关联公司财产混同证据的情况下，贸然向法院起诉，并不可取。

三、关联公司的实际控制人不易被追责

每一起关联公司人格混同案件的背后都有一个实际控制人，实际控制人是关联公司人格混同的始作俑者。但实践中真正追究实际控制人责任的案例却是凤毛麟角，原因很简单，大多数法院的逻辑是，要追究实际控制人责任，除非债权人能证明实际控制人与关联公司发生财产混同，如 15 号指导案例的裁判观点："徐工机械公司未提供证据证明王某某、张某某将应当归属于公司的资产占为己有，亦未提供证据证明其个人资产与公司资产混同，故徐工机械公司要求王某某、张某某对川交工贸公司的债务承担连带责任，不予支持。"客观而言，

正是因实际控制人不顾关联公司的独立人格，过度支配多家公司在财产、业务上发生混同，才最终导致了人格混同事实的出现。因此，根据实际控制人的受信义务理论，在更多情形下，都应准予追究其连带责任。

第三节　关联公司人格混同的认定标准

一、关联公司人格混同的实质因素为财产混同

财产混同最常见的表现形式是财务混同，即关联公司之间资金随意支配使用或者几家公司共用一个银行账户，且没有相关财务记载，与公司跟股东财务混同情形基本一致。在此着重讨论关联公司之间独有的几种财产混同情形。

（一）为逃避债务，脱壳经营，转移资产，成立相似的其他公司

当某一公司负债过多，为避免公司破产时所有资产均用于偿还负债，公司可能提前将优质资产剥离，将其作为对另一关联公司的投资，所有负债则保留在原公司内，使得原公司成为空壳公司，无法正常经营、无力偿债。在这一过程中，股东或者实际控制人过度支配公司，导致公司人格形骸化。在“江西省第一房屋建筑公司诉江西润田天然饮料食品有限公司等建设工程合同纠纷案”①中，江西润田天然饮料食品有限公司（以下简称润田饮料公司）因企业经营遭遇严重困难，经相关部门协调并基于资产重组的安排，成立了润田实业公司，该公司以零价格受让润田饮料公司及其子公司的资产和股权。重组后，润田实业公司取得了润田饮料公司及其子公司的大量资产，包括但不限于“润田”系列商标、外观设计、商标特有包装装潢等无形资产及生产基地、生产设备等有形资产，润田实业公司的经营范围也覆盖了润田饮料公司及其子公司的经营范围。同时，该案中没有证据证明润田实业公司按重组方案和法律规定清偿了润田饮料公司及其子公司的相关债务并办理相关工商变更手续，资产重组完成后，润田饮料公司继续存在。江西省南昌市中级人民法院认为，润田饮料公司通过资产重组方式，将有价值的资产全部无偿转移给润田实业公司。润田实业公司在零对

① 江西省南昌市中级人民法院民事判决书，(2018)赣01民初164号。

价获取大量有价值资产的同时却未清偿润田饮料公司的债务,致使润田饮料公司成为空壳公司,严重损害了润田饮料公司债权人的利益。

在“上海怡登纸业国际贸易有限公司诉广西北流金维花纸有限公司等买卖合同纠纷案”①中,广西北流金维花纸有限公司(以下简称金维公司)停业后,在未清算的情况下,原股东、管理人员就成立百祥公司,百祥公司的经营范围与金维公司一致,并使用金维公司搬迁的设备生产经营,百祥公司和金维公司实质上是“一套人马、两块牌子”。对此,广西壮族自治区玉林市中级人民法院认为,金维公司将生产设备转移至百祥公司的行为,损害了金维公司债权人的合法权益。金维公司与百祥公司在组织机构、财产、业务方面混同,各自财产亦无法区分,两公司均已丧失独立人格,属人格混同。

(二)重要资产相互使用、占有

实践中,部分关联公司会在某公司需要采购资产时,将另一关联公司的资产以无偿或大大低于市场价格的方式转移给采购方,或者未经过法定分红程序,将公司的资产无偿给关联方使用,这些行为实质上使得转移方的资产减损,降低了偿债能力,损害了转移方及其债权人的利益,亦属于财产混同。例如,在“重庆富邦会展有限公司诉蒋某某、孟某某等合伙协议纠纷案”②中,西晶公司持有祁棉公司55.67%的股权,案涉煤矿探矿权人为祁棉公司,而在2012年7月24日,西晶公司与重庆富邦会展有限公司(以下简称富邦公司)所签订的协议书中,明确载明西晶公司为保障富邦公司资金安全,自愿将案涉煤矿探矿权证原件抵押给富邦公司,交由其保管。重庆市第二中级人民法院认为,探矿权是指在依法取得的勘查许可证规定的范围内,勘查矿产资源的权利,而勘查矿产资源的权利对于一个矿业公司来说,是矿业公司得以正常开展经营活动的根基,是依法取得的具有财产价值意义的重要权利。而西晶公司并非探矿权权利凭证登记的权利人,其能够直接将记载探矿权的权利凭证原件直接交与富邦公司“抵押”、保管,足以说明西晶公司与祁棉公司存在财产混同。

在“于某某诉衡水奥特莱防水工程有限公司等民间借贷纠纷案”③中,河北

---

① 广西壮族自治区玉林市中级人民法院民事判决书,(2016)桂09民终1146号。

② 重庆市第二中级人民法院民事判决书,(2020)渝02民初1606号。

③ 最高人民法院民事裁定书,(2021)最高法民申2981号。

奥特莱公司作为工业园区土地的占有使用方和地上建筑的投资建设方，在衡水奥特莱防水工程有限公司（以下简称衡水奥特莱公司）未支付办公楼、实验楼相应对价即通过“招拍挂”取得房屋产权时未提出异议，并将相关权益无偿让渡给衡水奥特莱公司，且衡水奥特莱公司租赁河北奥特莱公司所有的500平方米房屋用于经营却未支付过租金。对此，最高人民法院认为，衡水奥特莱公司无偿占有河北奥特莱公司建筑物及无偿使用河北奥特莱公司房屋，导致河北奥特莱公司无力清偿对于某某的债务，损害了于某某的债权，两公司之间构成财产混同。

（三）交叉履行合同，财产边界不清晰，财务混同

在交叉履行合同情形中，收益与损失可能分别由不同主体承担，导致关联公司之间财产边界不清晰，造成财务混同。交叉履行合同是财产混同重要的表现形式，相对容易举证。在“杨某某诉北京天佑恒远物业管理有限公司等房屋租赁合同纠纷案”[①]中，雅苑公司与北京天佑恒远物业管理有限公司（以下简称天佑公司）作为独立法人，就北京市某商业楼出租，各自以其名义与租户签订了房屋租赁合同，但陈某某作为天佑公司的法定代表人，向雅苑公司的租户马某某支付本应由雅苑公司支付的返租租金，郝某某作为天佑公司的财务人员以其个人银行账户收取雅苑公司租户尹某本应付给雅苑公司的租金，且雅苑公司的租户赵某某、杨某某、周某通过天佑公司的POS机将本应支付给雅苑公司的租金支付至关联的陈某某的个人账户，并由雅苑公司向以上租户出具收据。据此，北京市第三中级人民法院认定，雅苑公司与天佑公司属于交叉履行合同，导致发生财产混同。

在“路某诉陕西皓月投资管理有限责任公司等房屋买卖合同纠纷案”[②]中，案涉地产项目开发的报告以及房屋认购合同，有的以陕西皓月投资管理有限责任公司（以下简称皓月公司）名义签订，有的以金瑞公司名义签订，还有的以皓月公司、金瑞公司共同名义签订，结合两公司的股权关系，陕西省渭南市中级人民法院认定牛某某实际控制金瑞公司和皓月公司，交叉履行合同，导致两公司经营混同，财产边界不清，相互输送利益，丧失人格独立性。

---

① 北京市第三中级人民法院民事判决书，（2022）京03民终5372号。

② 陕西省渭南市中级人民法院民事判决书，（2021）陕05民终393号。

（四）经营场所混同，员工混用，企业经营成本混同，财务混同

公司的运营需要成本，各公司应当承担各自的成本。但在实际经营中，可能会存在某一公司承担多家公司的房租、水电、用工、运输等各项经营成本的情况。此外，还有实际控制人将各公司的下属员工的劳动关系集中挂在某一公司，或一个关联公司为另一关联公司提供捎带运输、搭售等服务。从法律上讲，一旦这种帮助产生了利益关系，就会涉及法律关系的产生和变动，实质上增加了承担成本公司的债务，导致财务混同。

案例5－1

刘某某诉衡阳县宝泉鞋业有限公司等劳动争议案

湖南省衡阳市中级人民法院（2021）湘04民终3316号[①]

案情简介

上诉人（原审原告）：刘某某

上诉人（原审被告）：衡阳县宝泉鞋业有限公司（以下简称宝泉鞋业公司）

上诉人（原审被告）：国立宝泉鞋业公司

刘某某向衡阳市衡阳县人民法院起诉请求：（1）确认刘某某与宝泉鞋业公司存在劳动关系；（2）判令宝泉鞋业公司向刘某某支付刘某某医疗期间的工资21，060元，违约解除劳动合同的经济赔偿金8340.75元等等；（3）刘某某要求国立宝泉鞋业公司对以上诉讼请求承担连带责任，以上共计134，317.74元。

一审法院认定事实：刘某某于2019年2月20日入职宝泉鞋业公司，双方签订了书面劳动合同，约定合同期限为2019年2月20日至2021年2月19日，基本工资为1130元/月。宝泉鞋业公司未为刘某某购买职工社保，刘某某缴纳了农村合作医疗保险。2019年5月5日，宝泉鞋业公司与广东国立公司合资成立国立宝泉鞋业公司，自此刘某某向国立宝泉鞋业公司提供劳动，接受其用工管理，并由该公司向刘某某发放工资。2019年11月1日，刘某某在医院检

---

① 原判决书内容较长，引用时为突出重点，做了删减和提炼。一审案号：湖南省衡阳市衡阳县人民法院（2021）湘0421民初2792号。

查(右乳)穿刺组织,非特殊型浸润性癌,2019 年 12 月 29 日,医院开具病休证明,建议化疗休息两个月。刘某某病假期间,宝泉鞋业公司向刘某某支付了四个月的病假工资共计 4212 元。2020 年 3 月 16 日,宝泉鞋业公司因刘某某出院后病假期满未在规定的期限内到公司报到上班,以刘某某自动离职的方式解除了双方劳动关系。又查明,刘某某向宝泉鞋业公司提交了一份出院记录,记录显示刘某某于 2020 年 2 月 22 日出院。然而刘某某于 2020 年 4 月 2 日、2020 年 5 月 15 日仍有入院治疗的病历记录,直至 2021 年 5 月 12 日刘某某仍到医院就医检查。

法院裁判

一审法院认为,关于确认刘某某与宝泉鞋业公司存在劳动关系的诉讼请求,刘某某虽已在国立宝泉鞋业公司工作,但刘某某与宝泉鞋业公司并没有解除劳动关系的意思表示;且现行劳动立法基本确定了以劳动合同为原则,以实际用工为补充的劳动关系认定标准,故刘某某与宝泉鞋业公司的劳动关系仍然存在,故支持刘某某的该诉讼请求。

关于刘某某要求国立宝泉鞋业公司承担连带责任的诉讼请求。刘某某在与宝泉鞋业公司的劳动合同依然有效的情形下,刘某某又向国立宝泉鞋业公司提供劳动,接受其用工管理,并由该公司向其发放工资,且宝泉鞋业公司、国立宝泉鞋业公司登记经营地址相同,经营范围相似,主要人员交叉,工资支付混同,认定宝泉鞋业公司、国立宝泉鞋业公司之间属于混同用工的情形。在混同用工的情形下,若国立宝泉鞋业公司不承担责任,会导致权责失衡,故可以通过将法人人格否认理论的责任承担主体推定适用至关联公司,关联公司发生人格混同,严重损害劳动者利益,关联公司相互之间对劳动法律关系承担连带责任。故对于刘某某该诉讼请求,予以支持。综上所述,宝泉鞋业公司应赔偿刘某某损失 31,369 元,国立宝泉鞋业公司对该笔费用承担连带赔偿责任。一审法院判决:(1)宝泉鞋业公司赔偿刘某某损失 31,369 元;(2)国立宝泉鞋业公司对刘某某的损失 31,369 元承担连带赔偿责任;(3)驳回刘某某其他诉讼请求。

一审判决下达后,刘某某和宝泉鞋业公司、国立宝泉鞋业公司针对劳动纠纷部分都提出上诉。经审理,湖南省衡阳市中级人民法院认为,刘某某、宝泉鞋业公司、国立宝泉鞋业公司的上诉请求部分成立。二审法院判决:(1)撤销一审判决;(2)宝泉鞋业公司支付刘某某医疗期工资21,060元、违法解除劳动合同赔偿金8340.75元、未办理医疗保险损失7150元,共计36,550.75元;(3)国立宝泉鞋业公司对上述第二项判决确定的内容承担连带赔偿责任;(4)驳回刘某某的其他诉讼请求。

案例评析

随着社会经济的不断发展,多个用工单位混同用工的行为日渐增多,且劳动者作为受管理对象,无法自主决定工作岗位、地点等,适用公司人格否认制度,可以防止用工单位滥用人格混同,通过资产转移、宣告破产等方式规避用人单位责任,能有效维护劳动者的合法权益,构建和谐的劳动关系。

实践中,用工单位的人格混同往往表现为各单位之间的业务内容相同或交叉,组织机构、财产使用呈现交互性、一体化;并从劳动者提供劳动的客观情况来看,在时间和空间上难以区分用工主体,劳动者与各用工单位都满足构成相同劳动法律关系的条件。因此,在劳动争议案件中,认定用工单位人格混同,应当从其是否具有关联关系以及是否存在财务、用工混同等多个方面综合考量。

同时也要注意,公司人格否认并不能适用于所有类型的劳动纠纷,对于原告主张确认劳动关系的诉讼,因我国劳动法原则上不承认双重劳动关系,且该诉请也很难证明原告利益受到严重损害,故劳动关系确认之诉不能适用公司人格混同。对于给付之诉,可分为两种情形:一种是行为给付之诉,往往涉及缴纳社会保险等纠纷。社保缴纳需要人社部门的积极配合,此类纠纷的关键是要确立缴纳主体。所以,仅仅从确认主体方面来讲,人格混同亦难以适用,法院只能依据劳动关系确认一个缴纳主体,而不能同时确定多个主体,但在缴纳费用筹集上,则可以让另一关联单位连带承担。二是财产给付之诉,人格混同可以完全适用财产给付之诉,以保护劳动者合法权益。①

另外,对于用人单位而言,劳动者的身份具有重叠性,可能同时兼具公司股东、董事、高级管理人员的身份,如果他们其中有人对单位人格混同发挥了恶意

---

① 参见刘强、沈阳市中级人民法院民五庭课题组:《人格混同在劳动争议中的适用》,载《法律适用》2019年第20期。

建议、决策的作用,根据"任何人不得从自己的不当行为中获利"的基本法理,这类劳动者则不能请求适用人格混同理论维护自身权益。

(五)大量相互担保,无法区分债务主体

为取得贷款融资,关联公司之间相互担保的情况非常普遍。关联企业相互担保并不被法律禁止,但相互担保过多、重复,就会导致相互偿还债务,债务主体不清,进而引发财产混同的结果。例如,在"董某某诉辽宁宝立房产开发有限责任公司等民间借贷纠纷案"①中,鑫山公司系一人公司,股东只有陈某,注册资本2000万元,陈某同时系辽宁宝立房产开发有限责任公司(以下简称宝立公司)的法定代表人,对宝立公司持股95.625%。鑫山公司经营场所、经营范围与宝立公司相同,鑫山公司与宝立公司人员相互交叉任职。鑫山公司与陈某、宝立公司相互担保、互担债务,鑫山公司除与宝立公司、陈某相互担保、互担债务外,其从事的其他经济行为涉及金额也远超出鑫山公司对外公示、独立承担民事责任的财产范围。辽宁省沈阳市中级人民法院认为,上述事实可以认定陈某存在作为控制股东或实际控制人过度支配或滥用控制权,使多个子公司或者关联公司人格混同。

在"沈阳中农置业有限公司诉营口元基房地产开发有限公司等借款合同纠纷案"②中,辽宁省高级人民法院认为,各被告之间相互担保甚至重复担保已远远超出正常范围,实际上产生了义务覆盖,无法确认究竟谁是业务主体。

(六)企业集团财务统一管理,各公司不单独设立财务账户和账簿

在企业集团中,为了方便管理,集团成员可能会让各公司使用共同账户,或者相互借用账户。如某一账户用于收取业务收入,另一账户用于支出采购成本,第三个账户用于支出所有企业的员工工资等。在此情形下,如集团成员无法证明对共同使用的账户或者借用账户中的资金进行了严格的区分,并据实明确记载了用途,则无法将每笔款项具体对应到某个公司,就会导致各公司之间的资金混淆,从而构成财务混同。例如前述"沈阳中农置业有限公司诉营口元基房地产开发有限公司等借款合同纠纷案"中,营口元基房地产开发有限公司(以下简称元基房地产)、翰文文化、天才文化、启明投资、翰文图书以集团名义

---

① 辽宁省沈阳市中级人民法院民事判决书,(2021)辽01民终8958号。

② 辽宁省高级人民法院民事判决书,(2016)辽民终452号。

设有统一的翰文集团财会账目,用统一的财会凭证,财务统一管理,所有的财务支出或银行转款都由其财务负责人苗某某签字,各公司的管理费用、招待费用包括一些购置费用,由该集团公司统一支出。辽宁省高级人民法院认为,元基房地产、翰文文化、天才文化、启明投资、翰文图书表面上是彼此独立的公司,但各公司之间共用同一资金账户,公司财产及业务无法清楚区分,实际构成了人格混同。

以上案例并不是说企业集团无法进行统一的资金管理,事实上,资金集中管理是现代企业集团,尤其是大型国企普遍采用的管理方式,集团通过将信息集中到特定部门,并通过该部门对下属企业(包括全资子公司及控股公司,即集团子公司)的资金进行统一调配和部署,以对各子公司的银行账户、预算、融资、结算、票据等方面进行全方位、一系列的集中管理,对于提高资源配置效率、防范经营风险具有重要意义。

在"中铁物资集团有限公司诉天津物产国际贸易有限公司等执行异议之诉纠纷案"①中,天津市高级人民法院认为,中铁湖南公司系由中铁物资集团有限公司(以下简称中铁集团)独资设立的一人有限责任公司,中铁集团按照相关要求对中铁湖南公司资金实行集中统一管理,并不破坏中铁湖南公司财产的独立性,不必然导致股东财产和公司财产的混同。中铁集团对下属企业资金实行统一集中管理制度,并不改变资金的所有权属性,上划资金本质上仍属中铁湖南公司所有。同时,根据相关审计结论,中铁湖南公司财产与中铁集团的财产分别列支列收,单独核算,资产权属明确,双方往来资金财务记录清晰,不存在与中铁集团混合使用银行账户及账簿的情况。综上,可以认定中铁集团对下属企业虽实行"上划下拨"的资金集中管理制度,但中铁湖南公司财产仍具有独立性,与中铁集团不存在财产混同情形,中铁集团不应被追加为被执行人。

为准确理解企业集团的资金集中管理与财产混同的边界,笔者将天津市第二中级人民法院兰岚和赵旭两位法官对"中铁物资集团有限公司诉天津物产国际贸易有限公司等执行异议之诉纠纷案"所作案件评析,摘录如下,以飨读者。

所谓资金归集,是指在一个集团公司的日常经营过程中,将集团

---

① 天津市高级人民法院民事判决书,(2019)津民终258号。

的所有下属公司规定账户上一定额度的资金归集到总公司账户的金融运作方式。与资金归集相对应的反向操作方式,叫作资金下拨,是指把集团总账的资金余额按约定方式逐级下拨到下属分支公司账户的过程。从本质上来讲,资金从集团子公司被归集到总账户上之时,就形成了子公司对于管理总账户的财务公司的资金债务请求权。而与一般的债权债务关系不同的是,子公司通过与集团公司之间签订资金归集协议,公司除了对于资金的请求权,还享有在未来自己现金流不足之时从总账户获取资金拆借的权利,母公司与子公司一般都建立了账户透支、循环额度贷款等快速融资通道,可以在集团公司成员临时资金短缺时,第一时间为各公司提供融资服务。

企业集团开设资金归集减少内部成员的融资成本,其中一项重要的步骤就是由母公司对于集团各个成员单位进行资金归集(而各个成员单位一般来讲保有一般交易用途的资金),形成现金池。所形成的现金池中现金在成员单位现金不足时,会下拨给该单位;而成员单位现金剩余之时,将进入资金池中。实践中,各个下属公司也会被允许保有一定的现金数额,数额的多少可由其与母公司之间签订的资金归集协议所具体规定。

单从外观上看,资金归集会产生股东用公司的资金偿还股东的债务,或者将公司的资金供关联公司使用的表征,而且在财务上会形成反映母公司和其全部子公司形成的企业集团整体财务状况、经营成果和现金流量的合并财务报表。因此,在审理公司法人人格否认案件中,其是否构成财务混同会发生认定争议。

资金归集模式不构成公司法人人格否认中的财务混同。

(一)资金归集模式中各主体间法律关系明确

从法律角度上来分析,实际上当子公司A所拥有的资金被归集至集团母公司B,这笔资金再进一步被分配给缺少资金的集团其他子公司C时,这三个主体实际上形成了两层关系:第一层关系是母公司在归集资金后,就此部分资金对集团子公司A形成债务,母公司对于子公司A负有依据资金归集协议偿还此部分债务的义务;第二层关系是当母公司将归集资金中部分下拨给需要资金的子公司C之时,形成母公司对于子公司C的债权。

虽然集团母公司将归集的子公司A的资金交给子公司C使用，但集团母公司对此享有债权也负有债务，且各子公司的账目与集团公司的账目相互独立，财产归属明晰，不存在财产混同的情况。

（二）资金归集模式中各主体间财务账目独立

虽然资金归集的资金都在母公司同一银行账户中，但集团母公司建立了一套完整的与集团公司及其他子公司相独立的账册、账务记录，并进行独立核算，不存在与集团公司财务混同的情况。而关于合并报表问题，根据财政部制定的《企业会计准则第33号——合并财务报表》规定：合并财务报表，是指反映母公司和其全部子公司形成的企业集团整体财务状况、经营成果和现金流量的财务报表；母公司，是指控制一个或一个以上主体（含企业、被投资单位中可分割的部分，以及企业所控制的结构化主体等）的主体；控制，是指投资方拥有对被投资方的权力，通过参与被投资方的相关活动而享有可变回报，并且有能力运用对被投资方的权力影响其回报金额。可见，合并报表仅表明母公司对子公司的投资与投资的管理关系，并不能以合并报表为由简单得出子公司丧失独立法人人格的结论。

（三）资金归集模式中资金流转系有偿使用

根据现在通行的集团公司内部的资金管理手法，可分为三个大类，分别是：报账中心、财务中心以及财务公司制度。这三类中，报账中心是指集团子公司仅作为报账单位，行使汇总数据的功能，所有财务决策都由集团总部决定；财务中心是指在公司内部设立资金中心办理集团各公司的结算转账业务，此模式之下各个子公司具有一定的财务决策权并且可以开设独立银行账户，但公司的融资等重大决策仍属于集团母公司；财务公司制度是指集团内单独设立一个财务公司，为集团内部单位提供资金往来的融资以及结算服务，集团下属公司有自己的财务决策权。在此基础上，集团下属子公司是可以根据市场竞争的原则与财务公司签订贷款、放款等协议。而在这些协议中，集团下属公司和母公司（财务公司）之间的存贷会实行有偿存贷，约定的利率和同期商业银行的存贷利率（lpr）一致。

(四)资金归集模式为现金管理业务

资金归集真正迅速发展起来是20世纪90年代以来世界范围内集团公司不断涌现和规模扩大所产生的对于金融服务的必然要求。集团公司总部对于其下属分支机构的财务控制尤其是现金流控制需求快速增长,但集团本身却由于管理层级繁杂或是销售区域过于宽广等原因,致使企业的生产经营现金回收链条过长、回收周期过久、财务费用过高等。在这样的大背景下,商业银行首先推出了基于资金集团性归集基础上的现金管理业务,用以满足集团企业财务集中管理的要求。通过现金管理,集团内部的银行账户可以得以集中简化从而减少成本。中央办公厅、国务院办公厅、财政部、国资委等部门多次下发文件就国有企业集团建立内部资金管理制度,对国有企业资金实行集中统一管理等内容进行规定。资金在集团内部统一流动调拨,可以大大减少可能的对外融资成本和对内冗余资金的机会成本,现金流量在集团层面更加容易预测和临时调度,财务信息交流可以达到标准化和共享化,国际业务中的跨境操作和外汇交易等程序以及费用大大简化,原本可能产生的成员公司间因互相借贷产生的税费也会在很大程度上减少。

因此,集团公司间采用依法合并财税报表,以及在分开记账、支取自由、有偿使用前提下的集中现金管理,不应被视为公司法人人格否认中的财务混同。①

二、关联企业人格混同的表征因素为业务混同、人员混同

(一)人格混同之业务混同

业务混同是指关联公司各自业务不能清晰区分,主要表现在关联公司从事同一业务,大量交易活动形式上的交易主体与实际主体不符或者无法辨认。根据实证调研发现,我国司法实践中认定业务混同的具体表现,可归纳为:(1)经营范围交叉或者重合;(2)业务领域、交易方式、价格确定混乱;(3)对外销售、对外宣传行为混同,使用相同的销售手册、格式合同;(4)关联公司的交易活动

① 天津市高级人民法院民事判决书,(2019)津民终258号。

受同一个人指挥、支配和组织；(5)合同签订、履行行为混同。例如在15号指导案例中，法院认定川交工贸公司、川交机械公司、瑞路公司业务混同，具体表现为：第一，三家公司经营范围基本重合；第二，三家公司在对外宣传时信息混同，未做区分；第三，三家公司在工程机械销售等业务中不分彼此。在三家公司均与徐工机械公司存在业务往来的前提下，三家公司不仅要求将相关业务统计于川交工贸公司名下，还表示今后的业务尽量以川交工贸公司的名义操作。川交工贸公司与瑞路公司共用统一格式的《销售部业务手册》，且封面载有上述两公司的名称，手册中载明两公司的结算开票资料，其中结算账户为两公司共同的财务人员卢某的个人银行账户。在川交工贸公司向其客户开具的收据中，有的盖有川交工贸公司的财务专用章，有的盖有瑞路公司的财务专用章。客观来说，前两种表现只是业务混同的外观形式，第三种表现才是业务混同的实质特征。

实践中，很多法官在业务混同的本质特征与尺度把握上存在谨慎不足的问题，经常以关联公司业务领域、经营范围的重合或者交叉作为认定业务混同的因素。例如，在“山东临淄农村商业银行股份有限公司诉淄博明珠物资有限公司等金融借款合同纠纷案”[①]中，山东高级人民法院认为，两公司对外宣传的为同一产品，以此认定公司在公司外观、公司经营范围等方面存在混同。在集团公司内部从事同领域的业务，或者从事的业务为上下游关系的均很常见，对外宣传时把几家企业一起宣传亦属正常。若将这种情形一概视作业务混同，则不仅与商业常识不符，也有偏离人格混同本质之虞，致使公司人格否认制度被滥用。

业务混同的本质是因关联公司在经营过程中对彼此的行为不加区分，各公司丧失独立意志，导致相对方无法分辨彼此。故认定时须审慎把握表象，严格构成要件，领会概念本质，通过审查交易合同、资金和业务往来记录等证据综合判断。如青海省高级人民法院在“王某某诉民和县冉昌工贸有限责任公司等与公司有关的纠纷案”[②]中认为，业务混同不仅指企业登记的经营范围相同，也包

---

① 山东省高级人民法院民事判决书，(2015)鲁民再字第23号。其他相同裁判观点的案例：江苏省南通市中级人民法院民事判决书，(2016)苏06民终3694号。

② 青海省高级人民法院民事裁定书，(2021)青民申1130号。

括具体交易行为、交易方式、交易价格受关联企业支配和操纵。

(二)人格混同之人员混同

人员混同是指能够对公司利益以及公司债权人利益产生影响的公司人员交叉或者混同,包括关联公司的实际控制人相同或者交叉,对于股东的混同应该是指控股股东的混同。对于公司的决策、运营等没有影响的股东之间发生交叉或者重合情形,不应当认定其构成人员混同。从前述实证分析来看,股东、法定代表人、高级管理人员、财务人员、联络人员等在关联企业间的重合或交叉任职,是判定存在人员混同的主要考虑因素。普通工作人员的重合或交叉任职,一般不会被视为存在人员混同。

人员混同有时也可称之为公司组织机构混同,一套班子、两块牌子是人员混同的典型例子。也就是说,公司与股东在人员上、组织机构上互为一体,一套班子有时代表公司,有时候代表股东,以至于分不清班子的决议究竟是代表公司还是代表股东,使得公司失去了独立的意思表达。

人员混同不是认定人格混同的核心因素,除非有法定或者约定的竞业禁止,在关联公司中担任高级管理人员并不被法律绝对禁止。在母子公司结构中,母公司向子公司派遣管理人员,股权投资方指派己方的管理人员担任被投资方的董事,或者职业经理人同时担任多家公司的法定代表人和高级管理人员,均为商业常态,只要这些人员以不同的身份从事管理工作,就不能简单地认定为人员混同。例如,在“海南海钢集团有限公司诉中国冶金矿业总公司损害股东利益责任纠纷案”[①]中,最高人民法院即指出,度假村公司及其股东中国冶金矿业总公司(以下简称中冶公司)均为人格独立的公司法人,不应仅以两公司的董事长为同一自然人,便认定两公司的人格合一,进而将度假村公司董事会的行为认定为中冶公司的行为,这势必造成公司与股东的法人内部决策机制在人格关系上的混乱。最高人民法院在“江西赛维 LDK 太阳能高科技有限公司诉吉林庆达新能源电力股份有限公司买卖合同纠纷案”[②]中亦认为,江西赛维 LDK 太阳能高科技有限公司与南昌赛维公司的董事、监事、总经理等人虽基本相同,经营范围也大体一致,但这仅能证明两家公司之间存在人员混同,而不能

---

① 最高人民法院民事判决书,(2014)民申字第 1116 号。

② 最高人民法院民事裁定书,(2019)最高法民申 3521 号。

证明两家公司之间存在业务混同和财务混同。

关于人员混同、业务混同的地位,我们认为作为具有独立人格的法律主体,公司有权决定自己的经营范围和组织管理方式,在现代公司自治理念中,法律应当尊重公司对其内部关系的自我调整。当公司在业务与人员等方面出现混同的表象时,其往往只是为了降低经营成本,寻求效益的最大化,同时更能与集团公司中的其他公司联合起来增强其整体的竞争力,不宜轻易认定为影响公司独立人格存在的混同。虽然业务混同和人员混同同样构成人格否认的行为要件,但财产混同更具有决定性意义,所以在认定公司人格混同时,应当更加注重对公司财产状况的分析。即便是公司的具体交易行为受同一控制股东或同一董事会指挥、支配、组织,交易行为、交易方式、交易价格都取决于握有最终控制权的股东,或者是公司与股东的董事会成员互相兼任,高级管理人员统一调配、聘任或任命,但如果没有出现股东将公司盈利作为自己的财产随意调用,或者是资金、利润在企业之间随意流转使母子公司中的某一子公司利益受损等破坏公司财产独立性,使公司经济利益受损的情况,就不能轻易认定公司人格混同的成立。也就是说,在认定法人人格混同的过程中,业务混同和人员混同虽有其独立价值,但财产混同才是最重要的、根本性的标准。①

案例5－2

北汽福田股份有限公司诉新津腾中筑路机械有限公司等与公司有关的纠纷案

四川省高级人民法院(2020)川民终247号②

案情简介

上诉人(原审被告):新津腾中筑路机构有限公司(以下简称新津腾中公司)

---

① 参见赵旭东:《法人人格否认的构成要件分析》,载《人民司法》2011年第17期。

② 原判决书内容较长,引用时为突出重点,做了删减和提炼。一审案号:四川省成都市中级人民法院(2018)川01民初1082号。

上诉人(原审被告):双流腾中公司

被上诉人(原审原告):北汽福田股份有限公司(以下简称北汽福田公司)

原审被告:华通投资公司

原审被告:腾中重工公司

原审被告:杨某

原审第三人:华锐公司

北汽福田公司向四川省成都市中级人民法院提起本案诉讼,请求判令:华通投资公司、腾中重工公司、新津腾中公司、双流腾中公司、杨某就华锐公司所欠北汽福田公司27,277,716.42元及因其迟延履行产生的利息承担连带偿还责任。

一审法院经审理查明如下事实:

1.有关北汽福田公司与华锐公司之间债权、债务的仲裁和执行情况。2010年1月24日,北汽福田公司与华锐公司、周某某、胡某某、腾中重工公司签订《投资协议》,约定:北汽福田公司、华锐公司、周某某、胡某某组建腾中福田公司;腾中福田公司注册资本8000万元,北汽福田公司出资2000万元,华锐公司出资5200万元,周某某、胡某某各出资400万元;如果腾中福田公司成立之日起5年内,给北汽福田公司的现金分红少于1000万元,华锐公司同意收购北汽福田公司的全部股权。2011年3月7日,腾中福田公司成立并办理了工商登记。由于腾中福田公司在成立后5年内未向北汽福田公司分红,北汽福田公司于2016年5月向中国国际经济贸易仲裁委员会(以下简称中国贸仲)提出仲裁申请,中国贸仲于2017年1月作出裁决书,裁决华锐公司向北汽福田公司支付股权回购款26,997,013.22元、律师费40,000元、仲裁费240,703.2元。上述裁决书生效后,北汽福田公司向一审法院申请强制执行华锐公司,2017年7月17日法院裁定终结本次执行程序。

2.华通投资公司、腾中重工公司、新津腾中公司、双流腾中公司、杨某的基本情况。华通投资公司是彭某独资的一人公司,成立于1996年9月2日,注册资本5468万元,住所地为成都市武侯区科华中路,法定代表人为彭某,登记经营范围为:项目投资、商务咨询;商品批发与零售;房屋工程建设;道路、桥梁工程建筑。

腾中重工公司成立于2005年1月26日,注册资本34,826万元,住所地为成都市新津工业集中发展区,华通投资公司(认缴出资额24,566.1万元,占总股本70.54%);管某(认缴出资额5223.9万元)、四川华通特种工程塑料研究中心有限公司(认缴出资额210万元)、上海盛联投资中心(有限合伙)(认缴出资额4826万元)。法定代表人为李某,登记经营范围为:通用设备制造业;专用设备制造业;塑料制品的生产;建材、机械设备、五金交电及电子产品销售。

新津腾中公司为腾中重工公司独资的一人公司,成立于1998年4月21日,注册资本6900万元,住所地为四川省成都市新津工业园区,法定代表人为杨某,登记经营范围为:生产、销售:公路、铁路桥梁支座、桥梁伸缩缝、预应力产品、路、桥机械设备及配件;钢结构工程施工;货物进出口、技术进出口;钢材销售。

双流腾中公司为腾中重工公司独资的一人公司,成立于2010年11月9日,注册资本490万元,住所地为成都市双流区西南航空港经济开发区空港二路,法定代表人为杨某,登记经营范围为:通用机械设备、专用机械设备、塑料制品生产、销售;建材、机械设备、五金交电、电子产品销售;从事货物和技术进出口的对外贸易经营。

华锐公司为腾中重工公司独资的一人公司。杨某除在新津腾中公司、双流腾中公司及华锐公司担任法定代表人外,还在北汽福田公司与华锐公司共同出资成立的腾中福田公司担任董事长、法定代表人。

3.其他相关事实。2015年1月,北汽福田公司以华锐公司、杨某为被告,向一审法院提起损害股东利益责任纠纷诉讼,认为华锐公司作为腾中福田公司实际控制人,杨某作为腾中福田公司法定代表人,违反腾中福田公司章程及议事规则,对外提供担保并给北汽福田公司造成损失,请求判决华锐公司及杨某赔偿损失。一审法院经审理作出(2015)成民初字第479号民事判决,认为北汽福田公司证据不足,判决驳回其诉讼请求。在该案中,杨某辩称,其为腾中福田公司雇员,对腾中福田公司对外担保并不知情,因为腾中福田公司及华锐公司的印章、合同章、法定代表人印鉴均由华通投资公司管理控制,杨某没有实际参与对外担保事务,不存在侵权行为,故不应当承担责任。在该案诉讼中,华通投资公司于2015年3月4日出具"说明",主要内容为:华通投资公司及所属企业,包括腾中重工公司、新津腾中公司、双流腾中公司、华锐公司、腾中福田公司等企业的全部印章(包括各企业公章、合同章、法定代表人印鉴),在"华通系"企业债务危机爆发前均由华通投资公司集中管理并决策,经办企业投融资等工作。2014年4月12日以后才陆续将部分印鉴交由各企业自行管理。

2014年8月15日，腾中福田公司形成“2014年临时董事会决议”，其中有以下内容：截至目前，公司诉讼案件15件，因公司所有印章由大股东华锐公司的实际控制方华通投资公司管理，以上业务均由华通投资公司具体经办，腾中福田公司经营管理层并未参与。

本案诉讼中，北汽福田公司提交了若干“华通系”企业涉诉案件判决书和执行裁定书，能够反映以下情况：2014年4月，腾中福田公司和华锐公司作为被执行人被要求向债权人彭鑫共同偿还4280.8万元；2013年9月，华通投资公司向杨芳借款2000万元，腾中重工公司、腾中福田公司提供担保；2013年7月，腾中福田公司向中国农业银行什邡市支行借款3000万元，腾中重工公司提供担保；2011年，腾中福田公司与华兴建筑公司签订建设工程施工合同，后者于2014年因主张工程款将腾中福田公司起诉至法院，腾中福田公司在诉讼中辩称，涉案工程实际发包人为腾中重工公司；2014年，成都市温江区人民法院作出的(2014)温江民初字第1969号民事判决书，判决华通投资公司向佳友小贷公司偿还借款700万元及利息，腾中重工公司承担连带责任；2014年成都市温江区人民法院作出的(2014)温江民初字第1970号民事判决书，判决华通投资公司向佳友小贷公司偿还借款700万元及利息，华锐公司承担连带责任；2014年，成都市温江区人民法院作出的(2014)温江民初字第1971号民事判决书，判决华锐公司向佳友小贷公司偿还借款600万元及利息，华通投资公司承担连带责任。

腾中重工公司、双流腾中公司分别提交了账务管理制度、2016年度和2017年度所得税汇算清缴报告，拟证明公司财务独立，不存在与其他公司混同情况。杨某提交了劳动合同、聘任通知，拟证明杨某与公司是劳动关系，依照公司决议担任董事。北汽福田公司对上述证据不予认可。一审法院经审查认为，腾中重工公司、双流腾中公司的财务管理制度是单方制作的资料，无其他证据印证，无法确认其真实性，即使具有真实性，仅凭该证据也不足以说明该财务管理制度已落实实施；所得税汇算清缴报告是四川天健税务师事务所就腾中重工公司、双流腾中公司2016年、2017年所得税汇算清缴所作的专项审计报告，而非司法鉴定机构就本案争议事实所作的审计报告，不足以证明两公司财务独立；杨某的证据涉及的事实与本案缺乏关联性，故均不予采纳。

审理中，根据北汽福田公司的申请，一审法院委托四川嘉汇会计师事务所对华通投资公司、腾中重工公司、新津腾中公司、双流腾中公司、华锐公司之间2013年至2017年度财务往来情况进行专项审计。由于华通投资公司、腾中重工公司、新津腾中公司、双流腾中公司、华锐公司均未按要求提供鉴定所需财务资料,故四川嘉汇会计师事务所无法开展鉴定工作,将鉴定事项退回一审法院。

法院裁判

一审法院认为,华锐公司因《投资协议》而欠北汽福田公司的债务,已经仲裁裁决确认。本案争议焦点是,华通投资公司、腾中重工公司、新津腾中公司、双流腾中公司、杨某是否应对华锐公司欠付北汽福田公司的案涉债务承担连带清偿责任。从华通投资公司、腾中重工公司、新津腾中公司、双流腾中公司、华锐公司的关系看,华通投资公司持有腾中重工公司70.54%的股份,华锐公司、双流腾中公司、新津腾中公司是腾中重工公司全资子公司,上述五个公司的经理、监事、董事的任职人员有交叉,且华锐公司、双流腾中公司、新津腾中公司的法定代表人均为杨某。

从另案反映出的情况看,华通投资公司及其子公司和关联企业,包括腾中重工公司、新津腾中公司、双流腾中公司、华锐公司、腾中福田公司的企业公章、合同章、法定代表人印鉴等全部印章,在"华通系"企业债务危机爆发前均由华通投资公司集中管理,并由华通投资公司决策、经办企业投融资等工作。目前查到的相关生效裁判文书,能够反映上述五个公司彼此之间就对外发生的债务相互提供担保的情况。以上事实反映,华通投资公司、腾中重工公司、新津腾中公司、双流腾中公司、华锐公司虽然登记为独立的公司法人,但后四个公司实际由华通投资公司控制,并不具有独立意志和独立利益,各公司较大可能存在财产边界不清、利益相互输送、财务混同的情况。为查明五家公司的资金往来情况原审法院委托鉴定机构进行财务审计后,华通投资公司、腾中重工公司、新津腾中公司、双流腾中公司均不提交鉴定所需要的财务资料,应承担对其不利的后果。华通投资公司、腾中重工公司、新津腾中公司、双流腾中公司与华锐公司存在人格混同,严重损害债权人利益,违背了法人制度设立的宗旨,违反诚实信用原则,其行为的本质和危害结果与《公司法》(2018年)第20条第3款规定的情形相当。北汽福田公司主张华通投资公司、腾中重工公司、新津腾中公司、双流腾中公司对华锐公司因《投资协议》而欠北汽福田公司的债务承担连带责任，应予支持。

北汽福田公司还主张，杨某在多个“华通系”企业担任法定代表人及执行董事等职务，掌握这些公司的经营运作，对“华通系”企业有一定的支配地位，故杨某应就华锐公司的债务承担连带责任。鉴于北汽福田公司的该主张缺乏依据，不予支持。

一审法院依据《公司法》(2018年)第3条、第20条第3款判决：(1)华通投资公司、腾中重工公司、新津腾中公司、双流腾中公司就中国贸仲[2017]中国贸仲京裁字第0067号裁决书确定的华锐公司欠北汽福田公司的债务27,277,716.42元及迟延履行期间的债务利息承担连带清偿责任；(2)驳回北汽福田公司的其余诉讼请求。

新津腾中公司、双流腾中公司不服一审判决，向四川省高级人民法院上诉。

二审判决：驳回上诉，维持原判。

案例评析

本案原告举示的证据全部来自公开渠道，包括案件裁判文书和企业工商信息。从被告五家公司的股权控制关系、高管人员任职、法定代表人担任等方面可看出，华通投资公司、腾中重工公司、新津腾中公司、双流腾中公司与华锐公司实际组成了以华通投资公司为首的“华通系”。原告提交了7个案件裁判文书，根据另案查明的事实可知，“华通系”企业债务危机爆发前，各下属公司公章均由华通投资公司集中管理，并由华通投资公司决策、经办企业投融资等工作，说明这五家公司存在被华通投资公司过度支配与控制的倾向，加之这五家公司之间存在相互担保、互负债务的情形，则更加能令人相信它们之间会发生财产混同。

客观而言，仅凭另案的裁判文书查明的以上事实，并不能完全证明这五家公司财产混同，关键还要看公司内部的财务管理制度是否健全，能否证明各公司财务独立、财产独立。原告申请对五家公司财务往来进行司法审计，得到了法官的同意，说明法官此时认可原告举示的证据已经对被告五家公司人格混同产生合理怀疑，原告完成了初步的举证责任，转而应当由被告举证，提交相关财务资料配合司法审计，被告不提交，也就意味着举证不能，则可以推定被告五家公司存在财产混同。

案例 5-3

朱某某诉西南水泥有限公司等民间借贷纠纷案

四川省高级人民法院(2017)川民再 114 号①

案情简介

再审申请人(一审被告、二审上诉人):资中西南水泥公司

再审申请人(一审被告、二审上诉人):西南水泥有限公司(以下简称西南水泥公司)

被申请人(一审原告、二审被上诉人):朱某某

一审被告:东方红水泥公司

朱某某向四川省资中县人民法院起诉请求:(1)东方红水泥公司立即归还原告借款 10 万元及利息;资中西南水泥公司、西南水泥公司承担连带清偿责任。(2)本案的诉讼费由被告承担。

一审法院认定事实:2011 年 12 月 2 日东方红水泥公司向朱某某借款 10 万元用于修建厂房和购买设备。东方红水泥公司成立于 1998 年,注册地址为资中县兴隆街镇三皇庙村十一社,法定代表人为张某国(执行董事兼总经理)。公司股东有张某国、罗某友(副总)、陶某(副总)、黄某之、高某宁。西南水泥公司于 2011 年 11 月 29 日设立,中国建材公司持有西南水泥公司 50% 的股权。

2011 年 6 月 3 日,中国建材公司为了对东方红水泥公司的水泥资产进行联合重组,签订了《水泥业务合作框架协议》,中国建材公司向东方红水泥公司提供 7000 万元的借款用于偿还高息借款。2011 年 11 月 23 日,以西南水泥公司作为甲方、授权代表赵某涧,东方红水泥公司作为乙方,东方红水泥公司法定代表人张某国以及张某国、罗某友、陶某、黄某之、高某宁作为丙方签订了《合作协议》。《合作协议》第 1 条约定乙方重组的资产范围,以评估公司出具的《评估报告》(具体内容略)为准。第 2 条约定纳入本次各方合作范围的债务(标的债

① 原判决书内容较长,引用时为突出重点,做了删减和提炼。一审案号:四川省资中县人民法院(2014)资中民初字第 2900 号;二审案号:四川省内江市中级人民法院(2015)内民终字第 358 号。

务)本金2.68亿元以及与有关的利息。第3条约定合作方式由甲、乙双方设立内江西南水泥公司,以内江西南水泥公司收购乙方拥有的第1条所述标的资产,并签署《资产转让协议》。第3条约定将第2条所述的标的债务转移给内江西南水泥公司。第4条约定设立内江西南水泥公司的相关事宜,甲方出资比例为70%,乙方出资比例为30%。第6条约定资产转让价格及付款方式。第7条约定存续债务的处理。第7.1条约定乙方和丙方保证,乙方收到资产转让价款将专项用于偿还存续债务:(1)乙方欠自然人及企业的高息借款本金及利息;(2)乙方在交接日之前预收的水泥、熟料款;(3)应付设备款、应付工程款等应付账款;(4)其他债务。第7.2条约定为保证乙方和丙方将其收到的资产转让价款专项存储和使用,各方同意以乙方名义在成都市开立共管账户。

《合作协议》签订后,中国建材公司于2011年11月29日将交易款1.7亿元付到了东方红水泥公司账户;西南水泥公司分别于2012年5月30日,6月7日,7月3日、6日将交易款2000万元、2000万元、2000万元、24,929,953.42元付到了东方红水泥公司账户,东方红水泥公司将上述款项全部用于偿还公司债务。

由于东方红水泥公司欲设立资中西南水泥公司而缺乏资金,2011年11月23日,西南水泥公司作为甲方、东方红水泥公司作为乙方,张某国、罗某友、陶某、黄某之、高某宁作为丙方签订了《借款协议》,约定西南水泥公司向东方红水泥公司提供5000万元借款,东方红水泥公司用其持有的内江西南水泥公司30%股权作质押担保。东方红水泥公司将其中的1500万元用于对资中西南水泥公司的首批认缴出资,其余3500万元用于偿还其高息集资款。

随后西南水泥公司与东方红水泥公司签订了《关于设立四川内江西南水泥有限公司出资协议书》,并于2012年1月12日成立了资中西南水泥公司,法定代表人赵某涧,2012年5月22日法定代表人变更为方某。西南水泥公司出资1.05亿元占70%的股权,东方红水泥公司出资4500万元占30%的股权。公司的高级管理人员有张某国副董事长、罗某友总经理、高某暂定为监事、江某容财务处处长。2012年6月30日,西南水泥公司与东方红水泥公司签订了《股权质押合同》,约定东方红水泥公司将其持有的资中西南水泥公司30%的股权质押给西南水泥公司,担保其在《合作协议》及《借款协议》项下的责任。双方于2013年7月13日办理了股权出质登记。

2012年1月12日，资中西南水泥公司作为甲方（受让方）、东方红水泥公司作为乙方（转让方）签订了《资产转让协议》，其中第1条约定标的资产的范围，第1.1条约定乙方同意将《合作协议》中“标的资产”转让给乙方。第2条约定东方红水泥公司将其部分债务转移给资中西南水泥公司承担，该标的债务为2.68亿元。第3条约定“标的资产”作价5.5亿元。第5条约定资产转让价格及支付方式，其中，第5.3条约定：甲方根据本协议支付资产转让价款时应汇入共管账户。第6.1条约定了乙方收到资产转让价款将专项用于偿还存续债务，等等。

据查，资中西南水泥公司的全国工业产品生产许可证是通过东方红水泥公司变更企业名称的方式取得。

2012年5月28日，资中西南水泥公司为甲方，东方红水泥公司为乙方签订了《资产交接协议》，其中第4条约定了截至交接基准日的存货作价2400万元，标的债务金额为2.68亿元。第5.1条约定甲方向乙方支付的资产转让价格，计算方法为：资产转让价格＝截至交接基准日的标的资产作价（5.5亿元＋截至交接基准日的存货作价）－截至交接基准日的标的债务，计算出资产转让价格为3.06亿元。

资中西南水泥公司的主要经营业务、内部机构设置、人事和财务的管理等均受西南水泥公司的支配。资中西南水泥公司每天的营业额款项均汇入西南水泥公司的子公司四川利森建材集团有限公司的账上。

法院裁判

一审、二审法院都认为，资中西南水泥公司、西南水泥公司、东方红水泥公司虽在工商登记部门登记为彼此独立的企业法人，但实际上相互之间界限模糊、人格混同。资中西南水泥公司的经营业务、内部机构设置、人事和财务的管理等均受西南水泥公司支配，不能自主决策，生产经营的收益也转入西南水泥公司指定的公司。西南水泥公司、资中西南水泥公司和东方红水泥公司通过《资产转让协议》《资产交接协议》约定将应支付于共管账户内的资产转让款先行进行扣除，用于偿还了东方红水泥公司与西南水泥公司的债务，使经过《评估报告》确认的其他债权人的债权，应按比例受偿的份额受到损害。同时，东方红水泥公司所持有资中西南水泥公司的股权又被质押给西南水泥公司，使东方红水泥公司不能独立地管理和支配其财产，导致东方红水泥公司已无力偿还债务，损害了债权人的利益。上述行为违背了法人制度设立的宗旨，违背了诚实信用原则，其行为本质和危害结果与《公司法》(2013年)第20条第3款规定的情形相当，一审依据《公司法》(2013年)第20条规定判决资中西南水泥公司和西南水泥公司对东方红水泥公司的债务承担连带清偿责任，二审予以维持。

再审过程中，资中西南水泥公司、西南水泥公司向法院提交了最高人民法院(2016)最高法民再108号民事判决书，该判决书认定资中西南水泥公司、西南水泥公司与东方红水泥公司三者不构成公司人格混同，资中西南水泥公司、西南水泥公司不应对东方红水泥公司对外所负债务承担连带清偿责任。

四川高级人民法院再审认为，本案争议的焦点问题是，西南水泥公司、资中西南水泥公司与东方红水泥公司是否构成公司人格混同并应否对东方红水泥公司所负债务承担连带清偿责任。个案适用公司人格否认制度，须具备《公司法》(2013年)第20条规定的主体要件、行为要件和结果要件。具体到本案，认定西南水泥公司、资中西南水泥公司与东方红水泥公司是否构成公司人格混同，应从以下三个方面加以判断：

第一，主体要件方面。东方红水泥公司是案涉债务的债务人。东方红水泥公司的工商登记材料显示，东方红水泥公司的全部股东为张某国、罗某友、陶某、黄某之、高某宁等五个自然人，西南水泥公司和资中西南水泥公司均非东方红水泥公司的股东。在三者是否构成关联公司方面，依照《公司法》(2013年)第216条第4项之规定，西南水泥公司、资中西南水泥公司并不持有东方红水泥公司的股份，不能通过行使股东权利控制东方红水泥公司；西南水泥公司通过有关协议收购东方红水泥公司的大部分资产并将资产注入资中西南水泥公司，与东方红水泥公司之间的联系在于设立资产转让款共管账户以监督资产转让款优先偿还东方红水泥公司债务，上述行为属正常商业风险防控手段，并不构成对东方红水泥公司法人行为的控制或导致公司利益的转移，不是东方红水泥公司的关联公司；东方红水泥公司持有资中西南水泥公司30%的股份，东方红水泥公司的董事长兼任资中西南水泥公司的副董事长，两公司高级管理人员存在交叉任职的情形，可以认定资中西南水泥公司与东方红水泥公司为关联公司。据此，西南水泥公司既不是东方红水泥公司的股东，也不是其关联公司，西南水泥公司与东方红水泥公司不具备适用法人人格混同制度的主体要件；东方红水泥公司是资中西南水泥公司的股东,两者之间存在关联关系,符合法人人格混同制度的主体要件要求。

第二,行为要件方面。在公司人格混同情况下,最为常见的行为表征是公司与股东或关联公司互相之间财产混同、业务混同和人员混同。西南水泥公司不是案涉债务人东方红水泥公司的股东和关联公司,两公司之间的公司人员没有交叉任职,虽都从事水泥生产业务,但两者业务的生产线和对外销售等经营行为并未重叠,因此不存在人员混同和业务混同;西南水泥公司虽就案涉资产转让款与东方红水泥公司设立了共管账户,但该账户并非两公司的法人账户,而是专为东方红水泥公司偿还合同约定债务使用,且该共管账户权属归东方红水泥公司所有,东方红水泥公司在本案诉讼中亦认可上述共管账户中的款项已全部用于偿还其所欠债务,不能由此认定两公司的财产发生混同及难以区分。因此,西南水泥公司与东方红水泥公司之间也不存在财产混同,西南水泥公司在本案的有关交易行为不构成公司人格否认的行为要件。

根据《合作协议》《资产转让协议》《资产交接协议》等约定,资中西南水泥公司作为资产收购方,实际上是以 5.74 亿元价格(标的资产作价 5.5 亿元 + 存货作价 2400 万元)购买了东方红水泥公司纳入《评估报告》范围的全部非流动资产和存货。正是基于上述资产收购关系,两公司之间在运作方面确实不可避免地会发生一定程度上交叉的现象。但上述资产收购价格以依法定程序作出的《评估报告》为依据,属合理对价。因资中西南水泥公司的主要资产系支付合理对价从东方红水泥公司购买而来,东方红水泥公司已丧失上述资产所有权,两公司资产不存在资产混同;东方红水泥公司出让上述资产后,拥有资中西南水泥公司 30% 股份,同时,资中西南水泥公司依约定须接受东方红水泥公司不超过 330 名职工(全部职工为 473 人),因此,东方红水泥公司与资中西南水泥公司人员存在交叉任职属股东履行职责和安置职工的正常行为,不能与一般的关联公司人员混同相提并论;资中西南水泥公司受让上述资产后,东方红水泥公司即停止了水泥生产,两公司也不存在业务混同情况。而且,根据已查明的事实,东方红水泥公司出售资产后,成为资中西南水泥公司占股 30% 的股东,也没有实施利用股东地位向公司无偿或低价转让资产以逃避其个人债务的行为;资中西南水泥公司作为资产收购方,因已支付了合理对价,其收购行为并没有导致东方红水泥公司资产的减少,而只是将资产形态由流动资产和非流动资产转变为现金,用于清偿东方红水泥公司之前所欠债务,并没有减少东方红水泥公司的偿债能力。因此,对于朱某某所提资中西南水泥公司与东方红水泥公司存在人员混同、业务混同、财产混同的诉讼主张,法院依法不予支持。

在总共5.74亿元的资产转让款支付上,资中西南水泥公司以债务承担的方式直接向东方红水泥公司有关债权人偿还了2.7亿元,通过共管账户监督东方红水泥公司偿还了2.5亿元。在东方红水泥公司所欠债务的偿还顺序上,双方依据《合作协议》第2.1条的约定,将东方红水泥公司所欠西南水泥公司关联方及资中县农村信用合作联社的债务优先清偿,既是东方红水泥公司自主处置收购款的意思表示,也是上述债权人清收到期债权的合法权利。特别是在东方红水泥公司尚未进入破产程序的情况下,东方红水泥公司的所有债权人,并不具有法律意义上的债权按比例清偿的权利。

第三,结果要件方面。在案《评估报告》证明,在案涉资产收购时,东方红水泥公司已资不抵债。东方红水泥公司以5.74亿元合理对价出售案涉资产后,还拥有部分剩余流动资产和资中西南水泥公司30%的股权。经核算,东方红水泥公司的流动资产评估值为1.27亿元,案涉仅收购了流动资产中价值2400万元的存货,东方红水泥公司尚拥有1.03亿余元的流动资产;案涉收购资产全部注入了资中西南水泥公司,按照转让价格5.74亿元计算,资中西南水泥公司的资产至少有5.74亿元,因此东方红水泥公司所持有的资中西南水泥公司30%股权享有相应价值。由此可以得出,案涉资产出售后,东方红水泥公司的资产规模并未减少,只是资产形态发生了变化。虽上述资中西南水泥公司30%股权被质押给了西南水泥公司,但东方红水泥公司由此获得了5000万元的借款,反而增加流动资金和偿债能力。在东方红水泥公司资不抵债但未宣告破产的情况下,其所有债权人依法不享有按比例受偿债务的权利,因此,原审所认定的西南水泥公司、资中西南水泥公司通过协议安排使东方红水泥公司不能独立地管理和支配其财产,导致东方红水泥公司已无力偿还债务、损害了债权人利益的损害结果,缺乏事实和法律依据,应予纠正。西南水泥公司、资中西南水泥公司的案涉资产收购行为,并不构成公司人格否认意义上的严重损害包括朱某某在内的东方红水泥公司债权人利益的情形。

根据上述分析,再审认为,西南水泥公司、资中西南水泥公司与东方红水泥公司并不构成公司人格混同,本案依法不属于参照适用《公司法》(2013年)第

20条第3款的情形。西南水泥公司、资中西南水泥公司收购东方红水泥公司案涉资产,已支付了合理对价。《最高人民法院研究室关于企业资产出售合同效力及民事责任承担问题的答复》明确规定:“企业出售资产的合同,如果买受人支付了合理的对价而且不具有合同法第五十二条规定的情形的,人民法院应当认定出售合同有效。企业出售资产行为不适用《最高人民法院关于审理与企业改制相关的民事纠纷案件若干问题的规定》,企业出售其资产后应自行承担其原对外债务。”据此,朱某某所主张的对东方红水泥公司的案涉债务,应由东方红水泥公司自行承担。原一审、二审判决判令西南水泥公司、资中西南水泥公司对案涉债务承担连带责任,属适用法律错误,应予纠正。西南水泥公司、资中西南水泥公司有关其与东方红水泥公司不构成公司人格混同、不应对东方红水泥公司所负债务承担连带清偿责任的再审主张成立,再审依法予以支持。

再审判决如下:(1)撤销二审和一审民事判决;(2)东方红水泥公司在本判决生效之日起十日内支付朱某某借款本金10万元及利息;(3)驳回朱某某的其他诉讼请求。

案例评析

本案与案例3-1“中信银行济宁分行诉山东中垦美晶米业有限公司等金融借款合同纠纷案”案情相似,都是原公司以资产转让对外组建新公司,而判决结果大相径庭。

东方红水泥公司对外转让的资产价值5.74亿元,作为资产接收方的资中西南水泥公司以债务承担的方式直接向东方红水泥公司债权人(包括资中西南水泥公司的关联公司中国建材公司和西南水泥公司,两公司债权金额共9000万元)偿还了2.7亿元,通过共管账户监督东方红水泥公司偿还了2.5亿元。也即东方红水泥公司通过对外资产转让的方式,清偿了对特定债权人高达5.2亿元的债务,其中有担保债权也有普通债权。这种对特定债权人的单独清偿,再审法院认为是东方红水泥公司自主处置资产转让款的意思表示,实际上改变了债权人的清偿顺序,会导致债权人之间不公平受偿,其合理性应当受到质疑。二审法院认定很清楚,认为“西南水泥公司、资中西南水泥公司和东方红水泥公司通过《资产转让协议》《资产交接协议》约定将应支付于共管账户内的资产转让款先行进行扣除,用于偿还了东方红水泥公司与西南水泥公司的债务,使得经过评估报告确认的其他债权人的债权,应按比例受偿的份额受到损害”。再审法院也想到这一点存在不合理之处,却强调说“特别是在东方红水泥公司尚未进入破产程序的情况下,东方红水泥公司的所有债权人,并不具有法律意义上的债权按比例清偿的权利”。东方红水泥公司的资产转让时,已经资不抵债但未宣告破产,而且将资产转让款给特定债权人清偿,其背后的动机“昭然若揭”。

再审法院援引《最高人民法院研究室关于企业资产出售合同效力及民事责任承担问题的答复》论证东方红水泥公司对外资产转让的合法性,并不恰当。企业对外出售资产且获得合理对价,并不会减损该企业的资产,也不会改变该企业的债权人清偿顺序,这与本案东方红水泥公司对外出售资产用于抵偿特定债务,有本质区别。

东方红水泥公司在资产转让后获得了资中西南水泥公司30%的股权,该股权又被质押给西南水泥公司,这对于保障普通债权人的债权毫无意义。对此,二审法院的观点是“东方红水泥公司所持有资中西南水泥公司的股权又被质押给西南水泥公司,使得东方红水泥公司不能独立地管理和支配其财产,导致东方红水泥公司已无力偿还债务,损害了债权人的利益”。纵览全案事实,东方红水泥公司是在中国建材公司和西南水泥公司的周全筹划下,在资不抵债时,通过转移东方红水泥公司的全部资产来清偿特定债权人的债务,换得东方红水泥公司“干净”的资产,在原来的厂址上,换一块“资中西南水泥公司”的牌子,原班人员继续生产经营,而未获得特定清偿的普通债权人,只能继续向徒具空壳的东方红水泥公司追偿。

本案其实更适合《企业改制规定》的“债随物走”规则,《企业改制规定》第7条规定:“企业以其优质财产与他人组建新公司,而将债务留在原企业,债权人以新设公司和原企业作为共同被告提起诉讼主张债权的,新设公司应当在所接收的财产范围内与原企业共同承担连带责任。”但本案原告选择了以法人人格否认作为请求权基础,笔者认为,从法院查明的本案事实来看,东方红水泥公司与西南水泥公司、资中西南水泥公司还不构成财产混同,所以再审法院驳回原告诉讼请求,也无不妥。

CHAPTER 06

第六章

一人公司人格否认案件裁判分析

一人公司内部因缺乏其他股东的监督与制约,公司控制权集中在股东一人手中,极易出现一人公司股东滥用控制权,损害公司债权人利益的情况。为平衡一人公司股东与债权人之间的风险与收益,我国《公司法》也作出了例外规定,要求一人公司财产混同的举证责任由股东承担。

第一节 一人公司概述

一、一人公司的由来

一人公司的出现,实际上是随着经济的发展,个人投资能力的增强,个人投资者为追求有限责任的利益,设立企业采取有限责任公司或者股份有限公司形态的结果。再者,在企业多元化经营的发展历程中,企业经营者为使经营风险得以有效分散,避免发生业务相互拖累,往往会通过转投资方式成立全资子公司来独立负责这方面的业务,以明确限定各业务经营的责任财产,使企业多元化经营策略得以顺利实施。因此,无论个人还是法人,都有单独投资设立公司实现个人利益最大化的内在驱动力。

受限于公司是社团法人的传统观念,历史上法律对一人公司是不认可的。但随着一人公司的实际出现,社团法人观念的逐步转变,一人公司也慢慢被立法所接受。从目前各国对一人公司的立法来看,主要有四种情况:一是任何形式的一人公司,不论设立前后,均不予承认。公司设立后若出现股份集于一人的情况,则公司必须立即无条件地解散或者要求该股东承担连带责任。如墨西哥、阿根廷、巴西等国。二是禁止设立一人公司或者只禁止设立一人股份公司,但公司设立后仅剩一个股东时,并不要求其解散,该股东也不因此承担无限责任。如瑞士、奥地利、韩国等国。三是只允许设立一人有限公司,如英国,法国、丹麦、西班牙等欧盟国家。四是允许设立一人有限公司与一人股份公司,这种立法例对一人公司的规定最为宽泛,如列支敦士登、加拿大、德国、意大利、荷兰、日本、美国等国。[①] 总体而言,完全禁止一人公司的国家并不多,而完全肯定或附条件的承认者居多数;承认一人有限责任公司的国家较多,承认一人股份有限公司的国家较少;承认设立后一人公司的国家居多,承认设立时一人公司的国家偏少。这表明法律对一人公司仍然持谨慎态度。

2005 年我国《公司法》在第二章新增第三节"一人有限责任公司的特别规定",共 7 个条文,赋予了一人公司的法律地位。从最初不承认一人公司到修改立法承认一人公司的合法地位,不仅标志着我国公司法得到进一步完善,表明我国市场主体有了新的形式,同时,也可以避免许多新的社会经济问题,对我国的市场经济的发展无疑是有利的。

二、对一人公司债权人的特别保护

一人公司的出现,不仅突破了一般公司的社团性,还颠覆了一般公司的治理结构。一人公司股东行使着一般公司股东会的全部权力,个人意志能借助法律规定上升为公司意志,借助公司经营管理制度,一人公司股东又往往独掌公司经营大权,行使一般公司治理结构中董事会的各项权利,使完全代表其个人意志的"公司意志"能够在公司经营中得以完全实现,且没有来自公司内部的任何制约,使公司成为自己的化身。公司法理论认为,股东的有限责任是建立在公司经营权与所有权分离基础上的,但在一人公司中,股东不但没有丧失其经

① 参见林国全:《论一人公司》,载《比较法研究》1999 年第 3、4 期;朱慈蕴:《公司法人格否认法理研究》,法律出版社 1998 年版,第 193 ~ 201 页。

营权，反倒是股东个人意志与“公司意志”融为一体，这在客观上为股东个人财产与公司财产混同创造了条件。一人公司股东完全可以在公司经营中将公司财产挪作私用，给自己支付巨额报酬，同公司进行自我交易，以公司名义为自己担保或者借贷，甚至以欺诈手段逃避法定义务、契约义务或侵权责任等，那么债权人的债权就成为泡影。所以自公司成立后和解散前，皆应确保公司资本，防止被不当处分，这就需要从外部加强对公司的监督。

就各国一般经验观察，一人公司最容易发生滥用公司独立人格侵害公司债权人利益的情形。鉴于此，不少国家的公司法对一人公司的债权人利益保护均有相关的特别规定。明确规定一人公司股东对公司债务承担连带责任的，诸如意大利、英国、欧盟等。英国1985年《公司法》第24条规定公司之股东仅余一人，而继续营业6个月以上，在该期间为股东，且知其情事者，就该期间内所缔结之契约而成立之全部公司债务，负其责任。《欧洲公司法案》第239条第1项规定集团之控制企业，应对集团中之子公司之债务及义务负其责任。虽未明确股东承担连带责任，但特别情形下可否定公司人格的，有日本、美国、德国等国。美国法并未直接规定一人公司股东对公司债务承担连带责任，若发生公司与股东资产、业务混同时，例外允许债权人要求刺破公司面纱。德国法规定，法人之构成成员，于法人未具备切合公司之目的或营业范围公司之自有资本时，不受有限责任原则之保护①。

我国《公司法》(2018年)第二章第三节“一人有限责任公司的特别规定”中，就一人公司股东的责任承担，第63条规定：“一人有限责任公司的股东不能证明公司财产独立于股东自己的财产的，应当对公司债务承担连带责任。”我国《公司法》(2023年)第23条第3款规定：“只有一个股东的公司，股东不能证明公司财产独立于股东自己的财产的，应当对公司债务承担连带责任。”即在公司债权人主张一人公司与其股东财产不独立而应否定公司人格的情形下，由股东承担举证责任，如股东不能证明其财产分离，则应当对公司债务承担连带责任。该规定实际推定一人公司股东在滥用公司法人人格，考虑到债权人难以掌握公司的财产状况、举证困难的实际情况，如果将举证责任推给债权人是不公平的，同时还可以给一人公司股东以警示作用。

---

① 参见林国全：《论一人公司》，载《比较法研究》1999年第3、4期。

虽然《公司法》(2023 年)第 23 条第 3 款规定了一人公司股东举证责任倒置的规则,但并不意味着第 23 条第 1 款就无法再适用于一人公司,一人公司人格否认不仅可适用第 23 条第 3 款,也可适用第 23 条第 1 款,第 23 条第 3 款相对于第 23 条第 1 款而言,乃公司人格否认的特别条款。在公司债权人主张一人公司与其股东财产不分而应否定公司独立人格的情形下,由股东承担举证责任,如股东不能证明其财产分离,则应承担不利的诉讼后果。如若公司债权人主张一人公司与其股东因其他原因应否定公司独立人格,则应适用第 23 条第 1 款,由债权人承担举证责任。如果债权人不能证明一人公司与其股东有滥用法人人格的现象,则由债权人承担不利的法律后果,继续维持公司的独立人格。因此一人公司人格否认并未一律实行举证责任倒置规则;一人公司人格否认之诉也非仅可在股东与公司财产不分时才可提起。一人公司的债权人可以依据第 23 条第 1 款举证证明一人公司具备其他不足以表明其人格独立的情形,并说服法院否定其独立人格,第 23 条第 3 款并非一人公司独立人格否认的终结条款。

第二节　一人公司的认定

一、公司法上的一人公司

相比《公司法》(2018 年)关于一人(有限责任)公司条条框框的规定,《公司法》(2023 年)进行了大量删减,弱化了一人公司的特殊性,还原了其本质特征。具体而言,《公司法》(2018 年)在第二章专设第三节“一人有限责任公司的特别规定”一共 7 个条文,其中第 57 条第 2 款规定:“本法所称一人有限责任公司,是指只有一个自然人股东或者一个法人股东的有限责任公司。”据此,一人(有限责任)公司只能是一人有限责任公司,不存在一人股份有限公司;一人(有限责任)公司股东只能由自然人或者法人担任,而不能由个人独资企业、合伙企业等不具有法人资格的主体担任。但实务中,却真实存在合伙企业担任一人(有限责任)公司股东的现象。《公司法》(2018 年)第 58 条规定:“一个自然人只能投资设立一个一人有限责任公司。该一人有限责任公司不能投资设立新的一人有限责任公司。”反之则允许一个法人可以设立多个一人(有限责任)公司,这样区别对待的立法考虑是什么?《公司法》(2018年)第二章专设第四节“国有独资公司的特别规定”,第64条第1款规定,“国有独资公司的设立和组织机构,适用本节规定;本节没有规定的,适用本章第一节、第二节的规定”。即国有独资公司不适用《公司法》(2018年)第二章第三节“一人有限责任公司的特别规定”,债权人对国有独资公司无法援引《公司法》(2018年)第63条规定,要求股东对公司债务承担连带清偿责任。

《公司法》(2023年)删除了《公司法》(2018年)关于一人(有限责任)公司诸多不合理的特别规定,把一人公司股东的举证责任倒置规则放在了第一章“总则”第23条第3款,不再单独对一人公司进行定义,也不再对一人公司的股东身份进行限制,凡是只有一个股东的公司都是一人公司,包括一人股份有限公司和国有独资公司,都能适用举证责任倒置规则。

二、事实上的一人公司

因为夫妻公司具有利益归属的一致性,高度的人合性,所以常与一人公司相类比。实务中,常有债权人认为夫妻公司属于事实上的一人公司,要求对夫妻公司适用《公司法》的规定,由夫妻股东承担举证责任倒置,证明夫妻共同财产与公司财产相互独立,否则要对公司债务承担连带责任。对于债权人这一诉请,既有法院支持,也有法院驳回。

反对夫妻公司适用一人公司股东举证责任倒置规则的,如江苏省无锡市中级人民法院在“苏州森鹏办公设备有限公司诉江苏巅峰建筑装饰工程有限公司等承揽合同纠纷案”[①]中认为,杨某某与陈某某为夫妻关系,虽未提供证据证明就分割夫妻共同财产作了约定,但不能将财产共有制与人格之同一性混同,夫妻财产共有制亦不能等同于夫妻公司的财产即为夫妻两人共同财产。公司财产与股东财产相互分离,公司财产仅归公司所有,这并不会因股东为夫妻关系即发生改变。公司在取得投资者财产所有权的同时,用股权作为交换,投资者也凭

---

① 江苏省无锡市中级人民法院民事判决书,(2018)苏02民终4725号。其他相同裁判观点的案例有:广东省广州市中级人民法院民事判决书,(2017)粤01民终23507号;广西壮族自治区高级人民法院民事判决书,(2018)桂民终124号。

该股权获得股东身份并具体行使其中的自益权与共益权。故杨某某、陈某某虽为夫妻关系,但不能据此认定巅峰公司为一人公司。也有法院认为“谁主张,谁举证”是民事举证制度的基本原则,举证责任倒置只是例外情形,只有在法律特别规定时,才能适用,如广东省高级人民法院在“戴某某诉佛山市顺德区尚优生活电器有限公司等买卖合同纠纷案”[①]中认为,举证责任倒置必须要有法律明确规定,夫妻公司的人格否认只能严格适用《公司法》(2018 年)第 20 条,而不能参照适用《公司法》(2018 年)第 63 条。

支持夫妻公司适用一人公司股东举证责任倒置规则的,如广东省佛山市中级人民法院在“何某某诉佛山市顺德区赛奇贸易有限公司等房屋租赁合同纠纷案”[②]中认为,佛山市顺德区赛奇贸易有限公司(以下简称赛奇公司)的股东为刘某、张某某夫妻二人,未提供有效证据证明其在办理股东变更登记时提交了财产分割的书面证明,没有证据表明赛奇公司财产独立于刘某、张某某二人家庭财产,该公司财产实际属于一个所有权主体,刘某、张某某夫妻是这个所有权的集合整体,与一个自然人投资设立的公司一样,应视为一人公司。依据婚姻法规定,该公司财产属于夫妻共同共有,股东刘某、张某某在赛奇公司的财产实际上是夫妻共同财产,刘某、张某某应对赛奇公司的租金债务承担连带还款责任。

实务中关于夫妻公司是否为事实上的一人公司,法院裁判观点已分成对立两派。笔者在阿尔法(Alpha)、中国裁判文书网等案例检索系统中,检索到裁判文书公布时间在 2022 年,关于定义夫妻公司性质的有效案例共 73 个,其中有 26 份裁判文书认为夫妻公司并非一人公司,占比 35.6%;47 份裁判文书认为夫妻公司为事实上的一人公司,占比 64.4%。对夫妻公司的定性问题的争议之大可见一斑。

以上数据表明,关于夫妻公司的定性并不是一个简单问题。在处理公司债务纠纷时,需要平衡债务人公司及其股东、债权人三方的权益,在立法和司法指

---

① 广东省高级人民法院民事裁定书,(2018)粤民申 5718 号。

② 广东省佛山市中级人民法院民事判决书,(2017)粤 06 民终 6670 号。其他相同裁判观点的案例有:江西省高级人民法院民事判决书,(2020)赣民终 401 号;浙江省台州市中级人民法院民事判决书,(2020)浙 10 民终 2550 号;广东省佛山市禅城区人民法院民事判决书,(2021)粤 0604 民初 41934 号。

导缺位的情形下,法官的自由裁量权将被放大,以致相似或者类似案件的处理结果大相径庭。基于股东之间夫妻关系的存在,与一般的只有两个股东的“两人公司”相比,夫妻公司的确具有特殊之处,但其又明显区别于公司法规定的一人公司。而夫妻公司并非法律规定之特殊公司类型,因此在处理夫妻公司相关纠纷时,面临的首要困惑是夫妻公司的定性问题。

案例6-1

武汉猫人制衣有限公司与熊某某、沈某某等执行异议之诉再审案

最高人民法院(2019)最高法民再372号①

案情简介

再审申请人(一审被告、二审被上诉人):熊某某

再审申请人(一审被告、二审被上诉人):沈某某

被申请人(一审原告、二审上诉人):武汉猫人制衣有限公司(以下简称猫人公司)

被申请人(一审、二审第三人):青曼瑞公司

2011年8月3日,熊某某与沈某某登记结婚。2011年11月,熊某某、沈某某出资成立青曼瑞公司。青曼瑞公司为有限责任公司,注册资本为200万元,实收资本为200万元,熊某某、沈某某各持股50%。2015年6月24日,湖北省武汉市中级人民法院做出(2015)鄂武汉中民商初字第00494号民事调解书,确认青曼瑞公司于2015年7月31日前一次性支付猫人公司货款2,983,704.65元。该民事调解书生效后,猫人公司于2015年8月5日向该院申请执行,案号(2015)鄂武汉中执字第00707号。执行中,法院未发现被执行人可供执行的财产线索,裁定终本。

猫人公司认为,被执行人青曼瑞公司无财产可供执行,青曼瑞公司符合一人公司的实质要件,请求依据《变更、追加规定》第20条规定追加熊某某、沈某

---

① 原判决书内容较长,引用时为突出重点,做了删减和提炼。一审案号:湖北省武汉市中级人民法院(2017)鄂01民初4309号;二审案号:湖北省高级人民法院(2018)鄂民终1270号。

某为被执行人，对青曼瑞公司所欠债务承担连带责任。

2017年10月11日，湖北省武汉市中级人民法院裁定驳回猫人公司追加熊某某、沈某某为本案被执行人的请求。猫人公司遂提起本案诉讼。湖北省武汉市中级人民法院又做出(2017)鄂01民初4309号民事判决：驳回猫人公司的诉讼请求。猫人公司不服一审判决，上诉至湖北省高级人民法院。

法院裁判

湖北省高级人民法院认为，本案的争议焦点为熊某某、沈某某出资设立的青曼瑞公司是否属于一人公司，熊某某、沈某某应否对青曼瑞公司的债务承担连带责任。首先，青曼瑞司的注册资本来源于熊某某、沈某某的夫妻共同财产。熊某某、沈某某均实际参与了青曼瑞公司的管理经营，青曼瑞公司实际由夫妻双方共同控制。青曼瑞公司的全部股权实质来源于同一财产权，并为一个所有权共同享有和支配，该股权具有利益的一致性和实质的单一性。据此，应认定青曼瑞公司系实质意义上的一人公司。其次，从公司财产混同角度分析，准许一人设立有限责任公司的出发点在于节约创业成本，繁荣市场经济。但该种便利性亦会带来天然的风险性。青曼瑞公司在为同一所有权实际控制的情况下，难以避免公司财产与夫妻其他共同财产的混同。在此情况下，有必要参照《公司法》(2018年)一人公司举证责任倒置规则。最后，从法律效果和社会效果分析，夫妻公司对债权人的利益保护存在天然缺陷，但依照我国《婚姻法》确立的夫妻财产共同共有原则，夫妻股东持有的全部股权应构成不可分割的整体，而公司实质充任了夫妻股东实施民事行为的代理人，若依法人有限责任制度认定夫妻股东设立的公司承担有限责任的同时，不对夫妻股东其他义务予以强化和规制，则有违民法的公平原则，也不利于对交易相对方利益的平等保护。

湖北省高级人民法院判决：(1)撤销一审判决；(2)追加熊某某、沈某某为(2015)鄂武汉中执字第00707号执行案件的被执行人，对青曼瑞公司在(2015)鄂武汉中民商初字第00494号民事案件中所负债务承担连带清偿责任。

熊某某、沈某某不服二审判决，向最高人民法院申请再审。

最高人民法院再审认为，关于青曼瑞公司是否属于一人有限责任公司的问题。青曼瑞公司虽系熊某某、沈某某两人出资成立，但熊某某、沈某某为夫妻，青曼瑞公司设立于双方婚姻存续期间，且青曼瑞公司工商登记备案资料中没有熊某某、沈某某财产分割的书面证明或协议，熊某某、沈某某亦未补充提交。《婚姻法》第17条规定，夫妻在婚姻存续期间所得财产归夫妻共同共有。据此可以认定，青曼瑞公司的注册资本来自熊某某、沈某某的夫妻共同财产，青曼瑞公司的全部股权属于熊某某、沈某某婚后取得的财产，应归双方共同共有。青曼瑞公司的全部股权实质来自同一财产权，并为一个所有权共同享有和支配，该股权主体具有利益的一致性和实质的单一性。《公司法》(2018年)第63条之所以如此规定，原因系一人公司只有一个股东，缺乏社团性和相应的公司机关，没有分权制衡的内部治理结构，缺乏内部监督。股东既是所有者，又是管理者，个人财产和公司财产极易混同，极易损害公司债权人利益。故通过举证责任倒置，强化一人公司的财产独立性，从而加强对债权人的保护。本案青曼瑞公司由熊某某、沈某某夫妻二人在婚姻关系存续期间设立，公司资产归熊某某、沈某某共同共有，双方利益具有高度一致性，亦难以形成有效的内部监督。熊某某、沈某某均实际参与公司的管理经营，夫妻其他共同财产与青曼瑞公司财产亦容易混同，从而损害债权人利益。在此情况下，应参照《公司法》(2018年)第63条的规定，将公司财产独立于股东自身财产的举证责任分配给股东熊某某、沈某某。综上所述，青曼瑞公司与一人公司在主体构成和规范适用上具有高度相似性，二审法院认定青曼瑞公司系实质意义上的一人公司并无不当。

最高人民法院再审维持二审判决。

案例评析

从最高人民法院的裁判论述可得出，要认定夫妻公司是一人公司需满足两个条件：一是从公司设立时间来看，公司设立于双方婚姻关系存续期间，未确立夫妻关系前一方设立的公司婚后另一方加入成为股东的，不能视为夫妻公司；二是从公司内部管理来看，夫妻公司的工商登记备案资料中没有夫妻二人的共同财产分割协议。夫妻公司内部如同一人公司，缺乏分权制衡和监督管理，夫妻共同财产与公司财产极易混同，因此要参照适用一人公司股东举证责任倒置规则。事实上，最高人民法院内部对夫妻公司是否为一人公司也有不同观点，在“泰安市岱岳区新地龙打井服务中心诉济南鸿诺空调有限公司等执行异议之诉”①中，

① 最高人民法院民事裁定书，(2020)最高法民申6688号。

申请人执行人主张追加被执行人的两个自然人股东为被执行人，理由是这两个股东是夫妻关系，被执行人是夫妻二人婚后设立，且夫妻二人在被执行人的工商登记中也未提交过财产分割书面证明或者协议，被执行人的收益基本上都流向夫妻二人的个人账号里，形成人格混同，但最高人民法院认为申请执行人的请求于法无据，不予支持。

尽管现实中的不少夫妻公司确实缺乏内部监督，将夫妻公司解释为事实上的一人公司，也有利于债权人利益的保护。但笔者认为，该观点不仅没有法律依据，在理论上也难以自洽，不应当将夫妻公司认定为一人公司，论述如下。

首先，即便夫妻公司的股权被同一财产权控制，但并不意味着夫妻股东具有利益一致性和实质单一性。现实中，夫妻股东之间也会存在权力排斥和利益冲突，发生争夺公司控制权的现象，并非所有的夫妻都是一条心。例如，当当网的李某某和俞某，虽然他们持股的北京当当科文电子商务有限公司并不是夫妻公司，但他们夫妻之间的对立冲突不是个例，在夫妻公司中也会出现，这样的夫妻公司内部怎么会缺乏监督与制衡？一人公司内部不存在分权制衡是必然的，但夫妻公司却不能一概而论。股东因夫妻关系成为一个“利益共同体”，而认定夫妻公司的股东为单一主体，实则漠视了夫妻两人独立的法律人格。在法律解释上，也无法自圆其说。扩大解释虽然可以扩张法条含义，但仍在法条文义范围内，而要把夫妻股东解释成一个股东，超出了一个股东文义的“射程”。立法目的解释是指以法律规定为依据，解释法条含义，一人公司股东举证责任倒置之立法目的在于防止一个股东不受约束地滥用公司独立地位，但夫妻并不是单一主体，也难说其彼此就一定不受约束。

其次，夫妻公司适用《公司法》(2018 年)第 63 条的规定，属于新创设夫妻共同连带债务认定规则。《民法典》第 1064 条[①]规定了构成夫妻共同债务仅限于“共签共债”和“日常家事代理权”两种情形。在夫妻股东不能证明夫妻共同财产与公司财产独立时，即适用一人公司人格否认的规定，要求夫妻股东对公

① 《民法典》第 1064 条规定，夫妻双方共同签名或者夫妻一方事后追认等共同意思表示所负的债务，以及夫妻一方在婚姻关系存续期间以个人名义为家庭日常生活需要所负的债务，属于夫妻共同债务。夫妻一方在婚姻关系存续期间以个人名义超出家庭日常生活需要所负的债务，不属于夫妻共同债务；但是，债权人能够证明该债务用于夫妻共同生活、共同生产经营或者基于夫妻双方共同意思表示的除外。

司债务承担连带清偿责任，属于创设了一种新型的夫妻共同债务认定规则，实际上背离了《民法典》关于夫妻共同债务认定的规定。此外，根据夫妻财产制度的“潜在共有理论”观点[①]，夫妻共同财产区分为对外和对内两个维度，在对外法律关系上根据财产名义人来确定财产的归属，对内法律关系问题则根据实质对价的负担来确定财产的归属。因此在夫妻公司内部，夫妻股东的各自出资财产是能单独确定归属的，股权收益也能计入各自名下，并非“股权实质来源于同一财产权”。虽然我国目前尚未明确夫妻共同财产适用潜在共有制度，但《最高人民法院关于适用〈中华人民共和国民法典〉婚姻家庭编的解释（一）》第 78 条[②]之规定，是关于离婚时一方婚前购买、婚后共同还贷房屋的处理，追求以实质对价来判断夫妻财产归属的规定，正契合夫妻共同财产的“潜在共有理论”。

再次，无论是对外的工商登记，还是对内的公司章程和股东名册，夫妻公司的股东都是夫妻两人，股权按照登记比例为夫妻各自所有。按照商法公示主义和外观主义理论，此种公示的状态，法律应当予以保护，不宜随意为追求股权的真实归属而否认公司公示的信息，即不应当刻意论证得出公司登记的股权实质为夫妻共同共有，而否认该工商登记的效力。

最后，鼓励交易是商法所追求的价值目标之一。夫妻公司从设立到运行，一直作为普通“两人公司”存续，对于夫妻股东而言，不用时刻担心公司人格面纱被刺破的风险。一旦将夫妻公司认定为一人公司，其法人人格的否认将变得更容易，对夫妻股东是直接的威胁。原本夫妻二人计划投资设立公司的想法，可能因此打消，抑或为规避该法律风险，夫妻二人会寻找第三人投资入股公司，或者干脆与第三人签订股权代持协议，由其充当挂名股东。如此迂回操作，难免会破坏公司的人合性，给公司内部冲突埋下伏笔，与之相关的股权纠纷的发生概率就会大大增加，反而影响商事交易的效率。

---

① 夫妻财产“潜在共有理论”为日本学者我妻荣提出。参见龙俊：《夫妻共同财产的潜在共有》，载《法学研究》2017 年第 4 期。

② 《最高人民法院关于适用〈中华人民共和国民法典〉婚姻家庭编的解释（一）》第 78 条规定，夫妻一方婚前签订不动产买卖合同，以个人财产支付首付款并在银行贷款，婚后用夫妻共同财产还贷，不动产登记于首付款支付方名下的，离婚时该不动产由双方协议处理。依前款规定不能达成协议的，人民法院可以判决该不动产归登记一方，尚未归还的贷款为不动产登记一方的个人债务。双方婚后共同还贷支付的款项及其相对应财产增值部分，离婚时应根据民法典第 1087 条第 1 款规定的原则，由不动产登记一方对另一方进行补偿。

综上所述，将夫妻公司认定为事实上的一人公司，不惜突破法律明文规定，追求的是对债权人利益的特别保护；反之，追求的则是保护夫妻股东的投资利益，鼓励商事交易。对不同的价值立场，难说孰是孰非。不过，将夫妻公司认定为普通的“两人公司”亦非得当。股东之间的夫妻关系，注定使夫妻公司与普通“两人公司”不可等量齐观。实践中，有法院认为，夫妻公司是介于一人公司与一般有限公司之间的一种公司，法律应当课以其股东比一般有限公司重，比一人公司轻的责任。[①] 笔者认同该观点。

还有一些特殊“两人公司”也算是事实上的一人公司，比如，笔者曾遇到过一个“两人公司”是由两个法人持有全部股权，但其中一个法人股东已被注销登记，也即该“两人公司”的部分股权是由一个不具有民事权利能力的主体持有。就是对于这样名不副实的“两人公司”，能否认定为事实上的一人公司？同样的，如果“两人公司”中的一个自然人股东死亡，是否也能认定为事实上的一人公司？

检索案例发现，实务中还确实存在与此相关的案例。在“五巷（昆山）资产管理有限公司诉青岛市北方实业总公司等借款合同纠纷案”[②]中，青岛启家公司有两个股东，青岛市北方实业总公司（以下简称青岛实业公司）持股95%，青岛家具公司持股5%，且青岛家具公司系青岛实业公司开办，但青岛家具公司于2003年3月17日被青岛实业公司注销，山东省青岛市中级人民法院对此认为，青岛启家公司不属于一人公司。

法人被注销登记后即丧失了民事权利能力，而再继续持有目标公司的股权已违反了民事法律的基本原则。目标公司的股东身份缺位不仅影响公司内部组织机构的正常运转，可能无法形成有效的股东会决议、股权对外转让存在障碍、公司无法成立清算组等；更会影响目标公司外部债权人的利益，债权人还能追究该股东的出资补充赔偿责任吗？事实上，如果“两人公司”中的一个法人股东被注销登记，就意味着公司内部真正行使股权的是另外一个股东，尽管这一个股东只持有部分股权，但因缺乏另一股东的监督和制衡，实际变成了一人公司股东，给其滥用权利创造了机会和空间，股东个人财产极易与公司财产混同。

---

① 山东省泰安市中级人民法院民事判决书，（2017）鲁09民终1195号。

② 山东省青岛市中级人民法院民事判决书，（2020）鲁02民终12166号。

另外,对于“两人公司”中的一个股东丧失主体资格,另一股东肯定是知情的,没有设法解决公司股东缺位问题,反而默认和放纵,主观上也存在一定过错。就前述案例而言,青岛启家公司实际变成了青岛实业公司的子公司,法院应当将青岛启家公司认定为一人公司。

对于“两人公司”中的一个自然人股东死亡后,“两人公司”能否认定为事实上的一人公司?《公司法》(2023年)第167条规定,自然人股东死亡后,其合法继承人可以继承股东资格。与法人股东注销登记后的法律效果不同,自然人股东死亡后,有合法继承人可继承股东资格,因而“两人公司”不存在股东缺位的现象,不能将其认定为事实上的一人公司,实务中的案例亦是此观点。[①]

已被注销登记的法人仍然对外担任股东,也可看出,我国工商登记制度存在缺漏。目前企业信息登记全部实现电子化管理,当法人要被申请注销登记时,工商登记机关应查看该法人对外是否有投资,如果有,则不能受理注销登记申请,这属于形式审查的范畴。

另外,实践中,如果“两人公司”形式上登记为两个股东,但其中一个股东仅是挂名,从未参与公司的经营管理,对于这样的“两人公司”,是否可认定成为事实上的一人公司?

案例6-2

广州市席氏纸制品有限公司诉广州夏星电子科技有限公司等买卖合同纠纷案

广东省广州市中级人民法院(2018)粤01民终14394号[②]

案情简介

上诉人(原审被告):许某1

① 广东省佛山市中级人民法院民事判决书,(2018)粤06民终2814号。

② 原判决书内容较长,引用时为突出重点,做了删减和提炼。一审案号:广东省广州市番禺区人民法院(2017)粤0113民初2935号。

被上诉人(原审原告):广州市席氏制品有限公司(以下简称席氏公司)

原审被告:广州夏星电子科技有限公司(以下简称夏星公司)

原审被告:许某2

原审被告:胡某某

席氏公司向广州市番禺区人民法院起诉主张:(1)夏星公司向席氏公司偿还货款110,000元及利息;(2)许某2、胡某某、许某1承担连带清偿责任;(3)本案的诉讼费由夏星公司、许某2、胡某某、许某1承担。

一审法院认定事实:夏星公司自2015年起向席氏公司购买纸箱类货品,至2016年7月30日,经双方结算,夏星公司尚欠席氏公司货款110,000元。同日,夏星公司向席氏公司出具一份欠条,夏星公司在欠条上加盖公章,许某2、胡某某在欠条上签名、填写身份证号码,并分别在姓名及身份证号码上加盖指印。席氏公司认为许某2、胡某某在欠条上签字表示愿意承担担保责任,故应当对夏星公司的货款承担连带清偿责任。

查明夏星公司于2014年1月26日注册登记,法定代表人为黄某,股东为黄某、许某1,认缴出资分别为8.2万元,1.8万元,承诺出资时间为2016年1月21日,实际出资均为0元。2016年4月29日,黄某将其股份转让给许某2,转让价为0元,转让后,由许某2担任夏星公司法定代表人,股东为许某2、许某1,认缴出资分别为8.2万元,1.8万元,承诺出资时间为2060年12月31日,实际出资均为0元。

经一审法院庭审询问夏星公司前后股东之间的关系,许某1表示许某2、许某1为同胞兄弟,黄某为二人的母亲,许某1本人只是挂名股东,对公司经营情况并不知情。

法院裁判

一审法院认为,席氏公司、夏星公司虽未签订书面的买卖合同,但通过席氏公司提供的欠条、送货单,以及席氏公司、夏星公司的当庭陈述,可确认席氏公司与夏星公司存在事实上的货物买卖关系。夏星公司应当向席氏公司支付货款及利息。席氏公司主张许某2、胡某某在欠条上签名,应认定为对欠款作担保。因许某2及胡某某均未在欠条上注明其保证人身份,也未明确表明其愿意承担保证责任,席氏公司又未提供其他事实或证据可推定其为保证人,席氏公司主张许某2、胡某某对夏星公司拖欠货款愿意承担担保责任的事实主张证据不足,对席氏公司要求许某2、胡某某承担担保责任的请求,依法不予支持。

夏星公司的原股东为黄某、许某1,现股东为许某2、许某1,而许某2、许某1为同胞兄弟,黄某为许某2、许某1的母亲,许某1自认为挂名股东,对公司经营事务不清楚。基于以上事实,可确认夏星公司虽表面上为两个股东的有限责任公司,实际挂名股东许某1并不负责公司事项,公司完全由许某1的亲兄弟许某2一人掌控,夏星公司为实质上的一人公司,应当依照公司法关于一人公司的规定承担责任。现夏星公司的股东许某2、许某1未提供证据证实公司财产独立于股东自己的财产,许某2、许某1依法应当对公司债务承担责任。夏星公司、许某2、胡某某经一审法院传票传唤拒不到庭应诉,视为其放弃抗辩权利。

一审法院判决:(1)夏星公司应于自判决生效之日起7日内向席氏公司清偿货款110,000元及利息;(2)许某2、许某1对上述债务承担连带清偿责任;(3)驳回席氏公司的其他诉讼请求。

许某1不服一审判决,向广东省广州市中级人民法院提起上诉。

二审法院认为,夏星公司登记为有限责任公司,许某1为原始股东之一,根据工商资料的记载,许某1承诺的出资金额为18,000元,出资时间为2016年1月21日,但至2016年4月29日,夏星公司股东发生变化时,许某1仍未履行其出资义务,在进行工商变更登记中,又将认缴出资时间改为2060年12月31日,明显是逃避其出资义务。根据《公司法司法解释(三)》第13条第2款的规定,许某1应在18,000元范围内对于夏星公司的债务承担补充赔偿责任,许某1上诉要求免除其全部责任,本院不予支持。一审法院将许某2、许某1视同为一人而以一人公司的相关规定判决许某1承担连带责任依据不足,本院对于一审判予以调整:(1)许某2对夏星公司所欠债务承担连带清偿责任;(2)许某1对夏星公司的债务在18,000元范围内承担补充赔偿责任。

案例评析

夏星公司的股东为许某1和许某2,许某1自认是挂名股东,不参与公司经营管理,一审法院鉴于许某2、夏星公司未到庭参与审理,视为其放弃抗辩的权利,对许某2作出不利判决,认定夏星公司为事实上的一人公司。但一审法院对夏星公司适用《公司法》(2018年)第63条规定,应当只要求事实上的一人公司股东许某2承担连带清偿责任才符合逻辑,而不应当判令许某2、许某1都承担连带清偿责任。二审法院认为一审法院认定夏星公司为事实上的一人公司没有事实和法律依据,予以纠正,免除了上诉人许某1的连带责任。但二审法院认为许某1恶意延长出资期限系逃避出资义务,遂依据《公司法司法解释(三)》第13条第2款的规定"公司债权人请求未履行或者未全面履行出资义务的股东在未出资本息范围内对公司债务不能清偿的部分承担补充赔偿责任的,人民法院应予支持;未履行或者未全面履行出资义务的股东已经承担上述责任,其他债权人提出相同请求的,人民法院不予支持"。判令其对席氏公司的债权承担补充赔偿责任。该款系股东对公司无法清偿的债务承担补充赔偿责任,而本案判决书并未披露是否查明夏星公司不能清偿席氏公司的债权,所以二审法院的该判项不严谨。也有可能当事人提交了相关证据,但是判决书没有写出来。

从追求公平的角度出发,对于"两人公司",如果根据法庭查明的事实,发现其中一个股东为真实的挂名股东,比如两个股东之间签订有合法的股权代持协议,明确约定其中一个股东就是代替另一股东代持部分股权,并不真正行使股东权利,从立法目的进行解释,法院其实可认定该"两人公司"为事实上的一人公司。但如果工商登记为一人公司的,一人公司股东以存在股权代持为由,主张还存在隐名股东,从而否认一人公司的性质,依据内部的股权代持关系不具有对抗工商登记的公示效力原则,一人公司股东的该主张不能成立,司法实践中的相关案例也持该观点。①

综上所述,关于认定一人公司的裁判思路,可总结为如下两点:第一,坚持商法外观主义原则。以工商登记的效力优先,登记为一人公司和一人公司股东的,依法予以确认,不接受存在股权代持与隐名股东的抗辩。第二,坚持实质重于形式原则。即便工商登记为"两人公司",但只要实质符合一人公司的特征,股权实际被一个股东所控制的,也应将其认定为事实上的一人公司。在"武汉

---

① 山东省青岛市中级人民法院民事判决书,(2017)鲁02民终5259号。

航天波纹管股份有限公司诉中森华投资集团有限公司等股权转让纠纷案”①中，郑某某、陈某某夫妻共同出资设立了中森华投资集团有限公司（以下简称中森华投资公司），而后中森华置业公司于2009年1月16日成立，成立时中森华投资公司持股90%，陈某某持股10%，最高人民法院认为中森华置业公司从成立之初就是事实上的一人公司。因此，司法实践实际扩大了对一人公司的认定范围，把部分形式上的“两人公司”也认定为事实上的一人公司，更有利于保护债权人利益。

第三节　一人公司股东的举证责任分析

《公司法》（2018年）第63条［被《公司法》（2023年）第23条第3款吸收］都规定一人公司股东要证明公司财产独立于股东自己的财产，但股东要举出哪些证据，举证到何种程度才能视为完成举证责任，公司法及司法解释尚无具体规定。经检索案例发现，对于该问题，不同法院还确实存在一些裁判分歧。

一、一人公司股东提交每年度经审计的公司财务报告

《公司法》（2018年）第62条规定，“一人有限责任公司应当在每一会计年度终了时编制财务会计报告，并经会计师事务所审计”。在涉及一人公司人格否认的案件中，大多数法院都认为《公司法》（2018年）第63条规定的一人公司股东的举证内容实际指向第62条，一人公司股东的举证责任是提交公司每年度经审计的财务会计报告。最高人民法院甚至认为，《公司法》（2018年）第62条属于法律强制性规定，公司未在每一会计年度进行审计，则不能排除股东个人财产与公司财产混同的推定。②

① 最高人民法院民事判决书，（2019）最高法民终542号。

② 最高人民法院民事判决书，（2019）最高法民终1364号。

案例6－3

应某某诉嘉美德(上海)商贸有限公司、陈某某其他合同纠纷案

上海市第一中级人民法院(2014)沪一中民四(商)终字第S1267号①

案情简介

上诉人(原审被告):嘉美德(上海)商贸有限公司(以下简称嘉美德公司)

上诉人(原审被告):陈某某

被上诉人(原审原告):应某某

应某某向上海市长宁区人民法院起诉主张:(1)嘉美德公司返还剩余160万元投资款;(2)嘉美德公司支付占用160万元投资款的利息;(3)陈某某上述债务承担连带清偿责任。

一审法院认定事实:嘉美德公司成立于2006年8月9日,目前注册资本金为100万元,公司类型为有限责任公司(台港澳自然人独资),股东和法定代表人均为陈某某。2012年8月2日,应某某与嘉美德公司、案外人陈某坚(陈某某丈夫)签订《投资合同》,各方约定:应某某对嘉美德公司进行投资,用于最大化建设现有的经营品牌及管道,总投资额为1000万元,并取得嘉美德公司51%股份。应某某出资分期缴付:第一笔股金200万元,自合同签订日起3日内汇入指定账户;第二笔股金200万元,自合同签订日起90日内汇入指定账户;剩余股金600万元,于合同签订后18个月内按嘉美德公司营运需求及指示,汇入指定账户内。签约后3个月内,若应某某对嘉美德公司在签约前或签约后所提供的财务报表和经营报表有不同意见,且双方无法协调取得共识或嘉美德公司违反本合约条款时,应某某保留撤销此投资合约的权利。

2012年8月6日,应某某向嘉美德公司支付投资款200万元。2012年9月29日,应某某委托案外人余某某向陈某某发送电子邮件,表示完成对嘉美德公司审计,从库存盘点清查发现财务报表和会计凭证的缺失,数字不符,要求终止

---

① 原判决书内容较长,引用时为突出重点,做了删减和提炼。一审案号:上海市长宁区人民法院(2013)长民二(商)初字第S829号。该案入选2016年第10期《最高人民法院公报》。

合约，退还全额投资款。后嘉美德公司只退还了40万元投资款，陈某某称剩余投资款只能以货物或股权进行折抵。

法院裁判

一审法院经审理支持了应某某的前两个诉请，判令嘉美德公司返还应某某剩余160万元投资款并支付利息。对于诉请陈某某是否应当对嘉美德公司债务承担连带清偿责任，一审法院认为，根据《公司法》(2013年)第63条的规定，陈某某作为嘉美德公司的股东，代表嘉美德公司与应某某就投资事宜进行磋商，签订《投资合同》，还代表嘉美德公司就应否返还投资款事宜向应某某发送电子邮件，其与嘉美德公司之间意思表示一致，并不是相互独立的。此外，作为嘉美德公司的唯一股东，陈某某未能向法院提供证据证明嘉美德公司的财产独立于其个人财产，又因嘉美德公司坚持不进行审计，故无法证明应某某所交付的投资款已用于嘉美德有限公司，从而排除另做他用的可能性。综上所述，为防止一人公司的唯一股东滥用公司独立人格，增强对公司债权人的保护，应某某要求陈某某对嘉美德公司的债务承担连带清偿责任的诉讼请求，予以支持。

一审法院判决：(1)嘉美德公司返还应某某投资款1,681,633元及利息；(2)陈某某对嘉美德公司的债务承担连带清偿责任。

一审法院判决后，嘉美德公司及陈某某均不服，提起上诉。在二审期间，嘉美德公司及陈某某提供了如下证据：2011年度至2013年度的《财务报表及审计报告》、2011年度的《外汇收支情况表审核报告》及2012年度至2013年度的《外商投资企业外方权益确认表审核报告》，欲证明嘉美德公司有独立的财务账目，与陈某某个人不存在财产混同。

二审法院另查明，2011年至2013年间，嘉美德公司委托有关会计师事务所对公司的财务报表等分别进行了审计、审核，2011年度至2013年度的《财务报表及审计报告》确认，嘉美德公司财务报表在所有重大方面按照小企业会计准则的规定编制，公允反映了嘉美德公司的财务状况以及经营成果和现金流量；2012年度至2013年度的《外商投资企业外方权益确认表审核报告》及2011年度的《外汇收支情况表审核报告》确认，嘉美德公司的外方权益确认表及外汇收支情况表的编制在所有重大方面均符合国家外汇管理的有关规定。

二审法院认为，陈某某提供了嘉美德公司的相关审计报告，可以反映嘉美德公司有独立完整的财务制度,相关财务报表亦符合会计准则及国家外汇管理的规定,且未见有公司财产与股东个人财产混同的迹象,可以基本反映嘉美德公司财产与陈某某个人财产相分离的事实。应某某认为上述证据不足以证明嘉美德公司财产与陈某某个人财产没有混同,并提出如下异议:审计报告未反映本案诉讼情况;上诉人一审中提供的银行收支报告反映,应某某投资后仅一周,嘉美德公司就向A公司转移了96万余元,包括发放A公司员工工资等。本院认为,《公司法》(2013年)第63条的规定意在限制一人公司股东采用将公司财产与个人财产混同等手段,逃避债务,损害公司债权人的利益,因此股东对公司债务承担连带清偿责任的前提是该股东的个人财产与公司财产出现了混同。然而,从本案目前的证据材料可以看出,嘉美德公司收到应某某的投资款后,虽有部分用于支付A公司的员工工资及货款等费用,但是,第一,根据双方投资合同的约定,应某某投资后,A公司的业务将全部转入嘉美德公司,因此A公司的业务支出与应某某的投资项目直接有关;第二,这些费用的支出均用于A公司的业务支出,并无款项转入陈某某个人账户的记录,而审计报告中是否记载本案诉讼的情况也与财产混同问题无涉。因此,应某某提出的异议并不能反映嘉美德公司财产与陈某某个人财产有混同的迹象,不足以否定陈某某的举证。

二审法院认为,陈某某的上诉理由成立,一审法院判令陈某某对嘉美德公司的债务承担连带清偿责任不当。

案例评析

本案二审法院之所以撤销了一审法院判决陈某某对嘉美德公司的债务承担连带清偿责任,转折在于一审中陈某某没有向法院提交经审计的公司年度财务报告,而在二审中陈某某向法院提交了2011年度至2013年度的《财务报表及审计报告》、2012年度至2013年度的《外商投资企业外方权益确认表审核报告》及2011年度的《外汇收支情况表审核报告》等证据。二审法院经审核,采信了陈某某提交的新证据,认为陈某某提供了嘉美德公司的相关审计报告,可以反映嘉美德公司有独立完整的财务制度,相关财务报表亦符合会计准则及国家外汇管理的规定,且未见有公司财产与股东个人财产混同的迹象,可以基本反映嘉美德公司财产与陈某某个人财产相分离的事实。

最高人民法院公布的本案裁判要旨为:(1)在一人公司法人人格否认之诉

中,应区分作为原告的债权人起诉所基于的事由。若债权人以一人公司的股东与公司存在财产混同为由起诉要求股东对公司债务承担连带责任,应实行举证责任倒置,由被告股东对其个人财产与公司财产之间不存在混同承担举证责任。而其他情形下需遵循关于有限责任公司法人人格否认举证责任分配的一般原则,即折中的举证责任分配原则。(2)一人公司的财产与股东个人财产是否混同,应当审查公司是否建立了独立规范的财务制度、财务支付是否明晰、是否具有独立的经营场所等进行综合考量。

在此处,最高人民法院并没有强调一人公司股东需要提交公司每年度经审计的财务会计报告,但强调了一人公司股东的举证标准。客观来讲,一味要求一人公司股东提交财务会计报告,并不现实,尤其对那些小微企业而言,属强人所难。只要一人公司股东提交的其他证据也能达到该证明标准,也就应当采信[①],当然公司每年度经审计的财务会计报告是最能直接达到该证明标准的证据,故更易得到法官的认可。

从目前法院的主流裁判观点来看,一人公司股东要举证证明个人财产与公司财产相互独立,不仅要股东自己向法院提交每年度经审计的公司财务会计报告,而且要债权人没有提出股东和公司财产存在混同迹象的证据。具体的举证责任分配顺序是:第一步,根据《公司法》(2018 年)第 63 条和第 62 条的规定,一人公司股东应当提交每年度经审计的公司财务报告,若不能举证,法院可直接判令股东承担连带责任;若能举证,进入第二步,此时举证责任转移到债权人,若债权人不能举证证明股东与公司之间有财产混同的迹象,那么视为一人公司股东举证责任完成,不需要对公司承担连带清偿责任;反之,若债权人能举证,进入第三步,股东对此必须做出合理解释,否则要承担举证不能的不利后果。

---

① 例如,在(2017)浙民申 2570 号民事裁定书中,股东青岛正和公司未提交年度审计报告,但提交了其与一人公司浙江正和公司的工商注册登记信息、公司章程、企业财务制度、银行账户开户证明、税务登记证明,以及登记于浙江正和公司名下的部分土地和房产证明,浙江省高级人民法院认为,这些证据材料显示,两个公司之间经营场所、经营业务、财务账号、经营人员及法定代表人均相互独立,尚不存在人格和财产混同的情形。在(2022)甘民终 29 号民事判决书中,股东王明清提交了富源公司自变更为一人有限责任公司后的财务账册,甘肃省高级人民法院认为:"从该财务账册看出,富源公司与王明清个人之间没有大额和长期交易。富源公司有独立的账务记录,与股东王明清个人没有财务混同。因此王明清对本案富源公司的保证责任不承担连带责任。"

《公司法》(2018 年)第 62 条规定一人公司每年度必须进行强制审计,其目的是维系一人公司的独立性,避免股东个人财产与公司财产发生混同。公司日常经营支出应当以公司自有财产支付结算,公司之间在资金往来交易中应当严格按照会计准则要求使用公司账户进行交易结算,股东除正常收取股权分红之外不得随意支取挪用公司资产,等等。在很多案件中,一人公司股东连第一步举证责任都没完成,故法院直接判令其对一人公司的债务承担连带清偿责任。例如,山东省高级人民法院在"邵某某诉东营天昊文化产业发展集团有限公司执行异议之诉"[①]中认为,昶祺公司应当依照法律、行政法规和国务院财政部门的规定建立本公司的财务、会计制度,应当在每一会计年度终了时编制财务会计报告,并依法经会计师事务所审计。邵某某作为昶祺公司的股东和实际控制人,没有履行上述义务,应当承担相应后果。邵某某在本案中申请司法审计,但是该司法审计不能替代公司法规定公司应当在每一会计年度终了时编制财务会计报告,一审法院不予准许其司法审计的申请并无不当。

还有些案件,一人公司股东虽然出具了审计报告,但如有证据证明该审计报告内容不客观,则直接影响该审计报告的证明力,导致举证责任未完成。例如,在"山东达盛集团建工有限公司诉庞某等执行异议之诉"[②]中,最高人民法院的意见是,庞某虽提交了会计师事务所出具的华洋公司审计报告等证据材料已证明公司财产独立,但根据本院二审查明的事实,以上审计报告对可通过公开查询获知的案涉执行债务都没有纳入华洋公司的资产负债表,存在明显的审计失败情形,依法不能采信。

经审计的公司财务会计报告的具体组成内容是什么?北京市高级人民法院在"中国农业银行北京宣武支行诉中信国安集团有限公司等金融借款合同纠纷案"[③]中明确:第一,根据《会计法》第 20 条第 2 款的规定:"财务会计报告由会计报表、会计报表附注和财务情况说明书组成。向不同的会计资料使用者提供的财务会计报告,其编制依据应当一致。有关法律、行政法规规定会计报表、会计报表附注和财务情况说明书须经注册会计师审计的,注册会计师及其所在

① 山东省高级人民法院民事判决书,(2020)鲁民终 2239 号。

② 最高人民法院民事判决书,(2020)最高法民终 1240 号。

③ 北京市高级人民法院民事判决书,(2019)京民初 63 号。

的会计师事务所出具的审计报告应当随同财务会计报告一并提供。”公司法明确规定一人公司应当编制财务会计报告并经审计，即会计报表、会计报表附注和财务情况说明均须经注册会计师审计，故应将审计报告随同财务会计报告一并提供。第二，一人公司股东只能提供公司每年度经审计的财务会计报告，而不能提供合并财务报告。

为充分保障一人公司在与债权人债务关系存续期间财产的独立性，一人公司股东应当向法院提交公司在该期间所有年度的财务会计报告，若提交的财务会计报告不连续、不完整或者是在诉讼过程中才委托会计师事务所出具的，则无法达到证明标准，不能视为完成举证责任。这对一人公司股东的举证责任提出了很高要求，例如，青海省高级人民法院在“青海物产国际贸易有限公司诉要某某等执行异议之诉”[①]中认为，西宁品华公司是2015年5月7日成立的一人公司，应当自2015年起逐年对公司财务情况进行审计，要某某未提供2015年度的《审计报告》，而提供的2016年度、2017年度、2018年度1月至4月的《审计报告》亦是在西宁品华公司与青海物产国际贸易有限公司合同纠纷案的执行程序中委托会计师事务所所作。因此，西宁品华公司违反法律规定，未在每一会计年度进行审计，不能排除要某某滥用公司独立人格和有限责任原则的合理怀疑。

笔者在阿尔法(Alphla)、中国裁判文书网等案例检索系统中，检索到最高人民法院和很多高级人民法院援引《公司法》(2013年)和《公司法》(2018年)第62条、第63条，判决一人公司股东举证不能而承担连带责任的案例。[②] 由此可见，在涉及一人公司人格否认的案件中，一人公司股东向法院提交公司经审计的年度财务会计报告对于完成其举证责任十分重要。

财务报告只是通过对企业某一特定日期的财务状况以及一定时期的经营

---

① 青海省高级人民法院民事判决书，(2019)青民终126号。

② 案号：最高人民法院(2019)最高法民终1364号；陕西省高级人民法院(2021)陕民终1082号；云南省高级人民法院(2017)云民终585号；青海省高级人民法院(2019)青民终126号；四川省高级人民法院(2021)川民再30号；上海市高级人民法院(2020)沪民终492号；江苏省高级人民法院(2016)苏民终1237号；山东省高级人民法院(2022)鲁民终367号；辽宁省高级人民法院(2017)辽民初103号；北京市高级人民法院(2019)京民初63号；广东省高级人民法院(2018)粤民终1032号；浙江省高级人民法院(2020)浙民终244号；江西省高级人民法院(2020)赣民终401号；广西壮族自治区高级人民法院(2020)桂民申2535号；河南省高级人民法院(2019)豫民终4号；黑龙江省高级人民法院(2022)黑民终169号；湖北省高级人民法院(2021)鄂民终430号。

成果（包括利润、现金流量等）的具体列报，全面揭示企业各项经济活动的过程及其经济后果。一人公司股东提交公司年度财务会计报告，能说明该公司依法建立了财务会计制度，但并不具有直接证明股东个人财产与公司财产是否混同的作用。例如，湖南省高级人民法院在“左某某诉衡阳浏阳河饲料有限公司等房屋租赁合同纠纷案”①中认为，湖南浏阳河公司与衡阳浏阳河饲料有限公司再审时虽然提交了两公司各年度财务报告等证据，但上述证据中的审计意见仅系分别针对两公司各年度财务状况、经营成果和现金流量进行的说明，而未对影响两公司财产独立性的两公司内部交易及日常往来等事项进行审计说明，无法达到证明两公司之间财产独立的目的，提交的应（收）款明细、记账凭证等其他证据也无法达到前述证明目的。

财务会计报告专业性强，不具备一定的财务会计基础知识则很难读懂财务会计报告上各项数据的背后含义，因此对于大多数法官而言，对财务会计报告的客观真实性、关联性认定主要依赖原被告双方的举证、质证。财务审计报告虽然具有法定证明效力，但审计报告关注的是企业的财务会计报告是否严格按照企业会计准则来编制，是否选择了适当的会计政策和会计方法，是否公允地反映了企业的财务状况、经营成果和现金流量情况。对于公司与股东之间是否存在不当关联交易，注册会计师需要在审计报告中披露，并披露其对企业财务状况的影响。基于此，为审查一人公司股东举证是否达到证明标准，法官除要求一人公司股东提交每年度经审计的财务会计报告外，还会要求一人公司股东提交公司的经营合同、银行账户流水、相关原始凭证等证据。例如，河南省高级人民法院在“河南立信阀门有限公司诉中农发河南农化有限公司买卖合同纠纷案”②中认为，一人公司财产与股东的财产是否混同，应当审查股东财产与公司财产是否做到分别列支列收，单独核算，利润分别分配与保管，风险分别承担。股东未能提供公司投资、经营、预决算、亏损弥补、股东分红等环节能够明确显示双方不存在财产混同的相应证据，就不能证明其与公司财产相互独立，应当承担举证不能的责任。

综上所述，一人公司股东要完成《公司法》（2018 年）第 63 条规定的举证责

---

① 湖南省高级人民法院民事判决书，（2018）湘民再 149 号。

② 河南省高级人民法院民事裁定书，（2019）豫民申 6455 号。

任,如果向法院提交经会计师事务所审计的公司年度财务会计报告,应满足:(1)会计师事务所出具的审计报告和随同的财务会计报告要一并提交;(2)不能提供母子公司的合并财务会计报表,只能提供子公司的经会计师事务所审计的财务会计报告;(3)至少要提供一人公司与债权人发生债务及债务存续期间的每年度的财务会计报告;(4)财务报告和审计报告应当在每一会计年度终了之时作出;(5)不存在审计失败的情形,审计意见中不能有影响公司资产独立性的内容,也不能与在案其他证据存在无法解释的矛盾。前四个是形式要件,第五个是实质要件。另外,个别法官也会在具体案件中根据实际案情需要,除要求股东提供一人公司经审计的年度财务会计报告外,还要出示一人公司经营中的相关原始凭证,来共同证明一人公司财产与股东个人财产相互独立。

《公司法》(2023 年)虽然删除了《公司法》(2018 年)第 62 条的规定,但又同样未具体指明一人公司股东的举证内容,故笔者认为此后的司法实践中,一人公司人格否认案件还是应该继续沿袭之前已被普遍接受的裁判观点,以保持裁判的连续性和稳定性。

二、一人公司股东提交专项审计报告

专项审计是对某种特定审计项目的总称,专项审计包括离任审计、清算审计、财产转移审计、贷款审计、年检审计等。由于《公司法》(2018 年)第 63 条并未明确限定一人公司股东的举证内容,故常有一人公司股东向法院提交专项审计报告,以证明个人财产与一人公司财产相互独立。

专项审计报告是由第三方审计机构出具的,其证明力比一般证据高,若专项审计报告的结论是股东个人财产与公司财产相互独立,且被法官采纳,此时举证责任则转移给债权人。例如,湖北省高级人民法院在“上海中呈建筑安装工程有限公司诉湖北好彩头食品有限公司等建设工程施工合同纠纷案”[①]中认为,湖北好彩头食品有限公司在一审提供了一份专项审计报告,该审计报告显示其与四川好彩头公司并不存在财产混同,而上海中呈建筑安装工程有限公司并未提供相反证据予以反驳,故未支持上海中呈建筑安装工程有限公司的诉讼请求。

---

① 湖北省高级人民法院民事判决书,(2020)鄂民终 112 号。

专项审计报告只是一份第三方机构出具的专业意见，不具有当然的法律效力，因此法院不能直接采信专项审计报告的意见，还应当对审计内容是否准确全面，审计意见是否客观公允，进行独立审查。最高人民法院在“秦某某诉颐和黄金制品有限公司等民间借贷纠纷案”[①]中认为，虽然颐和黄金制品有限公司（以下简称颐和黄金公司）提交的专项审计报告载明颐和黄金公司与洛阳颐和今世福公司财产完全独立，但该审计报告本身记载了颐和黄金公司与洛阳颐和今世福公司存在不明性质的资金往来，而且颐和黄金公司亦控制过洛阳颐和今世福公司的公章，原审法院结合各公司之间的关联关系及颐和黄金公司对洛阳颐和今世福公司关于10亿元注册资金使用情况的放任，认定颐和黄金公司与洛阳颐和今世福公司存在法人人格混同的基本事实并不缺乏证据证明，适用法律亦无不当。

一人公司股东提供专项审计报告证明与公司财产独立，法官应结合全案证据，综合判断一人公司股东的举证责任是否完成。即便有专项审计报告的意见认为股东个人财产与一人公司财产相互独立，法官也不一定会直接采纳，如果出现相反的证据，且股东不能合理解释的，即可视为推翻了专项审计报告的结论，股东要承担举证失败的不利后果。

案例6-4

特变电工新疆线缆厂与青岛碧翠峰实业有限公司、从某某执行异议之诉

山东省高级人民法院（2020）鲁民申11265号[②]

案情简介

再审申请人（一审原告、二审上诉人）：特变电工新疆线缆厂（以下简称线缆厂）

被申请人（一审被告、二审被上诉人）：青岛碧翠峰实业有限公司（以下简称

---

① 最高人民法院民事裁定书，（2019）最高法民申4160号。

② 原判决书内容较长，引用时为突出重点，做了删减和提炼。一审案号：山东省青岛市城阳区人民法院（2017）鲁0214民初7163号；二审案号：山东省青岛市中级人民法院（2019）鲁02民终9648号。

碧翠峰公司)

被申请人(一审被告、二审被上诉人):丛某某

线缆厂对碧翠峰公司享有生效判决确认的债权,在青岛市城阳区人民法院强制执行过程中,申请追加碧翠峰公司的唯一股东丛某某为被执行人。该院于2017年8月14日做出(2017)鲁0214执异43号裁定书,裁定不予追加丛某某为被执行人。线缆厂不服,提起执行异议之诉,该院于2019年4月8日做出(2017)鲁0214民初7163号民事判决书,判决驳回线缆厂追加丛某某为被执行人的申请。

线缆厂不服一审判决,上诉至山东省青岛市中级人民法院,主要理由:(1)举证责任分配错误。(2)丛某某在一审中仅提交一份青岛华胜有限责任会计师事务所出具的《专项审计报告》,无法证实丛某某与碧翠峰公司财产独立。经查该会计师事务所自2010年至2016年间一直与碧翠峰公司保持密切合作,存在严重的利害关系。《专项审计报告》作为本案认定事实的唯一证据,且线缆厂在对其真实性、关联性、合法性均不认可的情况下,一审法院未要求鉴定人出庭接受当事人质询。审计机构并非司法机关,其审计意见只能作为参考,且审计机关并无权限对两个主体之间是否财产混同做出结论性的评价。《专项审计报告》审计内容不全面,没有对银行流水、财务报表、财务会计报告是否有关联交易、是否有不合理的业务往来及对外担保事项进行审计。

二审法院另查明,青岛华胜有限责任会计师事务所出具的《专项审计报告》中载明的审理结论为:(1)碧翠峰公司具备完整、独立并发挥作用的财务部门以及规范的会计账簿,会计凭证完整,制定了连续、完备的财务报表。(2)碧翠峰公司设立了独立的银行账户,并且日常经营活动的资金收付、专用资金、临时资金及其工资、奖金和现金的支取完全通过公司银行账户办理。(3)在经营过程中,碧翠峰公司能够将股东与公司区分对待,股东财产独立于公司财产。

二审法院认为,碧翠峰公司提交的《专项审计报告》证明丛某某与碧翠峰实业公司不存在财产混同的事实,在此情形下,线缆厂不予认可,其应提交相反证据予以推翻。线缆厂既未提交有效证据推翻碧翠峰公司提交审计报告的证明力,也未提交有效证据证明丛某某与碧翠峰公司存在财产混同情形。因此,线缆厂请求追加丛某某为被执行人,无事实和法律依据,本院不予采信。二审判决:驳回线缆厂上诉,维持原判。

二审结束后,线缆厂发现《专项审计报告》只有一名注册会计师签字,违反了相关规定,于是向山东省财政厅投诉举报,得到山东省财政厅的答复函。

线缆厂向山东省高级人民法院申请再审,主要理由:(1)山东省财政厅的答复函认为《专项审计报告》存在不公允、不真实之处,仅凭该《专项审计报告》不足以证明公司人格独立,该答复函作为新证据足以推翻原判决。(2)原审将《专项审计报告》作为认定事实的唯一证据存在错误,原审法院均未要求鉴定人出庭接受当事人质询。

法院裁判

山东省高级人民法院认为,根据《公司法》(2018年)第63条规定,原审过程中,碧翠峰公司提交《专项审计报告》,证明碧翠峰公司与丛某某不存在财产混同的事实。因线缆厂未提交相反证据推翻该专项审计报告,原审法院对请求追加丛某某为被执行人的诉讼请求未予支持。再审阶段,线缆厂提交山东省财政厅答复函,证实《专项审计报告》仅有一名注册会计师签章,违反了财政部关于审计报告生效的相关条件,即《财政部关于注册会计师在审计报告上签名盖章有关问题的通知》(财会〔2001〕1035号)其中规定,"审计报告应当由两名具备相关业务资格的注册会计师签名盖章并经会计师事务所盖章方为有效"。作为原审认定事实的主要证据,该审计报告存在重大瑕疵,应结合其他证据,进一步查明碧翠峰公司是否存在财产混同的事实。综上所述,原审认定事实不清,裁定如下:指令山东省青岛市中级人民法院再审本案;再审期间,中止原判决的执行。

案例评析

本案一审碧翠峰公司提交《专项审计报告》证明公司财产与股东个人财产相互独立,不存在财产混同,在线缆厂未提交相反证据情况下,一审法院采信了该专项审计报告的意见。二审中,线缆厂提出了多项上诉理由,但仍未提交足以推翻《专项审计报告》结论的证据,因此二审法院驳回其上诉请求。即二审法院的裁判思路是碧翠峰公司提交的《专项审计报告》,已完成《公司法》(2018年)第63条规定的举证责任,此时的举证责任已转移给债权人线缆厂,至于线缆厂提出应要求注册会计师出庭接受询问,审计报告的意见仅能参考等问题,这些均属法官自由裁量的范畴。在二审结束后，线缆厂就《专项审计报告》只有一名注册会计师签章的问题向山东省财政厅举报，得到山东省财政厅的答复函，证实《专项审计报告》仅有一名注册会计师的签章，违反了财政部关于审计报告生效的相关规定，直接推翻了作为原审法院定案的唯一证据《专项审计报告》的证明力。

本案的裁判思路与前述案例分析一致。本案之所以能再审，关键在于找出了定案的《专项审计报告》的效力问题。无论是专项审计报告，还是经审计的财务会计报告，要具备相应的证明力，如前所述必须要满足相关形式要件与实质要件。对于债权人来说，也应当从这两方面想办法举证推翻专项审计报告或者经审计的财务会计报告的意见。

三、一人公司股东不能以股权代持为由免除举证责任

股权代持反映的是实际出资人与股权持有人之间的关系，实际出资人是隐名股东，即实际向公司出资但不登记为股东的人，股权持有人是显名股东，或者称为名义股东、挂名股东，即未向公司出资却登记为股东的人。

名义股东没有向公司实际出资而享有了股东的身份，依据商法外观主义，股权代持协议不能对抗外部的善意第三人，名义股东对债权人需承担公司法规定的股东义务和责任。

案例6－5

韦某某与徐州福瑞德科技发展有限公司执行异议之诉

江苏省徐州市中级人民法院(2020)苏03民终5422号①

案情简介

上诉人(原审原告)：韦某某

① 原判决书内容较长，引用时为突出重点，做了删减和提炼。一审案号：江苏省徐州市铜山区人民法院(2020)苏0312民初1247号。

被上诉人(原审被告):徐州福瑞德科技发展有限公司(以下简称福瑞德公司)

福瑞德公司在徐州市铜山区人民法院立案强制执行合众公司,在执行过程中,福瑞德公司于2017年9月25日向一审法院提出追加合众公司的一人股东韦某某为本案被执行人,后一审法院裁定追加韦某某为被执行人。

韦某某不服徐州市铜山区人民法院执行裁定,提起执行异议之诉称:(1)韦某某仅系合众公司的名义股东,实际股东系正菱集团,韦某某系正菱集团的职工,因处理关联企业债权债务需要,2015年9月17日,正菱集团全权委派韦某某赴任徐州。后因合众公司的原名义股东和法定代表人吕某玲、蒋某莉(二人均系合众公司员工)不愿意继续受指派担任合众公司的名义股东和法定代表人并辞去上述职务,正菱集团指示韦某某挂名登记为合众公司的股东、法定代表人。韦某某的职务受正菱集团的委任和指示,其对公司资产不享有任何的处置权。(2)福瑞德公司对合众公司享有的债权形成于韦某某挂名持股之前,对此债权不适用一人公司法人人格否认。

一审中,韦某某提供了2015年11月3日与正菱集团签订《公司股权委托代持及公司法定代表人委托担任的协议书》一份,约定正菱集团委托韦某某代持合众公司股权及担任公司法定代表人,双方约定代持期间的股东连带责任由正菱集团承担,担任公司法定代表人的直接和连带责任由正菱集团承担。韦某某为证明个人资产与公司资产独立,其提供了财务记账凭证,但其中仅有6本装订成册,其余均未成册,其还提供了财务报表复印件,但无原件证实且未经会计师事务所审计。

法院裁判

一审法院认为,(1)关于名义出资人问题,股权代持协议仅具有内部效力,对于外部第三人而言,股权登记具有公信力,韦某某不得以内部股权代持协议对抗外部债权人对显名股东的正当权利。韦某某主张其名义出资人的身份不能成为排除执行追加的理由。(2)关于韦某某主张的涉案债务形成时间问题,一人公司股东在缺乏相互制约的情况下,容易利用控制公司的便利,混淆公司财产和股东个人财产。一人公司股东在担任股东各个环节均有可能存在上述行为,而上述行为的发生对公司债权人均产生实质影响,并不因债权形成时间先后有所不同。韦某某虽然在案涉债权形成之后成为合众公司股东,但该理由亦不能成立。(3)关于韦某某主张的资产并未混同的意见,根据《公司法》(2018年)第62条的规定,一人公司应当在每一会计年度终了时编制财务会计报告,并经会计师事务所审计。公司法通过年度法定审计和公司人格否认举证责任倒置来加重公司和股东义务,以实现加强对一人公司的法律规定。庭审中韦某某仅提供了会计凭证,且仅有部分装订成册,部分处于零散状态,完全不符合制作规范要求。韦某某庭审中还提供了财务报表复印件,但无原件证实,其未提供财务会计报告,更未经过会计师事务所审计形成年度报告,违反公司法对一人公司的强制性义务,韦某某现有证据不足以证明个人财产独立于公司财产,应由韦某某承担举证不能的风险,故合众公司申请追加韦某某为被执行人有事实及法律依据。据此,一审法院判决:驳回韦某某的诉讼请求。

韦某某不服一审判决,上诉至江苏省徐州市中级人民法院。

二审判决:驳回上诉,维持原判。

案例评析

名义股东作为登记在公司工商备案信息上的股东,对债权人需要承担公司法上股东的各项法定义务和责任,以股权代持关系的内部协议抗辩债权人,显然无法成立。一审法院认为一人公司每年度将财务会计报告进行审计是法律强制性义务,韦某某未能提交年度经审计的财务会计报告,视为未完成举证责任。二审法院也认可一审法院的裁判观点,虽然韦某某在二审中向法院提交了会计师事务所出具的审计报告,但该报告系单方委托作出,无年度审计报告佐证,二审法院未能采信。如前所述,因《公司法》(2018年)第63条并未明确一人公司股东的举证内容,本案韦某某若能在一审中提交会计师事务所出具的专项审计报告,而不是提交零散的财务账册,则可能会有不一样的判决结果。

四、一人公司股权转让对股东举证责任的影响

一人公司股权转让,可能会变成非一人公司,也可能仍是一人公司,这取决于该股权转让给一个主体还是多个主体。如果一人公司股权转让给多人,成为非一人公司,原一人公司股东是否需要对股权转让前的公司债务承担连带清偿责任?从保护债权人利益的立法目的出发,如果允许一人公司股东因公司形态

变更而豁免举证责任,则该法律条文完全可能会被规避,失去意义和价值,因此原一人公司股东应当承担股权转让前公司财产独立性的举证责任。上海市第二中级人民法院在“蜂网供应链管理(上海)有限公司、梁某、陈某与公司有关的纠纷案”中认为,一人公司变更为非一人公司并不能当然免除股东在刺破公司面纱之诉讼中的举证责任。如果债权时间段与一人公司形态时间段存在重合,则法院仍可以依据《公司法》(2018 年)第 63 条的规定,责令股东对该重合时间段的公司独立性承担举证责任。[①] 在该情形下,还有一个问题是,股权转让前的债权人能否要求(非一人公司)现股东承担连带责任?此时公司不是一人公司,要求现有股东承担举证责任,没有法律依据,故不应得到支持。

如果一人公司股权转让后仍是一人公司,那么新股东是否需要对股权转让前的公司债务承担连带清偿责任?这种情况下,一人公司形态未发生变化,只是股东发生了变更,故一人公司前后股东应当对各自担任股东期间的财产独立性承担举证责任。例如,江苏省扬州市中级人民法院在“江苏洛维化工有限公司诉宿迁市虹源涂料有限公司等买卖合同案”[②]中认为,赵某某、朱某某作为宿迁市虹源涂料有限公司(以下简称虹源公司)的现股东与原股东,均未举证证明其个人财产与虹源公司的财产相互独立,故原告要求赵某某、朱某某对虹源公司的债务承担连带清偿责任,予以支持。基于此,得出结论:只要一人公司对外债务一直存续,无论其股权转让几次,债权人都有权要求债权存续期间的所有的一人公司股东承担相应的举证责任。举例来说,A 公司对一人公司 B 的债权存续期间为 2013 年至 2023 年,2013 年至 2015 年 B 公司股东为甲,2016 年至 2020 年 B 公司的股东为乙,2021 年至 2023 年 B 公司股东为丙,若甲、乙、丙未能举证各自担任 B 公司股东期间的财产独立性,则均应当对 A 公司债务承担连带责任。

---

① 参见张新、李非易:《一人公司形态变更对刺破面纱举证规则的影响》,载微信公众号“至正研究”2021 年 4 月 19 日,https://mp.weixin.qq.com/s/AaNdtcHcpzmiAe5efk8D1w。其他相同裁判观点的案例有:最高人民法院民事裁定书,(2018)最高法民申 2416 号。

② 江苏省扬州市中级人民法院民事判决书,(2015)扬商终字第 00163 号。其他相同裁判观点的案例有:安徽省芜湖市繁昌区人民法院民事判决书,(2021)皖 0222 民初 327 号;上海市第一中级人民法院民事判决书,(2020)沪 01 民终 11655 号;江苏省南通市中级人民法院行政判决书,(2020)苏 06 行终 344 号。

第四节 一人公司人格否认其他问题

一、外商独资企业能否适用举证责任倒置规则

2020年1月1日,《外商投资法》实施前,《公司法》(2018年)第217条规定:“外商投资的有限责任公司和股份有限公司适用本法;有关外商投资的法律另有规定的,适用其规定。”也就是说,关于外资股东责任的承担问题应当优先适用《外资企业法》及《外资企业法实施细则》,该法及实施细则未规定的,方适用《公司法》(2018年)。《外资企业法实施细则》(已失效)第18条规定:“外资企业的组织形式为有限责任公司。经批准也可以为其他责任形式。外资企业为有限责任公司的,外国投资者对企业的责任以其认缴的出资额为限。外资企业为其他责任形式的,外国投资者对企业的责任适用中国法律、法规的规定。”根据该规定,外资企业不适用《公司法》(2018年)第63条。《外资企业法实施细则》(已失效)第61条关于“外资企业应当在企业所在地设置会计账簿,并接受财政、税务机关的监督”规定,实质上也从制度上保证了外资企业的公司财产独立于其股东财产。

2020年1月1日,《外商投资法》正式生效实施,《外资企业法》及《外资企业法实施细则》废止,而《外商投资法》和《外商投资法实施条例》没有对外商投资企业的投资人责任承担作出特殊规定,因此若外商独资企业为有限责任公司,也能适用《公司法》(2018年)第63条的规定。[①] 不过,江苏省无锡市中级人民法院在“江阴鸿睿服饰有限公司诉星骢贸易(上海)有限公司、环球星光国际控股有限公司等买卖合同纠纷案”[②]中却有不同观点:“星骢公司虽为一人股东,但其系外国法人独资,鉴于我国外汇管理制度对境内外资金的严格监管,其财产混同并不可能,故《公司法》(2018年)第63条的规定不能当然适用于外商独资股东,除非鸿睿公司有证据证明星光公司与星骢公司存在财产混同的行为。”

---

① 广东自由贸易区南沙片区人民法院民事判决书,(2022)粤0191民初15283号;福建省泉州市中级人民法院民事判决书,(2021)闽05民终638号。

② 江苏省无锡市中级人民法院民事判决书,(2019)苏02民初412号。

可以看出，即便有成文法律的存在，不同法官对法律规定的理解与适用仍有较大差异。

二、一个案件中，能否穿透多个一人公司

如果一人公司背后的股东仍是多个一人公司，例如甲公司、乙公司、丙公司，都是一人公司，甲公司的股东为乙公司和丙公司。甲公司的债权人在一个案件中同时起诉乙公司、丙公司要求承担连带清偿责任，问甲公司的债权人该请求能否得到支持？

对于该问题，实务界和理论界都有不同观点。有的法院不支持一人公司股东的股东承担责任，理由是一人公司股东之股东与一人公司的债务无关联，法律只是规定一人公司股东承担责任，故债权人不能多层追诉。[①] 当然，也有法院支持穿透多层一人公司的股东，例如，南宁市邕宁区人民法院在一起案件[②]中穿透了三层一人公司的股东关系，北京市第二中级人民法院有案例[③]穿透了两层一人公司的股东关系。

理论上，从实体法角度，章恒筑认为，人格混同责任应该是公司诉讼中的例外规则，而不应该是常态。最高人民法院15号指导案例把人格混同规则适用于公司股东，本身就是一个扩张性解释，不宜无限扩张。对于追究一人公司股东的股东，也应采取谨慎的态度。至少在受理审查阶段，一般不宜支持。只有在特殊情况下，在立案后，由原告举出充分的证据，才可以由股东的股东参加诉讼。其倾向于不从人格混同视角，而是从实际控制人视角，在符合一定条件的情况下，判令实际控制人承担一定的责任。陈克认为，《公司法》(2018年)第63条没有特别规定，就不能扩张适用，一次诉讼只能一次人格否认，不宜对法条进行扩大解释。王东敏持相反观点，理由是股东利用关联关系控制若干公司，统一管理和调配资源，形成闭环管理模式，导致其控制的若干公司在财产、业务、

---

① 广东省中山市第一人民法院民事判决书，(2020)粤2071民初5671号；河南省三门峡市中级人民法院民事判决书，(2019)豫12民终2341号；江苏省南京市中级人民法院民事判决书，(2019)苏01民终583号；广东省清远市中级人民法院民事判决书，(2021)粤18民终3075号；上海市松江区人民法院民事判决书，(2022)沪0117民初14756号。

② 广西壮族自治区南宁市邕宁区人民法院民事判决书，(2022)桂0109民初2325号。

③ 北京市中级人民法院民事判决书，(2022)京02民终3682号。

经营场所、高级管理人员等因素上高度混同时，闭环内的若干公司对外债务承担一体责任，任一公司的债权人可以请求闭环内的任一公司承担债务责任。被股东控制的若干公司之间可以是相互无投资关系的公司（如兄弟公司），也可以是有投资关系的上下级公司（如母、子、孙公司）。

从诉讼法角度，如果法院不支持丙承担连带责任，是判决驳回还是裁定驳回？郭宁华倾向于法院可以基于法律关系不同不能合并审理为由驳回对丙公司的请求，当然也可以从证据的角度（诉讼要件事实处于待定状态）驳回债权人对丙公司的请求。肖建国认为，原告对甲公司、乙公司之诉是现在给付之诉，原告对丙公司之诉是将来给付之诉。两诉具有前提/递进关系，民诉法理论上两诉合并审理并无障碍。法院对丙公司似乎只能裁定驳回，判决驳回没有依据，因为并非原告对丙公司的请求权不能成立，而是原告对丙公司提起的给付之诉不合法，诉讼要件有欠缺而已。从实体法上看，乙公司对甲公司承担连带责任，丙公司可能对乙公司承担连带责任。在乙公司对甲公司承担连带责任时，才有丙公司承担责任的可能。因此，原告对甲公司、乙公司之诉是原告对丙公司之诉的前提。合并审理后，仍然存在审理顺序问题。先实体审理甲公司、乙公司之诉，认为可以判决甲公司、乙公司连带担责时，对丙公司之诉合法成立，法院可以一并审理对丙公司之诉；先审理甲公司、乙公司之诉，认为乙公司不担责时，判决驳回对乙公司的请求，裁定驳回对丙公司的起诉。[①]

---

① 理论部分的观点参见李志刚等：《双层一人公司的连带责任：公司法与民诉法的双重视角》，载《人民司法》2023 年第 22 期。

CHAPTER 07

第七章

实际控制人与公司人格否认

与普通的公司人格否认案件不同,债权人主张实际控制人承担连带责任的案件,首先需要对实际控制人身份进行识别、认定后,才能查明其是否存在滥用公司独立地位的行为,加之实际控制人隐藏在股东之后,滥用控制权的事实往往也较之复杂,故这类案件的办理难度很大。

第一节 实际控制人的立法分析

一、公司法上的实际控制人

实际控制人是现代公司中不可忽视的事实主体,由于无法精确界定其身份,其又不是公司的法定机关,实际控制人的出现扰乱了传统的公司治理结构,改变了公司权力的分配格局,对公司内部及其债权人产生了重要影响。《公司法》(2005 年)第一次明确了实际控制人的概念,第 217 条第 3 项规定,"实际控制人,是指虽不是公司的股东,但通过投资关系、协议或者其他安排,能够实际支配公司行为的人"。但因立法者对实际控制人不够重视,此后虽然多次修订《公司法》,均未对实际控制人在参与公司事务过程中的行为进行详细约束。直到 2023 年《公司法》修订,才重点完善了实际控制人的法律责任。《公司法》(2023 年)第 15 条[①]、第 22 条[②]、第 140 条[③]、第 160 条[④]、第 180 条[⑤]、第 192 条[⑥]、第 265 条第 3 项[⑦]都涉及了实际控制人，比《公司法》(2018 年)关于实际控制人的规定多了 4 条，明确了实际控制人的责任与义务，且重新定义了实际控制人的身份。《公司法》(2023 年)第 15 条是关于公司为实际控制人提供担保的强制性规定；第 22 条是关于实际控制人不得通过关联交易损害公司利益的原则性规定；第 140 条新增上市公司要披露实际控制人的信息的规定；第 160 条新增"法律、行政法规或者国务院证券监督管理机构可对上市公司的股东、实际控制人转让其所持有的本公司股份另行规定"；第 180 条新增实际控制人对公司的忠实义务和勤勉义务；第 192 条新增实际控制人对公司和股东的信义义务；第 265 条第 3 款修改了《公司法》(2018 年)关于实际控制人的概念，不再将股东排除在实际控制人之外，即"是指通过投资关

① 《公司法》(2023 年)第 15 条规定："公司向其他企业投资或者为他人提供担保，按照公司章程的规定，由董事会或者股东会决议；公司章程对投资或者担保的总额及单项投资或者担保的数额有限额规定的，不得超过规定的限额。公司为公司股东或者实际控制人提供担保的，应当经股东会决议。前款规定的股东或者受前款规定的实际控制人支配的股东，不得参加前款规定事项的表决。该项表决由出席会议的其他股东所持表决权的过半数通过。"

② 《公司法》(2023 年)第 22 条规定："公司的控股股东、实际控制人、董事、监事、高级管理人员不得利用关联关系损害公司利益。违反前款规定，给公司造成损失的，应当承担赔偿责任。"

③ 《公司法》(2023 年)第 140 条规定："上市公司应当依法披露股东、实际控制人的信息，相关信息应当真实、准确、完整。禁止违反法律、行政法规的规定代持上市公司股票。"

④ 《公司法》(2023 年)第 160 条规定："公司公开发行股份前已发行的股份，自公司股票在证券交易所上市交易之日起一年内不得转让。法律、行政法规或者国务院证券监督管理机构对上市公司的股东、实际控制人转让其所持有的本公司股份另有规定的，从其规定。公司董事、监事、高级管理人员应当向公司申报所持有的本公司的股份及其变动情况，在就任时确定的任职期间每年转让的股份不得超过其所持有本公司股份总数的百分之二十五；所持本公司股份自公司股票上市交易之日起一年内不得转让。上述人员离职后半年内，不得转让其所持有的本公司股份。公司章程可以对公司董事、监事、高级管理人员转让其所持有的本公司股份作出其他限制性规定。股份在法律、行政法规规定的限制转让期限内出质的，质权人不得在限制转让期限内行使质权。"

⑤ 《公司法》(2023 年)第 180 条规定："董事、监事、高级管理人员对公司负有忠实义务，应当采取措施避免自身利益与公司利益冲突，不得利用职权牟取不正当利益。董事、监事、高级管理人员对公司负有勤勉义务，执行职务应当为公司的最大利益尽到管理者通常应有的合理注意。公司的控股股东、实际控制人不担任公司董事但实际执行公司事务的，适用前两款规定。"

⑥ 《公司法》(2023 年)第 192 条规定："公司的控股股东、实际控制人指示董事、高级管理人员从事损害公司或者股东利益的行为的，与该董事、高级管理人员承担连带责任。"

⑦ 《公司法》(2023 年)第 265 条第 3 项规定："实际控制人，是指通过投资关系、协议或者其他安排，能够实际支配公司行为的人。"

系、协议或者其他安排,能够实际支配公司行为的人”,该定义采用列举加概括的形式,从行为外观、行为结果两个方面对实际控制人的身份进行了界定。这一概念有些类似于法国法上的“事实董事”或者英国法上的“影子董事”。前者是指不具备董事身份但实际上行使着董事职责的人,后者指虽然没有在公司担当董事职位,但公司董事习惯于按其指示和指导行为的人。《公司法》(2018 年)是将实际控制人作为一个与公司控股股东相并列的主体,并且明确排除了股东身份与实际控制人身份的重合,但在实践中确实存在持有公司少量股份却能掌握公司实际控制权的中小股东群体。这样,在实际控制人与控股股东之间就存在法律监管的空白地带,所以《公司法》(2018 年)中关于实际控制人的定义存在一定的漏洞。其实,实际控制人认定的核心条件应该是能否影响、支配公司股东的表决权,从而实现控制公司意志的目的,至于实际控制人是否具有股东身份,在所不问。

近年来,为填补公司法对实际控制人规范的漏洞,公司法的司法解释在强化股东、董事、高级管理人员责任的同时,也规定了实际控制人的相应责任,如《公司法司法解释(二)》第 18 条①、第 19 条②、第 20 条第 1 款③规定公司清算过程中,实际控制人有过错,给债权人造成损害的,要对债权人承担相应的赔偿责任或者连带责任。《公司法司法解释(三)》第 14 条④规定协助股东抽逃出资的

---

① 《公司法司法解释(二)》第 18 条规定:“有限责任公司的股东、股份有限公司的董事和控股股东未在法定期限内成立清算组开始清算,导致公司财产贬值、流失、毁损或者灭失,债权人主张其在造成损失范围内对公司债务承担赔偿责任的,人民法院应依法予以支持。有限责任公司的股东、股份有限公司的董事和控股股东因怠于履行义务,导致公司主要财产、账册、重要文件等灭失,无法进行清算,债权人主张其对公司债务承担连带清偿责任的,人民法院应依法予以支持。上述情形系实际控制人原因造成,债权人主张实际控制人对公司债务承担相应民事责任的,人民法院应依法予以支持。”

② 《公司法司法解释(二)》第 19 条规定:“有限责任公司的股东、股份有限公司的董事和控股股东,以及公司的实际控制人在公司解散后,恶意处置公司财产给债权人造成损失,或者未经依法清算,以虚假的清算报告骗取公司登记机关办理法人注销登记,债权人主张其对公司债务承担相应赔偿责任的,人民法院应依法予以支持。”

③ 《公司法司法解释(二)》第 20 条第 1 款规定:“公司解散应当在依法清算完毕后,申请办理注销登记。公司未经清算即办理注销登记,导致公司无法进行清算,债权人主张有限责任公司的股东、股份有限公司的董事和控股股东,以及公司的实际控制人对公司债务承担清偿责任的,人民法院应依法予以支持。”

④ 《公司法司法解释(三)》第 14 条规定:“股东抽逃出资,公司或者其他股东请求其向公司返还出资本息、协助抽逃出资的其他股东、董事、高级管理人员或者实际控制人对此承担连带责任的,人民法院应予支持。公司债权人请求抽逃出资的股东在抽逃出资本息范围内对公司债务不能清偿的部分承担补充赔偿责任、协助抽逃出资的其他股东、董事、高级管理人员或者实际控制人对此承担连带责任的,人民法院应予支持;抽逃出资的股东已经承担上述责任,其他债权人提出相同请求的,人民法院不予支持。”

实际控制人,要对债权人承担连带补充赔偿责任,第 27 条[①]规定实际控制人对股权转让后未办理变更登记的行为有过错的,要承担相应责任。

《公司法》(2023 年)和公司法司法解释对实际控制人与公司股东、董事课以相同的法律责任,强化了对实际控制人的民事责任追究,这是对实际控制人参与公司治理、经营的强烈现实回应,实际控制人对公司、股东、债权人都负有诚实信用义务。

二、证券法上的实际控制人

《证券法》中涉及实际控制人的条款共有 20 条[②],第 2 条第 1 款中指出本法未作规定的,适用《公司法》和其他法律、法规的规定。《证券法》主要对实际控制人在证券市场中的义务和责任进行了明确,例如《证券法》第 85 条[③]规定实际控制人的信息披露义务及连带赔偿责任;第 94 条第 3 款[④]规定实际控制人侵犯公司权益的,股东可提起派生诉讼;第 138 条[⑤]规定实际控制人对向中国证监会

---

① 《公司法司法解释(三)》第 27 条规定:"股权转让后尚未向公司登记机关办理变更登记,原股东将仍登记于其名下的股权转让、质押或者以其他方式处分,受让股东以其对于股权享有实际权利为由,请求认定处分股权行为无效的,人民法院可以参照民法典第三百一十一条的规定处理。原股东处分股权造成受让股东损失,受让股东请求原股东承担赔偿责任、对于未及时办理变更登记有过错的董事、高级管理人员或者实际控制人承担相应责任的,人民法院应予支持;受让股东对于未及时办理变更登记也有过错的,可以适当减轻上述董事、高级管理人员或者实际控制人的责任。"

② 《证券法》第 12 条、第 24 条、第 36 条、第 42 条、第 51 条、第 80 条、第 81 条、第 84 条、第 85 条、第 93 条、第 94 条、第 118 条、第 122 条、第 138 条、第 181 条、第 185 条、第 196 条、第 197 条、第 204 条、第 211 条。

③ 《证券法》第 85 条规定,信息披露义务人未按照规定披露信息,或者公告的证券发行文件、定期报告、临时报告及其他信息披露资料存在虚假记载、误导性陈述或者重大遗漏,致使投资者在证券交易中遭受损失的,信息披露义务人应当承担赔偿责任;发行人的控股股东、实际控制人、董事、监事、高级管理人员和其他直接责任人员以及保荐人、承销的证券公司及其直接责任人员,应当与发行人承担连带赔偿责任,但是能够证明自己没有过错的除外。

④ 《证券法》第 94 条第 3 款规定,发行人的董事、监事、高级管理人员执行公司职务时违反法律、行政法规或者公司章程的规定给公司造成损失,发行人的控股股东、实际控制人等侵犯公司合法权益给公司造成损失,投资者保护机构持有该公司股份的,可以为公司的利益以自己的名义向人民法院提起诉讼,持股比例和持股期限不受《公司法》规定的限制。

⑤ 《证券法》第 138 条规定,证券公司应当按照规定向国务院证券监督管理机构报送业务、财务等经营管理信息和资料。国务院证券监督管理机构有权要求证券公司及其主要股东、实际控制人在指定的期限内提供有关信息、资料。证券公司及其主要股东、实际控制人向国务院证券监督管理机构报送或者提供的信息、资料,必须真实、准确、完整。

报送的信息、资料，负有保障真实、准确、完整的义务；第 196 条[①]规定实际控制人利用上市公司给被收购公司股东造成损失的，应承担赔偿责任；等等。《证券法》之所以明确规定实际控制人应当承担的义务和责任，原因在于实际控制人通过支配公司行为可能会损害公司和利益相关者的权益，实际控制人在行使这些权利时就需要遵循民法的诚实信用和权利不得滥用的原则，对利益相关主体承担起诚信义务，对违反义务的行为承担责任。

除了《证券法》之外，中国证监会的规章和证券交易所的规范性文件亦界定了实际控制人的范围，且对实际控制人在证券市场的行为做了很多约束性规范。比如，《上海证券交易所股票上市规则》[②]和《深圳证券交易所股票上市规则》[③]关于实际控制人的定义，与《公司法》(2023 年)的规定相同；《上市公司收购管理办法》第 5 条还规定取得上市公司控制权可通过股权收购和投资关系取得；等等。

第二节　实际控制人的主要类型

《公司法》(2023 年)第 265 条第 3 项规定了实际控制人控制公司的三种主要方式，分别是“投资关系”、“协议”和“其他安排”，该条采取示范性列举，即相关主体只要能实际支配、控制公司意志都可以被认定为公司实际控制人。在司法实践中，实际控制人主要有以下几种类型。

一、通过投资控制公司

通过投资关系实施控制是指公司控股股东之外的主体，以股权投资的方式掌握了公司的控制权。投资方式按照不同标准，可分为显名投资和隐名投资、

---

① 《证券法》第 196 条规定，收购人未按照本法规定履行上市公司收购的公告、发出收购要约义务的，责令改正，给予警告，并处以五十万元以上五百万元以下的罚款。对直接负责的主管人员和其他直接责任人员给予警告，并处以二十万元以上二百万元以下的罚款。收购人及其控股股东、实际控制人利用上市公司收购，给被收购公司及其股东造成损失的，应当依法承担赔偿责任。

② 《上海证券交易所股票上市规则》第 15.1 条规定，实际控制人：指通过投资关系、协议或者其他安排，能够实际支配公司行为的自然人、法人或者其他组织。

③ 《深圳证券交易所股票上市规则》第 15.1 条规定，实际控制人：指通过投资关系、协议或者其他安排，能够实际支配公司行为的自然人、法人或者其他组织。

直接投资和间接投资等多种类型。

（一）显名投资和隐名投资

隐名投资，是指实际投资人通过借用他人名义进行投资，将他人的名字登记在股东名册、公司章程、工商登记资料上，作为显名股东或者名义股东，实际出资人为隐名股东。隐名股东虽然不是名义股东，但在股权代持协议中往往约定由隐名股东实际行使股东权利。隐名股东藏在名义股东背后，名义股东形同傀儡，隐名股东通过控制其意志和行为达到控制公司的目的，同时规避了名义股东在法律上的义务和责任。如"王某某诉顾某某等其他所有权纠纷案"①中，原告与被告都是外国人，为规避外商投资的相关行政审批程序②，被告委托两位中国人王某1、王某2持有境内企业斯莱帕公司的股权，原告与被告签订股权转让协议后，被告指示名义股东王某1、王某2将股权转让给原告指定的两位中国人罗某1、罗某2。法院认为，原告通过代持的方式实现对斯莱帕公司的投资，在协议签订后，原告不仅成为斯莱帕公司的实际投资者，而且掌握了该公司的经营活动，实际控制了公司。

（二）直接投资和间接投资

间接投资常用的方式有金字塔式持股、多重持股、交叉持股，主要发生于公司集团、关联公司。

金字塔式持股，是指最终控制人先控制一家公司，再由这家公司控股另一家公司，依此类推，通过层层控股，实现控制目标公司，股权结构如同金字塔形状。如图7－1所示，自然人A持有B公司a1股权，B公司持有C公司a2股权，C公司持有D公司a3股权，自然人A通过股权杠杆，虽然理论上享有D公司a1×a2×a3所有权，但实际完全掌握了D公司。

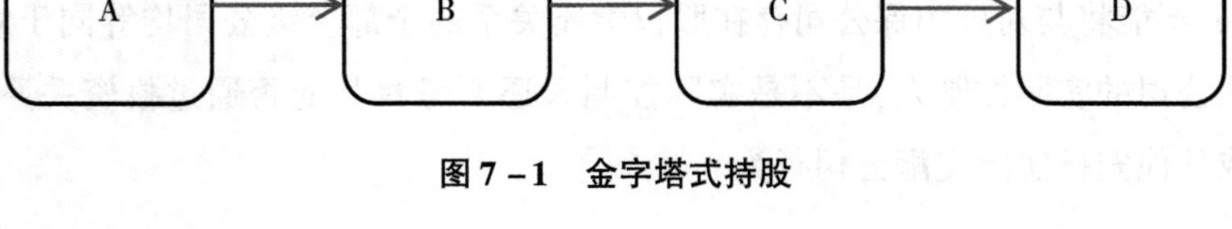

图7－1　金字塔式持股

① 上海市静安区人民法院民事判决书，(2014)静民二(商)初字第S1157号。

② 根据当时适用的《外资企业法》，外资的设立、变更、终止都需要经过行政审批，手续繁多。《外资企业法》现已被2020年生效实施的《外商投资法》取代。

间接持股控制目标公司,在实践中很常见。例如,在“慈溪市沈师桥大酒店有限公司诉上海新长征国际贸易有限公司等确认合同无效纠纷案”[①]中,基于朱某持有创世公司51%股权,创世公司持有慈溪市沈师桥大酒店有限公司(以下简称沈师桥大酒店)60%的股权,朱某同时是创世公司和沈师桥大酒店的法定代表人等因素,最高人民法院认定朱某通过投资关系,能够实际支配沈师桥大酒店的行为,系沈师桥大酒店的实际控制人。由于实践中的间接控股关系表现很复杂,我们不能直接将间接控股关系都认为是实际控制关系,在间接控股关系上,还应结合其他能支配、影响目标公司的证据,才能综合认定实际控制人。在“深圳市兄弟能源有限公司诉厦门中润投资有限公司等股东损害公司债权人利益责任纠纷案”[②]中,虽然厦门中润投资有限公司(以下简称中润公司)持有康乾公司80%的股权,康乾公司持有雄盛公司70%的股权,但法院认为在没有其他证据佐证中润公司符合实际控制人概念的情况下,不能认定中润公司是雄盛公司的实际控制人。

多重持股,是指实际控制人通过多条股权控制线实现控制目标公司。多重持股方式以金字塔型持股为基础,但结构更加复杂。如图7-2所示,实际控制人A,通过A—D,A—B—D,A—B—C—D三条控制线,多重持有D公司的股份,以达到控制的目的。但需要注意的是,即便实际控制人A通过持股B公司100%股权、B公司持股C公司100%股权,最终控制D目标公司,但不能抛开实际控制人A,认为B公司与C公司和D公司之间形成实际控制关系,也即不能单纯依赖持股关系来判断是否存在实际控制。在“上海广信科技发展有限公司诉今典投资集团有限公司等借款合同纠纷案”[③]中,上海市高级人民法院认为,属于同一集团下具有股权关系的母公司的再上一级母公司不能直接等同于实际控制人。在集团公司的架构之下,同一集团内部可能存在较多层级的股权关系,不能将与对外担保公司存在股权隶属关系的全部上级公司均等同于对外担保公司的实际控制人,是不是实际控制人还要考察其能否通过投资关系、协议或其他安排实际支配公司行为。

---

① 最高人民法院民事判决书,(2018)最高法民再361号。

② 福建省高级人民法院民事判决书,(2015)闽民终字第977号。

③ 上海市高级人民法院民事判决书,(2020)沪民终578号。

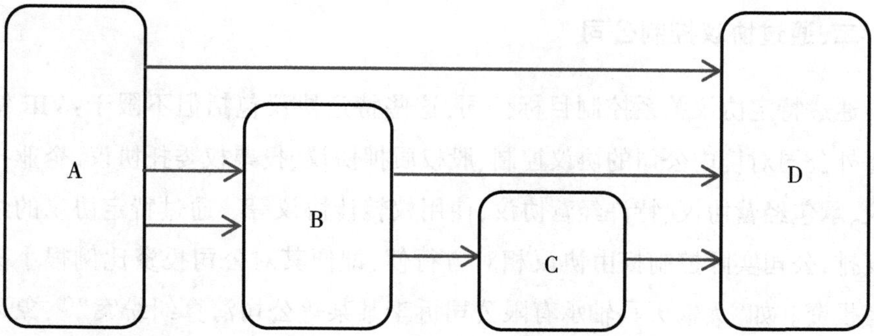

图7-2 多重持股

交叉持股,是指两个以上的公司互相持有对方的股权,除了单纯的交叉持股与直线型的交叉持股,还有环状交叉持股、网状型交叉持股与放射状交叉持股等特殊类型,如图7-3所示。交叉持股会导致股东会缺失或者股东会形骸化,公司控制权落入董事经理层,但也正因不具有正常的公司治理结构,这类公司更容易被实际控制人掌控滥用公司独立人格,损害债权人利益。我国公司法尚未对交叉持股作出规定。

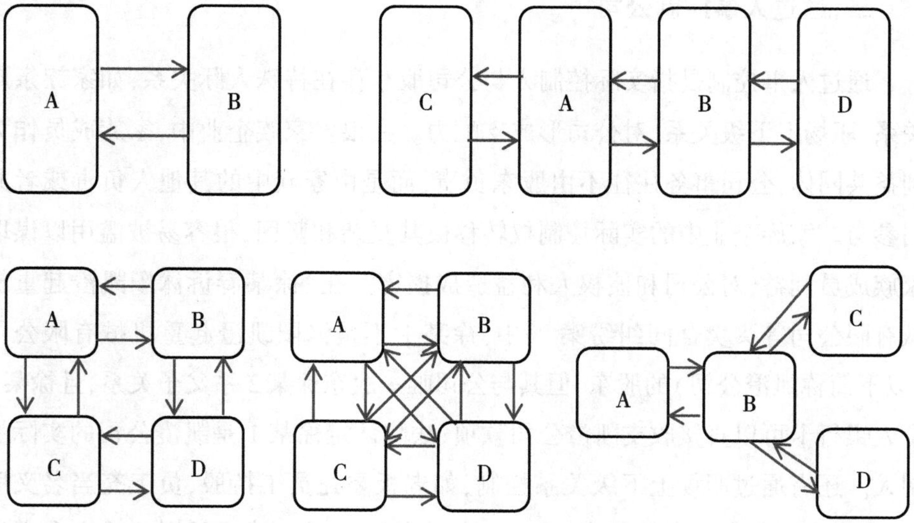

图7-3 不同类型的交叉持股

二、通过协议控制公司

通过特定协议关系控制目标公司，这些特定协议包括但不限于：VIE 结构下海外公司对境内公司的协议控制、股权质押协议、投票权委托协议、企业托管协议、承包经营协议、特许经营协议、使用权转让协议等。通过特定协议的约定和安排，公司实际控制权由协议相对方行使，即便其对公司投资比例很小甚至没有投资。如“无锡天马轴承有限公司诉李某某等公司清算纠纷案”①，象牙公司的名义股东是苗某和李某某，但由夏某某、孙某某、苗某、李某某签订的《合作协议》可知，夏某某实际持有象牙公司 75% 股份，孙某某持有 10% 股份，李某某持有 15% 股份，各方对公司经营管理和收益分配达成一致意见，由孙某某实际全面管理象牙公司，负责公司的招商、营销、财务等工作，承担公司的运作开支，掌握公司财务章，自负盈亏；名义股东苗某、李某某服从孙某某的管理；夏某某不参与象牙公司的经营活动。江苏省无锡市中级人民法院查明，象牙公司实际在按照《合作协议》的约定运作，故认定孙某某是象牙公司的实际控制人。

三、通过人事控制公司

通过人事控制是指实际控制人与公司股东存在特殊人际关系，如家族亲属关系、职场上下级关系，对公司形成支配力。在很多家族企业中，家族成员作为利益共同体，公司事务往往不由股东负责，而是由家族中的其他人负责或者共同参与。家族企业中的实际控制权转移极其复杂和坚固，很容易被滥用以谋取家族成员利益，对公司和债权人利益造成损害。在“徐某春诉沭阳凯澄起重机械有限公司等买卖合同纠纷案”②中，徐某 1 不是沭阳凯澄起重机械有限公司（以下简称凯澄公司）的股东，但其与公司唯一股东徐某 2 系父子关系，且徐某 1 个人银行卡可以直接收支凯澄公司款项，法院认定徐某 1 是凯澄公司的实际控制人。还有通过职场上下级关系控制，如老板委托员工持股，员工充当名义股东，公司实际由老板全权负责。如“凉州区住房和城乡建设局诉武威市鑫煜钢

① 江苏省无锡市中级人民法院民事判决书，(2019)苏 02 民终 2881 号。

② 江苏省盐城市中级人民法院民事判决书，(2020)苏 09 民终 210 号。

铁有限公司等第三人撤销之诉案”[①],法院查明武威市鑫煜钢铁有限公司(以下简称鑫煜公司)的股权由房管局员工代持,员工作为名义股东没有实际出资,即认定房管局是鑫煜公司的实际控制人。

第三节　实际控制人的判断标准

公司法只是简单规定了实际控制人的概念,没有提及判断实际控制人的标准,但在公司人格否认诉讼中,只有在法律上认定了实际控制人后,原告债权人才能要求其承担相应的义务和责任,所以如何认定实际控制人非常重要。总结相关司法裁判观点可知,判断实际控制人应坚持两个标准:(1)坚持事实控制的标准,即只要在事实上形成了对公司重大决策的支配力,主观上有没有实际控制的意思并不重要;(2)坚持行为外观的标准,为贯彻商事外观主义,保护公司交易相对人的信赖利益和维护经济秩序,对于不能证明其是否实际参与了公司治理的决策过程,但对外代表着公司行事的人,应当在善意相对人提出主张时参照实际控制人的相关规定追究其责任。

两种标准一个重视事实,一个着眼于行为外观,看似有些矛盾,事实上是统一于保护公司及公司股东、债权人合法权益这一基础之上的,而且具有各自的适用范围,并没有根本上的冲突。事实控制是实际控制人的本质所在,是确定实际控制人的充分条件,只要具有实际的控制权行使行为,即可认定实际控制人,主观上的过错或者过失只是在进一步认定实际控制人相关法律责任的时候才需要加以考虑。而行为外观标准是从保护善意第三人的角度出发对事实控制标准的补充,也是为弥补第三人举证能力的不足而提供的救济措施。在具体运用中,应当以事实控制标准为原则,只有在涉及善意第三人的情况下,才适用行为外观标准进行补充。[②]

根据事实控制标准和行为外观标准,实际控制人在司法实践中的主要表现情形有以下几种。

---

① 甘肃省武威市中级人民法院民事判决书,(2020)甘06民终938号。

② 参见叶敏、周俊鹏:《公司实际控制人概念辨析》,载《国家检察官学院学报》2007年第6期。

1. 实际控制人虽不是公司股东,但掌握公司的人事、财务、业务控制权。在“张某诉新乡市昊德机电有限公司民间借贷纠纷案”[①]中,法院查明新乡市昊德机电有限公司(以下简称昊德公司)的法定代表人程某某自认未向公司出资分文,未参与过对公司的管理,公司成立多时后才知其为公司法定代表人,其在公司从事的门卫和伙房工作由苗某某安排,到工商部门签字也是由苗某某指派进行,公司一切事宜均由苗某某决定;苗某某与昊德公司存在频繁的银行转账交易。基于此,法院认为苗某某对昊德公司不仅有行政事务掌控权,而且对资金有绝对的支配权,符合公司法规定的公司实际控制人的构成条件。在“谢某某诉兰州大鸿盛装饰工程有限公司等买卖合同纠纷案”[②]中,苏某是兰州大鸿盛装饰工程有限公司(以下简称大鸿盛公司)的隐名股东,在实际管理公司财务、人事、日常经营,对公司事务有决策权,并从公司领取分红,法院认定苏某是大鸿盛公司的实际控制人。

2. 实际控制人能够实际影响公司股东会、董事会的决策,甚至直接越过公司法和公司章程规定的决策程序,让公司机关形同虚设,公司治理结构形式化。在“张某某诉中国证券监督管理委员会行政诉讼案”[③]中,上市公司慧球科技在破产重组过程中,2014 年 12 月 29 日顾某某通过指定第三方中信证券持有慧球科技 3.8% 的股权,并通过与工商银行广西分行、瑞尔德嘉、郡原地产等慧球科技股东及重组方的协商、协议安排,成为慧球科技董事长及法定代表人,并实际掌控公司董事会,其他十位董事、监事及高级管理人员中,有七位均来自顾某某作为实际控制人并任董事长的斐讯技术,三名独立董事也全部由顾某某联系出任相应职务。北京市第一中级人民法院认为,由于取得对(上市)公司的控制权往往是一个不断变化发展的过程,因此对成为实际控制人具体时点的判断,核心在于对成为实际控制人的标志性事件的认定。由于支配公司的行为,通常需要通过控制董事会和管理层来实现,因此控制董事会和管理层可以作为认定实际控制人的标志性事件。至于是否存在特定的股权投资关系,并非认定实际控制人的法定要件。顾某某在 2014 年 12 月 29 日已经明显能够控制慧球科技的董事会及管理

---

① 河南省新乡市中级人民法院民事判决书,(2016)豫 07 民终 2888 号。

② 甘肃省兰州市中级人民法院民事判决书,(2021)甘 01 民终 2514 号。

③ 北京市第一中级人民法院行政判决书,(2017)京 01 行初 1372 号。

层,从而能够支配慧球科技的重大决策活动,顾某某是该公司的实际控制人。

3. 掌控公司印章。在我国,法人公章一直被视为法人象征,与法人的存续共始终。实践中,往往是公章的对外公信效力强于法定代表人的签字,有印章无签名的文件被视为有效,有签名无印章的文件的效力受到怀疑。一般情形下,如果能掌握公司印章,包括公章、合同专用章、财务专用章,就相当于掌握了公司控制权。在"于某诉平顶山市施力得环保技术开发有限公司股东资格确认纠纷案"①中,河南省平顶山市中级人民法院认为,平顶山市施力得环保技术开发有限公司的股东兼法定代表人徐某去世后,其妻子周某某掌握了公司的公章及账户存款,一定程度上能够实际支配公司,符合实际控制人的特征。

法定代表人只是公司意思表示的特定代理人②,并不是公司意思表示的决定机关,能决定公司意思表示的是董事会和股东会,仅担任公司法定代表人并不能认定其为实际控制人,关键要看该法定代表人能否控制公司意思表示,也即法定代表人能否控制董事会和股东会的决策。在"南京紫金资产管理有限公司诉江苏省悦宁实业有限公司等清算责任纠纷案"③中,江苏省南京市中级人民法院就认为,法定代表人是指依法代表法人行使民事权利,履行民事义务的人,其权限主要在于代表法人对外从事民事法律行为,而对于法人自身内部的管理和控制,法律并未赋予法定代表人相关权利,故法定代表人并不等同于实际控制人。

4. 虽非公司股东、法定代表人,但长期对外代表公司意志行事。在"周某某诉湖北广源房产开发有限公司等股权转让纠纷案"④中,湖北广源房产开发有限公司(以下简称广源公司)股东廖某2、廖某3是廖某1的两个儿子,公司法定代表人廖某4是廖某1的弟弟,廖某1虽不是广源公司的股东,也不是广源公司的法定代表人,但廖某1能够将广源公司名下的房地产开发项目签字转让给案外人邹某某,并在2011年5月至7月,廖某1曾转账支付了周某某借给广源公司的110万元,法院认定廖某1能够实际支配广源公司,是公司的实际控制人。在"温州市中意锁具电器有限公司诉曹某某等股东损害公司债权人利益责任纠

---

① 河南省平顶山市中级人民法院民事判决书,(2016)豫04民终3316号。

② 参见殷秋实:《法定代表人的内涵界定与制度定位》,载《法学》2017年第2期。

③ 江苏省南京市中级人民法院民事判决书,(2014)宁商终字第1490号。其他相同裁判观点的案例:山东省高级人民法院民事判决书,(2014)鲁商终字第334号。

④ 湖北省十堰市中级人民法院民事判决书,(2016)鄂03民终471号。

纷案”[①]中,曹某某长期担任公司总经理职务,负责公司的收款付款等事宜,公司倒闭后曹某某仍以个人账户对外收账,在被法院查处后,又以个人名义为公司缴纳执行款,法院认为以上事实足以认定曹某某能够实际支配公司行为,系公司实际控制人。

综上所述,判断实际控制人应考虑的因素有:(1)对董事会的控制程度;(2)对公司日常经营的参与和影响程度;(3)是否掌握了公司多数表决权;(4)是否拥有最终决策权或者否决权;(5)是否对公司财务、主要供货或者销售渠道、业务拓展、商标或者其他重要资源具有控制力或决定性影响;(6)是否直接或者间接享有公司收益;(7)是否与公司签订有关于支配和管理公司事务的协议;(8)是否是公司、公司控制股东或董事的大额债权人;(9)公司是否对外声称或者默认该实际控制人的地位;(10)是否与公司董事或股东具有亲属、投资等关联关系。

以上列举只是一些不完全的实际控制人可能的外观表现,供读者在进行个案分析时参考,并不排除实际控制人的其他表现形态,也不能认为只要满足其中一项或者几项要素就肯定是实际控制人。最终的判断只能由法官根据具体案件的实际情况,牢牢把握住实际控制人的定义,在有足够证据证明“事实控制”或者构成令善意第三人信赖的“行为外观”的前提下作出。另外,实际控制人不同于公司常态下享有控制权的主体,可能是处于不断变化与接替中的。因此实际控制人不需要参与公司的全部决策和管理过程,只要在诉争问题上符合前述判断标准,就应当对该具体事件承担起相应的义务和责任。

案例 7-1

倍瑞软件(上海)有限公司诉陈某某损害公司利益责任纠纷案

上海市浦东新区人民法院(2016)沪0115民初80081号[②]

案情简介

原告:倍瑞软件(上海)有限公司(以下简称倍瑞公司)

① 广东省深圳市宝安区人民法院民事判决书,(2016)粤0306民初6113号。

② 原判决书内容较长,引用时为突出重点,做了删减和提炼。

被告:陈某某

倍瑞公司起诉要求陈某某赔偿公司在2008年12月31日至2011年10月31日期间部分损失6,139,663.70元。事实和理由:陈某某自倍瑞公司成立之初就在倍瑞公司处担任总经理,实际掌控倍瑞公司公章、前法人章、财务章、公司网银及U盾、决定人事、管理人员及财务,是倍瑞公司的实际控制人。2007年12月3日,陈某某在倍瑞公司办公地址隔壁成立奥某某公司,法定代表人为陈某某。奥某某公司没有自己的业务及财务人员,就是一个道具及皮包公司。陈某某在2008年12月31日至2011年10月31日,利用其作为倍瑞公司实际控制人的便利,将倍瑞公司利润6,139,663.70元转移至奥某某公司。

陈某某辩称:不同意倍瑞公司的诉请。理由:(1)陈某某不是适格主体。倍瑞公司从未聘请过陈某某担任其高级管理人员,陈某某也并非倍瑞公司的股东、出资人或实际控制人,故不应承担相应义务。(2)陈某某曾在奥某某公司担任过一段时间的法定代表人,现已不担任。陈某某从来都不是奥某某公司的股东或投资人。

针对陈某某的辩称,倍瑞公司补充诉称与陈某某之间没有劳动合同关系,但陈某某对外宣称是倍瑞公司的总经理,陈某某是倍瑞公司的实际控制人。

经法院审理查明:倍瑞公司是一家外商独资企业,成立于2007年8月22日。倍瑞公司章程规定,公司不设董事会,只设一名执行董事,执行董事由股东委派,任期三年,届满经继续委派可以连任,执行董事是公司的法定代表人,代表公司签署有关文件。倍瑞公司的唯一股东新加坡倍瑞公司委派THOMAS担任执行董事,并进行了相应的工商登记。2014年1月6日,新加坡倍瑞公司作出《股东决定》,决定免去THOMAS执行董事及法定代表人职务,委派吴某某为新任执行董事及法定代表人,且授权吴某某处理因THOMAS拒绝交还公司印章、证照等造成的经营问题。奥某某公司是一家外商独资企业,成立于2007年12月3日,成立时的法定代表人为陈某某,2014年8月25日法定代表人变更登记为蔡某某。

法院裁判

法院认为,倍瑞公司以陈某某利用关联关系损害公司利益为由要求其赔偿己方损失，首先应对陈某某是承担这一责任的适格主体承担举证责任。倍瑞公司称陈某某是倍瑞公司的总经理，对此未提供公司章程、聘任合同等证据予以证明，故本院不予采信；倍瑞公司又称陈某某是倍瑞公司的实际控制人，是否成立，应以法律规定的实际控制人的含义予以判断。对此，《公司法》（2013 年）第 216 条第 3 项规定："实际控制人，是指虽不是公司的股东，但通过投资关系、协议或者其他安排，能够实际支配公司行为的人。"就何为"实际支配公司行为"，公司法及其司法解释未作具体规定。鉴于我国现行法中实际控制人的规定集中于上市公司的公司运营、证券发行及交易、信息披露等环节，宜参考证监会相关规定理解之。参考证监会《〈首次公开发行股票并上市管理办法〉第十二条"实际控制人没有发生变更"的理解和适用——证券期货法律适用意见第 1 号》对"实际控制人"的解释[①]、《公开发行证券的公司信息披露内容与格式准则》对公司与实际控制人之间的产权和控制关系的披露要求、《上市公司收购管理办法》列举的对公司构成"实际控制"的五种情形[②]，可见监管机构对于实际控制人采取了以表决权为基础的判断标准。公司控制权正是能对股东大会的决议产生重大影响或者能够实际支配公司行为的权力，其渊源是对公司的直接或间接的股权投资关系。故对于实际控制人的判断，出发点亦是公司的股权关系结构。本案中，倍瑞公司的唯一股东为新加坡倍瑞公司，且无其他证据证明陈某某作为自然人与新加坡倍瑞公司的股权结构关系，倍瑞公司主张陈某某是倍瑞公司的实际控制人，缺乏依据。纵览倍瑞公司的证据，其均在试图表明陈某某实际持有倍瑞公司印章、招聘员工、掌控财务和销售业务，但无论其是否属实，此类情节仅涉及公司内部管理和对外经营，不能体现陈某某对倍瑞公司的股权投资关系，不构成公司法意义上的"实际支配公司行为"。至于倍瑞公司所称奥

① 《〈首次公开发行股票并上市管理办法〉第十二条"实际控制人没有发生变更"的理解和适用——证券期货法律适用意见第 1 号》第 2 条规定，公司控制权是能够对股东大会的决议产生重大影响或者能够实际支配公司行为的权力，其渊源是对公司的直接或者间接的股权投资关系。因此，认定公司控制权的归属，既需要审查相应的股权投资关系，也需要根据个案的实际情况，综合对发行人股东大会、董事会决议的实质影响、对董事和高级管理人员的提名及任免所起的作用等因素进行分析判断。

② 《上市公司收购管理办法》第 84 条规定："有下列情形之一的，为拥有上市公司控制权：（一）投资者为上市公司持股 50% 以上的控股股东；（二）投资者可以实际支配上市公司股份表决权超过 30%；（三）投资者通过实际支配上市公司股份表决权能够决定公司董事会半数以上成员选任；（四）投资者依其可实际支配的上市公司股份表决权足以对公司股东大会的决议产生重大影响；（五）中国证监会认定的其他情形。"

某某公司没有自己的人员财务，仅是用于转移倍瑞公司利润的皮包公司，此观点涉及奥某某公司法人人格否认，因公司法所规定的法人人格否认制度的适用条件、主体及行为要件等与本案中倍瑞公司的请求权基础无关，本院在本案中不作认定。

综上，法院对倍瑞公司要求陈某某赔偿损失的诉请不予支持。

案例评析

本案中上海市浦东新区人民法院认为对实际控制人的判断要看该公司的权力机关（股东会）由谁控制。其实，前文列举的几种实际控制公司的表现形式，要么是实际控制人通过投资关系掌控了目标公司，比如股权代持、间接控股；要么是实际控制人与目标公司股东达成让渡公司管理权的协议，实际控制人从目标公司股东处获得控制权，如投票权委托协议、企业托管协议。公司权力结构模式决定了实际控制人要通过控制股权中的表决权的方式达到支配公司的目的。陈某某与倍瑞公司之间无任何股权投资关系，也没有与倍瑞公司的股东达成任何控制公司的协议，即便陈某某事实上持有倍瑞公司的印章，管理倍瑞公司的财务和销售业务等，但始终没有从法律层面掌握公司控制权，而陈某某的这些职务行为，倍瑞公司股东可以通过行使表决权的方式予以改变。因此这个案例也告诉我们，如何判断公司实际控制人，要透过现象看本质，关键看其是否直接或者间接掌控了公司股东会。

第四节　实际控制人适用公司人格否认制度的方法

一、使用“类推适用”或“目的论扩张”方法填补立法漏洞

从上文分析可知，无论是在法理逻辑层面还是实践基础层面，公司人格否认规则适用于非股东的实际控制人均有支撑依据。令人遗憾的是，2023年修订《公司法》只是新增了关联公司人格混同，却仍然没有把实际控制人纳入该制度中。因此，法官在审理这类案件的过程中，还需要论证法律适用的问题。在已有的司法案例中，有的案件是采用类推适用论证《公司法》（2018年）第20条并

适用于实际控制人;[①]有的案件则直接认为《公司法》(2018 年)第 20 条依其立法目的当然可涵射实际控制人,进而“参照适用”该法条完成合法性论证。[②]

类推适用系就法律未规定之事项比附援引与其性质类似之规定,而为适用。[③] 类推适用有如下特征:第一,类推适用为间接推论,凡 M 是 P,S 类似于 M,故 S 是 P,即 S→P;第二,类推适用为由特殊到特殊,由个别到个别的推论,既非由一般到特别的演绎,亦非由特别到一般的归纳;第三,类推适用所得出的结论,非绝对真实,仅具有某种程度之概然性和妥当性;第四,类推适用之操作媒介为“类似性”。[④] 如何判定系争案件与法定案型之间的“类似性”,是确认开放性漏洞和类推适用与否的决定性因素,但是到底达到什么程度方可认为两案之间具有类似性呢?不同法学家有不同的回答。[⑤] 鉴于此,笔者认为,根据《公司法》(2023 年)的规定,股东亦是实际控制人的一种,故实际控制人滥用公司独立人格损害债权人利益与股东滥用公司独立人格损害债权人利益之间的类似性,足以达到类推适用的程度,法官可以类推适用《公司法》(2023 年)第 23 条的规定来处理针对公司实际控制人的法人人格否认案件。

目的论扩张指一个条文,虽然依其适用范围和立法本意,均不包含本案,但适用该条文裁判本案符合该条的立法目的,因此扩张其适用范围。《公司法》(2023 年)第 23 条虽不包含实际控制人,但是将实际控制人纳入其适用范围之中,也符合该条规制滥用公司人格行为的立法目的。故笔者认为,法院通过类推适用或者目的论扩张都能论证实际控制人适用《公司法》(2023 年)第 23 条的合法性。类推适用和目的论扩张都是为了扩张法条的适用范围。在实务上,法院往往以类推之名,而行目的性扩张之实。[⑥] 例如,在“中国石化销售有限公司江西石油分公司诉佛山市南海能顺油品燃料有限公司等买卖合同纠纷案”[⑦]中,江西省高级人民法院的观点是,根据《公司法》(2018 年)第 20 条第 3 款的

---

① 最高人民法院民事判决书,(2019)最高法民终 30 号。

② 重庆市第四中级人民法院民事判决书,(2020)渝 04 民终 914 号。

③ 参见杨仁寿:《法学方法论》,中国政法大学出版社 1999 年版,第 163 页。

④ 参见梁慧星:《民法解释学》,中国政法大学出版社 1995 年版,第 273 页。

⑤ 参见屈茂辉:《类推适用的私法价值和司法运用》,载《法学研究》2005 年第 1 期。

⑥ 参见黄建辉:《法律漏洞:类推适用》,台北,蔚理法律出版社 1988 年版,第 83 页。转引自梁慧星:《民法解释学》,中国政法大学出版社 1995 年版,第 281 页。

⑦ 江西省高级人民法院民事判决书,(2018)赣民初 12 号。

规定虽未明确实际控制人应当在同样情况下对公司债务承担连带责任,但实际控制人相当于股东的地位,如放纵逃避债务、严重损害公司债权人利益的实际控制人,将对法律的公平公正造成损害。故对实际控制人的上述行为,应当类推适用《公司法》(2018 年)第 20 条第 3 款之规定。

二、保持谦抑克制立场

公司法人人格独立是法人制度基本原则,公司人格否认则属于最后之必要、例外手段,对实际控制人适用该规则应当保持必要的谦抑性。具体而言:其一,在具体案件中,若可通过《公司法》(2023 年)第 22 条禁止通过关联关系损害公司利益之规定及债权人代位权、撤销权实现保护债权人利益之目的,则无否认公司人格之必要。其二,对实际控制人及其滥用公司人格之行为的举证应达到高度可能性的证明标准,且在具体个案中,法官应通过自由心证从严把握该证明标准。实际控制人滥用公司人格的认定要比股东滥用公司人格的认定更为复杂,尤其复杂在对实际控制人身份的认定。尽管《公司法》(2023 年)第 265 条对实际控制人做了列举式界定,但总体而言相对粗疏,司法审判中应谨慎地对其进行实质性的把握,即只有其足以对公司的经营决策拥有实质性控制力才能被认定为实际控制人。实际控制人滥用公司人格之具体行为的认定,亦应充分考虑中国公司治理的国情,不能将公司治理不规范等同于滥用公司人格,对债权人之举证证明标准尽管仍然是高度可能性,但在把握上应当是这一证明标准的上沿,才能否认公司人格。[①] 其三,对实际控制人适用公司人格否认规则,仅仅是在特定个案中针对特定情形而为的非常必要手段,这就意味着此案中否认公司人格的结论,并不能直接作为其他案件的依据;实际控制人在该案中实施了滥用公司人格的行为,并不意味在其他案件中也实施了相同的行为。

---

① 参见虞政平、王朝辉、吴飞飞:《论公司人格否认规则对实际控制人的适用》,载《法律适用》2021 年第 2 期。

案例 7－2

余某某诉重庆市黔江区吉品商贸有限责任公司、徐某琼民间借贷纠纷案

重庆市第四中级人民法院(2020)渝 04 民终 914 号[①]

案情简介

上诉人(原审原告):余某某

被上诉人(原审被告):徐某琼

被上诉人(原审被告):重庆市黔江区吉品商贸有限责任公司(以下简称吉品公司)

余某某向重庆市黔江区人民法院起诉请求:吉品公司与徐某琼共同清偿余某某借款本金 130 万元及资金利息。事实和理由:徐某琼系吉品公司的实际控制人,2016 年至 2018 年,徐某琼和吉品公司为给他人支付货款,多次向余某某借款,共计借款 130 万元。徐某琼以吉品公司的名义向余某某出具借条,并约定按月利率 1% 支付利息,徐某琼在借条上书写"同意借款"字样并签名。借款发生后,二被告按借条中约定的利率标准支付余某某利息至 2018 年 12 月 10 日。因徐某琼、吉品公司未支付之后的利息,也未返还借款本金。

吉品公司辩称,借款属实,是由公司向余某某所借。现因公司资金紧张,立即清偿存在困难。徐某琼辩称,徐某琼只是吉品公司的管理人员,并非实际控制人,不应承担还款责任。

一审法院认定事实:吉品公司多次向余某某借款,公司出纳洪某给余某某出具了 10 张借条,借款金额共计 130 万元。10 张借条除载明借款金额外,还约定借款用途是用于公司打货款,利息为月息 1 分。10 张借条中均有徐某琼书写的"同意借款"字样和签名,借款单位处加盖有吉品公司的财务专用章。2013 年 3 月开始,余某某陆续通过向徐某琼账户打款或者向吉品公司出纳支付现金的方式提供借款。徐某琼和吉品公司按约定向余某某支付利息至 2018 年 12

① 原判决书内容较长,引用时为突出重点,做了删减和提炼。一审案号:重庆市黔江区人民法院(2019)渝 0114 民初 3898 号。

月10日,之后徐某琼和吉品公司未按约定支付利息,也未偿还借款本金。

余某某申请一审法院调取了徐某琼尾号1415工商银行账户流水(2015年5月6日至2019年12月21日),用以证明徐某琼的个人账户与吉品公司的账户存在财产混同,损害了债权人利益。吉品公司的法定代表人徐某云均称徐某琼该银行账户由吉品公司出纳保管,供吉品公司使用,余某某在庭审中认可这一事实。

经查,吉品公司成立于2006年4月25日,股东有吴某、卢某某、徐某琼、胡某某;2014年9月17日胡某某退股;2015年11月20日吴某、卢某某、徐某琼退股,徐某云、向某入股,股东变更为徐某云、向某,法定代表人由吴某变更为徐某云;2017年6月14日向某退股,徐某琼入股,股东变更为徐某云、徐某琼,法定代表人由徐某云变更为徐某琼;2017年9月30日徐某琼退股,常某某入股,股东变更为徐某云、常某某,法定代表人由徐某琼变更为徐某云。

法院裁判

一审法院认为,本案所涉借条系吉品公司出纳洪某书写,加盖有吉品公司财务专用章,吉品公司对借款事实不持异议。虽然余某某将其部分出借款转入徐某琼的银行账户,但根据庭审查明的事实,徐某琼尾号1415工商银行卡在洪某处,由吉品公司对该卡进行支配,且借条中约定借款用途是公司打货款,由此可以看出余某某处借款的支配使用人是吉品公司。根据以上事实,一审法院认定本案借款的债权人是余某某,债务人是吉品公司。

余某某诉称徐某琼系吉品公司的实际控制人,应与吉品公司共同承担还款责任,为此余某某举示了左某某与卢某某、徐某琼的通话录音,余某某与洪某的通话录音。但余某某举示的通话录音不足以证明徐某琼系吉品公司的实际控制人,也无法证明徐某琼作为吉品公司的实际控制人侵害了余某某的合法债权。余某某诉称徐某琼和吉品公司的账户存在混同,因庭审中已查明徐某琼尾号1415工商银行卡在吉品公司出纳处,供吉品公司使用。除此之外,余某某也未举示其他证据予以证明,故对余某某关于徐某琼与吉品公司存在财产混同的诉称不予支持,对余某某诉请徐某琼共同承担还款责任不予支持。一审法院判决:(1)吉品公司偿还余某某借款本金130万元和相关利息;(2)驳回余某某其他诉讼请求。

余某某不服一审判决，上诉请求撤销一审判决第二项，改判徐某琼对借款本息承担连带清偿责任。事实和理由：一审判决认定事实错误。第一，徐某琼是吉品公司实际控制人。(1)从吉品公司成立及经营情况看，虽然吉品公司多次变更股东及法定代表人，但变更人员均为徐某琼亲属(兄弟、弟媳、母亲等)，且徐某琼对公司进行了实际控制，以上事实有录音证据予以证明。(2)从徐某琼的社会背景看，徐某琼作为吉品公司实际控制人参加了大量社会活动。(3)庭审期间，余某某举示的证据能够相互印证徐某琼为吉品公司实际控制人，包括左某某(余某某女婿)与卢某某(徐某琼丈夫)以及徐某琼的对话录音、余某某与洪某(吉品公司出纳)的对话录音、微信聊天记录以及其他相关证据。第二，徐某琼与吉品公司财产混同客观存在。余某某向一审法院举示的徐某琼尾号1415工商银行账户、吉品公司尾号4083农业银行账户和法定代表人徐某云尾号7100黔江银座村镇银行账户的流水明细能发现：(1)吉品公司对公账户与徐某琼、徐某云、卢某某个人账户每月有大量资金往来。(2)徐某云将个人尾号7100银行卡交公司财务使用，还有录音证明徐某琼从2017年9月17日开始用尾号1415工商银行账户偿还个人车贷。(3)从两张卡的银行流水查到，徐某琼有6个银行账户、徐某云有4个银行账户，徐某琼丈夫卢某某有4个银行账户，均与吉品公司对公账户发生频繁资金往来。

二审法院查明：余某某与韩某全系夫妻关系，与韩某华系母女关系，左某某系余某某女婿。徐某琼与卢某某系夫妻关系，徐某琼与徐某云系兄妹关系，常某某系徐某琼、徐某云之母，徐某云与向某原为夫妻关系，现关系未查。2017年9月30日，吉品公司的法定代表人由徐某琼变更为徐某云。徐某琼二审中自认，公司股东变更为徐某云、常某某后，徐某琼以总经理身份(无任职文件)，仍负责吉品公司日常经营和管理。

吉品公司账户、徐某云账户(尾号7100)、徐某琼账户(尾号3073、尾号1828、尾号6192、尾号1415、尾号4048、尾号1414)之间存在频繁的款项转入、转出情形。吉品公司向各生产商支付货款时，多数情况下先由徐某云、徐某琼、财务人员洪某的账户转入款项后，再进行支付。

一审庭审中，徐某琼陈述尾号1415工商银行卡、尾号3073农业银行卡存放在吉品公司会计洪某处，由吉品公司支配使用；还陈述尾号3904工商银行卡、尾号1828招商银行卡为其工资卡，是其本人保管使用。银行流水显示，徐某琼尾号1415工商银行账户与徐某琼的其他银行账户(包括尾号1828、尾号3073、尾号4988、尾号6488、尾号0921、尾号5835、尾号8883)、徐某云尾号7100账户、吉品公司账户存在频繁的款项转入、转出情形。卢某某银行账户向徐某琼尾号1415账户转账60万元,徐某琼尾号1415账户向卢某某银行账户转账共计2,095,565元。截至2019年12月21日,徐某琼尾号1415账户余额为9524.24元。徐某琼尾号1828招商银行账户分别于2017年3月15日、2017年6月5日、2017年9月1日、2017年9月5日、2019年3月31日收到吉品公司银行账户转入的40万元、5万元、50万元、20万元、4568元,共计1,154,568元。

徐某琼一审举示的工资表显示,2018年度徐某琼每月实发工资为4368元,2019年度徐某琼每月实发工资为4568元。吉品公司银行账户流水显示,徐某琼尾号3073银行账户分别于2019年4月30日、2019年6月11日、2019年8月10日、2019年8月12日收到吉品公司银行账户转入的4568元、4568元、4568元、9136元(当日分两次转入,每次各转入4568元)。

2019年4月12日,余某某的女婿左某某出面与卢某某、徐某琼协商还款事宜时,徐某琼认可吉品公司属其所有,公司日常聘人管理,徐某琼还提出愿意用喜万家公司股权质押或者直接转让股权的方式偿还借款;卢某某也认可吉品公司没有其他股东,都是自己人在管理公司。

截至2019年12月21日,吉品公司的基本账户显示余额26,622.2元。二审中,徐某琼陈述吉品公司现有资产除几辆车辆外,无其他资产;因为吉品公司亏损,在将吉品公司股权转让给徐某云、常某某时,二人并未支付股权转让款;还陈述在2017年6月14日至9月30日是代徐某云持股;另陈述吉品公司未向徐某琼分红。

另查明,重庆市第五中级人民法院于2020年6月30日作出(2020)渝05破申313号民事裁定,裁定吉品公司进入破产清算程序,并指定重庆渝鑫律师事务所担任破产管理人。

二审查明的其余事实与一审法院查明的事实相同,法院予以确认。

二审认为,本案的争议焦点为本案能否适用公司人格否认制度,判令徐某琼对涉案借款承担连带还款责任。根据《公司法》(2018年)第216条第3项,能够实际支配公司行为的人即可认定为实际控制人。就本案而言,已查明的事实能够认定徐某琼是吉品公司的实际控制人,理由在于:其一,从吉品公司的工商变更登记情况看,在股份转让前,徐某琼一直为吉品公司股东且担任过法定代表人,其将股份转让给其胞兄徐某云及母亲常某某时,未要求二人支付股权转让款。其二,徐某琼于2017年9月30日退股及卸任吉品公司法定代表人后,在未有任何任职文件的情况下,仍然参与吉品公司决策和管理,决定公司财务和经营决策,如工资发放、对外经营活动、借款审核签字等公司管理行为。其三,从一审余某某举示的左某某与徐某琼、卢某某的多次对话录音看,徐某琼积极与债权人对吉品公司借款进行协商,且在协商过程中,也多次承认吉品公司是徐某琼夫妻二人所有。

虽然《公司法》(2018年)第20条第3款仅对公司股东滥用公司法人独立地位和股东有限责任,逃避债务,损害公司债权人利益的,应对公司债务承担连带责任进行了规定,未规定公司实际控制人在同样情况下对公司债务承担连带责任,但实际控制人相当于股东地位。因此本院认为,若实际控制人存在滥用公司法人独立地位,逃避债务,损害公司债权人利益的情形,可以参照适用《公司法》(2018年)第20条第3款的规定,判令实际控制人对公司债务承担连带还款责任。

余某某主张吉品公司与徐某琼之间的财产存在混同,实质上是认为吉品公司与徐某琼存在人格混同。由于实际控制人徐某琼的地位相当于股东,故在判断实际控制人与公司之间是否存在人格混同时,可以参照股东与公司人格混同的认定标准,即根本标准是公司是否具有独立意思和独立财产,最主要的表现是公司的财产与股东(实际控制人)的财产是否混同且无法区分。本案中,首先,徐某琼陈述其将尾号1415工商银行卡、尾号3073农业银行卡存放在吉品公司会计处,用于吉品公司经营使用,但徐某琼尾号1415银行账户与徐某琼的多个其他银行账户存在频繁的资金往来,且徐某琼尾号3073银行账户也在收取吉品公司支付的2019年度工资。同时,从尾号1415工商银行账户的流水可见,在卢某某非吉品公司经销商、供货商,也非吉品公司股东的情况下,卢某某的银行账户与该卡存在频繁转账,经两两相抵后,该卡多向卢某某账户转账1,495,565元。基于徐某琼与卢某某之间的夫妻关系,徐某琼与吉品公司对此均未作合理说明。其次,徐某琼陈述其受聘在吉品公司进行管理,由吉品公司支付工资,还陈述尾号1828招商银行卡为其个人工资卡,2017年至2018年吉品公司存在亏损,其间未进行分红。但徐某琼尾号1828招商银行账户与其尾号1415工商银行账户存在频繁经济往来。且从吉品公司账户流水看,除2019年3月31日吉品公司向徐某琼尾号1828银行账户转账的4568元与徐某琼的工资金额相符外,2017年3月至9月吉品公司账户向徐某琼尾号1828银行账户共计转账115万元,徐某琼未能对此大额转账作出合理解释,按照常理,难以认定是吉品公司向徐某琼发放的工资。再次,徐某琼用登记在自己名下的车辆进行抵押贷款,并由吉品公司负责偿还贷款。最后,吉品公司用于日常经营的资金主要来自徐某琼、徐某云、公司财务人员洪某账户。上述事实可以认定,吉品公司在经营过程中,未将公司财产与徐某琼的个人财产进行严格区分,徐某琼利用其实际控制人身份,通过参与吉品公司的经营管理,在无正常交易的情况下,将公司资金转入徐某琼及其丈夫个人使用的账户,存在无偿使用公司资金的行为,吉品公司与徐某琼之间存在人格混同。

按照《公司法》(2018年)第20条第3款的规定,即使存在滥用行为,还需严重损害公司债权人利益,才能适用人格否认。损害债权人利益,主要是指滥用权利使公司财产不足以清偿公司债权人的债权。本案中,在无正常交易的情况下,徐某琼与其丈夫卢某某不当转走吉品公司现金财产,其行为造成吉品公司的财产减少,现吉品公司账户剩余资金及名下资产已不足以清偿本案借款,严重损害了公司债权人余某某的利益。综上所述,徐某琼作为吉品公司实际控制人,与吉品公司存在人格混同,且其滥用公司法人独立地位的行为严重损害了余某某的利益,对其应当参照适用《公司法》(2018年)第20条第3款的规定,判决徐某琼对涉案借款承担连带支付责任。

二审法院判决:(1)撤销一审判决;(2)确认吉品公司欠余某某借款本金130万元及利息;(3)徐某琼对本判决第二项所确认的债务承担连带偿还责任;(4)驳回余某某其余诉讼请求。

案例评析

吉品公司是一家典型的家族企业,公司所有的股东和高级管理人员之间都存在亲属关系,但他们只是挂名而已,未真正地管理公司,吉品公司完全由徐某琼全权负责,这种现象在实务中很常见。二审法院从三个方面认定徐某琼的实际控制人身份,一是吉品公司的股权从徐某琼转让给胞兄徐某云及母亲常某某时,未支付股权转让款,说明该股权转让只是走形式并不真实;二是徐某琼虽不在吉品公司担任职务,但仍然参与公司的决策和管理并享有决定权;三是徐某琼日常对外也一直以吉品公司的实际控制人身份自居,使外部人产生了合理信赖。徐某琼与吉品公司之间存在大量资金往来,且无法区分,达到了财产混同的程度,导致吉品公司无力清偿债务,故二审法院认为徐某琼滥用吉品公司独立法人地位,损害了债权人余某某利益,判令其对吉品公司债务承担连带清偿责任。

案例7－3

国电光伏有限公司诉国发节能环保发展集团有限公司等股东损害公司债权人利益责任纠纷案

江苏省高级人民法院(2019)苏民终1528号①

案情简介

上诉人(原审被告):国发节能环保发展集团有限公司(以下简称节能公司)

上诉人(原审被告):后勤公司

上诉人(原审被告):郭某某

被上诉人(原审原告):国电光伏有限公司(以下简称光伏公司)

原审第三人:科技公司

光伏公司向江苏省无锡市中级人民法院起诉主张:节能公司、后勤公司、郭某某与科技公司承担连带清偿责任,共同偿还科技公司拖欠光伏公司的应付款50,304,697.38元及相关利息。事实和理由:光伏公司与科技公司关于宝钢股份金太阳示范项目的工程款纠纷一案已由北京仲裁委于2016年5月30日作出裁决,科技公司向其支付工程欠款61,523,927.20元和相关利息。仲裁裁决生效后,光伏公司向北京市第二中级人民法院申请强制执行,但法院未发现科技公司存在有效财产可供执行,于是案件终本。经其调查发现,科技公司与其股

① 原判决书内容较长,引用时为突出重点,做了删减和提炼。一审案号:江苏省无锡市中级人民法院(2018)苏02民初78号。

东节能公司、后勤公司之间存在主要人员任职、业务范围、住所地、联络方式、对外宣传、实际办公地点、股权结构等多方面的交叉混同,郭某某实际控制前述三家公司。节能公司、后勤公司、郭某某作为合计持有华企公司100%股权的股东,存在滥用公司法人人格和股东有限责任的情况,恶意逃避债务,致使其对科技公司的债权至今未得到清偿。鉴于此,依据《公司法》(2018年)第20条第3款、《民法总则》第83条规定,要求科技公司的三股东节能公司、后勤公司、郭某某对科技公司的债务承担连带清偿责任。

一审法院查明事实:(1)科技公司结欠光伏公司债务情况。2017年10月11日,北京市第二中级人民法院作出(2016)京02执723号之二执行裁定书,载明:光伏公司执行债权为70,422,379.66元和利息;执行中科技公司和光伏公司达成和解并已履行2003万元,但债权剩余部分未履行;除该院扣划科技公司银行存款87,682.28元外,未查到其他可供执行的财产线索,现该执行案件已终本。(2)各公司持股情况。科技公司成立于2007年6月18日,2012年5月18日后,该公司注册资金1.6亿元,节能公司出资1.5亿元,持股93.75%;后勤公司出资970万元,持股约为6.06%;郭某某出资30万元,持股约为0.19%。该公司的营业范围为:销售机械电器设备、通信器材、电子元器件、环保设备、建筑材料……该公司在企业信用信息公示系统中公示的联系电话为010-6605××××,电子邮箱为guo×××@sina.com。据公示系统信息,该公司由韩某任执行董事、郭某某任经理、王某广任监事。

节能公司成立于2010年12月9日,2016年9月23日后,该公司注册资金1.6亿元,后勤公司出资15,950万元,持股约为99.69%;郭某某出资50万元,持股约为0.31%。该公司的营业范围为:销售机械设备、电子产品、计算机、通信设备、电子元器件……该公司在企业信用信息公示系统中公示的联系电话为010-6605××××。据公示系统信息,该公司由郭某某任董事长,韩某、王某广任副董事长。

后勤公司成立于2000年5月10日,2011年10月26日后,该公司注册资金2300万元,郭某某出资2250万元,持股约为97.83%;韩某出资50万元,持股约为2.17%。该公司营业范围为:建筑材料、装饰材料、机械设备、电气设备、电子计算机及配件……该公司在企业信用信息公示系统中公示的联系电话为010-6605××××,电子邮箱为guo×××@sina.com。据公示系统信息,该公司由郭某某任执行董事、经理,韩某为监事。

诉讼中,光伏公司申请一审法院调取节能公司、后勤公司、科技公司自2010年12月至2019年1月共同存续期间的全部财务账册及银行流水。该院调取了科技公司的5个银行账户的往来明细,其中光大银行账户显示科技公司与节能公司、后勤公司存在大量资金往来。

经质证,光伏公司认为,银行流水可充分证明科技公司与其股东的财务完全混同,具体为:(1)科技公司与股东之间存在大量、频繁、持续性资金往来。2011年至2018年,科技公司与其股东之间累计发生104笔资金往来,累计往来资金高达952,016,142元,资金用途仅标注为转账、汇兑业务或往来款(只有1笔标注为“借款”,2笔标注为“划资”)。(2)科技公司的收入被频繁、大额、任意转出给股东。从科技公司的银行流水看,该公司收入的主要来源是项目回款或与项目有关的财政补贴收入。一旦该公司获得相关收入,通常当天或者相隔几天就会被大部分转出给股东节能公司和后勤公司。(3)资金转入:节能公司、后勤公司也会向科技公司转入资金,用于公司日常经营支出,转入资金和相关支出金额基本持平。因科技公司一旦有项目收入即被转出,账户余额不多,如需要资金用于日常经营开支,股东会提前转入。(4)节能公司存在抽逃出资的行为,且情节严重,明显为实际控制人郭某某一手操作。节能公司于2012年入股、增资科技公司,分别为:2012年3月26日,节能公司增资入股1亿元;2012年5月18日,节能公司又增资5000万元;以上合计出资1.5亿元。上述两笔出资款由节能公司分别汇入科技公司在邮蓄银行入资专用账户和临时账户。结合科技公司在光大银行账户流水,上述两笔出资款,在科技公司后几天,分别于2012年3月31日、5月22日,由科技公司以“划资”名义转入上述光大银行账户,又再转出至国发联盟公司账户,而国发联盟公司的法定代表人为郭某某,股东及持股情况为节能公司持股99%、郭某某持股1%。以上充分说明郭某某通过操作将节能公司的出资款抽回。

节能公司、后勤公司、郭某某对上述一审法院调取的银行流水的真实性和合法性无异议,但认为银行流水反映的是企业间正常的经济往来,不能证明股东与科技公司混同;对验资报告的真实性有异议,且验资报告仅能反映当时的状况,鉴于企业经营中可能存在盈利或亏损,故验资报告不能反映企业的经济状况。科技公司同意上述三股东的质证意见。诉讼中,节能公司、后勤公司、科技公司提供各自的营业执照复印件及2017年、2018年、2019年的纳税申报信息,用以证明:三家公司住所地、法定代表人、注册资本、成立时间、营业期限、营业范围是不一样的,且三家公司各自向税务部门进行纳税申报,故三家公司分别为独立法人。

诉讼中,光伏公司申请对节能公司、后勤公司、科技公司自2010年12月至2019年1月共同存续期间的财务状况(尤其是独立性)进行专项审计。一审法院遂向节能公司、后勤公司、郭某某释明:科技公司与股东之间资金往来频繁且又无法说明往来性质,科技公司及其三股东有义务提供相应的财务账册以供审计。针对该问题,科技公司及其三股东坚持认为光伏公司提供的证据不足以证明科技公司与其三股东存在财务混同,光伏公司的举证责任仍未排除。

法院裁判

一审法院认为本案争议焦点为:节能公司、后勤公司、郭某某是否与科技公司存在人格混同情形,该科技公司的三股东应否对案涉债务承担相应责任。依据《公司法》(2018年)第20条规定,科技公司三股东对案涉债务承担连带责任的前提是该三股东有滥用法人独立地位和股东有限责任逃避债务的情形,现综合分析如下:

第一,节能公司、后勤公司与科技公司的住所地、联系方式、高级管理人员等存在混同或交叉的情形。上述三家公司的住所地均位于北京市西城区,在相应公示的三家公司的年度报告中载明的联系电话均为010－6605××××,且后勤公司与科技公司的电子邮箱均记载为guo×××@sina.com,说明上述三家公司在对外表示的联系方式上容易使人引起混淆。另外,三家公司在法定代表人、董事、监事、经理等高级管理人员职位上存在重合的情形。其中,郭某某担任科技公司的经理,节能公司的董事长、法定代表人,后勤公司的执行董事、经理以及法定代表人。韩某同时担任科技公司的执行董事、法定代表人,节能公司的副董事长,后勤公司的监事。王某光担任华企公司的监事以及节能公司的副董事长。

第二,在有初步证据怀疑科技公司股东有滥用法人独立地位逃避债务的情况下,科技公司的三股东以及科技公司均不配合财务审计,应承担举证不能的法律后果。认定公司人格与股东人格是否存在混同,最根本的判断标准是公司是否具有独立意志和独立利益,最主要的表现是公司的财务或者财产与股东的财务或者财产是否混同。本案中,光伏公司提供了相应的工商公示信息,初步证明科技公司及法人股东均由郭某某实际持股控制,并存在上述分析的第一点情形。在此情况下,光伏公司申请一审法院调取科技公司的银行流水,符合法律规定的申请法院调取证据的情形。通过查阅科技公司的银行流水,尤其是光大银行的账户反映,科技公司与节能公司、后勤公司之间往来频繁,主要是科技公司的款项大额流向节能公司、后勤公司,对该大额往来,科技公司及其三股东均无法明确往来性质。基于此,光伏公司申请就科技公司、节能公司和后勤公司的财务账册(尤其是独立性)进行审计,而对财务进行审计是最终判断科技公司与其三股东是否存在财务混同的最有效手段。但是,科技公司及其三股东在一审法院明确释明的情况下,未同意财务审计并配合提供财务账册,根据《民事诉讼证据规定》第75条以及《民事诉讼法司法解释》第112条之规定,应就此承担不利的法律后果。因此,依据现有证据,可认定节能公司、后勤公司与科技公司存在人格混同的情形。

第三,节能公司、后勤公司与科技公司系关联公司,郭某某应为上述公司的实际控制人。科技公司的控股股东为节能公司(持股93.75%),节能公司由后勤公司控股(持股99.69%),而后勤公司又由郭某某控股(持股97.83%),故郭某某以直接控股的方式控制后勤公司,又通过后勤公司以控股节能公司的方式实现对科技公司的控制。因此,各公司虽然表面上系独立的法人,但实际控制人均指向郭某某。郭某某作为科技公司、节能公司、后勤公司的实际控制人,对科技公司与节能公司、后勤公司之间不能明确性质的资金往来直至该三家公司的人格混同负有直接责任,对公司过度支配与控制,滥用控制权使三家公司财产边界不清、财务混同,丧失人格独立性,导致科技公司欠付光伏公司大额债务无法清偿,严重损害公司债权人利益,应对公司债务承担连带责任。

第四,科技公司的上述三股东的行为,导致科技公司对外结欠光伏公司的大额债务无法偿还,严重损害了光伏公司的合法权益,上述三股东应就此承担连带责任。

一审法院判决:(1)节能公司、后勤公司、郭某某对科技公司拖欠光伏公司的应付款50,304,697.38元及该款利息承担连带清偿责任;(2)驳回光伏公司的其他诉讼请求。

节能公司、后勤公司、郭某某不服一审判决，提出上诉，二审维持原判。

案例评析

节能公司、后勤公司、科技公司在人员、业务、财产上高度混同，是典型的关联公司人格混同表现形式。债权人在起诉时只有3家公司的工商登记信息，能证明它们的经营业务范围相同，法定代表人和董事高级管理人员混同，股权关系的最终控制人是郭某某。但债权人没有掌握3家公司财产混同的关键证据，于是向一审法院申请调取了3家公司自2010年12月至2019年1月共同存续期间的全部财务账册及银行流水，一审法院准许。法院调取了科技公司的5个银行账户的往来明细，其中的光大银行账户显示科技公司与节能公司、后勤公司存在大量资金往来。在已有银行流水证明3家公司存在一定的财产混同基础上，光伏公司还向法院申请对3家公司自2010年12月至2019年1月共同存续期间的财务账册（尤其是独立性）进行司法审计，一审法院同意，但3家公司拒不配合，故由3家公司承担拒不配合司法审计的不利后果。债权人要证明关联公司人格混同最重要的证据是财产混同，而财产混同最重要的、最直接的证据是银行资金往来，但债权人又很难掌握债务人的银行流水，通常只能借助法院的力量，申请调查取证。故本案的债权人的举证方法值得借鉴学习。

关于3家公司的实际控制人为郭某某的认定问题。首先，郭某某是3家公司股权的最终持有者，科技公司的股东分别为节能公司、后勤公司、郭某某，节能公司的股东分别为后勤公司、郭某某，后勤公司由郭某某控股97.83%，郭某某通过直接或者间接方式控制科技公司和节能公司；其次，郭某某在3家公司中担任核心职务，郭某某担任科技公司的经理，节能公司的董事长、法定代表人，后勤公司的执行董事、经理以及法定代表人。从公司的股权关系和所担任的职务来看，郭某某完全能够实际支配3家公司的意志。本案判令实际控制人郭某某要承担连带责任理由是，郭某某过度支配与控制公司，导致3家公司财产混同，科技公司拖欠的光伏公司的债务无法清偿。与前述相关案例裁判观点不同的是，实际控制人或者股东要对公司债务承担连带责任，至少要证明实际控制人或者股东与公司发生了财产混同，而本案中并没有证明郭某某与3家公司存在大量资金往来，法院还是判令其承担了连带责任，由此可看出不同法院对实际控制人的责任认定存在较大差异。

案例7-4

中国石化销售有限公司江西石油分公司诉佛山市南海能顺油品燃料有限公司等买卖合同纠纷案

最高人民法院(2019)最高法民终30号[①]

案情简介

上诉人(原审被告):佛山市南海能顺油品燃料有限公司(以下简称能顺公司)

上诉人(原审被告):杜敏某

上诉人(原审被告):杜觅某

上诉人(原审被告):何锦某

被上诉人(原审原告):中国石化销售有限公司江西石油分公司(以下简称中石化江西分公司)

原审被告:能盛公司

原审被告:能源公司

原审被告:隆泰公司

中石化江西分公司向江西省高级人民法院起诉请求:(1)确认解除与能盛公司签订的购销合同;(2)能盛公司返还中石化江西分公司货款本金共计75,472,113元,违约金4,528,326元;(3)能顺公司、能源公司、隆泰公司、杜敏某、杜觅某、何锦某对能盛公司的债务承担连带责任;(4)本案诉讼费用均由能盛公司等负担。

一审法院认定事实:2015年8月25日、9月25日,中石化江西分公司与能盛公司各签订了一份购销合同,约定能盛公司向中石化江西分公司供油。2015年9月7日、10月10日中石化江西分公司分别向能盛公司付款37,342,074元、38,130,039元,合计75,472,113元。能盛公司收到货款后,却没有供油。

---

① 原判决书内容较长,引用时为突出重点,做了删减和提炼。一审案号:江西省高级人民法院(2018)赣民初12号。

2016 年 1 月 1 日，能盛公司书面要求解除合同，愿意返还货款，2016 年 3 月 6 日，能盛公司向中石化江西分公司出具《关于延迟退回货款的函》，确认应退回货款 75,472,113 元，并同时由能源公司提供担保。2016 年 3 月 6 日，能源公司向中石化江西分公司出具《担保协议书》，明确表示愿为能盛公司的全部债务承担连带责任的担保。2016 年 4 月 13 日能顺公司、隆泰公司亦向中石化江西分公司出具了相同内容的《担保协议书》。

2016 年 4 月 8 日，杜敏某、杜觅某与中石化江西分公司就返还案涉货款进行协商，谈话录音证实，中石化江西分公司与杜敏某、杜觅某双方多次协商还款事宜，此次在能盛公司商谈，参加人员众多，内容涉及面广，谈话时间很长。

本案货款支付及能盛公司等账面资金往来情况。中石化江西分公司分两次共向能盛公司支付了 75,472,113 元货款，2015 年 9 月 7 日转款 37,342,074 元，2015 年 10 月 10 日转款 38,130,039 元。能盛公司及其他公司银行账户显示：2015 年 9 月 7 日，能盛公司转给了能源公司三笔各 900 万元共计 2700 万元，能源公司从其账户上转款给黄某某个人 3500 万元（2015 年 9 月 7 日 500 万元、2015 年 9 月 8 日两笔均为 1500 万元）、谭某某个人 265 万元（2015 年 9 月 10 日）；2015 年 10 月 10 日，能盛公司从其账户上转款给隆泰公司 1812 万（999 万元、813 万元）及能源公司 1899 万元（999 万元、900 万元）；能源公司从其账户上转款转给深圳市粤华融汇投资有限公司 1100 万元（2015 年 10 月 15 日）、何锦某个人 1601 万元（2015 年 10 月 15 日 600 万元、2015 年 10 月 19 日 1001 万元）、黄某某 200 万元（2015 年 10 月 15 日）、杜敏某 1537 万元（2015 年 10 月 15 日 800 万元、2015 年 10 月 19 日 737 万元）及其他个人、公司。

杜敏某、杜觅某与能源公司的借款合同及履行情况：2015 年 9 月 28 日杜敏某与能源公司签订一份《借款合同》，约定能源公司向杜敏某借款 1697 万元，期限为 2015 年 9 月 28 日至 10 月 27 日止。2015 年 9 月 29 日，杜敏某通过广发银行转账 897 万元、800 万元，2015 年 9 月 29 日，能源公司出具收据两张。能源公司于 2015 年 10 月 15 日、10 月 19 日分别归还了杜敏某 800 万元和 737 万元，杜敏某出具两张收据予以确认。

工商档案显示本案各公司成立时间、股东及高管变更情况如下：

能盛公司成立于 2001 年 1 月 22 日，原名南海市全盛燃料有限公司，于 2001 年 1 月申请设立；地址为佛山市南海区桂城街道简平路 1 号天安南海数码新城1栋701A室,电话622×××2;销售范围包括燃烧油;股东:2001年1月陈某某、廖某某——2001年8月8日变更为陈某某、杜敏某(持有90%股权)——2003年9月变更为陈某某、能顺公司(股东杜敏某、杜觅某)——2005年3月变更为广东泰山投资有限公司、能顺公司——2005年8月变更为何锦某持有10%股权、能顺公司持有90%股权——2012年3月变更为何锦某持有99%股权、高佳某持有1%股权——2014年变更为何锦某100%股权;法定代表人:陈某某——2004年3月变更为何锦某。董事会成员:何锦某、杜敏某、林某某。2005年杜敏某辞去董事,变更为杜觅某担任董事。

能顺公司成立于1999年4月28日,地址为佛山市南海区桂城街道简平路1号天安南海数码新城1栋701B室;主营项目为销售燃烧油等;股东杜敏某、杜觅某;法定代表人杜敏某,林某某任董事,康某某任监事。

能源公司成立于1991年4月26日,原名为广东省肇庆市能源交通发展总公司;地址为广东省肇庆市端州区星湖石牌东岸渠东侧肇庆市景湖培训中心综合楼一层101;股东:西江发电厂、广东泰山投资有限公司——2005年变更为西江发电厂、西江发电A厂——2007年7月20日变更为西江发电厂、吴某某(杜敏某妻子)、林某某、廖某辉、陈某某——2014年9月变更为西江发电厂、吴某某;经营范围能源交通建设项目开发;销售石油制品(含汽油、煤油、柴油)等。法定代表人廖某辉——2006年2月17日变更为陈某某——2016年3月21日变更为高佳某。2006年2月16日,免去陈某某监事职务,变更陈某恩任监事。2009年6月,邝某某为公司代办变更登记。

隆泰公司成立于2006年12月1日,注册资金600万元,股东吴某琳、吴某全,法定代表人吴某琳;经营范围包括燃料油。

中石化江西分公司于2018年4月11日向一审法院书面申请调查收集能盛公司、能顺公司、能源公司、隆泰公司与有关行政主管机关备案会计报表相一致的银行账户流水、财务账册、合同、票据等原始财务资料,杜敏某、杜觅某、何锦某与案涉股权转让相关的合同、契税发票等证明股权转让真实性的证据,能盛公司、能顺公司、隆泰公司、杜敏某、杜觅某、何锦某与案涉货款转移相关的基础交易真实存在的证据,能盛公司、何锦某经会计师事务所审计的各年度财务会计报告、银行账户流水等证明公司财产与股东相互独立的证据。法院经审查,中石化江西分公司的申请符合《民事诉讼法》第64条第2款和《民事诉讼法司法解释》第94条规定，予以准许。后仅能盛公司、能顺公司、何锦某提交了部分材料。经法院司法技术处对外委托华赣公司，初查回复认为，当事人提交的资料有限，根据现有材料显示上述公司疑似构成关联企业，但是否有人格混同、是否存在个人财产与公司财产混同等情形无法体现。因资料不足，之后未进入鉴定程序。

法院裁判

一审法院认为，能盛公司严重违约，应当解除购销合同，退还中石化江西分公司货款本金和相关利息，能顺公司、能源公司、隆泰公司提供担保，依法应承担担保责任。

本案争议焦点为：杜敏某、杜觅某、何锦某应否对能盛公司所欠中石化江西分公司的债务承担连带责任。

1. 关于杜敏某、杜觅某应否承担连带清偿责任的问题。基于以下三个方面的事实和证据，确信杜敏某、杜觅某系能盛公司实际控制人的事实具有高度可能性。一是何锦某受让能顺公司持有的能盛公司的股权的真实性存在疑问，杜敏某、杜觅某作为能顺公司的股东，实际控制能盛公司的事实具有高度可能性。能盛公司的股东及其股权经历了如下变化：2001年1月陈某某、廖某某——2001年8月8日变更为陈某某、杜敏某（持有90%股权）——2003年9月变更为陈某某、能顺公司（股东杜敏某、杜觅某）——2005年3月变更为广东泰山投资有限公司、能顺公司——2005年8月变更为何锦某持有10%股权、能顺公司持有90%股权——2012年3月变更为何锦某持有99%股权，高佳某持有1%股权——2014年变更为何锦某持有100%股权。根据法院准许调查收集证据申请通知书的要求，何锦某提供了一份《股权转让合同》、两份中国农业银行的客户收（付）款入账通知、一份税收缴款书来证明受让能盛公司股权的合法性。但《股权转让合同》签订日期为2012年3月1日，两份中国农业银行的客户收（付）款入账通知的日期是2015年10月19日，税收缴款书的日期是2014年10月10日，三组证据的日期相距甚久，无法相互印证，难以证明股权转让的真实性。杜敏某、杜觅某未按法院要求提供证明股权转让真实性的证据。能顺公司提供了一份《税收转账专用完税证》和一份《股权转让合同》，该两份证据无法形成完整的证据链证明股权转让的真实性。故何锦某受让能顺公司持有的能盛公司股权的真实性存在疑问。杜敏某、杜觅某作为能顺公司的股东,通过能盛公司的一人公司股东何锦某实际控制能盛公司的事实具有高度可能性。二是录音证据的证明。一审中,杜敏某、杜觅某提交的2016年4月8日杜敏某、杜觅某与中石化江西分公司就返还案涉货款的谈话录音记录显示,中石化江西分公司与杜敏某、杜觅某双方多次协商还款事宜,此次在能盛公司商谈,参加人员众多,内容涉及面广,谈话时间很长。可以证实双方自2016年2月起就还款事宜多次协商谈判。谈话录音记录的内容显示,杜敏某、杜觅某系能盛公司实际控制人的事实具有高度可能性。三是案涉货款中的1537万元间接流向杜敏某。法院要求能盛公司、能顺公司、隆泰公司、杜敏某、杜觅某、何锦某提交与案涉货款转移相关的基础交易真实存在的证据,能盛公司、能顺公司、何锦某提交的证据不足以证明与案涉货款转移相关的基础交易真实存在,而隆泰公司、杜敏某、杜觅某未按照要求提供证据,故应当承担举证不能的责任。既然无法证明与案涉货款转移相关的基础交易真实存在,那么杜敏某、杜觅某作为实际控制人将能盛公司收到的中石化江西分公司的巨额货款进行转移的行为,就是滥用公司法人独立地位和股东有限责任逃避债务的行为。《公司法》(2018年)第20条第3款的规定虽未明确实际控制人应当在同样情况下对公司债务承担连带责任,但实际控制人相当于股东的地位,如放纵逃避债务、严重损害公司债权人利益的实际控制人,将对法律的公平公正造成损害。故对实际控制人的上述行为,应当类推适用《公司法》(2018年)第20条第3款之规定。杜敏某、杜觅某作为能盛公司的实际控制人,由于其实施了滥用公司法人独立地位和股东有限责任,恶意转移货款,逃避债务,严重损害中石化江西分公司利益的行为,应当对能盛公司所欠中石化江西分公司的债务承担连带清偿责任。

2. 关于何锦某应否承担连带清偿责任的问题。根据《公司法》(2018年)第63条的规定,本案中能盛公司为一人公司,而何锦某为该一人公司的股东和法定代表人,其所举证据不足以证明公司财产独立于自己的个人财产,且案涉货款中的1601万元也间接流向何锦某个人。故何锦某应对能盛公司所欠中石化江西分公司的债务承担连带清偿责任。

一审法院判决:(1)解除购销合同,能盛公司返还中石化江西分公司货款本金75,472,113元及利息。(2)能顺公司、能源公司、隆泰公司对能盛公司所欠债务本金75,472,113元及利息承担连带清偿责任;承担了担保责任后,有权向能盛公司追偿。(3)何锦某、杜敏某、杜觅某对能盛公司所欠中石化江西分公司的债务本金75,472,113元及利息承担连带清偿责任。(4)驳回中石化江西分公司的其他诉讼请求。

杜敏某、杜觅某不服一审判决,向最高人民法院提出上诉,上诉请求:(1)撤销一审判决中杜敏某、杜觅某对能盛公司所欠中石化江西分公司的债务本金75,472,113元及利息承担连带清偿责任的判项,改判驳回中石化江西分公司对杜敏某、杜觅某的诉讼请求;(2)本案诉讼费用由中石化江西分公司承担。事实和理由:第一,原审判决认定事实错误。(1)《股权转让合同》与相关完税凭证及付款金额完全对应,足以证明《股权转让合同》的真实性。此外,何锦某提交的从工商档案中查询打印的《股权转让合同》,其内容、签订时间与能顺公司提供的《股权转让合同》内容完全一致,亦可印证股权转让的真实性。(2)中石化江西分公司提供的谈判录音光盘及其记录仅能证明杜敏某、杜觅某参与协商还款事宜,但没有任何部分能够体现其是能盛公司的实际控制人。(3)杜敏某与能源公司的借款资金往来与案涉货款无任何关联,案涉货款并未流向或间接流向杜敏某。其一,杜敏某已提交了借款合同、银行转账单、收据等证据,足以证明杜敏某与能源公司借款资金往来的真实性及合理性。其二,案涉货款并未流向或间接流向杜敏某。其三,能盛公司已经向原审法院提交了供货合同、货物购买发票、付款凭证等证据,足以证明能盛公司支出货款的合理性。第二,原审判决类推适用《公司法》(2018年)第20条第3款规定,适用法律错误。

最高人民法院认为,关于杜敏某、杜觅某应否对本案债务承担连带清偿责任的问题。首先,原审判决认定杜敏某、杜觅某是能盛公司的实际控制人有事实依据。理由如下:第一,原审中,何锦某虽提交了《股权转让合同》、客户收(付)款入账通知、税收缴款书等证据用以证明其受让并持有能盛公司股权的真实性。但是,根据华赣公司向原审法院出具的《情况说明函》,经该公司对何锦某提交的上述资料分析,《股权转让合同》是2012年签订的,而付款凭证是2015年入账的,虽然金额一致,但是入账通知单中摘要注明是往来款,款项未明确是股权入账,所以时间、用途不符不足以证明该款项用途。由此可见,在上述证据不足以充分证明上述股权转让真实发生的情形下,原审判决认定何锦某实际受让能顺公司持有的能盛公司股权的真实性存疑,杜敏某、杜觅某通过何锦某实际控制能盛公司的事实有高度可能性,并无不当。何锦某以上述《股权转让合同》系从工商管理部门取得为由主张该合同内容真实,理由不足,本院不予支持。第二,即便何锦某所主张的其受让能顺公司持有能盛公司股权以及其支付股权转让款的事实真实,但是如有证据足以证明能盛公司存在实际控制人以及实际控制人就是杜敏某、杜觅某,那么原审判决依据《公司法》(2018 年)第 216 条的规定,作出杜敏某、杜觅某是能盛公司实际控制人的认定,就符合法律规定。也即何锦某是能盛公司登记股东的事实与原审判决根据案件证据认定杜敏某、杜觅某是能盛公司的实际控制人并不矛盾。第三,根据能盛公司的工商登记资料,2001 年 8 月 8 日至 2003 年 9 月杜敏某系能盛公司持股 90% 的股东,2003 年 9 月至 2012 年 3 月,能顺公司成为能盛公司持股 90% 的股东,而能顺公司自 1999 年 4 月成立后其股东即是杜敏某、杜觅某。且虽然杜敏某于 2003 年 9 月之后不再是能盛公司的股东,但其与杜觅某仍先后担任能盛公司的董事或监事。可见,杜敏某、杜觅某自能盛公司设立后不久,即通过或自己成为该公司控股股东,或使股东是自己的能顺公司成为能盛公司的控股股东等方式,长期实际控制、支配能盛公司。第四,自 2012 年 3 月起,能顺公司已不是能盛公司的股东,然而,原审中中石化江西分公司提交的录音证据显示,本案纠纷发生后,为向能盛公司追索案涉货款,中石化江西分公司多次与杜敏某、杜觅某协商具体还款事宜,表明杜敏某、杜觅某对能盛公司的债权债务具有实际的决定与支配权。第五,从本案货款支付后的资金流向情况看,能盛公司收到中石化江西分公司支付的货款后,将部分款项转付给能源公司、隆泰公司,能源公司又将部分款项转付给杜敏某、何锦某等人。上述转款中,关于能盛公司分别向能源公司、隆泰公司转款的问题,能盛公司主张上述款项系其向能源公司、隆泰公司支付的购买燃料油的货款,能盛公司还提交了银行客户回单、交易明细查询、供货合同及增值税发票等四组证据,用以证明其主张。能盛公司提交的银行客户回单中,付款人为中石化江西分公司、收款人为能盛公司的回单上注明"付燃料油款清账",而付款人为能盛公司、收款人为能源公司的回单上未注明转款用途。故上述付款人为能盛公司、收款人为能源公司的银行客户回单不能证明能盛公司向能源公司支付的款项系购买燃料油的货款。同时,由于能盛公司未能提交供货合同实际履行所涉的货物交付凭证,因此,结合能源公司的股东吴某某系杜敏某的妻子、隆泰公司的股东吴某琳系吴某某的妹妹、吴某全系吴某某的父亲等事实,原审判决认定能盛公司提交的证据不足以证明案涉货款支付的基础交易真实，并无不当。关于能源公司向杜敏某支付的1537万元，杜敏某虽提交了其与能源公司之间的《借款合同》、银行转账凭证及能源公司出具的收据等证据，用以证明杜敏某与能源公司之间存在借款关系，能源公司向杜敏某支付的1537万元系归还借款。但是，上述证据中，一是《借款合同》项下的金额是1697万元，与上述转款金额不一致；二是转款凭证中的交易摘要均注明系转账支出与转账存入，两份收据中亦均注明系转入款项，即转账凭证及收据只能表明双方有资金往来而不能证明所涉款项系杜敏某主张的案涉借款。结合能源公司的股东吴某某与杜敏某系夫妻关系的事实，本院认为，杜敏某提交的证据不能充分证明其上述主张。由此，原审判决综合上述情形，认定杜敏某、杜觅某系能盛公司实际控制人的事实具有高度可能性，并无不当。其次，杜敏某、杜觅某作为能盛公司的实际控制人，将能盛公司收取的中石化江西分公司的款项在无充足合理原因的情况下，转付给与其有关联关系的能源公司、隆泰公司及其个人之后，使能盛公司在不能履行与中石化江西分公司签订的购销合同的情况下，亦无能力及时退还其所收取的中石化江西分公司的购货款，从而严重损害了中石化江西分公司的利益。因此，原审判决类推适用《公司法》(2018年)第20条第3款之规定，认定杜敏某、杜觅某应当对能盛公司所负的本案债务承担连带责任，并无不当。

最高人民法院判决：驳回上诉，维持原判。

案例评析

本案主要争议点是认定杜敏某、杜觅某是否为能盛公司的实际控制人。能顺公司的股东是杜敏某、杜觅某，2012年前能顺公司控制了能盛公司90%的股权，即能盛公司可视为处于杜敏某、杜觅某的实际控制之下。2012年能顺公司将能盛公司90%股权转给何锦某后，该公司实际控制人是否发生了变更？这是双方最核心的争议点。为此，杜敏某、杜觅某提供了股权转让合同、税收缴款书、股权转让款支付凭证，来证明2012年以后何锦某成了能盛公司的唯一股东，他们不再控制能盛公司，但是一审法院和二审法院都对本次股权转让的真实性存疑，原因是能盛公司股权转让发生在2012年，但税收缴款书是2014年的，股权转让款支付凭证显示是2015年支付的，且该转款凭证备注的是往来款。尽管对能盛公司股权转让表示高度怀疑，但还不能直接认定杜敏某、杜觅某在2012年以后仍是能盛公司的实际控制人。另有三个重要事实:一是2016年中石化江西分公司多次与杜敏某、杜觅某在商议能盛公司还款的事情,虽然具体的录音内容判决书未公开,但一审法院和二审法院都认为可看出杜敏某、杜觅某对能盛公司具有实际控制力;二是中石化江西分公司转给能盛公司的货款,都转入了与杜敏某、杜觅某具有关联关系的能源公司、隆泰公司,虽然杜敏某、杜觅某抗辩认为相关款项是买卖燃料油款项,并提交合同、发票等证据,但法院认为未提交货物交付凭证,故对货物买卖关系的真实性不认可;三是能源公司与杜敏某之间存在大额资金往来,杜敏某、杜觅某虽提出是借款合同关系,但金额对不上,且能源公司股东吴某某与杜敏某系夫妻关系,法院对该借款真实性不予认可。

综合来看,能直接证明杜敏某、杜觅某为能盛公司的实际控制人的证据是中石化江西分公司与杜敏某、杜觅某关于协商能盛公司退款事宜的谈话录音,一审法院对该录音证据的评价是“杜敏某、杜觅某系能盛公司实际控制人的事实具有高度可能性”,其余证据都只能起到间接证明的作用。2012年能盛公司股权转给何锦某后,虽表面上掐断了杜敏某、杜觅某与能盛公司的关系,但结合2016年杜敏某、杜觅某代表能盛公司与中石化江西分公司解决债务问题,以及能盛公司资金的最终流向等事实,法院最终推定能盛公司的实际控制人仍是杜敏某、杜觅某。此外,本案判决书尚有许多细节未予披露:其一,2012年能盛公司股权转让合同中关于股权转让款金额和支付时间的内容,如果转让款是一个整数,那么当事人事后补交一张其他用途的转款凭证可能性很大,但如果转让款不是整数,当事人事后补交一张金额相同的转账凭证可能性则很小,2015年才支付股权转让款是否合理要看合同约定和当事人的解释。其二,关于2016年的通话录音,法官并未阐明具体哪部分谈话内容使其内心相信杜敏某、杜觅某对能盛公司发挥着控制作用。其三,能源公司与股东吴某某、杜敏某之间的所有资金往来情况不清楚,而判决书只是提到了能源公司给杜敏某转款800万元和737万元。

从本案可看出,在没有直接或者间接的股权控制关系的情况下,将其他人认定为公司实际控制人的难度相当大。需要依靠大量其他的间接事实综合判断,而这些事实有赖于双方当事人举证,到底举证到何种程度才能让法官产生内心确信,只能结合不同案件的具体情况讨论。试想,如果本案缺乏2016年的谈话录音这一关键证据,法官还会认定杜敏某、杜觅某是能盛公司的实际控制人吗?

CHAPTER 08

第 八 章

资本显著不足与公司人格否认

最高人民法院在《九民纪要》中将资本显著不足列为“刺破公司面纱”的三种情形之一,但同时也指出资本显著不足的判断标准有很大的模糊性,在适用时要十分谨慎。通过阅读相关文献和判例发现,关于资本显著不足的理解与适用在理论界和实务界均有较大争议,甚至还有存废之争[①]。例如,河南省漯河市中级人民法院在“吕某诉谷某某、黄某某等民间借贷纠纷案”[②]中认为,鑫海房地产公司注册资本 200 万元(虚假注册资本 800 万元)违反国务院关于固定资产投资的资本金要求,该公司近百倍的杠杆比例投资,属于经营资本显著不足。也有不认可资本显著不足“刺破公司面纱”的,如上海市第一中级人民法院在“上海程峰建设工程有限公司诉与上海凯瑟薇庭实业有限公司等装饰装修合同纠纷案”[③]中认为,就注册资本而言,公司采取“以小博大”的方式进行经营并不违法。那么,资本显著不足能否作为“刺破公司面纱”的理由,若能,其合理性又何在? 本章将详细分析。

---

① 参见陈群峰:《“资本显著不足”情形下公司法人格否认制度完善研究》,载《法学杂志》2020 年第 11 期;张素华、吴亦伟:《资本显著不足不应适用于公司法人人格否认》,载《中南大学学报(社会科学版)》2018 年第 1 期。

② 河南省漯河市中级人民法院民事判决书,(2017)豫 11 民终 828 号。

③ 上海市第一中级人民法院民事判决书,(2019)沪 01 民终 15745 号。

第一节　资本显著不足的法理

股东的有限责任是股东向公司出资，转移资产所有权后，通过受让股权而获得的。公司则利用股东的出资，自行管理、独立运作、创造利润。股东取得与其出资相对应的股权，根据“资本多数决”参与公司经营管理，获取公司经营的收益。公司资本实际成了公司独立人格与股东有限责任的连接点。股东通过让渡出资所有权而获得有限责任的保护，其实质是将公司破产的风险转嫁给外部债权人。外部债权人所面临的债务人破产风险，就应当通过商业活动所带来的收益抵偿。这里的风险与收益极难进行精确的定量分析，法律只能在确定有限责任具有正当性的基础上，尽可能地限定风险的阈值范围。

在我国施行的公司资本认缴制下，如果允许股东不顾经营风险，任性地设置不合理的资本额和出资期限，会不正当地放大公司破产的风险，让债权人承担额外的负外部性，并且这种负外部性难以通过商业活动带来的收益获得补偿，与此相对股东却能获得巨大收益，导致出现股东与债权人利益严重失衡，因而通过以资本显著不足规制股东滥用认缴出资制度，具有很强的现实意义与合理性。

理论上也有观点认为，公司的注册资本是公示的，与非自愿性债权人不同，自愿性债权人在与公司交易时被推定为知晓该信息，并可以基于该信息自行决定是放弃交易，抑或采取提高利率、索取其他担保、提高交易价格等措施来补偿资本显著不足带来的风险。所以，自愿性债权人在一定程度上系“自愿”承担资本显著不足的商业风险，不应当受到资本显著不足规则的保护。如在“广州市增城冠希织布厂诉广州市越优纺织服装有限公司等买卖合同纠纷案”①中，法院便以合同债权人“在与对方公司交易前也会尽到必要的注意义务，从审查交易对象的注册资本、经营能力及公司信誉”为一项理由，驳回了原告的诉求。随着公司信息公示制度的不断完善，该理由的说服力将会得到进一步的增强。

国外有学者认为，根据现实的商业实践显示，并非全部的自愿性债权人都

---

① 广东省广州市中级人民法院民事判决书，(2016)粤01民终1517号。

能在事前知晓交易对手的资本显著不足风险,这确实也符合实际。根据合同标的、存续期限的不同,公司的合同债权人可被划分为“大型谈判交易者”(large negotiated transaction)和“小型短期债权人”(small short-term transaction)两类。[①] 后者的典型代表是“小型供货商”和“零散顾客”等。尽管由于信息披露制度的存在,公司财务信息的获取成本已经大幅下降,然而由于会计信息本身的复杂性和专业性,债权人仍需付出相当成本(如聘请会计师或者审计师)方能明确公司的偿债能力。因此,小型短期债权人往往因为合同规模太小、不值得花费信息成本等原因,未曾在事前调查了解公司的财务状况。与大型谈判交易者(如商业银行)不同,小型短期债权人、雇员等合同债权人处于与公司相对方的“协商弱势地位”。由于事实上的经济不平等,弱势债权人极难与公司进行“相近市场”(act arms length)交易,更遑论提升交易价格、要求公司甚至股东提供担保。因此,由于“非自愿合同债权人”的现实存在,要求法院排除资本显著不足规则对全体合同债权人之适用观点,难谓妥当。

我国有学者也注意到自愿债权人和非自愿债权人在适用资本显著不足时存在的巨大差异,认为原则上自愿债权人不能适用资本显著不足规则,“以小博大”的负外部性已经被市场所消化并转换为内部成本,被包含到公司与自愿债权人的交易成本之中。但同时也提出,在自愿性债权人中还存在“自愿”性不强的债权人,此时可以适用资本显著不足规则,更好地保护其权益,主要类型包括:股东提供了虚假的资本信息或者资产信息欺诈债权人的;劳动合同之债;公司的资本状况不满足法律、行政法规或监管部门之监管规定的。对于非自愿债权人,资本显著不足可以是刺破公司面纱的唯一因素。[②]

鉴于此,从理论来看,一种更为恰当的处理方式是:在个案中,在个别性地检视自愿债权人的信息成本、谈判地位的基础上,判断自愿债权人所承担的相对方公司资本不足的风险是否被交易成本所覆盖,以此来考虑资本显著不足规则能否适用于本案。

---

① See Frank H. Easterbrook, Daniel R. Fischel, *Lmited Lability and the Corporation*, 52U. Chi. L. Rev. 89, 113 (1985). 转引自楼秋然:《资本显著不足规则的法理基础与司法适用》,载《南大法学》2020 年第 4 期。

② 参见朱慈蕴、梁泽宇:《“资本显著不足”的适用与研判:理论、实证与规则》,载《法学评论》2021 年第 3 期。

第二节　资本显著不足中的“资本”含义

法院在适用资本显著不足规则时，首先需要回答如何理解该规则中“资本”的概念。在我国公司法上，公司资本是一个比较复杂的概念，其包含注册资本金、资本公积金、法定公积金。注册资本金可再分为股东认缴资本和公司实收资本，那么资本显著不足中的“资本”，到底是指哪一种？

一、公司的初始注册资本金

传统的“公司资本三原则”认为，注册资本金是公司独立主体资格的外观要件之一，是公司经营活动的物质基础和信誉的实质担保。受此观点影响，我国法院也习惯从初始出资判断公司的资本是否充足。

案例 8 – 1

广州市瑞唯斯电声电器有限公司诉中山市快达电子有限公司等买卖合同纠纷案

广东省中山市第一人民法院（2019）粤 2071 民初 28998 号①

案情简介

原告：广州市瑞唯斯电声电器有限公司（以下简称瑞唯斯公司）

被告：中山市快达电子有限公司（以下简称快达公司）

被告：刘某某

被告：张某某

瑞唯斯公司向法院提出诉讼请求：判令快达公司和刘某某、张某某共同支付货款 503,227.57 元和利息。事实和理由：自 2013 年开始，快达公司向瑞唯斯公司购买各式型号喇叭配件。从 2019 年 4 月开始，快达公司拖欠瑞唯斯公司

① 原判决书内容较长，引用时为突出重点，做了删减和提炼。

货款合计503,227.57元。瑞唯斯公司多次催款未果。刘某某明知快达公司已经没有偿付能力,还骗取瑞唯斯公司的信任继续给快达公司供货,并且刘某某一再承诺会付清货款。但同年11月之后,瑞唯斯公司微信与刘某某联系后不再回复,刘某某作为快达公司的法定代表人与张某某均系公司股东,在公司债务未予清偿的情况下突然停业并处于失联状态,被告的行为属于公司股东滥用公司法人独立地位和股东有限责任,逃避债务,已严重损害公司债权人利益,依据《公司法》(2018年)第20条第3款的规定,被告刘某某、张某某应对货款承担连带清偿责任。

快达公司辩称,对瑞唯斯公司主张的货款金额无异议,但已向中山市第一人民法院申请破产清算,瑞唯斯公司应向破产管理人申报债权,本案应中止诉讼,待破产清算程序终结后再恢复审理。

刘某某、张某某辩称,已完成全部出资义务,无须对公司债务承担清偿责任。

法院认定事实:瑞唯斯公司与快达公司素有业务往来,瑞唯斯公司向快达公司提供各式型号的喇叭配件。快达公司从2019年4月开始拖欠瑞唯斯公司货款。快达公司拖欠瑞唯斯公司2019年4月至11月货款合计503,227.57元。为证明其已全面履行出资义务,刘某某、张某某向法院提交验资报告及投入资本明细表各一份。验资报告显示,经中山香山会计师事务所审验,截至2002年8月12日快达公司已收到股东投入的资本50万元,出资率100%,其中货币资金50万元。明细表显示截至2002年8月12日,快达公司的出资者分别为何某、刘某,注册资本分别为45万元、5万元,投入资本分别为货币资金45万元、5万元。

另查明:快达公司成立于2002年9月12日,企业类型为有限责任公司,经营范围为生产、销售扬声器、音箱、五金配件,销售家用电器、电子开关,注册资本50万元。快达公司原股东何某、刘某已于2002年8月12日完成实缴出资,公司股东经多次变更后为刘某某、张某某。

2019年11月20日,快达公司向法院申请破产清算,根据经审计的财务报告,快达公司资产为20万元,负债260万元,资产负债率1300%,已属资不抵债。

法院裁判

法院认为,快达公司对与瑞唯斯公司之间的交易关系及尚欠货款金额均没有异议,对此予以确认。瑞唯斯公司已向快达公司提供货物,虽双方没有约定付款时间,但在瑞唯斯公司多次催促快达公司付款的情况下,快达公司应按时足额支付货款。关于刘某某、张某某是否应对公司债务承担连带责任的问题:首先,公司人格独立和股东有限责任是公司法的基本原则,只有例外情形,才需要否认法人人格。其次,根据工商登记资料显示,快达公司成立于2002年,刘某某与张某某作为股东,已履行出资义务,而快达公司至2019年11月才以其现有资产20万元、负债260万元,已属资不抵债为由申请破产清算。由于快达公司未进入破产程序,无法确定其资产金额及负债金额的真实性。而即使快达公司的资本数额与负债数额相差甚大,但快达公司是在正常经营了近二十年后才申请破产的,结合公司的成立时间、股东的实缴出资时间、负债时长、经营范围及市场环境等因素考虑,若要求公司股东在经营中随时根据负债情况而增加资本,会增加股东的投资风险,也不利于保证公司的运营效率,亦违背公司独立人格原则。因此,本案证据亦不足以证明快达公司的资本数额与公司经营所隐含的风险相比存在明显不匹配,从而不能认定刘某某与张某某存在利用对公司的控制管理造成公司资本显著不足的行为。再者,本案快达公司对瑞唯斯公司的债务属于公司正常经营中产生的债务,不符合利用公司形式规避本应由个人承担的法律义务和合同义务的情形。因此,对于瑞唯斯公司要求刘某某、张某某对公司债务承担连带清偿责任的诉讼请求,不予支持。

法院判决如下:(1)快达公司向瑞唯斯公司给付货款503,227.57元并赔偿逾期付款利息损失。(2)驳回瑞唯斯公司的其他诉讼请求。

案例评析

快达公司成立于2002年,于2019年向法院申请破产,其存续了17年,已远高于全国民营企业的平均寿命①,可以说是一家"长寿"企业。快达公司负债总额虽是注册资本金的5倍有余,但法院综合考虑股东的初始出资、公司的经营期限、市场环境、业务范围等因素,认为快达公司不存在注册资本金与经营所隐含的风险完全不匹配的情形。笔者认为,单纯地以公司负债总额与股东出资数

① 据统计我国民营企业的平均寿命仅有3~5年,60%以上的企业在创办后不到5年便归于破产。参见唐玮、崔也光:《民营企业生命周期与R&D投入》,载《财会月刊(理论版)》2015年第12期。

额进行比较,来判断股东是否存在滥用公司制度的恶意,确实片面,如同本案法院还考虑了其他诸多因素。况且客观来讲,公司的偿债能力也不能依靠注册资本金来保障,即便注册资本金在公司设立时充足且实缴,但随着公司的经营发展变化,注册资本金必定会发生增加或者减少。若债权人仅盯着公司的注册资本金就以为能保障债权实现,无异于"刻舟求剑"。

注册资本金虽然无法彰显公司的真实偿债能力,但能表示股东承担有限责任的上限以及公司实收资本金的情况。如果公司股东抽逃出资,则意味着股东对公司债权人实施了资本金的欺诈,让债权人误以为公司具备充足的资本金,且愿意与公司发生交易。我国公司法未将抽逃出资纳入人格否认制度的适用范围。但在司法实践中,原告以被告股东抽逃出资为由,请求否认公司人格的案件并不少见,例如"贵州众力佳诚商贸股份有限公司诉贵州毕节大众房地产开发有限责任公司等买卖合同纠纷案"[①],贵州省高级人民法院的观点是,股东出资不实和抽逃出资对公司债权人系承担补充责任而非连带责任。不过,实务中也有个别法官将抽逃出资视为股东滥用公司法人独立地位的行为。[②]

《公司法司法解释(三)》只是规定抽逃出资的股东对公司承担资本填补责任,对公司债权人承担补充清偿责任。不少学者建议将股东抽逃出资行为纳入公司人格否认的规制情形[③]。首先,抽逃出资动摇了公司资本维持原则,严重有损公司债权人利益。公司法虽然禁止抽逃出资,但缺乏惩罚机制,导致抽逃出资行为没有违法成本可言,这也是为什么抽逃出资屡禁不止的原因。其次,抽逃出资与未出资、出资不足导致的结果相同,即公司资本受到侵蚀,但行为性质却有本质区别。严格意义上讲,未出资、出资不足是一种违约行为,即股东未全面、充足履行出资义务,容易被发现,且还会受到其他方面的制约,如表决权受限、利润分配请求权受限等。但抽逃出资却是一种侵权行为,会直接掏空公司

---

① 贵州省高级人民法院民事判决书,(2020)黔民终1125号。其他相同裁判观点的案例有:广东省深圳市中级人民法院民事判决书,(2016)粤03民终18369号;安徽省高级人民法院民事判决书,(2018)皖民终179号。

② 例如,陕西省宝鸡市金台区人民法院民事判决书,(2019)陕0303民初2096号;上海市宝山区人民法院民事判决书,(2009)宝民二(商)初字第1347号;上海市普陀区人民法院民事判决书,(2009)普民二(商)重字第4号。

③ 参见侯永兰:《论公司人格否认制度适用情形标准化及路径选择》,载《法学评论》2022年第1期;刘燕:《重构"禁止抽逃出资"规则的公司法理基础》,载《中国法学》2015年第4期;甘培忠、徐可:《认缴制下的资本违法责任及其困境——以财产混同为视角》,载《北京大学学报(哲学社会科学版)》2015年第6期。

的资本金,行为更具有隐蔽性,不易被察觉,故抽逃出资的主观恶性更大,法律后果应当更重。因此,将股东抽逃出资纳入公司人格否认制度下,使之与未出资、出资不足行为相区分,对主观状态不同的行为规定不同层次责任追究机制,更有利于实现公平公正。据了解,抽逃出资亦是美国“刺破公司面纱”的适用情形之一,美国在公司成立后股东抽逃资金的案件中,78.8%的案件被“刺破公司面纱”。①

关于股东对公司初始的实际出资是否能与公司的经营风险相匹配,虽不要求股东对公司财务健康承担“持续性”的担保,但应保证初始出资的真实有效,禁止股东抽逃出资。这种关于“资本”理解的司法态度有其深厚的合理性基础:第一,契合有限责任精神。公司由无限责任向有限责任的转变关键在于股东向公司投入充足的“风险资本”来换取股东个人的有限责任保护。一旦股东履行完毕出资义务,法律便不得要求其再行对所认购的股本以外的公司损失承担责任。第二,为了实现经济民主的政策目标。有限责任在西方确立的最初使命是鼓励个人投资兴业,繁荣市场经济,如果扩大引入资本显著不足规则,要求资金本就有限的个人承担持续性的出资责任,会大幅减弱有限责任对个人和小企业的激励作用,与有限责任制度的初心背道而驰。

二、公司的实收资本金

在注册资本认缴制下,股东的认缴出资自治权允许股东在公司设立时零投资,于是实务中不少投资人为装点门面,认缴巨额注册资本金,而没有打算真正的实缴,于是造成大量公司在设立后无实收资本。一家公司的资金来源无外乎股东的投入(表现为注册资本金或者资本公积金)和对外负债,如果公司没有收到股东的资本金,只能举债发展,这类公司一开始就会背负很多经营性负债,如收取的客户定金,拖欠的供应商的货款等,其现金流非常脆弱,一旦某个交易环节的资金链断裂或者严重延误,债权人就会面临极大的交易风险。这就是认缴出资与公司债权人利益保护的逻辑关系。

为了缓和公司资本认缴制与债权人利益保护之间的冲突,《九民纪要》第6

① 参见马齐林:《美国法院“刺破公司面纱”考量因素之实证研究及其对我国的启示》,载《法治研究》2013年第6期。

条规定:“在注册资本认缴制下,股东依法享有期限利益。债权人以公司不能清偿到期债务为由,请求未届出资期限的股东在未出资范围内对公司不能清偿的债务承担补充赔偿责任的,人民法院不予支持。但是,下列情形除外:(1)公司作为被执行人的案件,人民法院穷尽执行措施无财产可供执行,已具备破产原因,但不申请破产的;(2)在公司债务产生后,公司股东(大)会决议或以其他方式延长股东出资期限的。”在此之前,实践中很多法院坚持股东出资期限利益绝对保护的裁判观点,只有符合法律明文规定的情形时才能适用股东提前缴纳出资。[①]《九民纪要》发布后,法院对股东提前缴纳出资的指导观点开始谨慎适用。

在平衡股东出资自由与债权人利益保护的方式上,除选择股东提前缴纳出资外,也有部分法院选择“刺破公司面纱”,认为公司没有任何实收资本金即开展经营活动,在公司负债时,股东仍不出资充实公司资本金,属于滥用公司认缴制和有限责任。笔者认为,相比股东提前缴纳出资,就“认而不缴”而言,根据个案适当地刺破公司面纱有以下几点可取之处:其一,资本显著不足虽容易与正常商业活动中的“以小博大”相混淆,但与公司无任何实收资本金的“以零博大”有显著区别,法律允许“以小博大”的商业冒险,而禁止“空手套白狼”的投机行为。股东能从“空壳公司”中受益,享受到有限责任的保护,但“受伤”的必定是债权人。对于那些滥用认缴制的股东来说,仅判令其提前缴纳出资,承担的只是一种合同义务,并无任何惩罚作用,相比而言,采取“刺破公司面纱”的方式才能与整个公司法评价体系更加相符。其二,在股东出资加速到期制度中,股东承担的是公司不能清偿到期债务的补充赔偿责任,而“公司不能清偿到期债务”的前提条件则需要债权人举证证明。实务中的惯常做法是,债权人申请强制执行债务人“终本”后,再依据《变更、追加规定》第 17 条的规定申请追加股东为被执行人,若股东不服追加为被执行人的裁定,还可提起执行异议之诉进行救济,其程序复杂、效率低下。若能直接“刺破公司面纱”,判令股东承担连带责任,则更有利于从实体和程序上保障债权人的利益[②]。其三,通过申请公司破产要求股东提前缴纳出

---

① 例如,上海市高级人民法院民事判决书,(2019)沪民终 112 号;浙江省高级人民法院民事裁定书,(2017)浙民申 1110 号;四川省高级人民法院民事裁定书,(2018)川民申 3304 号;江苏省镇江市中级人民法院民事判决书,(2018)苏 11 民终 3073 号。

② 参见梁上上:《未出资股东对公司债权人的补充赔偿责任》,载《中外法学》2015 年第 3 期;郭富青:《论公司债权人对未出资股东及利害关系人的求偿权》,载《北方法学》2016 年第 4 期。

资并非板上钉钉。从司法现状来看，债权人能否启动公司的破产程序是一个未知数，除了个别地方政府干涉外，有些法院甚至会直接统一不受理该类案件[①]，即使真的启动了破产程序，破产债权受偿率也较低。因此，笔者赞同法院根据具体案情适当地在个案中对股东“认而不缴”的公司适用“刺破公司面纱”制度。

因认缴制在实务中被滥用的现象非常普遍，《公司法》(2023 年)对认缴制下股东享有的自由出资权进行了全面的限制。《公司法》(2023 年)第 47 条规定有限责任公司注册资本要在公司成立后 5 年内实缴完毕。《公司法》(2023 年)第 54 条规定：“公司不能清偿到期债务的，公司或者已到期债权的债权人有权要求已认缴出资但未届出资期限的股东提前缴纳出资。”该条肯定了公司债权人请求股东提前缴纳出资的权利。从实现债权的目的出发，债权人在起诉债务人时，若债务人的注册资本金还未实缴，能证明其不能清偿其债务(比如已有“终本”的裁定书)，则可一并起诉债务人股东主张提前缴纳出资。《公司法》(2023 年)实施后，债权人以债务人股东滥用认缴制主张否认公司人格的情形与空间，将会越来越少，但这并不妨碍我们从理论上进行探讨。

案例 8－2

钟某某诉广州市昊凌建筑工程有限公司等装饰装修合同纠纷案

广东省广州市中级人民法院(2020)粤 01 民终 7959 号[②]

案情简介

上诉人(原审被告)：广州昊凌建筑工程有限公司(以下简称昊凌公司)

上诉人(原审被告)：王某某

上诉人(原审被告)：张某

被上诉人(原审原告)：钟某某

钟某某向广州市增城区人民法院起诉请求：(1)解除钟某某与昊凌公司签

① 笔者在四川省某人民法院，就遇到过这种情况。法院认为如果公司股东未实缴出资而公司名下又无其他资产，债权人应当单独追究股东的出资责任，而不是申请破产清算，理由是申请这类公司破产清是浪费社会资源。

② 原判决书内容较长，引用时为突出重点，做了删减和提炼。一审案号：广东省广州市增城区人民法院(2019)粤 0118 民初 6042 号。

订的《装修合同书》《补充协议》;(2)昊凌公司返还钟某某工程款24万元,赔偿损失1万元;(3)王某某、张某在未出资本息范围内对昊凌公司上述债务不能清偿部分承担补充赔偿责任;(4)被告承担本案诉讼费。

一审法院查明:2018年1月17日钟某某与昊凌公司签订《装修合同书》,约定由昊凌公司承包钟某某的家庭居室装饰装修工程,总工程价款48万元,施工方案见施工图。2018年1月30日,昊凌公司出具《收据》确认收到合同款20万元,同年4月26日昊凌公司收到合同款4万元。因昊凌公司未能完成工作进展,2018年11月26日钟某某与昊凌公司签订《补充协议》,约定昊凌公司如在2019年1月31日内仍没有将工程项目完成并交付使用,则昊凌公司在交付日期后10天内应退还预付款并赔偿1万元各项损失。

另查明,昊凌公司成立于2017年4月1日,注册资本是2000万元,股东是王某某、张某,认缴出资时间是2036年12月31日,实缴出资额为0元。

法院裁判

一审法院认为,昊凌公司至今未按该约定完成涉案工程并交付给钟某某使用,其行为已经构成违约,并导致钟某某的合同目的无法实现,因此,钟某某请求解除其双方签订的《装修合同书》及《补充协议》,予以准许。钟某某请求昊凌公司退还工程款24万元及赔偿1万元损失,理据充分,予以支持。根据《公司法司法解释(三)》第13条第2款规定,本案中,王某某、张某对昊凌公司未实缴出资,因此钟某某请求王某某、张某在未出资本息范围内对昊凌公司的上述债务不能清偿部分承担补充赔偿责任,理据充分,一审法院予以支持。

一审法院判决:(1)解除钟某某与昊凌公司签订的《装修合同书》及《补充协议》;(2)昊凌公司退还24万元工程款给钟某某;(3)昊凌公司赔偿钟某某损失1万元;(4)王某某、张某在未出资本息范围内对昊凌公司的上述债务不能清偿部分承担补充赔偿责任;(5)驳回钟某某的其他诉讼请求。

昊凌公司、王某某、张某不服一审判决,上诉称昊凌公司在工商注册时对注册资本选择的是认缴,并且认缴期间到2036年12月31日。王某某、张某在2036年12月31日到期之前并没有提前缴纳注册资金的法定义务。一审法院判决要求王某某和张某在未出资范围内承担补充赔偿责任,属于适用法律明显错误,也实质剥夺了王某某和张某享有的相应的注册资本的认缴权利。

二审法院认为，根据《公司法》(2018 年)第 20 条第 3 款规定，王某某和张某作为昊凌公司的股东实缴出资为 0 元，且将其认缴出资时间定于 2036 年 12 月 31 日，昊凌公司作为一个认缴出资两千万元的建筑行业公司向钟某某承揽工程时却没有实缴资本，实为“空壳公司”，与其经营风险明显不匹配，实质是恶意利用公司独立人格和股东有限责任把投资风险转嫁给债权人，属于滥用公司法人独立地位和股东有限责任情形中的资本显著不足。根据上述法律规定，王某某、张某本应对涉案债务承担连带责任。鉴于钟某某在一审的诉请仅是王某某、张某在未出资本息范围内对昊凌公司的上述债务不能清偿部分承担补充赔偿责任，并没有加重王某某、张某的股东责任，一审法院根据钟某某的诉请判决王某某、张某在未出资本息范围内对涉案债务承担补充赔偿责任并无不当，本院予以维持。

二审判决：驳回上诉，维持原判。

案例评析

昊凌公司收取钟某某支付的工程款后，若按照正常的施工计划，投入相当的人力、材料、机械设备，应当能履行合同。只收钱不干活则充分说明，在公司设立成本极低的情况下，公司资本认缴制极易被股东滥用，设立“空壳公司”来欺诈交易相对人，在公司无法清偿到期债务的情况下，股东仍以出资期限未届满为由，拒不承担出资责任。笔者认为，这种欺诈行为严重扰乱了正常商业秩序，司法应当给予一定惩罚，而不仅是判令股东承担提前缴纳出资的义务。

案例 8－3

安徽欧口洁医疗用品有限公司诉深圳市佳沐实业发展有限公司等买卖合同纠纷案

安徽省安庆市中级人民法院(2020)皖 08 民终 2791 号[①]

案情简介

上诉人(原审被告)：深圳市佳沐实业发展有限公司(以下简称佳沐公司)

---

① 原判决书内容较长，引用时为突出重点，做了删减和提炼。一审案号：安徽省潜山市人民法院(2020)皖 0824 民初 1503 号。

上诉人(原审被告):夏某

上诉人(原审被告):陈某

被上诉人(原审原告):安徽欧口洁医疗用品有限公司(以下简称欧口洁公司)

欧口洁公司向安徽省潜山市人民法院起诉请求:(1)判令解除欧口洁公司与佳沐公司、夏某、陈某之间的买卖合同;(2)判令佳沐公司返还欧口洁公司2,285,730元及支付违约金450,000元,夏某、陈某承担连带责任;(3)判决佳沐公司、夏某、陈某承担案件诉讼费。

一审法院认定事实:自2020年4月始,欧口洁公司从事口罩生产,2020年5月6日,欧口洁公司与佳沐公司签订《购销合同》,主要约定欧口洁公司向佳沐公司购买熔喷布10吨,单价45万元,总价款450万元。2020年5月7日,欧口洁公司汇给佳沐公司共计236万元货款。后佳沐公司陆续向欧口洁公司发运熔喷布。经双方确认,自2020年5月3日至21日,佳沐公司共向欧口洁公司发运熔喷布2097.5千克。此间,欧口洁公司经检测,符合约定标准熔喷布仅186.7千克,其余全部退货。2020年5月20日,双方就所退货物退款事宜达成一致。第二日,欧口洁公司向佳沐公司发出《退货款函》,要求佳沐公司退还货款2,275,985元及货运费9745元。后佳沐公司表示同意退款,但一直拖延未退。

2020年4月13日,佳沐公司成立时登记备案的公司章程显示股东认缴资本2000万元,陈某占股15%、王某蓉占股20%、夏某占股60%、盛某涛占股5%,陈某为法定代表人,其中陈某与夏某系夫妻关系。本案审理过程中,佳沐公司修改公司章程,将公司股东变更为:盛某涛占股10%、夏某占股40%、王某蓉占股40%、朱某俊占股10%。

欧口洁公司向一审法院提出申请,请求法院责令佳沐公司提交公司账簿、股东实际投入公司资本之银行凭证、公司章程、公司住所证明,以证明公司经营过程中,股东实际投入公司资本数额与公司经营所隐含的风险明显不相匹配。一审法院予以准许,但佳沐公司只提交了公司的住所证明。

本案审理过程中,证人刘某向一审法院出具证言及视频资料,证明其受欧口洁公司委托于2020年6月24日到佳沐公司登记注册地,未发现有佳沐公司在此办公情况。国家企业信用信息公示系统显示,佳沐公司于2020年6月12

日被列入经营异常名录,原因为通过登记的住所或经营场所无法联系;2020 年 7 月 8 日佳沐公司被移出经营异常目录。

一审法院于 2020 年 5 月 28 日作出民事裁定:(1)冻结佳沐公司、夏某、陈某的银行(含网上银行)存款、有价证券、到期债权 280 万元,冻结期限为 1 年;(2)查封或扣押佳沐公司、夏某、陈某的动产、不动产(与上述第一项冻结款项合计以 280 万元为限),查封或扣押动产的期限为 2 年,查封不动产的期限为 3 年。

2020 年 6 月 12 日,夏某、陈某向本院对此提出复议申请,要求解除对其个人的财产保全措施。一审法院经审查,于 2020 年 6 月 25 日作出民事裁定:驳回夏某、陈某的复议请求。

法院裁判

一审法院认为,佳沐公司无正当理由拒不提交公司账簿和记账原始凭证、股东实际投入公司资本之银行凭证,欧口洁公司主张陈某、夏某等作为佳沐公司的股东未予出资,一审法院依照《民事诉讼证据规定》第 48 条的规定,对此认定为真实。尽管佳沐公司章程规定股东认缴出资额由股东根据公司实际经营需要决定出资计划,但在佳沐公司设立后的经营过程中,仅讼涉交易额就达 450 万元,而至今无证据证明陈某、夏某作为股东投入了资本,应认定股东实际投入公司的资本数额与公司经营所隐含的风险相比明显不匹配,构成资本显著不足;涉诉购销合同系陈某以股东及法定代表人的身份所订立,而在本案审理过程中,一审法院作出了财产保全裁定,已裁定查封或冻结陈某名下的 280 万元财产,陈某在复议被驳回后,仍转让股权,显属恶意转移资产、滥用股东有限责任之行为;夏某在讼涉购货合同履行过程中,将购货款收存到自己个人账户,在确认该款项及货物由公司结算后,亦未有证据证明此款已及时转入公司账户,该行为违反了公司法的相关规定,混同了公司与个人的人格身份与资产。夏某、陈某的以上行为,在本案中严重损害欧口洁公司作为公司债权人的利益,该公司要求夏某、陈某对讼涉债务承担连带清偿责任的诉讼请求,本院予以支持。

一审法院判决:(1)解除欧口洁公司与佳沐公司签订的购销合同;(2)佳沐公司向欧口洁公司支付货款和运输费 2,285,730 元及违约金 450,000 元;(3)被告夏某、陈某对上述第二项佳沐公司债务承担连带清偿责任。

佳沐公司、夏某、陈某不服一审判决，向安徽省安庆市中级人民法院提起上诉，认为公司运营是一个长期的过程，公司现金流的短缺不代表公司不具有承担风险的能力。佳沐公司的货物来源为中展公司，双方之间的经济往来高达2000万余元，远比本案合同标的450万元要高。故不能因暂时未能查封到相应款项，即认定本案属于股东实际投入公司的资本数额与公司经营所隐含的风险相比明显不匹配，从而推断出本案存在公司人格否认的条件。

二审中，欧口洁公司提供浦发银行的查询信息，证明到本案起诉的时候，查询发现佳沐公司在浦发银行有开户，查封的时候账户余额是83,064.7元，而佳沐公司的债务是200多万元，可作为佳沐公司资本显著不足的证据。

二审法院认为，佳沐公司于2020年4月注册成立，总注册资本2000万元。但截至二审期间，佳沐公司的所有股东未进行实缴出资。欧口洁公司提供的其他案件中对佳沐公司的银行资产查询信息显示，佳沐公司在浦发银行等账户余额为83,067.4元，在佳沐公司的股东未实际出资的情况下，银行存款的来源只能是包括欧口洁公司在内的公司债权人。佳沐公司辩称其与案外人中展公司之间的经济往来高达2000万余元，远比本案合同标的450万元要高。若其陈述事实为真，恰说明佳沐公司在股东未实际出资的情况下，其开展数额巨大的经营活动，能证明其股东投入的资本数额与公司所隐含的风险相比明显不匹配。本案需注意的情节还有，本案诉讼期间佳沐公司的法定代表人由陈某变更为王某蓉，同时，陈某将其拥有的佳沐公司的股权转让给案外人朱某俊。陈某于佳沐公司成立时的认缴资本额为300万元，未有证据证明其在转让股权前完成了对认缴额的实际出资。而夏某在接受佳沐公司向欧口洁公司支付的11万元货款后，未有证据证明该款项进入了佳沐公司的账户。而夏某认缴出资占公司总注册资本的60%，陈某在转让股权前占15%。综上所述，可以认定，佳沐公司经营过程中资本显著不足，股东未投入资本进行经营，没有经营公司的诚意，实质上是恶意利用公司独立人格和股东有限责任把风险转嫁给债权人。根据《公司法》(2018年)第20条第3款规定，陈某、夏某应当对佳沐公司的债务承担连带清偿责任。

二审判决：驳回上诉，维持原判。

案例评析

佳沐公司在没有任何实收资本金的情况下，即开始从事经营活动，本质是通过倒卖货物赚取差价,因此与这类企业交易的风险显而易见。股东私自占用公司的资金,且在诉讼中转让公司股权,表明股东有逃避出资义务,滥用公司独立人格的恶意。

同样,通过公司实收资本金来判断公司资本是否显著不足的,还有山东省潍坊市中级人民法院审理的“栾某诉高密高粱地民俗村管理有限公司等民间借贷纠纷案”[①],高密高粱地民俗村管理有限公司股东认缴出资 5600 万元,在公司负债巨大的情况下,股东未履行出资义务,也未提供证据证明该公司有足够财产,导致公司处于破产边缘,法院从风险与收益的补偿角度分析股东与债权人的利益保护,认为股东未出资明显影响了公司的偿债能力,给债权人带来极大风险,公司和股东从认缴出资行为中获益,而债权人利益却受到侵害,属于以公司的名义降低风险逃避债务的行为,可以适用公司法人人格否认制度,直接追究股东责任。上海市浦东新区人民法院在“朱某某诉享泰旅游产品开发(上海)有限公司等损害公司债权人利益责任纠纷案”[②]中认为,公司成立之初注册资本 1 亿元,股东出资时间均为设立之日起 30 年内,公司从事的经营活动是高风险、高杠杆的期货投机行为,隐含的风险巨大,故其设定的长达 30 年的资本安排与其营业内容已经严重脱节,其发起人股东实际投入公司的资本数额亦与公司经营所隐含的风险相比明显不匹配。

笔者认为,以公司实收资本金来判断公司资本是否充足如同悬在股东头上的“达摩克利斯之剑”,可有效敦促股东及时根据公司经营情况向公司实缴出资,提醒股东若不及时实缴出资,滥用认缴制,很可能会被法院“刺破公司面纱”,让其对公司债务承担连带清偿责任。

三、股东是否根据公司经营状况追加投资

过分关注公司初始出资和实收资本金存在一些局限性:其一,只要公司在实际经营,公司资本金就处于不断变化中,无法仅依靠该指标来衡量公司的偿债能力,也不能据此判断与其从事的业务风险是否相匹配;其二,受市场环境、经营范围调整等因素影响,公司可能会“主动”调高经营风险,股东更倾向于采

---

① 山东省潍坊市中级人民法院民事判决书,(2020)鲁 07 民终 3491 号。

② 上海市浦东新区人民法院民事判决书,(2021)沪 0115 民初 7350 号。

取“以小博大”的方式，从事冒险活动；其三，我国公司法将注册资本改为认缴制后，法律允许股东认缴出资，在《公司法》（2023 年）实施后，公司（自成立起 5 年内）无实收资本金具有合法性。

就上述第一项、第二项局限性而言，美国公司法判例早已在初始资本原则外创设了一项重要的例外，即当公司显著地扩张其规模或改变其经营性质时，法官便不得拘泥于对初始资本的审查。具体而言，公司经营性质或者风险程度的改动应区分“主动”与“被动”，若公司主动改变经营性质、提高风险程度，则股东可预见公司将要发生的“或有债务”规模，股东应当向公司追加投资，以保障公司资本金与经营风险相匹配；若股东无法预见公司的经营风险程度，法律则不可要求股东对公司财务健康承担“持续性”追加投资责任，否则与无限责任无异。[①] 以美国著名的“明顿诉卡瓦尼案”（Minton v. Cavaney）[②]为例，原告的女儿淹死在被告经营的公共泳池内，被告设立的公司除对泳池拥有的租赁权外，别无其他财产，法院以公司财产与其经营活动的可预见风险完全不能匹配为由，判定被告对公司债务承担责任。

在我国，也有个别案例接受此种观点，如四川省南充市中级人民法院在“许某诉重庆易泰永道商贸有限公司等租赁合同纠纷案”[③]中指出，尽管股东已向公司增资，但其股权资本仍显著低于所从事的行业性质、经营规模，应予否定公司人格。江苏省连云港市中级人民法院在“董某诉何某某、房某某等运输合同纠纷案”[④]中认为，公司的注册资本（3 万元）与其经营的行业规模完全不成比例，显然无法满足可预见的债务（拖欠的 687, 370 元运输费）带来的风险，符合法人人格否认的条件。

根据股东是否主动调整公司经营风险程度来判决公司资本是否显著不足，其合理性是显而易见的，有限责任的确立在于激励股东用合适的资本金从事商业冒险，即资本金要与所从事的商业活动处于平衡状态，如果允许公司开展与其资本金完全不相匹配的业务，将会大大削弱有限责任的正当性，扰乱市场秩

① 参见楼秋然：《资本显著不足规则的法理基础与司法适用》，载《南大法学》2020 年第 4 期。

② Minton v. Cavaney, 56 Cal. 2d 576.

③ 四川省南充市中级人民法院民事判决书，(2013) 南中法民终字第 817 号。

④ 江苏省连云港市中级人民法院民事判决书，(2016) 苏 07 民终 2694 号。

序。高风险通常意味着高回报,当股东不满足于现有投资回报时,他可以选择向公司增资,去撬动更大的商业机会,同时利用有限责任规避投资风险,他也可以选择其他的投资工具去追求高回报。因此,要求股东对公司追加投资,归根结底是股东个人的选择,法律不具有强迫性。如果公司仅是正常的经营风险,或者公司遭遇善意的、不可预见的债务(如侵权赔偿),股东仅以现有出资承担责任,法律不会要求其追加出资来弥补其他人的损失。所以,这种判断标准,在防止公司滥设、公司形式被滥用的同时,能继续维持其激励投资、实现经济民主的政策目标。

案例 8-4

史某某诉上海深赜企业发展有限公司、王某某股权转让纠纷案

上海市第一中级人民法院(2021)沪01民终4825号①

案情简介

上诉人(原审被告):史某某

被上诉人(原审原告):王某某

原审第三人:上海深赜企业发展有限公司(以下简称深赜公司)

王某某向上海市徐汇区人民法院起诉请求:(1)深赜公司支付股权转让价款2543.37万元及利息;(2)史某某对深赜公司上述应付债务承担连带清偿责任。

一审法院认定事实:2004年11月16日,A公司成立。2018年4月19日前,王某某等系A公司股东。2017年12月20日,深赜公司成立,法定代表人及股东均为史某某,注册资本为5000万元。2018年2月5日,A公司形成股东会决议,载明:王某某等三十位自然人分别将其持有的A公司股权作价转让给深赜公司;股权转让后,A公司股东持股情况为:史某某持股53.450%,深赜公司持股30.025%,B公司持股12.175%,C公司持股4.350%。2018年2月5日,

① 原判决书内容较长,引用时为突出重点,做了删减和提炼。一审案号:上海市徐汇区人民法院(2020)沪0104民初10903号。

王某某与深赜公司签订《股权转让协议》,约定:王某某同意将所持有 A 公司 2.05% 股权作价 50,867,302 元转让给深赜公司;深赜公司应于该协议签署后 15 日内支付转让价款的 50% 即 25,433,651 元,剩余的 50% 转让价款在该次股权转让完成工商变更登记满一年后付清。2018 年 1 月 30 日,深赜公司支付王某某 50% 股权转让款 25,433,651 元。2018 年 4 月 19 日,王某某等三十位自然人持有的 A 公司股权变更登记至深赜公司名下。后深赜公司未按约向王某某支付剩余股权转让款。

一审中,深赜公司、史某某为证实不存在人格混同,向法院申请启动专项司法审计。史某某及深赜公司陈述,深赜公司自 2017 年 12 月成立以来从未实际经营过,深赜公司的设立系为了收购 A 公司包括王某某在内的三十个自然人股东的股权。深赜公司陈述,公司自 2017 年 12 月成立以来从未实际经营过,公司并无任何工作人员,账册是齐全的。

法院裁判

一审法院认为,根据《公司法》(2018 年)第 20 条第 3 款规定,实践中公司股东常见的滥用行为主要是人格混同、过度支配与控制、资本显著不足等。《九民纪要》第 12 条规定,资本显著不足指的是公司设立后在经营过程中,股东实际投入公司的资本数额与公司经营所隐含的风险相比明显不匹配。股东利用较少资本从事力所不及的经营,表明其没有从事公司经营的诚意,实质是恶意利用公司独立人格和股东有限公司把投资风险转嫁给债权人。在案证据证实,深赜公司系史某某为完成对 A 公司股权收购,进而实现对 A 公司 100% 控制而设立,深赜公司成立之后从未实际经营。史某某向深赜公司投入资金合计 8400 万元(包括出资额 5000 万元),远低于深赜公司须支付 B 公司及王某某等三十位自然人的股权受让价款金额(转让款超过 10 亿元)。且深赜公司现无法支付王某某等三十位自然人剩余 50% 股权受让价款。深赜公司已符合上述“资本显著不足”情形。此外,深赜公司自认从未实际经营,但在成立之初即收到 A 公司多笔大额款项,显然存在利益输送,应否定 A 公司的独立人格,认定深赜公司与 A 公司人格混同,又因深赜公司是史某某的一人公司,综合认定 A 公司在本案已成为史某某的一人公司。史某某操纵深赜公司受让王某某等三十位自然人股权以实现史某某一人间接取得并实际控制 A 公司 100% 股权,却让深赜公司对外背负巨额债务无力偿还,该行为已构成过度支配与控制。根据《九民纪要》第 11 条第 1 款的规定,公司控制股东对公司过度支配与控制,操纵公司的决策过程,使公司完全丧失独立性,沦为控制股东的工具或躯壳,严重损害公司债权人利益,应当否认公司人格,由滥用控制权的股东对公司债务承担连带责任。本案中,即由史某某对深赜公司债务承担连带责任。一审法院判决:(1)深赜公司支付王某某股权转让价款 25,433,651 元及利息;(2)史某某对深赜公司应付债务承担连带清偿责任。

史某某不服一审判决,向上海市第一中级人民法院上诉。

二审判决:驳回上诉,维持原判。

案例评析

史某某设立深赜公司的目的是收购 A 公司的全部股权,完成该项收购的对价超过 10 亿元,但史某某仅向深赜公司投入 8400 万元资本金。史某某对公司将要发生的债务规模是明知的,却未投入充足的资本金,加之公司又无其他营业收入,故认定该公司资本显著不足,判令史某某对深赜公司追加投资,以保障债权人得到股权转让款是合理的。需要注意的是,法院不仅仅是比较深赜公司的资本金与债务金额之间的差距,还考虑了深赜公司自身的偿债能力,其逻辑是即便史某某投入深赜公司的资本金不多,但若公司还有其他资产,能够支付剩余的股权受让款,就不符合公司资本显著不足。换句话说,法院并不只是在判断公司资本显著不足,同时也在关注公司资产是否充足。

笔者认为,关于公司资本,一种更科学、更正确的理解是,由于公司资产和经营风险变动不居,法院应摒弃对初始资本的关注,转而重视公司持续性的财务健康、公司决策做出时的资产状况,完成从“资本信用”到“资产信用”观念的除旧革新。在具体案件中,应当先判断该债务是否属于公司正常经营活动中产生的或者不可预见的债务,如果是,即使公司无法清偿债务,也不应突破股东的有限责任。反之,若在公司作出商业决策时,股东较之一般理性商业人可预知公司资产不足以负担即将发生的债务规模,且股东不向公司追加投资,则可以适用资本显著不足规则。

第三节 “显著不足”的判断标准

《九民纪要》指出“资本显著不足”的判断标准有很大的模糊性，特别是要与公司采取“以小博大”的正常经营方式相区分。但如何具体区分，最高人民法院也没有给出参考意见，这导致不同法院的裁判尺度差异很大。例如，在“高某诉襄阳和德汽车贸易有限公司等买卖合同纠纷案”[①]中，案涉争议债权本金为10万元，和德公司的实缴资本金为15万元，从事多笔汽车销售业务，法院据此认为股东系恶意利用公司独立人格和股东有限责任。而在“苗某某诉广州市金叁盈财税咨询有限公司等委托合同纠纷案”[②]中，广州市金叁盈财税咨询有限公司注册资本为3万元，负债高达170.43万元，法院依然不认为构成资本显著不足。

案例8－5

湖南麟辉建设集团有限公司诉湖南力邦湘博仓储管理有限公司等建设工程施工合同纠纷案

长沙市天心区人民法院(2013)天民初字第1412号[③]

案情简介

原告：湖南麟辉建设集团有限公司(以下简称建设集团)

被告：湖南力邦湘博仓储管理有限公司(以下简称仓储公司)

被告：物流公司

被告：贸易公司

被告：控股集团

① 湖北省襄阳市中级人民法院民事判决书，(2019)鄂06民终2802号。

② 广东省广州市中级人民法院民事判决书，(2020)粤01民终4103号。

③ 原判决书内容较长，引用时为突出重点，做了删减和提炼。

建设集团诉讼请求:(1)仓储公司向原告支付拖欠的工程款2,704,147.99元,赔偿停工损失346,794元及利息;(2)物流公司、贸易公司、控股集团承担连带责任。

法院认定事实:物流公司于2011年6月30日以签订场地承包合同方式租赁了40亩土地,准备兴建该公司扩大经营的仓储基地。后来因物流公司决定与贸易公司和控股集团合作,3家公司决定共同设立仓储公司独立运作建设该仓储项目,3家公司签订了《设立仓储公司出资协议》,约定仓储公司成立后该片土地转由仓储公司租赁。仓储公司于2012年1月6日登记成立,公司注册资本500万元,由股东物流公司出资200万元,持股比例为40%,股东贸易公司和控股集团各出资150万元,持股比例均为30%,上述三股东均已经在2011年12月24日前将各自的出资缴足并经法定验资机构验资。仓储公司成立后,股东物流公司、贸易公司、控股集团分别委派了管理人员。

2012年3月仓储公司对外公开招标,招标范围为湘博仓储基地的基建工程等,仓储公司在招标文件中要求报价不得高于490万元,计划工期60天,自2012年3月底至5月底。后建设集团中标,中标价为4,881,881.44元。2012年3月29日,建设集团与仓储公司正式签订了《建设工程施工合同》。合同签订后,建设集团依约开始施工,至2012年8月整体工程已完成约75%。2012年6月25日和7月13日,仓储公司向建设集团支付工程款80万元。2012年9月5日,建设集团曾向仓储公司申请工程进度款,仓储公司没有支付,此后该工程被迫停工。

2013年2月3日,建设集团就已经施工完成的项目编制了结算书,主张已完工程的工程款共计3,504,147.99元、停工误工损失为346,794元。仓储公司在本案庭审中对于建设集团已完成工程的工程款金额3,504,147.99元没有异议,但不认可建设集团主张的上述停工误工损失。

另查明,仓储公司系其三股东为了自身仓储方便而专门设立,除了湘博仓储项目基建工程外,该公司没有其他基建项目,因该仓储基地尚未竣工,该公司也没有具体经营业务,没有任何营业收入。2012年下半年以来,因仓储公司的最大股东物流公司经营不善欠下巨额债务,另两名股东控股集团和贸易公司怕受其连累均不愿意向仓储公司追加投资,故仓储公司自2012年9月后实际上已经关门,湘博仓储项目基建工程也因无钱支付工程进度款而被迫停工。

仓储公司成立后,其注册资金500万元除了支付原告的工程款80万元以外,主要用于支付物流公司前期垫付土地租金200万元,物流公司前期开发垫付款、护坡设计费、护坡工程款、货场设计费、变电箱移位款、租用的办公楼的装修款、办公楼租金、钢结构厂房款、承重检测费、员工工资,以上各项大额支出共计4,876,068元,此外还有一些零星开支。至2013年5月底,仓储公司账户余额为2.1万元,其注册资金500万元已经基本用完。

三被告共同辩称,仓储公司已付建设集团工程款80万元,且只对建设集团负债,而无任何第三方负债。已完工大部分的建筑工程仍然是仓储公司的资产,仓储公司的资产并没有发生转移,而仅是发生了资产形态的转变,只要工程启动并进入仓储运营阶段,仓储公司完全有实力偿还建设集团工程款。

法院裁判

法院认为,股权资本显著不足,是指股东投入公司的股权资本与公司从债权人筹措的债权资本之间明显不成正比例的公司资本现象,既包括股东出资低于最低注册资本,也包括股东出资虽然高于最低注册资本,但显著低于该公司从事的行业性质、经营规模、雇工规模和负债规模所要求的股权资本的情况。本案中,虽然仓储公司与其三个股东之间在财产、财务、人员、机构、业务等方面均是相互独立的,三个股东也已经足额缴纳了出资且没有抽逃注册资金的行为,但从该公司股权资本看,仓储公司的注册资本只有500万元,而仓储公司第一年需要支付的土地租金即达200万元,湘博仓储项目基建工程这一土建项目的投资预算总价需要480万余元(仓储公司招标文件要求报价不高于490万元,原告实际投标中标价为4,881,881.44元),除了以上两笔大额支出外,仓储公司明显需要支出的其他大额费用还有护坡设计费、护坡工程款(实际支出了437,260元),货场设计费(实际支出了48,800元),变电箱移位款(实际支出了139,000元),钢结构厂房款(实际支出了520,000元)。此外,仓储公司维持运转还需要其他如管理人员工资、员工工资、办公费、水电费、业务费等日常开支,而从以上几笔明显需要的大额支出即可看出仓储公司在设立时其注册资本500万元明显不足。该公司在刚刚注册成立9个月后就不能维持正常经营,其注册资金都已经全部用完,仅仅支付了80万元的工程款,无法付清正常的工程进度款。现仓储公司已无其他财产,物流公司、贸易公司、控股集团作为仓储公司的股东,其投入的资本500万元显然不足以维持和应付仓储公司独立经营的起码需要,该500万元注册资本与仓储公司经营的规模和隐含的风险相比较明显不足,意味着股东的目的在于利用公司独立人格和股东有限责任将其投资风险降到最低,并通过公司独立人格形式把过多的投资风险转嫁给公司债权人即本案原告。

本案中虽然仓储公司已经注册成立,但是其仓储基地尚未正式建成,仓储公司尚没有正式进行仓储运营,仓储公司从2012年下半年已经关门,除了这个基建项目外,该公司现没有其他任何财产,只有支出,没有收入,事实上不具备向外完全独立承担责任的能力。湘博仓储项目基建工程占用的土地系被告方租用的集体土地,不能以折价、拍卖该工程的方式实现工程款,原告作为债权人的利益已严重受到损害。原告的工程款中有一部分属于民工工资,如债权不能实现将影响到部分民工的生计,会影响社会稳定。本案的工程款系兴建仓储公司的仓储基地过程中产生的债务,如果仓储公司的股东不承担责任有失公平。

故从公平正义、诚信信用原则和禁止权利滥用原则角度考虑,本案中可认定三个股东的行为系滥用公司法人独立地位和股东有限责任,逃避债务,严重损害公司债权人利益,根据《公司法》(2013年)第20条第1款、第3款之规定,三股东应当对仓储公司的债务承担连带责任。法院判决:(1)仓储公司向建设集团支付工程款2,528,940.59元和工程款利息79,240.12元;(2)物流公司、贸易公司、控股集团承担连带清偿责任;(3)驳回建设集团其他诉讼请求。

案例评析

本案法院认为,资本显著不足是指股东投入公司的股权资本与公司从债权人筹措的债权资本之间明显不成正比例的公司资本现象,既包括股东出资低于最低注册资本,也包括股东出资虽然高于最低注册资本,但显著低于该公司从事的行业性质、经营规模、雇工规模和负债规模所要求的股权资本的情况。仓储公司是由三个股东出资500万元设立的,公司设立目的是租地建设仓储基地,即股东对公司即将发生的债务规模是可预见的,在公司资本金除去前期的租地费用等必要的各项开支后,剩余的资金已无法支付施工单位的工程进度款。故法院认为,500万元注册资本金与仓储公司所从事的业务不匹配,而该公司又无其他现金流入,名下唯一的资产在建工程也不能变现,综合考虑,认定该公司的资本显著不足。也可看出,法院在判断公司资本是否充足时,重点关注了公司名下的资产和经营收入情况。

与司法观点相比,如何认定公司资本达到显著不足的程度,学者也提出了很多有益的建议,有些观点已达成共识,例如陈群教授在借鉴美国相关的经验的基础上,提出要区分自愿债权人与非自愿债权人。对于非自愿债权人,可以将被告公司与其所在同行业、同地区、同规模的公司资本水平相比较,进而判断公司资本是否充足。在具体案件中可参考美国"熟练的金融分析师"标准,重视专家证言的作用。在审查公司资本的充足性的同时,还应考察公司是否采取了资本的替代化风险抵御措施,比如是否购买了责任保险。①

朱慈蕴教授则进一步提出可参考美国汉德法官提出的"汉德公式",在该公式中,B 是额外增加的股本的贴现现值;L 为公司经营失败情况下,自愿债权人和非自愿债权人将要承担的损失;P 为公司因股本增加而使经营失败概率减少的部分;故而 PL 为公司增加所相应减少的债权人损失。如果 $B < PL$,则"面纱"将被揭开。"汉德公式"的优点在于,可以较为准确地测算出公司承担侵权责任的风险。对于很多行业而言(尤其是交通运输业、建筑行业、化工业等公司侵权行为较为多发的行业)事故发生概率与事故损失都是易于确定的。②

对自愿债权人而言,因为公司净资产并不能准确反映公司财务健康状况或者真正体现公司的偿债能力,因此在适用公司资本显著不足规则时,法院不应当过度关注公司的净资产或者杠杆率,反而应考察在债务发生前,公司的股东或者管理者对于公司未来的现金流能如期支付该项债务这一判断是不是善意的。对短期债权人而言,应更关注公司的流动比率,即流动资产(货币资金、应收票据、应收账款、存货等)与流动负债(短期借款、应付票据、应付账款、应付职工薪酬、一年内到期的非流动负债等)的比率,如果公司的流动比率为100%,即意味着该公司的流动资产刚好可以覆盖流动负债。一般认为,流动比率为

---

① 参见陈群峰:《"资本显著不足"情形下公司法人格否认制度完善研究》,载《法学杂志》2020 年第 11 期。

② 参见朱慈蕴、梁泽宇:《"资本显著不足"的适用与研判:理论、实证与规则》,载《法学评论》2021 年第 3 期。

200%时，公司的财务状况非常健康。当流动比率低于200%时，法院应当“推定”公司资本对于短期债权人构成“显著不足”，但应允许股东（公司）举证证明其财务足以进行偿付。[①]

① 参见楼秋然：《资本显著不足规则的法理基础与司法适用》，载《南大法学》2020年第4期。

CHAPTER 09

第 九 章

公司人格否认制度在破产法中的运用

公司人格否认制度与公司独立法人制度相生相伴,其不仅要解决公司存续期间股东滥用法人独立资格问题,在公司退出市场过程中,同样有“用武之地”。公司人格否认制度在破产程序中的主要适用情形为:股东利用对公司的不当控制权产生的债权,在公司破产财产分配中劣后于其他债权人受偿;关联企业因严重财产混同,无法区分各自财产,实行实质合并破产。这只是公司人格否认制度在公司破产程序中的一种理论延伸,而非完全适用。

关于公司人格否认制度在公司法和破产法中的适用区分,蒋大兴教授认为,公司法关于法人格独立性之要求,侧重于“惩罚主义”思维,旨在让滥用公司法人格和有限责任之股东直接对公司债权人承担连带清偿责任,所采测试标准主要是“过度控制”、“人格混同”和“资本不足”;在破产法上,主要是基于如何有利于增加破产财产池中的财产数额及企业之重整价值来考量法人格否认的,裁判标准更为概括和模糊,法院大多在“破产”或“重整”有需要时,从“人格高度混同、财产区分成本过高、有助于提升破产及重整效率、提高清偿之公平性”等角度,做出实质合并破产或重整裁定。因此,不同法域对法人格独立虽均有要求,但其追求的价值目标、法人格否认之主体、证据标准、责任构造要件等均存在差异。[①]

第一节　清算义务人法律责任性质的转变

在2023年《公司法》修订之前，股东作为清算义务人的连带清偿责任是公司法上很有争议的一个问题，很多学者对《公司法司法解释（二）》第18条提出了批评意见和修法建议[②]，也试图用公司人格否认等理论来证成其立法逻辑，但最为尴尬的是，最高人民法院前后的裁判观点发生了截然不同的转变。从2012年的9号指导案例（上海存亮贸易有限公司诉蒋某某、王某某等买卖合同纠纷案）的“一刀切”态度，即只要清算义务人在公司被吊销营业执照后没有履行清算义务，就不能以其不是实际控制人或者未实际参加公司经营管理为由，免除清算义务，到2019年的《九民纪要》开始给清算义务人的责任松绑，强调其中的因果关系，并允许清算义务人自行举证，摆脱连带清偿责任。如今《公司法》（2023年）第232条之全新规定彻底宣告了《公司法司法解释（二）》第18条的终结。本节主要梳理清算义务人前后法律责任的变化以及《公司法》（2023年）关于清算义务人法律责任的构成要件。

一、清算义务人法律责任性质之辨

公司以其全部财产对公司的债务承担责任，股东以其认缴的出资额为限对公司承担有限责任。在公司清算过程中，股东的有限责任体现在当公司财产不足以清偿全部债务时，公司进入破产清算程序来保障全体债权人公平受偿，也无须股东代替公司清偿债务。对诚信、守法的股东而言，自始至终对公司债务只需负担有限责任。但《公司法司法解释（二）》第18条第2款规定：“有限责

---

① 参见蒋大兴：《“法人格否认裁判”之效力射程——“法人格否认裁判”是否具有跨域效力?》，载《交大法学》2023年第5期。

② 参见高永周：《清算义务人承担连带清偿责任的法理逻辑——评最高人民法院指导案例9号案》，载《中南大学学报（社会科学版）》2014年第5期；段卫华：《论股东在公司解散清算中的义务与责任》，载《河北法学》2016年第1期；梁开银、项科强：《公司清算中人格否认制度适用之实证——兼论〈公司法司法解释（二）〉第18条的修订》，载《法治研究》2017年第6期；等等。

任公司的股东、股份有限公司的董事和控股股东因怠于履行义务，导致公司主要财产、账册、重要文件等灭失，无法进行清算，债权人主张其对公司债务承担连带清偿责任的，人民法院应依法予以支持。”第 20 条第 1 款规定：“公司解散应当在依法清算完毕后，申请办理注销登记。公司未经清算即办理注销登记，导致公司无法进行清算，债权人主张有限责任公司的股东、股份有限公司的董事和控股股东，以及公司的实际控制人对公司债务承担清偿责任的，人民法院应依法予以支持。”按照该司法解释的逻辑，如果公司出现清算事由后，股东作为有限责任公司的清算义务人未及时组织清算组对公司进行清算，导致公司财产不当减损，公司无法清算或者干脆未经清算直接将公司注销，损害公司债权人利益的，将会面临对公司不能清偿的债务承担相应的连带清偿责任。

《公司法司法解释(二)》第 18 条第 2 款和第 20 条规定有限责任公司股东作为清算义务人承担连带责任的逻辑是，股东在公司解散时掌握控制权，知晓公司的会计账簿、主要财产存放何处，且负有妥善保管义务。若因股东怠于履行清算义务或者直接注销公司，最终导致公司无法清算，债权人便丧失了清偿的机会。由于债权人无法证明公司解散时的剩余财产以及自己由此受有多大损失，同样地，股东也无法证明公司解散时的资产状况和其行为造成公司财产损失的数额。因此，法院只能推定公司解散时的财产足以清偿公司所有负债，判令股东对公司债务承担连带责任。

2016 年最高人民法院在“上海丰瑞投资咨询有限公司诉上海汽车工业销售有限公司、扬州市机电设备总公司企业借贷纠纷再审案”①(以下简称丰瑞再审案)中，认为《公司法司法解释(二)》第 18 条第 2 款的法理基础是法人人格否认理论和侵害债权理论，并指出清算义务人承担清算赔偿责任应符合以下构成要件：第一，清算义务人有违反法律规定，怠于履行清算义务的行为，即在公司解散后未在法定时间内开展清算事务或者未在法定时间内完成清算事务，主观上存在不作为的过错，或者不适当执行清算事务，侵犯债权人利益；第二，清算义务人的行为造成了公司债权人的直接损失；第三，清算义务人怠于履行清算义务的行为与公司财产或者债权人的损失之间具有法律上的因果关系。清算义务人不履行清算义务，其直接后果是公司财产减少，从

① 最高人民法院民事判决书，(2016)最高法民再 37 号。

而间接地损害债权人的利益，属于侵犯债权行为，因而承担侵权损害赔偿责任。

在丰瑞再审案中，最高人民法院增加了侵害债权理论作为清算义务人的连带清偿责任的理论基础，这说明单纯以公司人格否认理论已无法圆满解释《公司法司法解释（二）》第18条第2款的责任性质，原因有如下几点：首先，公司人格否认制度要求行为人主观上有滥用法人独立地位，严重损害债权人利益的过错，但清算义务人怠于履行义务表现为不作为，而没有其他积极侵害行为，这是否足以认定其主观上存在滥用公司独立人格，损害债权人利益的过错？其次，公司人格否认制度不是全面地、永久地否定公司人格，只是在个案中破例否认，而公司解散后股东怠于履行清算义务是一个普遍现象，如一概适用公司人格否认理论对清算义务人定性，则有扩大适用范围，加重清算义务人责任之嫌。再次，公司人格否认制度的适用对象是股东，不包括董事，无法覆盖清算义务人的全部主体。最后，公司人格否认制度的主要适用情形是财产混同，而清算义务人可能并无与公司财产混同的故意，也未发生个人财产与公司财产混同的结果。可看出，清算义务人的连带清偿责任与公司人格否认制度在适用主体、主观过错、适用情形等方面均存在不同。

正是因以上理论无法证成公司清算义务人的连带清偿责任，《公司法》（2023年）对《公司法司法解释（二）》第18条第2款进行了全面修正，一是不再区分有限责任公司和股份有限公司的清算义务人的身份，把公司的清算义务人统一为董事；二是简化了其中的因果关系，删除了两个消极事实的行为后果，即“公司主要财产、账册、重要文件等灭失”“无法进行清算”；三是把法律责任界定为侵权损害赔偿。《公司法》（2023年）第232条规定，公司因《公司法》第229条第1款第（1）项、第（2）项、第（4）项、第（5）项规定而解散的，应当清算。董事为公司清算义务人，应当在解散事由出现之日起15日内组成清算组进行清算。清算组由董事组成，但是公司章程另有规定或者股东会决议另选他人的除外。清算义务人未及时履行清算义务，给公司或者债权人造成损失的，应当承担赔偿责任。很显然，该条的法理依据不再是公司人格否认理论。

二、清算义务人法律责任的要件分析

虽然《公司法司法解释（二）》第18条第2款不再适用，但其中部分要件事实(如清算义务人未及时履行清算义务、公司或者债权人的损失以及两者之间的因果关系)的认定方法和思路,仍有重要的借鉴和参考意义。

关于清算义务人未及时履行清算义务,在此前的司法实践中不少法官都认为,清算义务人在证明其是否妥善保管公司财产,是否依法履行清算义务方面,与债权人的举证能力相比具有绝对优势。清算义务人可以通过提供公司的财务账册、财产状况的材料来证明其没有过错,这是能够实现的,而债权人举证证明清算义务人具有过错的证据,一般又由清算义务人控制。故从公平正义原则和证据距离角度考虑,这类案件应当实行"初步证明 + 推定成立 + 举证责任倒置"规则,即当债权人提供初步证据证明消极事实存在时,法院也即推定该事实存在,转而由清算义务人提供反证。[①]

"未及时履行清算义务"并非指一系列工作,如启动清算程序成立清算组、进行清算、完成清算、发现公司财产不足以清偿债务应当向人民法院申请宣告破产,而仅仅是指没有启动清算程序成立清算组,或者在清算组成立后没有履行清理公司主要财产以及妥善管理公司账册、重要文件等。"未及时履行清算义务"的过错形态既包括故意,也包括过失,故意是指董事在公司法定清算事由出现后,有意不履行义务,拒绝履行;过失是指董事在公司法定清算事由出现的情况下,董事基于法律知识的欠缺,不知道要履行清算义务。因公司是否处于清算状态非法定公开信息,债权人难以掌握,故主张董事未及时履行清算义务的事实,法院可先推定成立,若董事不能举证公司依法按期清算,法院则应判定债权人的该项事实主张成立。

公司和债权人损失通常指公司在解散事由发生后,因董事未及时履行清算义务,而使公司处于无人管理的状态,在此期间发生了公司财产的灭失,债权人也丧失了原本可以(部分)清偿的可能。由此推理,如果公司在解散事由发生

① 参见张海霞:《有限责任公司清算责任纠纷案件审理分析:以江苏法院近五年文书为样本》,载微信公众号"审判研究"2017 年 4 月 11 日,https://mp.weixin.qq.com/s/hQ4RFJfoAn3HKeRkDaQYiQ;林静宜:《司法实务中清算义务人连带清偿责任之辨析》,载微信公众号"破产法快讯"2018 年 9 月 29 日,https://mp.weixin.qq.com/s/72OGs40ORAsBGi_D31 - WOg;陈克:《涉清算义务人责任纠纷六个实务问题》,载微信公众号"审判研究"2019 年 2 月 18 日,https://mp.weixin.qq.com/s/v_0OSpsRjSFJiYkTTjFJXA;陈旭:《怠于清算股东清偿责任之诉中消极事实主张的查明》,载《人民司法》2013 年第 20 期;潘光林等:《温州法院审理股东怠于履行清算义务案件若干疑难问题梳理》,载《法律适用》2017 年第 8 期。

时，已经没有财产，虽然董事未及时履行清算义务，但因公司和债权人无遭受实际损失的可能，故董事无须承担相关赔偿责任。但如何证明公司在解散事由发生时，公司名下没有财产这项消极事实？这颇为麻烦。如果董事能提供公司的财务报表，证明公司在解散事由发生时，公司名下已经无相关资产，这当然是非常直接的证据。还有一种情况，在公司解散事由发生前，公司在法院已被列为被执行人，且法院已作出执行"终本"裁定，能否证明公司此时名下没有财产？针对这一问题，在此前的司法实践中有不同观点。

案例9-1

厦门鹭升物流有限公司诉何某宝、高某某清算责任纠纷案

福建省高级人民法院(2016)闽民终365号①

案情简介

上诉人(原审原告)：厦门鹭升物流有限公司(以下简称鹭升公司)

被上诉人(原审被告)：何某宝

被上诉人(原审被告)：高某某

鹭升公司向福建省福州市中级人民法院起诉请求：判令何某宝、高某某对珍宝公司拖欠鹭升公司本金6,589,631.60元及利息承担连带清偿责任。

一审法院认定事实：珍宝公司股东为何某宝(持股96.33%)、高某某(持股3.33%)、何某兴(持股0.34%)，其中何某宝、高某某系夫妻关系。珍宝公司于2000年9月21日被吊销营业执照。工行台江支行因与珍宝公司借款合同纠纷案，向厦门海事法院提起两起诉讼。厦门海事法院于1999年8月24日作出(1999)厦海法商初字第090号民事判决，1999年9月7日另行作出(1999)厦海法商初字第091号民事判决，确认了工行台江支行对珍宝公司的债权本金700万元及利息。后该笔债权经过二次转让，鹭升公司取得对珍宝公司本金6,589,631.60元，利息为4,856,955.16元的债权。

---

① 原判决书内容较长，引用时为突出重点，做了删减和提炼。一审案号：福建省福州市中级人民法院(2014)榕民初字第1550号。

鹭升公司起诉认为,珍宝公司于2000年9月21日被福建省工商行政管理局依法吊销营业执照,但清算义务人何某宝、高某某未在解散事由出现之日起15日内成立清算组,开始清算。由于何某宝、高某某怠于履行清算义务,时隔多年,珍宝公司主要财产、账册、重要文件等均已灭失,现已无法进行清算。根据《公司法司法解释(二)》第18条第2款规定,何某宝、高某某应对珍宝公司拖欠鹭升公司的本金6,589,631.60元及相应利息承担连带清偿责任。

法院裁判

一审法院认为,根据《公司法司法解释(二)》第18条第2款的规定,何某宝、高某某对珍宝公司债务承担赔偿责任的前提条件是何某宝、高某某存在怠于履行清算义务致使珍宝公司财产、账册等重要文件灭失而无法清算的行为。珍宝公司于2000年9月21日被吊销营业执照,其股东自此才负有组成清算组对公司进行清算的义务。而厦门海事法院于2000年7月13日作出中止执行裁定,现有证据表明珍宝公司在吊销营业执照前实际已无财产可供执行。鹭升公司未能提交证据证明珍宝公司在被吊销营业执照时尚有财产及这些财产因何某宝、高某某怠于履行清算义务而灭失,应承担举证不能的法律后果。同时,在未依法对珍宝公司进行清算的情况下,依本案现有证据亦无法证明珍宝公司财务账册等重要文件已灭失或灭失与何某宝、高某某的行为存在因果关系。综上,鹭升公司要求何某宝、高某某对珍宝公司债务承担赔偿责任的诉讼理由不充分,证据不足,不予支持。鹭升公司若认为珍宝公司股东存在怠于履行清算义务的行为侵犯了其作为债权人的合法利益,鹭升公司亦可依据《公司法》(2013年)第183条的规定,依法申请对珍宝公司进行强制清算,若通过清算发现何某宝、高某某存在《公司法司法解释(二)》第18条第2款所规定的情形,则方可要求珍宝公司股东对公司债务承担连带清偿责任。何某宝、高某某经合法传唤未到庭参加诉讼,依法缺席判决。

鹭升公司不服一审判决,上诉至福建省高级人民法院,请求依法撤销一审判决,改判支持鹭升公司的诉讼请求。事实和理由:(1)鹭升公司已在举证期限内申请法庭责令何某宝、高某某提供主要财产、账册、重要文件等清算必要资料,并同时要求进行司法会计鉴定。但何某宝、高某某经依法传唤未到庭应诉,依据有关规定,鹭升公司主张何某宝、高某某怠于清算造成珍宝公司财产、财务账册灭失而无法清算的侵权事实应依法予以认定。(2)何某宝、高某某作为公司的股东,是法定的清算义务人。在珍宝公司被吊销营业执照后,何某宝、高某某未及时成立清算组,接管公司财产、账册、重要文件等清算必备资料,也无法证明曾经加以妥善保管,最终导致必备资料灭失,造成无法清算的法律后果。因此,何某宝、高某某怠于清算与珍宝公司无法清算之间存在不可否认的因果关系。至于厦门海事法院中止执行裁定认为珍宝公司无财产可供执行,只能证明人民法院在执行中未查找到珍宝公司的财产,不能证明珍宝公司的财产在被吊销营业执照前已全部灭失。(3)最高人民法院第9号指导案例(上海存亮贸易有限公司诉蒋某某、王某某等买卖合同纠纷案)明确,如经审查可确定公司已无法清算,从节约司法成本、提高诉讼效率角度考虑,不要求债权人在追责股东前必须先申请强制清算。本案中,珍宝公司注册地址已人去楼空,何某宝、高某某也下落不明,放弃抗辩及举证的权利。因此,珍宝公司目前已无法清算的事实得以确定,鹭升公司可直接追究何某宝、高某某对珍宝公司的债务承担连带清偿责任。

二审程序中,何某宝、高某某到庭参加诉讼。

二审法院认为,珍宝公司于2000年9月21日被福建省工商行政管理局吊销营业执照,依据《公司法》(2013年)第183条的规定,珍宝公司的股东何某宝、高某某应于2000年10月6日前成立清算组对珍宝公司进行清算,但何某宝、高某某未依法组织清算,系怠于履行清算义务。且何某宝、高某某未提供证据证明其仍保存珍宝公司的账册和重要文件,亦无法证明珍宝公司仍具备清算条件。厦门海事法院于2000年7月13日作出的执行裁定书,认定珍宝公司无财产可供执行,但珍宝公司在其他案件中因无财产可供执行被中止执行的情况,只能证明法院在执行中未查找到珍宝公司的财产,不能证明珍宝公司的财产在被吊销营业执照时已全部灭失。何某宝、高某某作为珍宝公司的股东,怠于履行清算义务与珍宝公司的财产、账册灭失之间具有因果关系。据此,依据《公司法司法解释(二)》第18条的规定,何某宝、高某某应对珍宝公司债务承担连带清偿责任。上述司法解释并未规定公司债权人诉请公司股东对公司债务承担连带责任的,应以启动清算程序为前提。鹭升公司举证珍宝公司股东在法定期限内未启动清算程序,珍宝公司存在“人去楼空”等情形,已完成举证责任。一审法院要求鹭升公司举证珍宝公司在被吊销营业执照时的资产状况及与何某宝、高某某怠于履行清算义务之间的关联性，系对举证责任分配不当，应予纠正。

二审法院改判：何某宝、高某某对珍宝公司拖欠鹭升公司的本金6,589,631.6元及利息承担连带清偿责任。

案例评析

公司被吊销营业执照前，法院作出的“终本”裁定中“无财产可供执行”或者“已分配主要财产”的结论，能否证明公司已处于无财产可供清算状态？清算义务人能否以此主张怠于履行清算义务与公司无财产清算、债权人利益受损之间不具有因果关系？本案展示了两种代表性的裁判观点。

福建省福州市中级人民法院认为，公司被吊销营业执照前，法院的“终本”裁定足以说明公司名下已无财产可进行清算，即便清算义务人怠于履行清算义务，也与公司无法清算，债权人利益受损之间不具有因果关系，债权人应当举证公司在被吊销营业执照时，尚有财产及这些财产因清算义务人怠于履行清算义务而灭失。北京市第三中级人民法院在“鹰潭金蝉君汇投资有限合伙企业诉唐某某等股东损害公司债权人利益责任纠纷案”[①]中也持同样观点。

福建省高级人民法院则认为，执行程序中未找到公司的财产并不代表被吊销营业执照时公司全部财产已灭失，公司是否有财产可供清算，需通过清算程序才能查清，理由是个别执行案件的覆盖面有限，无法排除公司财产隐逸他处的可能，即使公司在发生解散事由时实际上已资不抵债，但只要清算义务人不能提供财务账册予以证明，就无法免除其清算义务。[②]

福建省高级人民法院考虑到债权人的举证能力，推定清算义务人怠于履行清算义务与公司无财产清算、债权人利益受损之间存在因果关系，减轻了债权人的举证责任。对于清算义务人而言，要阻断该因果关系的推定，则需要充分

① 北京市第三中级人民法院民事判决书，(2020)京02民终6747号。其他相同裁判观点的案例有：北京市第二中级人民法院民事判决书，(2020)京02民终308号；广东省深圳市中级人民法院民事判决书，(2014)深中法商终字第368号；重庆市第一中级人民法院民事判决书，(2019)渝01民终4604号；浙江省绍兴市上虞区人民法院民事判决书，(2013)绍虞商初字第1003号。

② 其他相同裁判观点的案例有：北京市朝阳区人民法院民事判决书，(2018)京0105民初86299号；福建省泉州市中级人民法院民事判决书，(2019)闽05民终224号；广东省深圳市中级人民法院民事判决书，(2017)粤03民终8256号；北京市第一中级人民法院民事判决书，(2019)京01民终503号。

证明公司在解散事由发生前，公司已处于无财产可清算的状态，即便其未及时履行清算义务，也不会给债权人造成任何损失。所以，在假设清算义务人未及时履行清算义务的前提下，出现哪些情况能证明其与损害后果之间不存在因果关系？此前有案例显示，清算义务人在公司解散事由出现时，正在监狱服刑，因此不具有履行清算义务的人身自由。例如，在“绍兴市上虞区中宝化工有限公司诉陈某某等股东损害公司债权人利益责任纠纷案”[①]中，神华公司在 2013 年被吊销营业执照，而陈某某在此期间正在服刑，客观上无法履行清算义务也无法掌握公司的财务账册等资料，法院认定陈某某怠于履行清算义务与神华公司无法清算之间不具有因果关系。

第二节 法定代表人的配合破产清算义务

公司进入破产程序后，根据《企业破产法》第 15 条规定，法定代表人负有配合管理人清算的义务，若法定代表人未向管理人移交公司财产、印章和账簿、文书等资料，导致管理人接管公司后无法开展清算工作，此时法定代表人应当承担何种责任？其责任性质又是什么？

2008 年 8 月 7 日，最高人民法院发布的《人员下落不明破产案件的批复》第 1 款规定，债权人对人员下落不明或者财产状况不清的债务人申请破产清算，符合破产法规定的，法院应依法予以受理。债务人能否依据《企业破产法》第 11 条第 2 款的规定向法院提交财产状况说明、债权债务清册等相关材料，并不影响对债权人申请的受理。第 2 款规定，法院受理上述破产案件后，应当依据破产法的有关规定指定管理人追收债务人财产；经依法清算，债务人确无财产可供分配的，应当宣告债务人破产并终结破产程序；破产程序终结后两年内发现有依法应当追回的财产或者有应当供分配的其他财产的，债权人可以请求法院追加分配。第 3 款规定，债务人的有关人员不履行法定义务，法院可依据有关法律规定追究其相应法律责任；其行为导致无法清算或者造成损失，有关权利人起诉请求其承担相应民事责任的，法院应依法予以支持。其中“不履行法定

---

① 浙江省绍兴市中级人民法院民事判决书，(2020)浙 06 民终 1168 号。

义务”“追究其相应法律责任”“承担相应民事责任”语焉不详的表述，引起了实务中的争议。

对此《九民纪要》第 118 条规定，法院在适用《人员下落不明破产案件的批复》第 3 款的规定，判定债务人相关人员承担责任时，应当依照破产法的相关规定来确定相关主体的义务内容和责任范围，不得根据《公司法司法解释（二）》第 18 条第 2 款的规定来判定相关主体的责任。上述批复第 3 款规定的“债务人的有关人员不履行法定义务，人民法院可依据有关法律规定追究其相应法律责任”，系指债务人的法定代表人、财务管理人员和其他经营管理人员不履行《企业破产法》第 15 条规定的配合清算义务，法院可以根据《企业破产法》第 126 条、第 127 条追究其相应法律责任，或者参照《民事诉讼法》第 114 条的规定，依法拘留，构成犯罪的，依法追究刑事责任；债务人的法定代表人或者实际控制人不配合清算的，法院可以依据《出境入境管理法》第 12 条的规定，对其作出不准出境的决定，以确保破产程序顺利进行。上述批复第 3 款规定的“其行为导致无法清算或者造成损失”，系指债务人的有关人员不配合清算的行为导致债务人财产状况不明，或者依法负有清算责任的人未依照《企业破产法》第 7 条第 3 款的规定及时履行破产申请义务，导致债务人主要财产、账册、重要文件等灭失，致使管理人无法执行清算职务，给债权人利益造成损害。“有关权利人起诉请求其承担相应民事责任”，系指管理人请求上述主体承担相应损害赔偿责任并将因此获得的赔偿归入债务人财产。管理人未主张上述赔偿，个别债权人可以代表全体债权人提起上述诉讼。上述破产清算案件被裁定终结后，相关主体以债务人主要财产、账册、重要文件等重新出现为由，申请对破产清算程序启动审判监督的，人民法院不予受理，但符合《企业破产法》第 123 条规定的债权人可以请求人民法院追加分配。

根据《企业破产法》第 15 条之规定，在破产清算程序中，负有配合法院、管理人开展工作的人员是公司的法定代表人、财务管理人员和其他管理人，并不包括公司股东、董事。因法定代表人等不配合破产清算工作或者未及时履行破产申请义务，导致债务人主要财产、账册、重要文件等灭失，管理人无法开展破产清算工作的，管理人有权代表全体债权人向其主张损害赔偿。笔者认为，这里的“损害赔偿”责任，与《公司法》（2023 年）第 232 条规定的清算义务人未及时履行清算义务而承担的法律责任性质相同。

案例9-2

平阳县胶豪橡塑助剂有限公司诉黄晓某、黄忠某股东损害公司债权人利益责任纠纷案

浙江省嘉兴市中级人民法院(2021)浙04民终3476号[①]

案情简介

上诉人(原审被告):黄晓某

被上诉人(原审原告):平阳县胶豪橡塑助剂有限公司(以下简称胶豪公司)

原审被告:黄忠某

胶豪公司向浙江省海宁市人民法院提出诉讼请求:(1)判令黄晓某、黄忠某支付侵权损害赔偿款2,621,000.46元。(2)本案诉讼费用由黄晓某、黄忠某共同承担。事实与理由:2017年1月20日,平阳县人民法院做出(2016)浙0326民初4603号民事判决,确定隆兴公司支付胶豪公司货款2,210,169元及利息损失。后胶豪公司进入破产清算程序,管理人确定胶豪公司的破产债权金额为2,425,413.72元。2020年5月6日,海宁市人民法院做出(2018)浙0481破2号之一民事裁定书,以债务人严重违反财务管理制度等,导致无法全面清算,宣告隆兴公司破产并终结隆兴公司破产程序,并载明债权人可以要求债务人的清算义务人对公司债务承担民事责任。2021年5月7日,隆兴公司管理人向胶豪公司出具情况说明,载明管理人尚不提起诉讼,胶豪公司可按《九民纪要》的有关规定代表全体债权人提起诉讼。

黄晓某答辩称:(1)对公司财务管理制度有不规范之处,但并没有滥用公司法人独立地位及股东有限责任的行为,更不存在财产混同的情形。(2)海宁市人民法院(2018)浙0481破2号之一民事裁定书载明债权人可以依据《公司法

① 原判决书内容较长,引用时为突出重点,做了删减和提炼。一审案号:浙江省海宁市人民法院(2021)浙0481民初4867号。

司法解释(二)》第18条第2款的规定,要求债务人的清算义务人对公司债务承担民事责任,是错误的,本案应适用《人员下落不明破产案件的批复》和《九民纪要》规定。

一审法院认定案件事实:隆兴公司于2010年5月20日成立,注册资本50万元,法定代表人为黄晓某,股东为黄晓某和黄忠某,两人分别出资40万元和10万元。隆兴公司因生产经营需要多次向胶豪公司购买复合硫化剂。2017年1月20日,平阳县人民法院做出(2016)浙0326民初4603号民事判决,确定隆兴公司支付胶豪公司货款2,210,169元及利息损失。进入执行程序后,因隆兴公司财产不足以清偿全部债务,胶豪公司于2018年3月22日向法院申请对隆兴公司进行破产清算。2018年4月9日,法院裁定受理胶豪公司对隆兴公司的破产清算申请,并指定浙江峻德律师事务所担任破产管理人。2018年6月29日,法院裁定确认胶豪公司的破产债权金额为2,425,413.72元,债权人江阴祝塘橡胶厂的债权金额为195,586.74元。破产管理人在执行职务过程中,因发现隆兴公司部分应收款项未入账,于2019年10月9日代表隆兴公司以法定代表人黄晓某为被告提起对外追收债权纠纷诉讼。2020年4月3日,法院判决驳回管理人的诉讼请求,但同时认定隆兴公司股东存在严重违反财务管理制度,营业款收入和部分支出没有进行财务处理的情况,认定隆兴公司的财务账簿不能真实反映公司真实收入和支付情况。2020年5月6日,一审法院做出(2018)浙0481破2号之一民事裁定书,以债务人严重违反财务管理制度等,导致无法全面清算,宣告隆兴公司破产并终结隆兴公司破产程序。2020年6月22日,隆兴公司注销。2020年7月3日,胶豪公司以黄晓某、黄忠某为被告向法院提起股东损害公司债权人利益责任纠纷之诉,因胶豪公司的起诉不符合《九民纪要》规定的程序和要求,于2020年12月24日被法院裁定驳回起诉。后胶豪公司提起上诉,被嘉兴市中级人民法院裁定驳回上诉,维持原裁定。

另查明:2020年11月10日,债权人江阴祝塘橡胶厂出具情况说明,同意胶豪公司代替全体债权人提起诉讼,所得财产按比例清偿。2021年5月7日,隆兴公司破产管理人向胶豪公司出具情况说明,载明管理人尚不提起诉讼,胶豪公司可按《九民纪要》的有关规定代表全体债权人提起诉讼。

法院裁判

一审法院认为,本案争议焦点为:(1)胶豪公司是否为本案适格主体?(2)隆兴公司与黄晓某是否存在人格混同？(3)黄晓某、黄忠某应否对隆兴公司的上述债务承担赔偿责任？

争议焦点一：根据《人员下落不明破产案件的批复》第3款、《九民纪要》第118条第4款相关规定，管理人未主张上述赔偿，个别债权人可以代表全体债权人提起上述诉讼，即胶豪公司的起诉符合上述规定的程序和要求。

争议焦点二：首先，公司人格否认制度作为公司法中的一项基本制度，公司法并没有排除破产程序适用其相关规定，破产企业如果在经营过程中存在公司股东滥用公司法人独立地位和股东有限责任的行为，基于类推适用原则，可以参照适用《公司法》(2018年)第20条第3款的公司法人人格否认制度。否则，破产作为"概括清偿"制度，如果丧失追加违约或侵权股东的相关财产的权利，显然与其制度设置的价值存在冲突。其次，债务人的法人资格因清算程序终结而终止，其既有的民事责任并不当然消灭，而是应由有关义务人承担偿还责任。民事诉讼法等相关法律并未禁止公司个别债权人可代表全体债权人提起公司人格否认诉讼。因此，胶豪公司的起诉不违反法律规定。最后，根据《九民纪要》第10条认定公司人格与股东人格是否存在混同，最根本的判断标准是公司是否具有独立意思和独立财产，最主要的表现是公司的财产与股东的财产是否混同且无法区分。本案中，根据一审法院(2019)浙0481民初7513号民事判决书、庭审笔录及相关证据材料等，隆兴公司存续期间严重违反财务管理制度，长期存在营业款收入和部分支出不进行账务处理的情况，金额达数百万元，公司账簿不能真实反映公司真实收入和支出情况，公司账目混乱，即隆兴公司已不具有独立的财产和人格。因此，隆兴公司与黄晓某存在人格混同。

争议焦点三：首先，从适用程序分析，公司解散清算与破产清算是不同的法律概念，两种清算所适用的程序、制度目标和规则设计不同。本案中，隆兴公司是经胶豪公司提出破产清算申请后，已被法院裁定终结破产清算程序，显然应以《人员下落不明破产案件的批复》第3款之规定作为胶豪公司诉请所依据的基础规范。其次，从法律义务分析，公司应当依照法律、行政法规和国务院财政部门的规定建立本公司的财务、会计制度，依法设置会计账簿并保证其真实、完整，法定代表人应对会计账簿的真实性、完整性负责。根据《破产法》第15条规定，本案中，黄晓某作为隆兴公司的法定代表人，负有公司经营管理之责，应妥善保管公司财产、印章和账簿、文书资料，在公司进入破产清算程序后，负有承担移交财产、印章和账簿、文书等资料的配合清算义务。黄忠某作为小股东,不参与公司的经营管理,不存在配合清算的义务。最后,从因果关系分析,隆兴公司存续期间严重违反财务管理制度,长期存在未将实际发生的业务进行账务处理且存在坐支情况,其财务账簿不能真实反映公司的收入和支出等经营情况。虽然隆兴公司进入破产清算程序后,黄晓某向管理人移交了财务账册和记账凭证,但因移交的账册材料不完整、不真实,导致管理人无法查明隆兴公司财产状况,无法据此完成综合审计并进行清算。在此情况下终结破产清算程序,作为隆兴公司的债权人,其债权必然遭受一定损失。目前并无证据证明隆兴公司债权人的债权损失额,可推定其损失额即为胶豪公司和另一债权人的债权未受偿额之和,即 2,621,000.46 元。因此,隆兴公司的债权人因隆兴公司的无法清算而遭受债权损失,且其所受损失与黄晓某未能提供真实、完整的账簿之间存在因果关系,应认定黄晓某未尽到妥善保管账簿、文书等资料的职责以及向管理人移交账簿等配合清算的义务。依照《人员下落不明破产案件的批复》第 3 款规定,胶豪公司要求黄晓某对隆兴公司不能清偿的债务承担损害赔偿责任的主张,应予支持。鉴于胶豪公司系代表全体债权人提起的本案诉讼,因此而获得的赔偿款理应归入债务人财产,考虑到隆兴公司破产清算程序已终结,黄晓某应将赔偿款交至一审法院,由一审法院依法分配。

据此,一审法院依照《破产法》《人员下落不明破产案件的批复》《民事诉讼法》的相关规定,判决如下:(1)黄晓某于判决生效之日起 10 日内将赔偿款 2,621,000.46 元交一审法院,由一审法院依法分配。(2)驳回胶豪公司其他诉讼请求。

黄晓某不服一审判决,上诉至浙江省嘉兴市中级人民法院。

二审判决:驳回上诉,维持原判。

案例评析

黄晓某是否与隆兴公司人格混同,主要事实来自(2019)浙 0481 民初 7513 号案,该案中隆兴公司管理人起诉黄晓某要求归还属于隆兴公司的 68 万元资金,但黄晓某提供了大量证据证明这 68 万元被私下用于公司开支,并未占为己有,故法院驳回了管理人的诉讼请求,与此同时法院也查明隆兴公司严重违反财务管理制度,营业款收入和部分支出没有进行账务处理,并认定隆兴公司的财务账簿不能真实反映公司真实收入和支付情况。从该案查明的事实可知,隆兴公司已不具有独立的财产和人格,隆兴公司与黄晓某存在人格混同。但本案法院却没有适用公司人格否认规则判案,而是依据《企业破产法》第 15 条、《人员下落不明破产案件的批复》第 3 款判案。

法院认为,根据《企业破产法》第 15 条的规定,黄晓某作为隆兴公司的法定代表人,负有承担公司经营管理之责,应妥善保管公司财产、印章和账簿、文书资料,在公司进入破产清算程序后,负有承担移交财产、印章和账簿、文书等资料的配合清算义务。胶豪公司因隆兴公司无法清算而遭受债权损失,且其所受损失与黄晓某未能提供真实、完整的账簿之间存在因果关系。

《企业破产法》第 15 条规定,公司进入破产程序后,由法定代表人负责保管和移交公司的财产、印章、账簿和文书等资料。这一规定缺乏合理性。修订前后的公司法,都没有规定法定代表人有妥善保管公司财产、印章、账簿和文书等资料的义务。另外,清算义务人给隆兴公司管理人移交的财务账册资料不完整、不全面,导致管理人无法查明公司的财产状况,不一定会导致隆兴公司债权人受损,这其中的因果关系,法院没有分析。公司破产后,债权人能否得到清偿本质上取决于公司名下还有无资产,若公司破产前,其名下确实无资产,那么公司破产后,即便法定代表人未能移交完整的公司财产账册资料给管理人,也不会导致公司债权人的利益受损。如果查明黄晓某转移了隆兴公司资产,导致该公司“无产可破”,应当由管理人依据《企业破产法》相关规定起诉黄晓某,追回公司的资产。

《九民纪要》已经声明对人员下落不明或者财产状况不清的破产企业追究相关人员承担责任时,应当依照企业破产法的相关规定来确定相关主体的义务内容和责任范围,不得根据《公司法司法解释(二)》第 18 条第 2 款的规定来判定相关主体的责任。本案法院确实没有援引《公司法司法解释(二)》第 18 条第 2 款的规定判案,但裁判思路却跟该司法解释一模一样,推定法定代表人未履行配合清算义务与公司无法清算、债权人利益受损之间存在因果关系,进而把《企业破产法》第 15 条的配合清算义务人法律责任解释成为具有法人人格否认性质的连带责任,判令作为法定代表人的黄晓某对公司无法清偿的所有债务承担全额赔偿责任。笔者认为,既然已经查明黄晓某与隆兴公司人格混同,法院就应当以公司人格否认规则来判案,判定作为股东的黄晓某对公司债权人承担连带清偿责任,具体见本章第四节内容。

第三节　公司人格否认制度与衡平居次原则

衡平居次原则(the Equitable Subordination Rule)是美国法院在1939年审理的"泰勒诉标准公司案"[①]中确立的一项重要的破产法制度。该案中的破产企业为深石公司(Deep Rock Oil Corp.),故又简称深石原则。衡平居次原则主要解决控制公司与从属公司(母公司与子公司)之间的破产债权受偿顺序问题,与公司人格否认制度在适用情形上有很多相似之处,故两者常被放在一起讨论研究。

深石原则产生的基本案情:1933年深石公司进入破产程序,后接着又进入重整程序。地区法院在审查第一份重整方案时认为,有充分的证据表明标准公司作为深石公司股东,如同操纵工具一样掌控运行着深石公司,在清偿顺序上忽视了深石公司中优先股股东的利益,故法院未批准该方案。深石公司重整委员会对该重整方案进行修改后,地区法院批准通过。但深石公司的优先股股东泰勒仍认为修改后重整方案损害其利益,故上诉至巡回法院。但巡回法院维持了地区法院的判决,泰勒遂上诉至美国联邦最高法院。美国联邦最高法院认为,深石公司在成立之初就资本不足,负债累累,其后不仅业务经营完全受标准公司控制,而且为实现标准公司利益进行了大量的不正当交易。例如,标准公司指示深石公司与另一家子公司签订一份对深石公司极为不利的租赁合同,而另一家子公司再把获得的租赁费转给标准公司,为此深石公司付出了极不合理的租赁费、管理费;标准公司通过与深石公司的往来账户索取高额利息和复利,标准公司还在深石公司不具有支付能力时仍要求股息红利;等等。如果批准该重整方案,则违背了公平合理原则,于是将重整方案撤销,并判决标准公司对深石公司之债权应次于深石公司的优先股股东受偿。

衡平居次原则虽只会改变债权的受偿顺序,但在破产程序中,这基本意味

---

① Taylor v. Standard Gas & Elec. Co., 306 U. S. 307 (1939).

着该债权无法得到任何清偿。衡平居次原则经由“派博诉里顿案”[①]、“阿诺德诉菲利普斯案”[②]等系列案件继承和发展，其适用对象和适用标准等制度得以不断完善。根据布伦伯格(Blumberg)教授的分析，自深石公司案件以来，所有适用衡平居次原则的案例中，违反“公平”标准的行为大概有以下四类：(1)从属公司资本不实；(2)控制企业行使对从属公司控制权时，违反了受任人的诚信义务；(3)控制公司无视从属公司独立人格而违反了法律规定；(4)资产混同或输送。[③] 在从属公司破产案件中，衡平居次原则对如何处理控制公司对从属公司所享有的债权问题产生了重要影响，现为世界上许多国家所认可和效仿。

我国目前尚无关于衡平居次原则的立法规定，《破产纪要》第39条在关联企业破产内容中，提到了衡平居次原则的适用，“协调审理不消灭关联企业成员之间的债权债务关系，不对关联企业成员的财产进行合并，各关联企业成员的债权人仍以该企业成员财产为限依法获得清偿。但关联企业成员之间不当利用关联关系形成的债权，应当劣后于其他普通债权顺序清偿，且该劣后债权人不得就其他关联企业成员提供的特定财产优先受偿”。在此之前，2015年3月，最高人民法院发布了四个典型案例，其中之一的“沙港公司诉开天公司执行分配方案异议案”，在业内有我国衡平居次原则第一案之称。

案例9－3

沙港公司诉开天公司执行分配方案异议案

上海市松江区人民法院

案情简介

2010年6月11日，上海市松江区人民法院做出(2010)松民二(商)初字第275号民事判决，茸城公司应当向沙港公司支付货款以及相应利息损失。275

① Pepper v. Litton, 308 U.S. 295 (1939).

② Arnold v. Phillips, 117 F.2d 497 (5th Cir. 1941).

③ 参见孙向齐：《我国破产法引入衡平居次原则的思考》，载《政治与法律》2008年第9期。

号案判决生效后进入执行程序，因未查实苇城公司可供执行的财产线索，终结执行。苇城公司被注销后，沙港公司申请恢复执行，上海市松江区人民法院裁定恢复执行，并追加苇城公司股东开天公司及7名自然人股东为被执行人，并在各自出资不实范围内向沙港公司承担责任，扣划到开天公司和4个自然人股东款项共计696，505.68元（包括开天公司出资不足的450，000元）。2012年7月18日，该院分别立案受理由开天公司提起的两个诉讼：（2012）松民二（商）初字第1436号案和（2012）松民三（民）初字第2084号案，开天公司要求苇城公司8个股东在各自出资不实范围内对苇城公司欠付开天公司借款以及相应利息、房屋租金以及相应逾期付款违约金承担连带清偿责任。该两案判决生效后均进入执行程序。

2013年2月27日，沙港公司收到上海市松江区人民法院执行局送达的《被执行人苇城公司追加股东执行款分配方案表》。分配方案表将上述三案合并，确定执行款696，505.68元在先行发还三案诉讼费用后，余款再按31.825%同比例分配，今后执行到款项再行分配处理。沙港公司后向法院提交《执行分配方案异议书》，认为开天公司不能就其因出资不到位而被扣划的款项参与分配，且对分配方案未将逾期付款双倍利息纳入执行标的不予认可，开天公司对沙港公司上述执行分配方案异议提出反对意见，要求按原定方案分配。上海市松江区人民法院将此函告沙港公司，2013年4月27日，法院依法受理原告沙港公司提起的本案诉讼。

另查明，上述三案裁判文书认定了苇城公司股东各自应缴注册资本金数额和实缴数额的情况。

法院裁判

法院一审认为，本案是一起执行分配方案异议之诉。原、被告双方在本案中围绕相关执行分配方案存在两个争议焦点，一是针对开天公司出资不实而被法院扣划的450，000元，开天公司能否以对公司也享有债权为由与沙港公司共同分配该部分执行款；二是执行标的是否应包括加倍支付迟延履行期间的债务利息。关于第一个争议焦点，公司法律明确规定有限责任公司的股东以其认缴的出资额为限对公司承担责任。开天公司因出资不实而被扣划的450，000元应先补足苇城公司责任资产向作为公司外部的债权人原告沙港公司进行清偿。

开天公司以其对茸城公司也享有债权要求参与其自身被扣划款项的分配,对公司外部债权人是不公平的,也与公司股东以其出资对公司承担责任的法律原则相悖。696,505.68 元执行款中的450,000 元应先由原告受偿,余款再按比例进行分配的意见予以采纳。关于第二个争议焦点,相关275 号案、1436 号案、2084 号案民事判决书均判令如债务人未按指定期间履行金钱债务的,须加倍支付迟延履行期间的债务利息。故对原告沙港公司关于执行标的应包括加倍支付迟延履行债务期间的利息的主张,予以采纳。原、被告双方均对各自主张的迟延履行期间双倍利息明确了计算方式,原告沙港公司对系争执行分配方案所提主张基本成立,法院依法予以调整。一审判决后,当事人均未提出上诉,一审判决生效。

案例评析

最高人民法院对本案的评价是:"本案当事人对执行分配方案的主要争议在于,出资不实股东因向公司外部债权人承担出资不实的股东责任并被扣划款项后,能否以其对于公司的债权与外部债权人就上述款项进行分配。对此,我国法律尚未明确规定,而美国历史上深石案所确立的衡平居次原则对本案的处理具有一定的借鉴意义。在该类案件的审判实践中,若允许出资不实的问题股东就其对公司的债权与外部债权人处于同等受偿顺位,既会导致对公司外部债权人不公平的结果,也与公司法对于出资不实股东课以的法律责任相悖。故本案最终否定了出资不实股东进行同等顺位受偿的主张,社会效果较好,对同类案件的处理也有较好的借鉴意义。"

本案法院认为,股东债权要劣后清偿,理由是"对外部债权人不公平"与"股东以出资对公司承担责任的原则相悖"。法院的裁判思路为:首先开天公司因出资不足被执行的450,000 元认缴出资款,作为茸城公司责任财产,本应被用来清偿茸城公司的对外债务,按照执行分配方案,部分被用来清偿股东开天公司自己的债权,该做法与股东出资对公司承担责任的法律原则相悖;其次以股东出资来偿还股东对公司的债权,致使其他债权清偿比例下降,对其他债权人不公。笔者认为,仅凭这两点理由,不足以得出股东开天公司债权劣后清偿的结论。在公司不能清偿全部对外债务的情况下,公司剩余资产按股东债权、普通债权比例进行清偿,与法不悖。

如果本案要参照衡平居次原则审理，应当围绕公司资本不足理论来论证股东债权劣后清偿的合理性。股东应当按期支付认缴出资来补足公司责任财产，公司在经营过程中，若公司资本金与公司经营所隐含的风险明显不匹配，股东应当及时追加投资。而股东以借款满足公司资金需求，即便公司经营不善，可通过清偿本息实现资金安全，但同时会降低全体普通债权的清偿比例，增加普通债权人风险，这才是衡平居次原则的规制目的，法院须通过股东债权劣后于普通债权予以矫正。

2017年重庆市高级人民法院发布的《关于审理破产案件法律适用问题的解答》明确了劣后债权的适用情形，且规定劣后债权人不得行使别除权和抵销权，原文为："何种情形下可以将公司股东或实际控制人对公司享有的债权确定为劣后债权，安排在普通债权之后受偿？答：具有以下情形之一的，可以将公司股东或实际控制人对公司债权确定为劣后债权，安排在普通债权之后受偿：（一）公司股东因未履行或未全面履行出资义务、抽逃出资而对公司负有债务，其债权在未履行或未全面履行出资义务、抽逃出资范围内的部分；（二）公司注册资本明显不足以负担公司正常运作，公司运作依靠向股东或实际控制人负债筹集，股东或实际控制人因此而对公司形成的债权；（三）公司控股股东或实际控制人为了自身利益，与公司之间因不公平交易而产生的债权。公司股东或实际控制人在前述情形下形成的劣后债权，不得行使别除权、抵销权。"

基于上述解答，重庆法院审理了多起相关案例，对适用衡平居次原则积累了宝贵的审判经验。如重庆市第二中级人民法院审理的"巫溪县国华置业有限公司与陈某某普通破产债权确认纠纷案"①。该案中巫溪县国华置业有限公司（以下简称巫溪国华公司）的原股东陈某某在2017年10月将30%股权（认缴1100万元，实缴170万元）已在出资期限届满后，作价170万元转让给赵某某，即陈某某只承担了170万元的出资责任，其余930万元的出资责任由赵某某承担，同时巫溪国华公司出具《担保书》，同意用已建的商铺900平方米抵押给陈某某，担保对陈某某与赵某某股权转让款170万元及违约金。2018年5月29日，赵某某死亡。后巫溪国华公司破产，陈某某向管理人申报享有担保债权170万元，一审法院判决支持了陈某某的请求。但重庆市第二中级人民法院却认

① 重庆市第二中级人民法院民事判决书，(2021)渝02民终612号。

为,陈某某存有侵害普通债权人利益的过错,即陈某某在作为巫溪国华公司股东时未全面履行出资义务便转让股权,严重降低巫溪国华公司的偿债能力,危及其他债权人的合法权益。就诚信义务角度而言,陈某某作为巫溪国华公司的时任股东,未履行如实出资的义务,若允许陈某某就其对巫溪国华公司的债权与其他普通债权人处于同等受偿顺位,与公司法对于出资不实股东课以的法律责任相悖,会导致对其他普通债权人不公平的结果。故陈某某因未履行或者未全面履行出资义务而对公司负有债务,其债权在未履行或者未全面履行出资义务的部分应确定为劣后债权,安排在其他普通债权之后受偿。

以下是关于股东对公司出资显著不足,股东向公司提供大量借款而申报破产债权,是否应当居次受偿的案例。该案一审法院认定股东债权劣后受偿,但被二审法院全部改判,判决说理充分,值得研究学习。

案例 9-4

湖南建工集团有限公司诉重庆交通运输控股(集团)有限公司普通破产债权确认纠纷案

重庆市第五中级人民法院(2020)渝05民终1126号①

案情简介

上诉人(原审被告):重庆交通运输控股(集团)有限公司(以下简称重庆交运集团)

被上诉人(原审原告):湖南建工集团有限公司(以下简称湖南建工集团)

原审第三人:荣惠畜牧公司

湖南建工集团向重庆市荣昌区人民法院起诉,请求判决确认重庆交运集团对荣惠畜牧公司享有的破产债权8200万元的性质为劣后债权。

一审法院查明:荣惠畜牧公司成立于2009年3月5日,注册资本为1000万元,渝惠食品集团持有荣惠畜牧公司45%股权。2009年9月24日,荣惠畜牧公

---

① 原判决书内容较长,引用时为突出重点,做了删减和提炼。一审案号:重庆市荣昌区人民法院(2019)渝0153民初5520号。

司注册资本由1000万元增资至2000万元,渝惠食品集团变为持股62.5%。2010年12月23日,荣惠畜牧公司注册资本由2000万元增资至3000万元,渝惠食品集团仍持股62.5%。重庆源泰会计师事务所出具的《验资报告》显示,荣惠畜牧公司的注册资本3000万元已于2011年3月15日前全部到位。

2009年3月5日,渝惠食品集团批复同意荣惠畜牧公司关于中国(荣昌)畜牧产品交易市场项目(以下简称畜牧交易市场)立项,该项目享受原荣昌县政府招商引资的优惠政策。重庆市投资咨询公司分析论证认为,该项目的建设是必要的、可行的。项目总投资测算约2.2亿元,其中一期工程预测投资1.2亿元,二期工程预测投资1亿元。湖南建工集团作为该项目的承包人进行施工,项目一期工程于2009年9月开工建设,于2011年6月15日竣工验收,2013年5月17日取得建设工程竣工验收备案登记证。项目二期工程尚未实施。

2011年11月25日,渝惠食品集团更名为商业投资集团。2018年6月29日,商业投资集团将持有荣惠畜牧公司的62.5%股权无偿转给重庆交运集团。2018年7月18日,荣惠畜牧公司的股东变为:重庆交运集团、重庆泰华公司、重庆金宇公司、赵某余、荣昌畜旺公司,其中重庆交运集团持股62.5%。

2014年4月15日,重庆和勤会计师事务所有限公司作出的《畜牧交易市场项目一期工程基本建设工程竣工决算审核报告》载明:截至2014年3月31日,项目一期工程实际到位资金1.4亿元,其中向银行借款7500万元,自筹资金6900万元(包括争取政府扶持政策资金1780万元,其他自筹资金5120万元),实际支出1.7亿元,荣惠畜牧公司尚有3000万元工程款及规费等未支付。

荣惠畜牧公司经营期间,曾多次向各银行、本公司各股东借款,借款金额从几十万元至几千万元不等,并不断对借款展期。其中,2010年4月27日至10月26日,荣惠畜牧公司向农行荣昌支行借款7500万元;2012年1月4日向重庆银行借款600万元;2011年7月30日向股东重庆金宇公司借款225万元;2011年7月30日至2013年3月5日向股东重庆泰华公司借款250万元;2011年7月26日至2018年6月20日,荣惠畜牧公司先后19次向股东商业投资集团(原渝惠食品集团)借款共计6680万元,截至2018年7月24日,荣惠畜牧公司尚欠商业投资集团借款本金6680万元,利息1400万元,共计8080万元。重庆交运集团举示的多份荣惠畜牧公司股东会决议显示向股东借款的用途为支付银行贷款本息、土地使用税、房产税及其他资金周转。2016年4月22日,荣惠畜牧公司形成的《股东会审议文件》显示：由股东单位投资兴建的畜牧产品交易市场总投资达到了2.2亿元，市场一期工程建设投入一再增加，导致财务成本过高，公司收入不足以弥补银行贷款、股东借款等各项支出情况，因此提请审议向商业投资集团的到期借款进行展期等事项。

2018年7月24日，重庆交运集团、商业投资集团与荣惠畜牧公司签订《债权转让协议》，约定商业投资集团将对荣惠畜牧公司截至2018年7月24日的债权8080万元等额有偿转让给重庆交运集团。2018年8月9日，荣惠畜牧公司形成《临时股东会审议文件》载明：由于荣惠畜牧公司市场一期建设投入过大，公司注册资本金的严重不足，市场建设主要依赖于银行贷款和股东借款开展，公司财务成本过高，收入不足覆盖财务成本，公司已经连续亏损6年，现目前公司没有扭亏为盈的希望，若继续经营下去，将会给股东造成更大的损失。再加之因欠湖南建工集团2600万元工程款及利息，湖南建工集团已经提起了诉讼，现判决已经生效并进入法院执行阶段，且已将公司的土地房屋、银行账户进行了查封、冻结，致使公司经营困难，经与湖南建工集团多次协商未果。为了减少股东损失，公司特提请股东会审议《关于申请破产清算，减少股东损失的议案》。在破产清算中，湖南建工集团工程款因没有优先权和公司其他债务（包含各股东单位借款及利息，以及其他公司尚未支付的费用）为同一序列债权，将按债权比例共同分享公司资产，这样就会避免公司主要资产被湖南建工独家处置而损害股东利益……

2018年9月20日，荣惠畜牧公司向重庆市第五中级人民法院申请破产清算。法院查明：根据荣惠畜牧公司提供的2012年至2017年的审计报告，荣惠畜牧公司自2012年起持续亏损，累计亏损4695万元。根据荣惠畜牧公司提交的2018年1月至7月的资产负债表，截至2018年7月31日其资产为1.9亿元，负债为2.2亿元，到期债务为172万元，企业仍持续亏损。

2018年11月26日，重庆市第五中级人民法院裁定受理荣惠畜牧公司的破产清算申请，指定重庆市荣昌区人民法院审理，北京大成（重庆）律师事务所为荣惠畜牧公司管理人。截至2019年6月6日，管理人接收申报债权总额为1.8亿元，经审核确认的债权总额为1.7亿元，其中湖南建工集团向管理人申报债权3736万元，管理人确定的债权金额为3072万元；重庆交运集团向管理人申报普通债权8215万元，管理人确定的债权金额为8200万元。2019年6月22

日,湖南建工集团向管理人提出异议,认为重庆交运集团申报的债权应认定为劣后债权。荣惠畜牧公司管理人于2019年8月25日作出荣惠债异审2号《债权异议审查结果通知书》,认为湖南建工集团所提出的荣惠畜牧公司股东债权劣后的申请理由没有事实和法律依据,不予确认。湖南建工集团于2019年9月9日收到该审查结果通知书后向重庆市荣昌区人民法院提起诉讼。

2010年9月28日,荣惠畜牧公司董事会决议显示:同意新增2－22号楼内墙涂料和天棚涂料,由施工单位报预算,工程部审核,再由公司报集团(渝惠食品集团)审批办理;同意1号楼的干挂石材骨架、玻璃天棚、玻璃幕墙骨架、9－21号楼楼梯栏杆及扶手等漏项问题再次资金投入,由施工单位报预算,工程部审核,再由公司报集团(渝惠食品集团)审批办理。2011年1月12日,荣惠畜牧公司市场建设工作协调会会议纪要显示:室外电缆漏项工程款的支付按程序,由工程部提请经理办公会、董事会研究后,报渝惠食品集团投资发展部审定。

2016年11月,荣惠畜牧公司制定《"三重一大"事项集体决策实施办法(试行)》规定:5万元以内的开支上经理办公会,5万元以上的开支上董事会,其他需要上报商业投资集团批准的则通过经理办公会审议后,上报商业投资集团批准,再履行董事会审定程序。

2015年9月11日,湖南建工集团向重庆市第五中级人民法院起诉荣惠畜牧公司主张工程款等,在诉讼过程中对荣惠畜牧公司的财产申请了保全。庭审中,重庆交运集团为证明荣惠畜牧公司投资建设的畜牧交易市场的房地产部分资产评估价值达2.2亿元,超过了荣惠畜牧公司的所有债务1.8亿元,不存在公司注册资本明显不足以负担公司正常运营的情形,举示了《房地产估价报告》。

法院裁判

一审法院认为,在破产程序中,债权人对于管理人编制的债权表记载的债权有异议,可以请求管理人予以更正,管理人不更正的可以向人民法院提起诉讼。湖南建工集团主张重庆交运集团对荣惠畜牧公司享有的破产债权8200万元性质为劣后债权,重庆交运集团、荣惠畜牧公司对此不予认可。

一审法院认为,首先,荣惠畜牧公司的注册资本3000万元虽已全部投资到位,但其经营的畜牧交易市场项目投资测算高达2.2亿元,截至2014年3月31

日,荣惠畜牧公司为该项目一期工程实际筹集到位的资金为1.4亿元,而实际支出则为1.7亿元,尚有3000万元资金缺口。荣惠畜牧公司在经营过程中所需资金远远超出注册资本,其注册资本与其经营项目的资金需求及其所隐含的风险相比明显不匹配。

其次,荣惠畜牧公司在出现资金危机后选择向股东借款,而非通过增资方式筹集资金,其有利用公司独立人格和股东有限责任把投资风险转嫁给债权人的可能。荣惠畜牧公司仅向大股东商业投资集团不断借款所产生的本息就高达8200万元,占荣惠畜牧公司第一次债权人会议确认的所有破产债权总额的近50%,且远远超过了其注册资本3000万元,应属荣惠畜牧公司注册资本明显不足以负担公司正常运作的情形。

最后,荣惠畜牧公司的资金使用需要该大股东审批同意,商业投资集团作为荣惠畜牧公司的母公司,参与了荣惠畜牧公司的生产经营,对该公司的生产经营起了主要作用。在荣惠畜牧公司进入破产清算后,重庆交运集团应负相关责任。在公司注册资本明显不足以负担公司正常运作的情况下,公司运作依靠向股东负债筹集,股东因此而对公司形成的债权,可以被确定为劣后债权,安排在普通债权之后清偿。

重庆交运集团辩称,荣惠畜牧公司系国有控股企业,其实施的项目受到国家和政府的扶持,不能按照一般商业投资项目的思维对企业注册资本金的标准作出要求或判断。该项目经过研究机构论证,在现有注册资本金情况下具有可行性,其总投资2.2亿元,一期建设实际投资2.08亿元,实际筹集了3000万元注册资本、银行贷款8000万元、政府各项补助资金约7000万元,合计筹集资金达到1.8亿元,占一期项目总投资的86%,完全可以正常实施并运营该项目,不属于资本金明显不足负担公司正常运营的情形,一期项目的租金收益也足以维持公司正常的经营活动。企业并不需要注册资本与投资总额保持一致,应允许合理利用杠杆,允许正常以小博大的商业投资。荣惠畜牧公司资金困难甚至被迫破产清算的根本原因系所开发建设的固定资产无法按照预定目标正常变现,而非注册资本金不足。

一审法院认为,首先,重庆交运集团主张的荣惠畜牧公司所实施项目不能按照一般商业投资项目的思维对企业注册资本标准作出要求的意见,因于法无据,不能成立。其次,在荣惠畜牧公司实际经营畜牧交易市场建设项目过程中,虽然研究机构论证项目具有可行性,也获得了政府补助资金,但是实际到位资金与实际支出金额相比仍有高达3000万元的差距。荣惠畜牧公司的股东会决议、董事会决议、股东会会议纪要、股东会审议文件提到"资金缺口1500万元,由各股东按股权比例借款给荣惠畜牧公司""市场一期工程建设投入一再增加,导致财务成本过高,公司收入不足以弥补银行贷款、股东借款等各项支出的情况""避免因公司无法按期偿还贷款利息导致破产清算,进而影响各股东信用等级,影响各股东融资发展,特恳请各股东借款"等内容,均反映出荣惠畜牧公司的注册资本已经不足以负担公司的正常运作。荣惠畜牧公司建设项目一期工程时,有大量债务未还清,在此情况下,荣惠畜牧公司可以通过增资达到公司注册资本符合其经营风险及运转所需的目的,而其采用不断向股东大量借款的方式把投资风险转嫁给债权人,属于注册资本明显不足的情形,并非正常的以小博大。

综上所述,一审法院根据《破产法》第58条第3款、《公司法》(2018年)第20条第1款规定,判决确认重庆交运集团对荣惠畜牧公司享有的破产债权8200万元为劣后债权,安排在普通债权之后清偿。

重庆交运集团不服一审判决,向重庆市第五中级人民法院上诉。

二审查明:荣惠畜牧公司共向股东借款24笔,发生于2011年7月26日至2018年6月20日,合计7305.375万元,另向关联公司重庆恒升资产经营管理公司借款340万元。上述借款除50万元用于"周转金"外,其余用来还银行贷款及支付湖南建工集团工程款。荣惠畜牧公司自成立至该公司被裁定破产清算,公司的资金来源情况如下:注册资金3000万元、向银行借款8100万元、向股东借款7305.375万元、向关联公司借款340万元、政府补助7252.624225万元、经营收入3389.159915万元,合计29,387.15914万元。

重庆市第五中级人民法院认为,关于重庆交运集团对荣惠畜牧公司的借款债权是否属于公司注册资本明显不足以负担公司正常运作,公司运作依靠向股东或实际控制人负债筹集形成的债权,是否属于劣后债权,评判如下:

关于公司注册资本是否明显不足以负担公司正常运作:第一,要考察不足以负担公司正常运作是否达到"明显"的程度。这需要根据一般商业交易原则、商业惯例、行业监管要求等,并结合案件具体情况综合分析,不能仅将公司注册资本与项目运作所需资金作简单对比进行判断。第二,公司注册资本与公司经营所隐含的投资风险不匹配应达到一定时间段，如果只是一时的不匹配，不宜轻易将股东或实际控制人对公司享有的债权做劣后处理。

就本案而言，荣惠畜牧公司开发的是畜牧产品交易市场项目，实践中此类项目存在投入资金大于成立时注册资本，通过融资及政府扶持资金等方式弥补投资资金不足的做法。荣惠畜牧公司也正是在注册资本仅为3000万元的情况下启动2.2亿元的项目，通过融资及政府扶持资金等方式弥补投资资金的不足，就项目一期而言，2011年6月15日竣工验收后，企业资金不足以维持续建和公司正常运作，二期工程至今尚未实施，企业长期陷入停滞并不能清偿巨额债务。可见，虽然荣惠畜牧公司通过各种方式筹资弥补注册资金不足，启动并推进了项目的部分建设，但一期建成后明显缺乏资金维持公司经营和推进项目，这一状态持续至今并无明显改善，应认定公司注册资本金不足负担公司正常运作达到了“明显”的程度。

关于公司正常运作依靠向股东或实际控制人负债筹集的认定问题，关键在于如何认定“依靠”。所谓“依靠”，是指指望或仰仗某种力量来达到一定目的，就筹集资金维持正常运作而言，被“依靠”的股东或实际控制人所提供的资金，应构成公司正常运作资金的主要部分，也即公司正常运作资金主要来源于股东或实际控制人提供的借款，如果仅少部分或少量来自上述借款，不宜将此类债权认定为劣后债权。

荣惠畜牧公司成立至该公司被裁定破产清算，该公司获取的维持公司运作的各种资金（包括注册资金、银行借款、股东及关联公司借款、政府补助及经营收入）合计2.9亿元，其中荣惠畜牧公司向股东借款24笔共计7300万元（其中向商业投资集团即原渝惠食品集团借款6680万元）。对比荣惠畜牧公司所筹集的各种运作资金和向股东的借款，向股东借款仅占荣惠畜牧公司运作所需资金的25%，应认定只有少部分公司正常运作资金来源于向股东借款。

综上所述，荣惠畜牧公司通过各种方式弥补成立时注册资金不足，启动并推进了项目的部分建设，但公司注册资本金仍然明显不足负担公司正常运作。尽管如此，由于公司正常运作的资金并非主要来自股东或实际控制人提供的借款，不宜将本案股东借款债权认定为劣后债权。重庆交运集团的上诉理由成立，其请求应予支持。

二审判决：撤销一审判决；驳回湖南建工集团的诉讼请求。

案例评析

虽然本案二审法院驳回了湖南建工集团的诉讼请求，撤销了一审判决，但二审法院认可荣惠畜牧公司注册资本只有3000万元情况下，启动2.2亿元的项目，属于注册资本明显不足的情形，只是二审法院认为荣惠畜牧公司尚不符合“公司正常运作依靠向股东或实际控制人负债筹集”条件。

关于如何认定公司资本显著不足，由前述分析可知，并不是单纯地比较公司注册资本与所从事的业务可预见的债务规模，还要结合公司经营期限、业务范围、成立目的、债权人的性质等因素综合考虑。

就本案而言，荣惠畜牧公司成立于2009年3月5日，注册资本为1000万元，后股东追加投资2000万元。2009年3月5日，渝惠食品集团批复同意关于畜牧交易市场的立项，即荣惠畜牧公司是为了开发畜牧交易市场项目而成立的。该项目投资总测算为2.2亿元，其中一期工程1.2亿元，二期工程1亿元。湖南建工集团作为该项目的施工承包单位，一期工程于2009年9月开工建设。湖南建工集团作为有经验的施工方，对该项目性质和项目资金来源情况应当十分了解，也有能力和条件对该项目的承包风险进行充分评估。

资本显著不足同时作为公司人格否认制度与衡平居次原则的适用情形，要看是否给债权人造成严重损害结果。根据我国法律规定，湖南建工集团对该项目工程折价或者拍卖的价款享有优先受偿权，且该优先受偿权优先于银行的抵押权。即便荣惠畜牧公司进入破产程序，湖南建工集团的建设工程价款优先受偿权也不受影响。而重庆交运集团与荣惠畜牧公司形成的借款为普通债权，从清偿顺序上看，不会影响湖南建工集团的清偿利益。本案法院没披露湖南建工集团的建设工程价款受偿情况，根据2018年8月9日荣惠畜牧公司形成的《临时股东会审议文件》内容“因欠湖南建工集团2600万元工程款及利息，湖南建工集团已经提起了诉讼，现判决已经生效并进入法院执行阶段，且已将公司土地房屋、银行账户进行了查封、冻结……”可知，拖欠湖南建工集团的工程款还未对该项目工程拍卖受偿。如果最后该项目工程拍卖所得价款无法覆盖湖南建工集团的工程款，对于荣惠畜牧公司的其他财产清偿而言，重庆交运集团申报的普通债权，才会对湖南建工集团的工程款债权产生实质影响，即会降低其受偿比例。

关于荣惠畜牧公司资本金筹集,除股东投入 3000 万元资本金外,政府补助资金 7000 万元不需要还本付息,也可当作资本金性质,一期建设项目实际投资 2.08 亿元,故一期项目资金缺口在 1.08 亿元,该项目资本金投入符合《国务院关于加强固定资产投资项目资本金管理的通知》的相关标准。本案法院分析的是注册资本金明显不足,不太妥当。

本案判决未完全披露荣惠畜牧公司的债务情况。由案例可知管理人共确认荣惠畜牧公司债务总额为 1.7 亿元,其中湖南建工集团债权 3072 万元,重庆交运集团债权 8200 万元,剩余 5728 万元应该主要是银行和其他股东的借款。银行的债权有抵押担保,受偿风险较低。所以荣惠畜牧公司股东申报的普通债权对银行和湖南建工集团的债权受偿影响都不大。

二审法院查明荣惠畜牧公司经营收入 3389.159915 万元,说明该项目已经实现经营收益。重庆交运集团认为荣惠畜牧公司破产原因是该项目的经营收益不如预期,不是因资本金短缺导致的,符合事实。

结合荣惠畜牧公司的资本金,畜牧交易市场项目的投资规模,资金筹措渠道、湖南建工集团自身原因及其债权性质等多方面因素,笔者认为荣惠畜牧公司不构成资本显著不足,无法认定荣惠畜牧公司正常运作依靠向股东或者实际控制人负债筹集,本案不符合股东债权居次受偿原则的适用情形。

重庆破产法庭发布的 2020 年十大典型案例之六“重庆手之舞游戏有限公司破产清算案”,是重庆市第五中级人民法院审理的以资本显著不足将股东的债权予以劣后受偿的代表案例。基本案情:重庆手之舞游戏有限公司(以下简称手之舞公司)于 2014 年 12 月 25 日登记设立,注册资本 30 万元,系神指公司的全资子公司,经营范围为游戏设计、开发、销售及技术服务、知识产权代理,主要开发了无双斩游戏软件。后出现经营困难,手之舞公司向本院申请破产清算,2020 年 2 月 25 日,重庆市第五中级人民法院裁定受理手之舞公司破产清算申请,并指定管理人。审理情况:手之舞公司债权申报期满后,仅有上海复娱文化传播股份有限公司和手之舞公司股东神指公司向管理人申报债权,债权性质均为普通债权,金额分别为 115.93 万元、368 万元。经管理人调查,手之舞公司资产仅有现金 6768.83 元和两个游戏软件著作权,但发现手之舞公司可能涉嫌股东大额款项异常报销情况。管理人向两债权人通报此情况后,两债权人均立即向管理人提交查阅债务人财务账册的申请,管理人当日即以电子邮件方式向债权人发送了财务账册扫描件。同时,管理人委托审计机构对手之舞公司账册进行审计。审计发现,手之舞公司开发游戏软件期间,陆续产生员工工资数百万元,在公司注册资本明显不足以维持公司运营的情况下,股东神指公司出借款项333万元,用于垫付员工工资和运营费用,以维持公司运营。管理人认为,手之舞公司主要经营成本为人员工资,在其出资明显不足以保证公司正常运营的情况下,股东应增加出资而非通过借款方式维持运营,因此股东垫付员工工资形成的借款应为劣后债权。管理人向手之舞公司股东送达劣后债权认定通知书后,手之舞公司股东未提出异议。手之舞公司的两个游戏著作权如按成本法进行评估,评估价可能高达上百万元,明显不符市场价值;如按市场法评估,则评估价可能与评估费相当。由此,管理人组织债权人协商以5000元为起拍价,并最终溢价4倍,以20,000元成交。2020年9月9日,重庆市第五中级人民法院以破产人破产财产分配完结为由,裁定终结手之舞公司破产清算程序。

案例9-5

山东合力车轮股份有限公司诉山东盛泰车轮有限公司普通破产债权确认纠纷案

山东省东营市中级人民法院(2022)鲁05民终1617号①

案情简介

上诉人(原审原告):山东合力车轮股份有限公司(以下简称合力公司)

被上诉人(原审被告):山东盛泰车轮有限公司(以下简称盛泰公司)

合力公司向山东省广饶县人民法院起诉请求:确认合力公司对盛泰公司享有3.4亿元的债权为普通债权。

一审法院认定事实:合力公司因不能清偿到期债务,东营市中级人民法院于2019年12月16日受理其破产清算申请并指定东营经济技术开发区人民法院审理。2020年1月3日,东营经济技术开发区人民法院指定上海市锦天城律

① 原判决书内容较长,引用时为突出重点,做了删减和提炼。一审案号:山东省广饶县人民法院(2022)鲁0523民初1273号。

师事务所担任其管理人。2021 年 1 月,合力公司管理人向东营经济技术开发区法院起诉刘某岭、王某国、程某、盛泰公司股东出资纠纷,该院做出(2021)鲁 0591 民初 345 号民事判决书,该判决认定事实为:2009 年 11 月 9 日,合力公司设立,设立登记时注册资本为 5000 万元,其中刘某岭出资 3000 万元,持股比例为 60%;刘某岭认可系其找他人代签,冒用王某国、程某名义登记出资,其中王某国出资 1000 万元,持股比例为 20%;程某出资 1000 万元,持股比例为 20%。2010 年 5 月 19 日,合力公司增加注册资本登记至 10,000 万元,其中,刘某岭增资 4000 万元,刘某帅增资 500 万元,颜某山增资 500 万元。2014 年 11 月 10 日,合力公司注册资本登记增至 5 亿元,其中刘某岭以债转股的形式增资 4 亿元。合力公司被裁定破产之日,该公司工商登记中记载的股东为刘某岭、程某、王某国、颜某山、刘某帅,持股比例分别为 94%、2%、2%、1%、1%。另查明:2014 年 10 月 20 日,盛泰公司作出的《股东会决议》载明,盛泰公司对合力公司享有的 409,691,547.57 元债权中的 400,000,000 元转让给刘某岭,并由刘某岭以 400,000,000 元债权作为对合力公司的增资。对合力公司的增资,由刘某岭以个人名义进行,该增资属于刘某岭代持盛泰公司股份;同日,盛泰公司与刘某岭签订《股权代持协议》,约定盛泰公司以 4 亿元对合力公司进行出资,委托刘某岭作为名义出资人,代持并行使股东权利。截至破产受理之日,刘某岭以个人名义出资金额为 70,000,000 元被抽逃,系出资未到位,代盛泰公司持有的出资未到位的金额为 344,705,963.46 元,综上所述,尚有 414,705,963.46 元注册资本未实际到位。(2021)鲁 0591 民初 345 号判决书判令:(1)刘某岭应向合力公司补缴出资 414,705,963.46 元;(2)盛泰公司对上述刘某岭应补缴的出资中 344,705,963.46 元承担连带责任。该案件审理过程中,刘某岭为自己及其作为盛泰公司的法定代表人出庭应诉,但未对合力公司要求其与盛泰公司补缴出资的诉讼请求提出抗辩意见。

盛泰公司成立于 2006 年 4 月 7 日,股东在 2012 年之后变更为刘某岭、朱某明,注册资本为 5000 万元,其中刘某岭持股比例为 90%,管理人员包括刘某岭、颜某山等。因不能清偿到期债务于 2021 年 5 月 14 日向广饶县人民法院申请进行破产清算,广饶县人民法院于 2021 年 5 月 18 日受理其破产清算的申请,于同年 5 月 19 日指定山东高格律师事务所为其管理人,刘某岭为该公司的实际控制人。

(2021)鲁0591民初345号民事判决生效后,合力公司管理人向盛泰公司管理人申报包括上述3.4亿元在内的债权,盛泰公司以正在对双方来往账目进行审核为由对该部分债权暂缓确认,后盛泰公司管理人于2021年12月15日向合力公司管理人发出《债权审查单》一份,主要内容为:根据合力公司与盛泰公司等的工商登记信息、合力公司管理人在(2021)鲁0591民初345号案件中提交的审计报告,结合盛泰公司的财务账目,显示合力公司与盛泰公司系关联企业,且有大量无法核实缘由的资金往来,参照《破产纪要》第39条、《山东省高级人民法院企业破产案件审理规范指引(试行)》第204条、《公司法》(2018年)第216条等相关规定的精神,认定合力公司管理人申报债权应缴出资额3.4亿万元为劣后债权。合力公司管理人于2021年12月30日就上述认定向盛泰公司管理人提出异议。

通过盛泰公司提交的专项审核说明可以看出,盛泰公司及关联企业与合力公司之间存在往来借款、代缴保险、代付款、还款等大量资金往来。

法院裁判

一审法院认为,通过庭审查明的事实可以看出,合力公司、盛泰公司的股东及管理人员重叠且刘某岭为该二公司的实际控制人,该二公司人格高度混同,为关联企业,刘某岭对该二公司的持股比例均不低于90%,刘某岭一人即可左右该二公司的股东会决议。通过(2021)鲁0591民初345号民事判决书可以看出,涉案债权系盛泰公司以对合力公司享有的债权转让给刘某岭后转变为股权而形成,如果盛泰公司转让给刘某岭的4亿元债权确实存在,则该债权转变为股权后不存在出资不到位的问题,但刘某岭在该案审理过程中却未对合力公司的诉讼请求进行任何抗辩,故其主导形成盛泰公司关于债权转让的股东会决议与其在该案审理过程中自认合力公司诉讼请求的行为相互矛盾。如果确如上述判决查明的盛泰公司尚有3.4亿元出资未到位,则刘某岭以该部分债权出资时合力公司股东会不应当认可该债转股的增资方式,但合力公司股东会却认可了该增资方式且将其注册资本变更为5亿元并变更了公司登记,合力公司的上述行为与其主张的出资不到位的诉讼请求亦相互矛盾。在合力公司、盛泰公司均进入破产程序、上述矛盾问题存在且合力公司及刘某岭均未对上述矛盾问题作出合理说明、刘某岭为该二公司实际控制人且对该二公司股东会拥有绝对控制权的前提下,即使案涉债权确实存在,亦系关联企业成员之间不当利用关联关系形成的债权,应当劣后于其他普通债权顺序清偿。合力公司现有证据不能证实案涉债权系普通债权,盛泰公司管理人将涉案债权认定为劣后债权并无不当,故对盛泰公司的相关抗辩主张,一审法院予以采纳,对合力公司要求确认涉案债权为普通债权的诉讼请求,一审法院不予支持。一审法院判决:驳回合力公司的诉讼请求。

合力公司不服一审判决,向山东省东营市中级人民法院上诉,请求撤销一审判决,依法改判支持合力公司的一审诉讼请求。事实和理由如下:合力公司与盛泰公司虽然是关联企业,但是盛泰公司通过债转股的形式对合力公司进行增资的行为并不存在利用关联关系损害其自身合法利益的情况。一审判决以涉案债权是关联企业之间不当利用关联关系形成的债权为由认定为劣后债权,无事实和法律依据。

二审中,合力公司与盛泰公司均确认,合力公司和盛泰公司是关联公司且实际控制人均为刘某岭。二审查明的其他事实与一审认定的一致。

二审法院认为,合力公司的上诉请求不能成立。理由如下:(1)合力公司与盛泰公司系关联公司,且刘某岭是合力公司与盛泰公司的实际控制人,对两公司的持股比例均达90%,刘某岭一人足以左右两公司的股东会决议。(2)无论是盛泰公司将其对合力公司的债权转为股权并由刘某岭持有,还是认可盛泰公司对合力公司不存在4亿元债权,该两种自相矛盾的行为和意见均由刘某岭作出。(3)合力公司与盛泰公司之间存在往来借款、代缴保险、代付款、还款等大量资金往来,且合力公司、盛泰公司及刘某岭均未能作出合理说明。综合全案,刘某岭存在滥用对合力公司与盛泰公司控制权的情形,且在上述矛盾无法查清的情况下,盛泰公司管理人认为案涉债权系关联企业成员之间不当利用关联关系形成的债权,并据此确认为劣后债权并无不当。因此,合力公司要求确认案涉债权为普通债权的主张,证据不足,本院依法不予支持。

二审判决:驳回上诉,维持原判。

案例评析

本案的关键争议点是盛泰公司对合力公司4亿元的增资债权真实性。(2021)鲁0591民初345号民事判决书可在裁判文书网查阅,其中披露的相关证据是合力公司管理人提交的《访谈笔录》2 份,证明合力公司 5 亿元注册资本中尚有 444,705,963.46 元未实际到位,其中刘某岭尚有 414,705,963.46 元注册资本未实际到位,刘某岭以个人名义出资未到位的金额为 70,000,000 元,代盛泰公司持有的出资未到位的金额为 344,705,963.46 元。但判决书没披露访谈笔录的具体内容、访谈人,盛泰公司 4 亿元债权来历等关键信息,而该案中盛泰公司和刘某岭都未到庭。法院最终采纳了《访谈笔录》,认定刘某岭代盛泰公司持有的出资未到位的金额为 344,705,963.46 元,也即证明这笔债权系虚假的。

刘某岭作为合力公司和盛泰公司的实际控制人,这两家公司相当于刘某岭的"左手"与"右手"。在刘某岭的操纵下,盛泰公司对合力公司至少形成了 3.4 亿元虚假债权。合力公司被管理人接管后,向盛泰公司起诉主张这 3.4 亿元虚假债转股的出资责任,得到法院的支持。合力公司依据法院的生效判决,向盛泰公司管理人申报债权,但是盛泰公司管理人却不买账,认为这两家公司财产混同,将其债权作为劣后债权处理,符合《破产纪要》第 39 条的规定。

第四节　个人与破产企业人格混同

企业进入破产程序后发现与其关联公司发生严重财产混同,可以适用 2018 年《破产纪要》中的关联企业实质合并破产制度,但如果发现破产企业与个人发生严重财产混同,如何处理,目前尚无法可依。最高人民法院有观点认为,如果与破产企业人格混同的主体是自然人,由于当前缺乏个人破产制度,无法将自然人与企业合并破产处理,这种情况下,就不能将个人的财产视为破产财产,个别债权人可起诉股东主张单独受偿。

在"合昌国际贸易(深圳)有限公司诉曾某某等股东损害公司债权人利益责任纠纷再审案"[①]中,东莞雷豹公司进入破产清算程序后,管理人发现该公司股东曾某某等人滥用公司独立地位和股东有限责任,过度控制与支配公司,导致东莞雷豹公司与股东、关联企业出现严重的财产混同,东莞雷豹公司名下财产

---

① 最高人民法院民事裁定书,(2015)民申字第 541 号。

被转移殆尽,无破产财产可供清算。于是债权人合昌国际贸易(深圳)有限公司(以下简称合昌公司)起诉曾某某等人要求对东莞雷豹公司的所欠债务承担连带清偿责任。广东省东莞市中级人民法院和广东省高级人民法院都支持了债权人合昌公司的诉讼请求。曾某某向最高人民法院申请再审,认为按照《破产法司法解释(二)》第23条第1款的规定,原一审、二审法院不应受理此案。对此,最高人民法院认为,鉴于当前我国破产法律制度仅限于规范企业法人的破产程序,尚无自然人等非企业法人破产制度,调整破产企业的股东与破产企业的法人人格严重混同情形下的关联企业实体合并破产制度,也仅适用于破产企业的股东为企业法人的场合,而不包括破产企业的股东为自然人等非企业法人的情形。在破产企业的股东为自然人等非企业法人的情形下,债权人有权依据《公司法》(2013年)第20条第3款的规定,向破产企业的自然人等非企业法人股东主张相关权利。《破产法》第16条禁止的个别清偿是指破产程序启动后债务人以破产财产对个别债权人的清偿。鉴于前述调整破产企业的股东与破产企业的法人人格严重混同情形下的关联企业实体合并破产制度仅适用于破产企业的股东为企业法人的场合,而不适用于破产企业的股东为自然人等非企业法人的情形。在破产企业的股东为自然人等非企业法人的情形下,即使存在破产企业的自然人等非企业法人股东与破产企业的人格严重混同的事实,因为不可能适用关联企业实质合并破产制度将自然人等非企业法人股东的财产纳入破产财产中,并在破产程序中依法对全体债权人公平清偿,所以,自然人等非企业法人股东的财产在法律属性上并非破产财产。故,原审判决曾某某对东莞雷豹公司拖欠合昌公司的债务承担连带清偿责任,并不构成破产法下的个别清偿。

笔者认为,允许破产企业的债权人向与破产企业发生人格混同的自然人股东进行追偿,只是现有破产法制度下的一种临时举措,并不能真正解决破产企业的债务化解问题,很可能会导致大量破产企业的债权人纷纷去起诉并追究相关自然人股东的连带责任,最终引发股东个人破产,所以该问题终究要回到个人破产制度的建设上来。

案例9-6

沈阳金美达陶瓷有限公司管理人诉刘某某请求撤销个别清偿行为纠纷案

辽宁省法库县人民法院(2020)辽0124民初881号①

案情简介

一审原告:沈阳金美达陶瓷有限公司(以下简称金美达公司)管理人

一审被告:刘某某

第三人:郭某1

金美达公司管理人向辽宁省法库县人民法院起诉请求:(1)撤销金美达公司在其破产申请受理前6个月内向刘某某偿付634,200元的民事行为;(2)要求刘某某返还634,200元;(3)刘某某承担本案全部诉讼费用。

一审法院查明:金美达公司成立于2004年6月22日,2018年6月2日停产,2018年6月26日向一审法院申请破产。2018年7月17日,一审法院做出(2018)辽0124破申3号、4号民事裁定书,裁定受理金美达公司的破产清算申请并指定辽宁同方律师事务所担任金美达公司管理人。管理人委托利安达会计师事务所出具了《金美达公司破产清算专项审计报告》(以下简称《审计报告》),载明:截至2018年6月20日,金美达公司的审计后账面资产总额为136,869,884.23元、负债总额为232,703,475.62元、所有者权益总额为-95,833,591.39元,资产负债率为170.02%。

《审计报告》同时确认,法定代表人郭某1的个人银行卡作为金美达公司的现金账户使用,即郭某1个人账户与公司账户混同,与庭审中郭某1本人陈述一致,即郭某1个人收入、支出及金美达公司财务往来都使用案涉尾号为372的农行卡。2017年8月2日,金美达公司发布《通知》,内容为,"金美达公司于2017年8月2日起收款账号变更,原账号作废",同时公布了户名为郭某1的农业银行、工商银行、邮政储蓄银行等新收款账户,其中包括案涉尾号为372的农

① 原判决书内容较长,引用时为突出重点,做了删减和提炼。二审案号:辽宁省沈阳市中级人民法院(2020)辽01民终9154号。

行卡。经查,2018 年 1 月至 6 月,郭某 1 尾号为 372 的农行卡中:有 1401 笔收入,共计 9068.863798 万元,来源为销售货款、民间借贷、银行倒流水、七人众筹等;有 2749 笔支出,共计 9080.813181 万元,用途为企业生产、清偿民间借贷、支付银行利息、银行倒流水、支付海特曼公司、工人工资、展厅装修、厂家往来等。2018 年 8 月 28 日,金美达公司财务人员方某某与管理人交接时,将案涉郭某 1 个人尾号为 372 的农行卡一并作为金美达公司的财产交接给管理人。2018 年 12 月 20 日,一审法院裁定宣告金美达公司破产。

另查明,2017 年郭某 1 与案外人苑某签订《借条》,约定郭某 1 向苑某借款 537,600 元,借款期限为 2017 年 5 月 31 日至 2018 年 6 月 30 日,借款已由刘某某在 2017 年 3 月至 5 月以转账或现金方式交到郭某 1 手中。后金美达公司法定代表人郭某 1 以其尾号为 372 的农业卡于 2018 年 2 月至 4 月期间,向刘某某转账 7 笔款项共计 634,200 元。

2018 年 6 月 7 日至 7 月 16 日期间(破产申请受理前 6 个月内)管理人申请调取的金美达公司为被执行人的执行案件信息回执显示,金美达公司在一审法院因买卖合同纠纷、民间借贷纠纷、承揽合同纠纷等被申请执行案件达 35 件。法库县市场监督管理局工商登记显示在 2017 年至 2018 年期间,金美达公司股东构成为郭某 2(郭某 1 侄子)出资 900 万元(占股 60%),郭某 1 出资 600 万元(占股 40%)。2018 年 5 月 30 日后,股东构成为郭某 1 出资 900 万元(占股 60%),郑某某(郭某 1 母亲)出资 600 万元(占股 40%),法定代表人由郭某 2 变更为郭某 1。

法院裁判

一审法院归纳本案争议焦点为:(1)通过郭某 1 尾号为 372 的农行卡支付给被告刘某某共计 634,200 元款项的性质。具体而言,该支付行为是偿还郭某 1 个人债务还是偿还金美达公司债务;(2)金美达公司的个别清偿行为应否予以撤销。

关于争议焦点一,通过郭某 1 尾号为 372 的农行卡支付给刘某某共计 634,200 元的行为应认定为对金美达公司的债务清偿。理由如下:首先,2017 年 8 月 2 日,金美达公司发布的《通知》明确了案涉郭某 1 尾号为 372 的农行卡作为金美达公司对外资金往来的使用账户;其次,《审计报告》确认,法人郭某 1

的个人银行卡作为金美达公司现金账户使用,即案涉郭某1尾号为372的农行卡;再次,2018年8月28日,金美达公司财务人员方某某与管理人交接时,将案涉郭某1个人尾号为372农行卡一并作为金美达公司的财产交接给管理人;最后,庭审中第三人郭某1述称案涉借款是以其个人名义借的,但都用于金美达公司偿还债务、利息等。综上所述,郭某1个人资金与公司资金混用,交易者分不清是与股东还是公司在发生业务往来,股东个人财产与公司财产界限不清、难以区分导致财产混同,违背了公司财产与股东财产相分离的基本原则。根据《公司法》(2018年)第20条第3款的规定,本案应对金美达公司的法人人格予以否认,由郭某1对金美达公司债务承担连带责任。鉴于金美达公司已进入破产清算程序,作为股东的郭某1与金美达公司之间又存在人格高度混同,双方财产无法区分或者区分成本过高,为防止损害债权人公平受偿的利益,应将郭某1个人财产归并到金美达公司破产财产中供全体债权人公平有序地受偿。故,本案中通过郭某1尾号为372的农行卡支付的634,200元款项应认定为对金美达公司债务的清偿。

关于争议焦点二,金美达公司的个别清偿行为应否予以撤销的问题。由《破产法》第32条、第2条第1款的规定可知,可撤销的个别清偿行为应包含:(1)债务人的个别清偿行为发生在受理破产申请前6个月内;(2)个别清偿时债务人已经出现资不抵债或者明显缺乏清偿能力的(具备破产原因)情形;(3)个别清偿并未使债务人财产受益。首先,金美达公司于2018年7月17日被裁定受理破产,案涉634,200元清偿行为均发生在2018年2月至4月,即法院受理金美达公司破产申请前6个月内。其次,从管理人向本院申请调取的金美达公司在破产申请受理前6个月内执行案件信息回执来看,自2018年6月7日至7月16日,以金美达公司为被执行人涉买卖合同纠纷、民间借贷纠纷、承揽合同纠纷等的执行案件多达35件,均属于已届偿还期限而未偿还的债务。《审计报告》中亦载明,截至2018年6月20日,金美达公司账面负债大于资产95,833,591.39元。鉴于金美达公司于2018年6月2日停产,2018年6月26日向法院申请破产,2018年7月17日被裁定受理破产,2018年12月20日被裁定宣告破产。金美达公司自破产申请受理前6个月内存在资不抵债情形具有高度盖然性,即该危机期间金美达公司已陷入无力清偿债务的财务危机境地,企业濒临破产界限,符合《破产法》第2条第1款规定的企业不能清偿到期债务并且资产不足以清偿全部债务的破产原因情形。最后,无证据证明案涉634,200元清偿行为使金美达公司受益。综上所述,在金美达公司处于危机期间且已具有破产原因情形下仍对个别债权人刘某某进行清偿,并且无证据证明该清偿行为使金美达公司的财产受益,故上述634,200元清偿行为符合《破产法》第32条规定的情形,应予撤销。同时,为维护全体债权人的利益,管理人在撤销上述个别清偿行为时应追回支付的款项恢复债务人责任财产,确保债务人财产得以在全体债权人之间进行公平分配。对此《破产法司法解释(二)》第9条第1款已有明确规定,刘某某应向管理人返还其已收取的634,200元款项。

综上所述,依照《公司法》(2018年)第20条第3款,《破产法》第2条第1款、第32条、第34条,《破产法司法解释(二)》第9条第1款,《民事诉讼法司法解释》第90条之规定,判决如下:(1)撤销郭某1通过尾号为372的农行卡向刘某某支付共计634,200元的行为;(2)刘某某向管理人返还上述634,200元;(3)驳回管理人的其他诉讼请求。

刘某某不服一审判决,上诉至辽宁省沈阳市中级人民法院。

二审判决:驳回上诉,维持原判。

案例评析

本案法院撤销了郭某1对债权人刘某某的单独清偿行为,判令刘某某将受偿款项归还给金美达公司管理人,但判决书中没有论述刘某某系金美达公司的债权人。从适用法条和判决说理来看,法院的观点是郭某1与金美达公司存在财产混同、人格混同,郭某1的个人财产与金美达公司财产共同属于破产财产,郭某1的债权人刘某某也系金美达公司的债权人。该判决实质上会导致个人破产和企业破产合并处理,恐与前述最高人民法院在“合昌国际贸易(深圳)有限公司诉曾某某等股东损害公司债权人利益责任纠纷再审案”中的裁判观点相悖。

该判决有以下几点值得思考:一是没有详细披露刘某某债权的来历,只说了郭某1向苑某借款537,600元,该借款是通过刘某某之手转给郭某1的,故债权人是苑某还是刘某某?且该金额与郭某1还给刘某某的借款金额634,200元不符。二是查明郭某1的尾号为372的农行卡交给了金美达公司使用,2018年1月至6月该卡的资金流入与流出金额基本一致,此情形下认定郭某1个人财产与公司财产混同，似乎与事实不符，或许是郭某1其他个人银行卡与金美达公司发生了财产混同。三是从法院判决结果来看，刘某某向金美达公司管理人返还634，200元后，刘某某能否向管理人申报此债权？或者郭某1的其他债权人，能否向金美达公司管理人申报债权？更令人好奇的是，金美达公司管理人是如何将郭某1其他的个人财产与金美达公司财产进行合并处理的？如果按照最高人民法院的前述观点，本案应当由单个债权人起诉主张撤销郭某1的个别清偿行为，用以清偿个别债权，而不是再退还给金美达公司管理人。

第五节 关联企业实质合并破产制度

实质合并（substantive consolidation）是美国破产法官根据其衡平权限创造的一种适用于关联企业破产情形的公平救济措施，其核心要义在于否认各关联企业的独立人格，消灭所有关联企业间的求偿要求，各成员的财产合并为一个整体以供全部关联企业的债权人公平清偿。实质合并破产制度源于美国，经历几十年的实践，已是一项非常成熟的制度。我国破产法虽未规定实质合并破产，但实务中相关案件却遍地开花。为回应迫切的立法需要，2018年最高人民法院在《破产纪要》中原则性地规定了我国的实质合并破产制度，为各级法院审理这类案件提供了依据。

一、关联企业实质合并破产的适用标准

在美国，实质合并破产最初的适用标准是欺诈性财产转让和“刺破公司面纱”，后逐渐发展出一套独立的理论学说，加入了全体债权人是否受益和债权人信赖利益是否受损的适用因素。在我国，实质合并破产主要依赖地方法院在实务中探索，其适用标准一直以关联企业财产混同为核心。

（一）美国适用标准的演变——从“刺破公司面纱”理论到债权人信赖利益

实质合并破产规则的早期创设阶段，其适用标准主要依赖于欺诈性财产转让和“刺破公司面纱”理论。实质合并破产最早的案例是美国1941年审理的

“桑普塞尔夫诉帝国纸品与颜料公司案”[①]（以下简称颜料公司案）。1938年6月，自然人唐尼（Downey）与妻儿成立了壁纸公司，并将个人财产转移到该公司，成为该公司的独立资产。同年11月，唐尼破产。帝国纸品与颜料公司（以下简称颜料公司，是壁纸公司的无担保债权人）知道壁纸公司是唐尼为逃避个人破产的债务而设立的，并为该公司提供贷款。后唐尼的破产管理人要求壁纸公司将转移的财产返还给唐尼个人，以偿还其个人的破产债务。地区法院的法官查明，唐尼转移财产设立壁纸公司的目的在于逃避债务，存在欺诈行为，壁纸公司由唐尼控制，仅剩虚假外壳。因此，一审法院判令壁纸公司破产清算，撤销唐尼不当转移财产的行为，将壁纸公司和唐尼合并破产。在一审过程中，颜料公司认为其对于壁纸公司的财产具有优先受偿的权利，但地区法院一审否认了颜料公司的优先受偿权，颜料公司不服，提出上诉。二审中，巡回法院支持了其优先受偿的请求。在终审中，联邦最高法院推翻了巡回法院的二审判决，支持了地区法院的观点，认为唐尼将财产转移的行为属于破产欺诈，颜料公司对于壁纸公司的债权没有担保，同时，颜料公司对于唐尼的欺诈转移财产知情，因此不享有优先受偿的权利。该案开创了实质合并破产规则的适用，且对实质合并后的债权清偿顺位问题进行了有益的司法探索。

虽然颜料公司案具有开创性意义，但直至1966年，美国破产程序中的实质合并仍然依据的是普通法的规则（如欺诈交易的规制规则），而不是特定的破产法规则。1966年的“化学银行纽约信托公司诉凯尔案”[②]（以下简称凯尔案）最大的历史贡献在于将实质合并规则发展成了破产法的一项基本制度。在凯尔案中，曼努埃尔·库鲁昆迪斯（Manuel Kulukundis）是一家船业巨头，掌控着八家公司，这几家公司一同破产并经重整后未果，终由纽约南区破产法院接管破产清算。政府作为该案的主要债权人，认为这几家关联公司资产大量混同，在经济层面构成了同一实体，遂提出几家关联公司合并破产的动议。化学银行纽约信托公司（以下简称化学公司）是其中一家关联公司的担保债权人，因合并破产会影响他的债权受偿率，故对此项动议持反对意见。纽约南区法院在调查各关联公司资金转移、借贷记录后，认为存在滥用公司独立

---

① Sampsell v. Imperial Paper & Color Corp.,313 U.S. 215 (1941).

② Chemical Bank New York Trust Co. v. Kneel,369 F.2d 845(2d Cir.1966).

人格的情形,因此支持政府的合并提议。化学公司不服,上诉至第二巡回法院。二审法院认为需要严格限制实质合并的适用,因为这会不可避免地损害信赖债务人法人人格独立的个体,但在部分情况下,即使相关企业的关联关系可以区分,若要耗费大量时间与金钱,达到了本末倒置的程度,则可以适用实质合并进行破产。本案的突破之处在于较以往的案例扩大了实质合并的适用情况,法院在此案中提出一项新的标准涉及混乱的资产转移、交易记录等区分的难易程度。凯尔案确立的实质合并适用规则主导了20世纪70年代美国破产法院的司法实践。

随着实质合并破产的案件数量的增加,美国有学者开始担心实质合并破产规则可能会破坏债权人与债务人之间对于交易风险的分配协商,忽略了部分债权人的信赖利益。单个债权人原本对一家企业所享有的债权,突然变成了对另一家财务状况完全不同的集团企业的债权,债权人的合法权益随时都可能发生变化。最为有影响力的当属1980年"维克建筑公司案"[①],弗吉尼亚东区破产法院在判定是否对母子公司进行实质合并破产时归纳了7个考虑要素,具体包括:(1)分离和确定各实体资产与负债的难易程度;(2)各关联实体是否存在合并的财务报表;(3)合并为单一实体运营的盈利能力;(4)公司资产和业务职能的混同程度:(5)不同公司实体之间所有权结构和利益的一致性;(6)关联公司内部是否存在相互担保;(7)是否存在忽略公司形式转移资产的行为。在后续的实质合并案件中,这7项考虑因素被第九巡回上诉法院归为两大类:一是法院应当考虑实质合并是否能产生破产管理利益,从而使债权人受益;二是关联公司是否忽略独立人格而作为一个整体进行运营,并最终导致公司破产。破产管理利益标准意味着如果债务人资产严重混同达到一种难以分离或者分离成本过高,将损坏债权人利益的程度,法院可以基于此批准适用实质合并。同一时期的"列车公司案"[②],哥伦比亚特区上诉法院首次将债权人合理信赖归纳为一项单独的实质合并适用标准,并基于此否定了实质合并的适用,体现了对异议债权人利益的尊重。至此,实质合并破产开始脱离对原有"刺破公司面纱"理论的依赖,逐渐成为独立的破产法规则,将债权人公平清偿放到了更为重要的

---

① In re Vecco Const. Indus. ,Inc. ,4 B. R. 407(Bankr. E. D. Va. 1980).

② In re Auto-Train Corp. ,Inc. ,810 F. 2d 270 (D. C. Cir. 1987).

位置。

实质合并破产在其后的实践中，适用标准逐渐趋于严格，代表性案例如1988年“奥吉－瑞斯提沃烘焙公司案”[①]，法院在查明案件情况之后，提出了两条新的实质合并破产的适用标准：第一，各关联企业之间的内部关联关系过于复杂，债权人基于对企业集团的信赖而与之交易；第二，实质合并破产使得全体债权人受益，这两项标准都需经过申请人的举证证明。2005年“欧文斯康宁案”[②]，第三巡回法院在审查实质合并申请时，提出了一个更为严格的适用标准，要求实质合并的申请者举证证明：第一，对于破产前的利益（pre-petition）需证明债务人公司极度忽视各个实体的独立性，使债权人相信公司界限已不复存在而将它们视为一个法律实体；第二，对于破产后的利益（post-petition）需证明各个债务人公司的资产和负债已经混杂到没有办法分离的程度，分离将会损害所有债权人的利益。在“奥吉－瑞斯提沃烘焙公司案”和“欧文斯康宁案”之后，严格审慎的实质合并适用标准广泛被司法实务界认同和采纳，然而针对实质合并适用标准确定性与合理性的质疑从未停止。

（二）我国的探索——从地方法院到最高人民法院

因早期没有合并破产的急切实践需要，2002年7月30日最高人民法院发布的《关于审理企业破产案件若干问题的规定》所持的观点仅是单个企业单独破产。随着关联企业破产案件的逐渐增多，地方法院开始在实务中探索实质合并破产。2009年浙江省高级人民法院发布的《关于审理涉财务风险企业债务纠纷案件若干问题指导意见》第14条规定，涉财务风险企业明显利用关联关系损害其他债权人利益的，可以尝试通过审慎适用关联企业实质合并破产制度，具体可通过审查各关联企业是否存在混同的财务报表、关联企业间资产和流动资产的合并程度、关联企业间的利益统一性和所有权关系等因素，评估合并破产重整是否有利于增加企业重整成功的可能性，确定是否采用合并破产重整措施。采取关联企业实质合并破产重整的，重整计划草案可结合关联债权衡平居次的法理，平衡关联企业破产时各方利益的冲突。

2011年江苏省高级人民法院发布的《破产案件审理指南》第9条规定，全

---

① In re Augie/Restivo Baking Co. ,860 F. 2d 515 (2d Cir. 1988).

② In re Owens Corning,419 F. 3d 195 (3d Cir. 2005).

省各级法院在充分尊重法人独立责任和股东有限责任的基础上,对于关联企业成员法人人格存在高度混同、区分各自财产将耗费高额成本、明显利用关联关系损害债权人利益等情形,可以合并处理相关企业的资产。广东省高级人民法院在《关于全省部分法院破产审判业务座谈会纪要》中也指出,各级法院应当积极探索关联企业合并破产问题,在充分尊重法人人格独立和股东有限责任的基础上,对于关联企业成员存在法人人格、财产高度混同、利用关联关系损害债权人利益等情形的,可依据管理人或债权人的申请采取关联企业合并破产方式。

2013 年北京市高级人民法院发布的《企业破产案件审理规程》规定,债务人投资的全资公司、控股的公司等具有独立法人资格的关联企业不能清偿到期债务,需要进行破产还债的,原则上应当分别提出破产申请。关联企业不当利用关联关系,导致关联企业成员之间法人人格高度混同,损害债权人公平受偿利益的,关联企业成员、关联企业成员的债权人、关联企业成员的清算义务人、已经进入破产程序的关联企业成员的管理人,可以向人民法院提出对关联企业进行合并破产的申请。

随着关联企业破产案件逐年增多,面对关联企业破产中很多无法应对的问题,关于合并破产立法的呼声越来越高。2018 年 3 月 4 日,最高人民法院《破产纪要》在总结各地法院实践探索的基础上,用 8 个条文规定了关联企业合并破产的相关问题,要求法院审理关联企业破产案件时,要立足于破产关联企业之间的具体关系模式,采取不同方式予以处理。既要通过实质合并审理方式处理法人人格高度混同的关联关系,确保全体债权人公平清偿,也要避免不当采用实质合并审理方式损害相关利益主体的合法权益。《破产纪要》第 32 条规定了实质合并破产的适用标准,即"人民法院在审理企业破产案件时,应当尊重企业法人人格的独立性,以对关联企业成员的破产原因进行单独判断并适用单个破产程序为基本原则。当关联企业成员之间存在法人人格高度混同、区分各关联企业成员财产的成本过高、严重损害债权人公平清偿利益时,可例外适用关联企业实质合并破产方式进行审理"。《破产纪要》发布后,各地方法院陆续出台了很多指导意见、工作指引、工作办法等,有效地指导了关联企业实质合并破产的审判工作。

二、我国关联企业实质合并破产实证分析[①]

依靠《破产纪要》中关于实质合并破产制度的8条规定，我国法院已处理了大量相关案件，积累的司法经验不可说丰富，但亦不少，且案件数量每年还在高速增长。在关联企业实质合并破产“热现象”的当前，我们有必要去探究该制度运作的实际效果和实务问题，如关联企业之间法人人格高度混同是如何认定的，法官考虑了哪些因素？如何判断区分关联企业成员财产的成本过高？该制度哪些方面还亟待完善等？

为此，本书对最近6年内的关联企业实质合并破产案件做了实证研究，并力争在两个方面作出创新：一方面，虽然该领域已有一些其他方面的实证研究[②]，但本文尝试从对样本案例分析的多角度入手，详细统计了此类案件的申请主体、每个案件合并的企业数量、法院的裁定结果、法院裁定合并破产的理由等多个信息，力求全面呈现出法院在审理案件时的全貌；另一方面，由于我国的合并破产制度是借鉴国外经验而建立的，故本书根据实证分析结果，吸取国外相关经验，在结合中国国情的基础上，从实务角度提出了相应的对策建议。

（一）研究方法

本书通过对法院案例一手资料的收集并进行统计学分析，力求揭示我国关联企业合并破产制度的现实执行情况，并为效果评估和政策建议提供基础。本书检索了2016年8月1日至2022年9月15日期间的所有关联企业实质合并破产案件。数据来源为全国企业破产重整案件信息网，最后检索时间为2022年9月15日。需要说明的是，虽然这种研究方法能够揭示整体性的特征和趋势，特别适合于法律执行状况的研究，但仍有以下几个局限：其一，全国企业破

---

① 此部分内容节选自论文《关联企业实质合并破产制度的实践反思——基于165件案例的实证分析》，系2022年第十三届中国破产法论坛优秀论文征文三等奖，作者为王春生、张文。

② 参见解正山：《企业集团“合并破产”实证研究》，载《现代经济探讨》2020年第2期；山东省枣庄市中级人民法院课题组：《关于关联企业合并破产问题的调研——以枣庄法院近10年审理的破产案件为分析样本》，载《山东法官培训学院学报》2021年第5期；曹文兵：《供给侧改革背景下实质合并破产制度的构建与完善——以16件关联企业实质合并破产案件为分析样本》，载《理论月刊》2019年第7期；赵惠妙、左常午：《我国关联企业实质合并破产的裁定标准》，载《法律适用》2022年第4期。

产重整案件信息网是2016年8月1日才开始正式启用的,所以无法检索在此之前的案例;其二,基于不同原因,很多裁定关联企业实质合并破产案件的文书没有上传到该平台;其三,法院的裁定书内容说理比较简单,很少甚至完全没有阐述关键的法律推理过程,有时还遗漏一些重要的案件基本信息。

(二)总体性分析

在全国企业破产重整案件信息网上的"裁判文书"栏中,以"合并破产"为关键字进行检索,剔除其中重复的、不相符的裁定书,主要包括很多实质合并破产案件的案号有多个,每个案号法院都制作了一份裁定书,故有大量重复;有些文书不是法院裁定实质合并破产的裁定书,而是法院指定管理人或者发布的通知等;还有未经过法院实体审查申请人主动撤回申请的案件,经过仔细筛选,获得165个有效样本案例,详见本书第338页附表二。

需要说明的是,7件未裁定合并破产案件包括:法院驳回申请1件[①]、法院裁定不予受理3件[②]、法院驳回当事人上诉3件[③];裁定实质合并破产案件又可分三种:实质合并破产清算、实质合并破产重整、实质合并破产清算转重整。从表9-1可看出,我国法院裁定关联企业实质合并破产几乎达到"申请就支持"的地步,正如王欣新教授所指出:"现在实践中较为突出的问题,往往不是在关联企业破产时应用而未用实质合并破产措施,而是更需要警惕其被过度滥用。"[④]

表9-1　我国法院裁定实质合并破产总体结果比较

比较项目	裁定合并破产案件/件	未裁定合并破产案件/件	裁定合并破产率/%
案件数量	158	7	95.76

本次检索到中级法院受理的实质合并破产案件共有42件,其中裁定实质合并破产案件有37件,裁定实质合并破产率为88.10%(详见表9-2),低于我国法院平均裁定实质合并破产率约7%,可看出中级法院审理此类案件比基层法院更

① 案号:四川省雅安市名山区人民法院(2021)川1803破3号。

② 案号:北京市第一中级人民法院(2021)京01破申90号;福建省泉州市中级人民法院(2019)闽05破37号之三;江苏省扬州市中级人民法院(2019)苏10破终3号。

③ 案号:湖北省武汉市中级人民法院(2021)鄂01破终7号;贵州省毕节市中级人民法院(2019)黔05破终1号;广东省高级人民法院(2019)粤破终15号。

④ 王欣新:《实质合并破产中听证与复议的规制研究》,载《法律适用》2022年第8期。

为慎重。笔者认为其原因有：中级法院法官整体专业素养比基层法院要高，关联企业实质合并破产案件专业性很强、复杂程度高，对法官的审判能力提出更高要求；中级法院受理的破产案件相对较少，法官有时间去熟悉案情和研究案件。

表9－2　中级法院裁定实质合并破产案件结果比较

比较项目	裁定合并破产案件/件	未裁定合并破产案件/件	裁定合并破产率/%
案件数量	37	5	88.10

表9－3是关于法院裁定受理的158件实质合并破产案件中企业数量的比较分析，有2家企业实质合并破产的案件不足一半，说明实务中有很多大型的企业集团被合并破产，案件越来越复杂，处理难度不断增大，相应地对法官和管理人的专业能力要求更高。

表9－3　案件的企业数量比较

企业数量/件	案件数量/件	比例/%
2	75	47.47
3～5	45	28.48
6～10	26	16.46
11～19	5	3.16
20以上	7	4.43

从法院裁定实质合并破产的158个案例分布来看，江苏最多，浙江次之，总体上呈现出“南多北少”“东多西少”，案件数量与所在地的经济发展水平挂钩。样本案例分布缺少的个别省级行政区，经过笔者专门检索发现，除西藏自治区外，其他省级行政区都有实质合并破产的案例，实质合并破产制度在全国已得到广泛的实践运用。这里有两个现象值得关注：一是从表9－4中可看出，平均每个案件合并的企业数量已突破4家，说明有大量的企业集团被合并破产；二是所在地的法院和政府对破产案件的重视程度，会直接决定法院受理此类案件的数量。据统计江苏省有36个案件，其中有10个在宿迁市宿豫区人民法院①，

① 案号：(2020)苏1311破14、45号；(2020)苏1311破8－17、19号；(2020)苏1311破18－24号；(2019)苏1311破16号、17号、18号；(2019)苏1311破10、11号；(2021)苏1311破11、12号；(2020)苏1311破14、43号；(2021)苏1311破18、45号；(2019)苏1311破20号、(2020)苏1311破31号。

浙江省有32个案件,其中有15个在杭州市富阳区人民法院①,这两家基层法院受理的案件数量之所以多,与近年来这两家法院对破产审判工作的改革和创新密不可分。② 比如杭州市富阳区人民法院早在2015年就已设立专门的破产法庭,不断深化"府院联动"机制,大力推进破产资产处置的网络化,破产案件办理的信息化,审判队伍的专业化等举措。杭州市富阳区人民法院在审理破产案件中积累的很多宝贵经验,值得全国推广。

表9-4　案件分布与每个案件合并企业平均数比较

地区	案件数量/件	每个案件合并的平均企业数量/件
江苏	36	3.72
浙江	32	4.42
山东	18	7.17
重庆	11	3.82
安徽	10	4.50
湖南	6	6.67
四川	6	4.25
广东	5	2.20
湖北	5	4
新疆	5	4.60
上海	5	7
陕西	4	13.25
河北	4	2.25
河南	3	4
云南	2	35.5
广西	2	4

① 案号:(2021)浙0111破17、19-23号;(2020)浙0111破12、22、23、24号;(2020)浙0111破10、18、19号;(2020)浙0111破31、33、34号;(2019)浙0111破38号;(2020)浙0111破15、20号;(2020)浙0111破4、7号;(2021)浙0111破40、53号;(2021)浙0111破45、46号;(2021)浙0111破25、29号;(2016)浙0111民破2号;(2018)浙0111破1、4、5号;(2014)杭富商破字第2-13号;(2018)浙0111破1、4、5号之十三;(2018)浙0111破2、3号之九。

② 参见《江苏宿迁——破产审判形成多赢局面》,载《人民法院报》2021年5月11日,第4版;《杭州富阳:困境企业的"蝶变"之道》,载《人民法院报·法周刊》法周刊2021年9月7日,第5版;《杭州坚持破产审判府院联动助43家企业再生》,载《法治日报》2021年8月3日,第3版。

续表

地区	案件数量/件	每个案件合并的平均企业数量/件
江西	2	3.50
北京	1	2
山西	1	20
平均数	—	4.87

(三)申请主体分析

表9－5展现了法院裁定受理的158个关联企业实质合并破产案件的申请主体,79.75%的案件都是由管理人单独申请启动,其次是债务人申请,尚未看到法院依职权启动的案例。管理人为何如此热衷启动实质合并破产程序?有以下几个原因:第一,管理人接管破产企业后,熟悉企业内部的财务、经营、资产等实际情况,能充分判断关联企业是否满足实质合并破产的条件。第二,关联企业实质合并破产在一定程度上有利于管理人清理企业的资产和债务,减轻工作负担。第三,若关联企业实质合并破产处置的资产多,管理人的报酬也会增多。第四,有些债权人和债务人(公司实际控制人)会要求管理人启动实质合并破产,对无法获得清偿的普通债权人而言,启动实质合并破产,可能会提高债权清偿率;公司实际控制人可能会为拯救关联企业,主动请求管理人申请实质合并破产。第五,如果法院希望合并关联企业破产,也会支持管理人向法院提出申请。

表9－5　申请主体比较

主体	案件数量/件	比例/%
管理人	126	79.75
债务人	15	9.49
未披露	6	3.80
债权人	5	3.17
管理人＋债权人	4	2.53
管理人＋债务人	2	1.90

鉴于《破产纪要》没有规定实质合并破产的申请主体,所以实务中就有利害关系人质疑管理人的申请主体资格,对于该问题,山东省日照市中级人民法院在"山东银达信息科技股份有限公司等实质合并破产案"中认为:"管理人全面接管破产企业,经过对债务人财产、债权债务等情况的尽职调查,对债务人企业

的整体经营状况有较为深入的了解，管理人的专业知识使其对实质合并原则的效用也有更为清晰的认识，赋予管理人提出合并破产权利具有当然的必要性和合理性。”[①]由此也能看出，推动相关立法工作的必要性。

（四）启动模式分析

从表9－6中可看出，法院受理实质合并破产案件的主要方式是，先分别受理各关联企业的破产案件，指定管理人，管理人接管企业后，发现关联企业之间存在实质合并破产的情形，再向法院申请实质合并破产，该启动模式的弊端是会在前期增加法院和管理人的工作负担，影响办案周期。例如，在“广州东亚磁性制品有限公司等实质合并破产案”[②]中，广东省广州市中级人民法院早在2005年就已分别受理两家公司的破产申请，但直至2017年经管理人申请，法院才作出实质合并破产清算的裁定。相比之下，另外两种启动模式，则更具有效率，更节省司法资源。

表9－6 实质合并破产程序启动模式比较

启动模式	案件数量/件	比例/%
先分别受理，再进行合并	72	45.57
部分企业先进入破产程序，法院裁定其他企业并入	63	39.87
合并受理	18	11.39
未披露	5	3.16

江苏省扬州市中级人民法院受理的“中机环建集团有限公司等实质合并破产案”[③]中，部分企业进入破产重整程序且法院已批准制定了重整计划后，法院仍裁定与其他关联公司进行实质合并破产清算，具体裁定内容之一为“将中机环建集团有限公司除其重整计划列明移交给重整后的新中机环建集团有限公司以外的其他资产（包括重整投资人支付的中机环建集团有限公司100%股权的转让款5100万元、中机环建集团有限公司应收账款等资产）全部平移至扬州

① 山东省日照市中级人民法院民事裁定书，(2019)鲁11破监4号。

② 广东省广州市中级人民法院民事裁定书，(2005)穗中法民破字第2号。

③ 江苏省扬州市中级人民法院民事裁定书，(2019)苏10破4号；(2021)苏10破1号、2号、3号；(2021)苏10破4号、5号、16号、17号。

旺洲国际贸易有限公司，通过实质合并破产清算程序对所有债权人进行分配清偿”。值得思考的是，当部分企业已进入破产程序后，是否只要满足关联企业实质合并破产条件的，法院就应当裁定准予实质合并破产？

（五）听证情况

与民事诉讼的当事人主义不同，破产案件是管理人在法院指导下开展工作，破产企业的债权人、债务人、出资人等利害关系人参与其中，享有听审请求权（包括受通知权、到场权、陈述权、证明权、辩论权以及意见受尊重权）①，故法院在审查关联企业是否适用实质合并破产制度时，应当充分听取利害关系人意见。《破产纪要》第33条规定了法院审理实质合并破产案件时的听证制度，但根据本次实证分析发现，该制度的运行状况不甚理想。

《破产纪要》要求法院审理此类案件要举行听证，在此之前法院没有举行听证，但发函告知利害关系人的，在做统计分析时，笔者将该做法视为听证。由表9－7和表9－8可知，大部分裁定书都没有关于利害关系人听证的内容，我们无法得知是法官没有举行听证还是举行过没有写入裁定书，但至少能得出一个结论：法官审理此类案件主要采取书面审理，重视管理人提交的资料，轻视利害关系人的意见，利害关系人在案件中的参与度和话语权较低。再结合上文分析管理人在启动案件中处于绝对的主导地位，我们将其称为“管理人主义”，也并不为过。这也能解释为什么法院裁定关联企业实质合并破产率很高。

表9－7　法院受理的158个案件中是否举行听证比较

比较项目	案件数量/件
听证	77
未听证＋未披露	81

表9－8　2019年至今法院受理126个案件中是否举行听证比较

比较项目	案件数量/件
听证	71
未听证＋未披露	55

① 参见王静：《听审请求权在破产程序中的保障与实现》，载《人民司法》2021年第28期。

（六）实质合并破产的理由

表9－9是对134份阐释了说理的裁定书中法院裁定实质合并破产理由的比较分析。《破产纪要》第32条规定了法院受理关联企业实质合并破产的三个要件：(1)关联企业成员之间存在法人人格高度混同；(2)区分各关联企业成员财产的成本过高；(3)严重损害债权人公平清偿利益。从表9－9中数据总体来看，第一个客观要件法人人格高度混同（包括财产混同、业务混同、人员混同）是法院裁定关联企业实质合并破产最重要的理由，至于另外两个要件却显得无足轻重。不容忽视的是，在51.49%的案件中法院将提高破产工作效率纳入了考虑范畴，而该理由并非源自最高人民法院，似乎与许多学者认为关联企业实质合并破产应坚持审慎原则背道而驰[①]，在美国判例法上也从未出现过[②]。

表9－9　法院裁定实质合并破产的主要理由比较

裁判理由	案件数量/件	比例/%
法人人格高度混同	127	94.78
财产混同	115	85.82
人员混同	108	80.60
业务混同	73	54.48
提高破产工作效率	69	51.49
严重损害债权人公平清偿利益	57	42.54
区分财产的成本高	44	32.84

第一个要件是法人人格高度混同，法院习惯从关联企业的财产、人员、业务是否混同来判断，其中最关注财产混同，其次是人员混同和业务混同。原因是一些企业集团涉及的业务范围广泛，要求众多关联企业发生业务混同和人员混同不现实，如安徽省枞阳县人民法院受理的“安徽省江洲实业有限公司等实质合并破产案”[③]，共有22家公司被合并破产清算，经营范围涵盖房地产业、运输业、自来水业等多个领域，因此法院在裁定书未谈及业务混同，而对于人员混

① 参见赵惠妙、左常午：《我国关联企业实质合并破产的裁定标准》，载《法律适用》2022年第4期；王欣新、周薇：《关联企业的合并破产重整启动研究》，载《政法论坛》2011年第6期。

② 参见朱黎：《美国破产实质合并规则的实践及其启示》，载《浙江学刊》2017年第1期。

③ 安徽省枞阳县人民法院民事裁定书，(2021)皖0722民破4号。

同,也只是简单地认为“存在执行董事兼总经理、监事、财务人员交叉任职的情况”。笔者认为,从实质合并破产制度合并统一财产、消灭相互债权债务的设立目的出发,破产法语境下的人格混同认定标准,应以财产与债务的混同为主要考量因素。

第二个要件要求关联企业之间财产高度混同且区分成本很高时,法院才考虑是否实质合并,体现了最高人民法院对实质合并破产的谨慎态度,该要件也是美国法院在审查实质合并破产时考虑的重要因素之一[①],但我国法院却没有引起足够的重视。一是很多法院根本就未讨论这个要件;二是绝大多数法院只要认定关联企业之间财产高度混同,就默认为区分各自财产的成本高,未将该要件进行单独讨论;三是只在乎区分关联企业财产的成本,未讨论区分债务的问题。

第三个是结果要件,不合并破产会严重损害债权人公平清偿的利益,法院更倾向于从正面论述,合并破产有利于保障债权人公平受偿,如江苏省泗阳县人民法院在“泗阳嘉庆纺织有限公司等实质合并破产案”[②]中认为“为促使破产清算案件的顺利推进,合理处置三家企业的资产和负债,公平清理债权债务,保护债权人和债务的合法权益,本院对管理人提出的申请予以许可”。总体而言,很多法官没有对结果要件进行单独分析,而是将其与第一个要件联系在一起,即只要认定关联企业法人人格高度混同,就当然认为不合并破产会严重损害债权人公平受偿的利益,这与许一云、高星星两位律师在2019年的实证分析结论相同。[③]

值得一提的是,在一些重大案件中,控制区域性、系统性的金融风险,维护地方经济发展稳定也成了法院裁定实质合并破产的考虑因素,如陕西省延安市中级人民法院受理的“新沂必康新医药产业综合体投资有限公司等实质合并破产重整案”[④],体现了实质合并破产制度对企业集团的拯救再生功能,特别是在经济周期性波动时期。

还有不符合实质合并破产条件,但法院基于审理案件的效率,裁定实质合并破产的,如山东省乳山市人民法院在“山东乳山维多利亚海湾旅游开发股份

---

① 参见徐阳光:《论关联企业实质合并破产》,载《中外法学》2017年第3期。

② 江苏省泗阳县人民法院民事裁定书,(2020)苏1323破67号;(2021)苏1323破19号;(2021)苏1323破20号。

③ 参见许一云、高星星:《实质合并破产重整司法实践探究》,载《人民法治》2019年第20期。

④ 陕西省延安市中级人民法院民事裁定书,(2021)陕06破1号。

有限公司等实质合并破产案”[①]中认为:“维多利亚公司与智邦公司虽不符合实质合并破产的构成要件,但综合考虑维多利亚公司与智邦公司的关联关系及破产案件审理的效率,本案经本院审判委员会研究决定对维多利亚公司和智邦公司程序性合并破产。”从该案也能窥视出部分法院适用实质合并破产制度的态度。

三、我国关联企业实质合并破产制度的完善

实证数据揭示了我国关联企业实质合并破产制度在现实中的适用情况。针对实践中反映出的问题,笔者从实务角度,立足本土,借鉴国外经验,提出了相关的对策建议,以供立法参考。

(一)从“法官造法”走向成文法

在我国司法实践中迅速发展起来的关联企业实质合并破产制度,与美国的该制度共同之处在于并无企业破产法的法条依据可循,国内很多学者呼吁尽快将关联企业实质合并破产制度写入法律或者司法解释。[②] 就目前最高人民法院通过会议纪要的形式,引入美国判例法上的关联企业实质合并破产制度,是一个大胆而有益的探索,但相关规定仍相当模糊和原则化,对于何为“法人人格高度混同”“区分各关联企业成员财产的成本过高”“严重损害债权人公平清偿的利益”的问题没有作出清晰的界定,还有很多细节有待法院在审判中进一步解决完善。实际上,即使在法治发达的西方国家,关联企业实质合并破产案件都是公认很难处理的一类案件,是一个仍处于动态发展之中的破产法领域。关联企业实质合并破产能够在特殊情况下帮助债权人实现公平清偿。但是正如美国实践所反映的那样,尽管各个法院都试图建立自己的裁判标准,效果最终还是很不理想。

我国是大陆法系国家,引入关联公司实质合并破产制度必然要将其进行某种形式的成文化,因此真正的问题是如何进行成文化和如何实施。从英美法系

---

① 山东省乳山市人民法院民事裁定书,(2018)鲁1083破11号之十一。

② 参见朱黎:《论实质合并破产规则的统一适用——兼对最高人民法院司法解释征求意见稿的思考》,载《政治与法律》2014年第3期;贺丹:《破产实体合并司法裁判标准反思——一个比较的视角》,载《中国政法大学学报》2017年第3期。

国家关于关联企业实质合并破产制度的经验和教训中，我们可以得到以下几点总体性的启示：（1）成文化过程会面临很多困难，需要不断探索，一步到位的目标并不现实；（2）为避免成文化导致关联企业实质合并破产制度的僵化，在成文化时必须给法官留下自由裁量的弹性空间，对于一些目前难以界定的问题，不妨先予搁置，让法院充分实践后再做判断；（3）在保持自由裁量的同时，也要避免该制度在实施中的混乱甚至滥用。

根据上述原则，笔者提出实施层面的三个建议：

第一，将关联企业实质合并破产案件的管辖权原则上限制在中级法院或者破产法庭，重大、疑难、复杂的案件由高级法院管辖。一方面，因为破产企业涉及大量政府行政事项办理和社会问题解决，如职工的救济安置、重整企业信用修复、涉破产的税费缴纳与工商注销登记等，需要进行大量的社会协调工作。这注定了破产案件尤其是实质合并破产案件，获得地方党委与政府的支持尤为重要。由中级法院和破产法庭受理，就有利于与地方政府（市级以上）协调解决这些问题。我国很多地方设立的破产法庭的重要使命和职责之一即是协调、落实破产案件的“府院联动”机制。另一方面，因为关联企业往往是跨区县和跨地级市成立的，此类案件在实务中容易发生管辖权争议，由中级法院和破产法庭管辖受理，能从根本上化解相关管辖权争议。另外，根据本文的实证研究表明中级法院在审理此类案件时更为谨慎，值得肯定。毕竟我国的公司法和企业破产法制度建立时间还不长，根基尚不稳固，关联企业实质合并破产制度不能被过度滥用。在实践中，已经有地方中级法院制定了中级法院管辖的相关规定，如《周口市中级人民法院关于关联企业实质合并破产工作指引（试行）》第 2 条规定，“关联企业实质合并破产案件原则上由中级人民法院管辖；影响重大的疑难、复杂、新类型案件，可以由省高级人民法院管辖”。

第二，最高人民法院应当充分利用指导性案例的形式，为关联企业实质合并破产案件的审判工作提供指导和积累经验。2021 年 9 月 18 日，最高人民法院发布第 29 批共 3 件指导性案例，均为关联企业实质合并破产案例，为全国各级法院审理此类案件提供了重要的参考和指引。未来最高人民法院应继续利用好指导性案例，不断总结审判经验，指导实践工作。

第三，关联企业实质合并破产制度在立法过程中，应当把目前实践中比较成熟的规则确定下来。下面将依次讨论这些规则。

(二)听证与复议制度

关联企业实质合并破产制度追求全体债权人公平清偿,但在目前缺乏法律明确规定的背景下,该制度被误用、滥用的情况容易发生,债权人的利益也可能得不到充分、公正的维护。破产具有终局性,关联企业实质合并破产案件事关大量利害关系人的实体权利处分,充分保障他们的听审请求权意义重大,这也是程序正义的重要体现。联合国国际贸易法委员会制定的《破产法立法指南》第三部分《破产企业集团对待办法》也强调因关联企业实质合并破产案件会对债权人造成严重影响,为保障程序公正,要多给债权人发表意见和提出异议的机会。就本文的实证分析发现,我国法官对听证重视程度很不够。当然,这是多方原因导致的。在未来的立法过程中,应当将听证与复议制度详细确定下来。

通知利害关系人听证是保障其听审请求权的第一步。《破产纪要》第 32 条只是规定法院收到实质合并申请后,应当及时通知相关利害关系人并组织听证,未规定听证的通知方式。鉴于此,笔者认为此类案件通常会涉及众多利害关系人,在通知听证的方式选择上,采取传统纸质邮寄送达,不仅会增加工作量,还会提高司法成本,选择由法院在全国企业破产重整案件信息网发布听证通知,较为适宜。并且最高人民法院《关于企业破产案件信息公开的规定(试行)》第 7 条第 2 款规定:"……人民法院、破产管理人在破产重整案件信息网发布的公告具有法律效力。"故在全国企业破产重整案件信息网发布听证公告具有法律效力。实践中有不少法院已意识到此类案件听证的重要性,如山东省东营市中级人民法院制定的《关联企业实质合并破产案件审理规程》就详细规定了听证参与人、通知方式、听证内容等,其中第 15 条规定:"听证会举行的时间、地点等应提前五日通知已知债权人,并在全国破产企业重整案件信息网等进行公告。"

参与听证的利害关系人范围决定了听证的实际效果。首先,《破产纪要》第 33 条的规定法院应当及时通知参加听证的是"相关利害关系人"。据此,确定听证参加人的范围采用的是"利益"标准,即以进行实质合并破产是否会影响到其利益来确定法院应当通知参加听证的人员范围。根据该标准,笔者认为听证参与人至少应当包括债权人、债务人、债务人的股东以及其他在实质合并破产中可以证明自身利益可能会受到不利影响的人。其次,已进入破产程序的部分关联企业的管理人,参与破产案件的审计、评估等中介机构及其他作证的证人也应当参与,这些人参加听证会的目的是向全体听证参与人和法官介绍相关情况,接受并答复质询,同时也要允许利害关系人聘请中介机构等参加听证会,辅助其行使各项权利。最后,法院还可以通知掌握关联企业财务账簿、文书等材料,了解关联企业财务、运营情况,或者其他有助于查明是否应当受理实质合并破产申请的人参加听证。

明确利害关系人的救济方式是实现程序正义的重要环节。《破产纪要》第34条规定,相关利害关系人对受理法院作出的实质合并审理裁定不服的,可以自裁定书送达之日起15日内向受理法院的上一级人民法院申请复议。部分法院遵循该规定,明确应当保障异议债权人的复议权,如《周口市中级人民法院关于关联企业实质合并破产工作指引(试行)》《北京市第一中级人民法院关联企业实质合并重整工作办法(试行)》等。但是还有很多法院赋予异议债权人上诉的救济方式,如广东省高级人民法院、湖北省武汉市中级人民法院、贵州省毕节市中级人民法院等。除此之外,法院对案号的使用也不相同,个别法院如江苏省南京市中级人民法院、山东省日照市中级人民法院等列"破监"字案号①,《陕西省高级人民法院破产案件审理规程(试行)》第249条第1款规定:"对于实质合并破产裁定的复议,上一级人民法院的立案部门于接收材料当日以'破监'字案号登记立案。"其他法院则直接按照破产上诉案件列"破终"字案号。

(三)完善适用条件

关联企业实质合并破产制度的适用条件是该制度的核心所在,也是实践中的难点,是导致异议债权人不满法院裁定的主要原因。遗憾的是,在阅读和研究我国的相关案例后,笔者发现我国的法院裁定书大部分都过于简单,通常都是先概括描述案情,很多甚至是概括案情,然后援引"法条",最后作出裁定,很少甚至完全没有解答为什么和如何适用相关法条的关键问题。由于法官没有提供其中间推理过程的重要信息,因此难以进行传统的个案分析。在这种情况下,进行统计学研究从而揭示案件整体特征的意义就更加凸显出来。

当前关联企业实质合并破产制度有被过度使用之虞,根本原因是《破产纪

---

① 例如:江苏省南京市中级人民法院民事裁定书,(2019)苏01破监1号;山东省日照市中级人民法院民事裁定书,(2019)鲁11破监5号。

要》规定的适用条件弹性太大,给法官留下的自由裁量空间过大。为让该制度回归理性,应尽快在立法中完善适用规则和条件。

对于第一个客观要件,应当明确法人人格高度混同的参考因素,给审判工作提供指引。关联企业实质合并破产制度与公司法上的法人人格否定制度有所区别,我国法官在判断法人人格是否高度混同时,大部分仍在参照公司人格否定诉讼中关联企业人格混同的认定标准,即从财产混同、业务混同、人员混同三方面进行评价,但是关联企业实质合并破产制度作用在于,统一对关联企业的资产和债务进行清算,保护全体债权人公平受偿,而业务和人员是否发生混同,对判断关联企业是否符合实质合并破产的适用条件意义并不大,所以应当强调关联企业之间财产、财务混同的重要性。在借鉴美国判例法①和我国法院已积累的审判经验的基础上,笔者总结了以下判断法人人格高度混同的评价因素:(1)关联企业之间主要经营性财产难以区分;(2)关联企业的生产经营场所未明确区分;(3)关联企业之间相互贷款担保;(4)各关联企业成员在日常开支、管理费用、财务费用和其他相关费用方面共担;(5)关联企业成员的应收和应付账款不独立;(6)关联企业之间不存在独立的现金管理系统;(7)母公司给子公司员工支付薪水;(8)母公司将子公司作为其下设部门或分支机构;(9)关联企业之间存在合并财务报表;(10)关联企业财务记账混同,没有规范的财务制度;(11)关联企业的财务账册等资料因管理不当已灭失;(12)会计师事务所出具的审计报告认为关联企业财产混同;(13)董事、监事或高级管理人员交叉兼职;(14)关联企业之间相互持股,形成企业集团;(15)受同一实际控制人控制,关联企业成员对人事任免、经营管理等重大决策事项不履行必要程序。

笔者在检索案例过程中注意到,会计师事务所出具审计报告是很多管理人向法院申请合并破产时提交的重要证据之一,法院对审计报告的意见采信度也很高。实务中,也有法院为查明关联企业之间是否存在高度人格混同,主动委托审计机构进行专项审计。例如,在江苏省南通市海门区人民法院受理的“南通瑞泰制药机械科技发展有限公司等实质合并破产案”②中,法院委托了会计师事务所对案涉的四家关联企业是否存在人格混同进行专项审计,会计师事务所

---

① 参见徐阳光:《论关联企业实质合并破产》,载《中外法学》2017 年第 3 期。

② 江苏省南通市海门区人民法院民事裁定书,(2021)苏 0684 破 1 号。

审计后认为案涉四家关联企业在同一实际控制人的掌控下,在资产、人员、财务、管理等方面均存在着不同程度的混同,案涉四家公司缺乏独立意志和自主决策权,已严重丧失财产独立性和法人意志独立性,法人人格高度混同。审计报告是由第三方专业机构出具的,故也更能得到利害关系人的认可。当然,法官只能重视审计机构的意见,但不能直接采纳,是否准予关联企业实质合并破产,由法官立足于案件事实本身,依法作出独立判断。

第二个要件准确地说应该是"区分各关联企业成员财产和债务的成本过高",这是基于破产法的效率理念和保护债权人利益产生的,通过"关联企业法人人格高度混同"体现出来,即是因关联企业的财产、债务的高度混同、混乱,导致了区分各企业的财产和债务成本过高耗费的时间过长,危及债权人利益实现。正如1980年美国弗吉尼亚东区破产法院在"维克建筑公司案"中认为,企业集团内部的经济关系达到令人绝望的模糊程度,并且把经济关系区分清楚的成本和时间巨大,损害到用以清偿债权人的净资产。该要件也是衡量关联企业之间财产、债务关系是否高度混同的标准。笔者认为,在实务中会计师事务所出具的审计报告除了可以揭示关联企业的财产是否高度混同外,也能证明区分关联企业财产和债务的成本是否过高,法官可以借助审计报告对该要件进行判断。

第三个要件是债权人收益标准,实践中往往是个别债权人反对实质合并的抗辩理由。客观来说,债权人在实质合并破产中的收益与损失,是无法进行计算的,但通过听证充分听取债权人的意见,保障其异议权,并且给予相关异议债权人一定的补偿,无疑是体现程序和实体公正的最好做法,符合债权人的利益期待。当然如果异议债权人占多数时,法官就要考虑驳回合并破产的申请。《破产企业集团对待办法》也认为,如果异议债权人因合并破产而较之于其他债权人处境严重不利,就应该向异议债权人提供远远大于其他无担保债权人的回报,用以调和合并破产政策的刚性。笔者赞同王静法官提出补偿办法,即"根据个案情况,可以在实质合并后全体债权人统一的清偿率之上与该成员企业单独破产时该债权人可能获得的清偿率之间,以市场化为导向,由管理人、债权人进行充分协商,以实现各方利益的真正协调"①。

① 王静:《听审请求权在破产程序中的保障与实现》,载《人民司法》2021年第28期。

有必要特别强调的是,在适用条件不明确的情况下,不能将提高破产工作的效率作为关联企业实质合并破产的理由。关联企业实质合并破产制度是保障全体债权人公平受偿的权益产生的,而不是为了方便管理人的工作,有利法院审结案件,制度的适用条件应当围绕制度目的来设计。我们承认,实质合并破产制度具有提高破产程序的经济效率和司法效率的作用,但前提是不能通过牺牲利害关系人利益的方式予以追求。近年来,在政府打造营商环境、化解金融风险的政策背景下,各地法院考虑了很多"法外因素"放宽该制度适用条件的现象,应得到纠正。我们不推崇美国法院对待此类案件的保守态度,但也不能让该制度脱离初衷。正如《破产纪要》所说:"人民法院审理关联企业破产案件时,要立足于破产关联企业之间的具体关系模式,采取不同方式予以处理。既要通过实质合并审理方式处理法人人格高度混同的关联关系,确保全体债权人公平清偿,也要避免不当采用实质合并审理方式损害相关利益主体的合法权益。"

附表一

公司人格否认诉讼500个实证分析案件表

序号	案号	受理法院	一审结果	二审结果	再审结果	债权性质	原告	被告类型
1	(2019)皖0811民初880号	安徽省安庆市宜秀区人民法院	刺破			合同	自然人	公司+股东
2	(2020)皖08民终2791号	安徽省安庆市中级人民法院	刺破	维持		合同	公司	公司+股东
3	(2021)皖03民终2616号	安徽省蚌埠市中级人民法院	未刺破	维持		合同	自然人	公司+股东
4	(2019)皖0122民初8557号	安徽省肥东县人民法院	未刺破			合同	公司	关联公司
5	(2014)皖民二终字第00164号	安徽省高级人民法院	刺破	改判		合同	自然人	公司+股东
6	(2020)皖民终912号	安徽省高级人民法院	未刺破	维持		合同	公司	关联公司
7	(2018)皖民终526号	安徽省高级人民法院	未刺破	维持		合同	公司	关联公司
8	(2020)皖0102民初983号	安徽省合肥市瑶海区人民法院	未刺破			合同	自然人	公司+股东
9	(2014)合民二终字第00005号	安徽省合肥市中级人民法院	未刺破			合同	公司	股东
10	(2020)皖04民初184号	安徽省淮南市中级人民法院	未刺破			合同	公司	一人公司
11	(2018)皖0202民初4002号	安徽省芜湖市镜湖区人民法院	未刺破			合同	公司	公司+股东
12	(2020)皖0202民初342号	安徽省芜湖市镜湖区人民法院	未刺破			合同	公司	公司+股东
13	(2020)皖0203民初3151号	安徽省芜湖市弋江区人民法院	未刺破			合同	自然人	关联公司

续表

序号	案号	受理法院	一审结果	二审结果	再审结果	债权性质	原告	被告类型
14	(2020)皖02民终562号	安徽省芜湖市中级人民法院	刺破	改判		合同	公司	公司+股东
15	(2016)京0115民初5671号	北京市大兴区人民法院	未刺破			合同	自然人	公司+股东
16	(2020)京0115民初21946号	北京市大兴区人民法院	刺破			合同	自然人	一人公司
17	(2021)京0115民初3889号	北京市大兴区人民法院	刺破			合同	自然人	一人公司
18	(2016)京02民终4791号	北京市第二中级人民法院	未刺破	维持		合同	公司	一人公司
19	(2021)京02民终8229号	北京市第二中级人民法院	未刺破	维持		合同	自然人	公司+股东
20	(2019)京02民终13701号	北京市第二中级人民法院	未刺破	维持		合同	公司	关联公司+股东
21	(2019)京03民终2577号	北京市第三中级人民法院	刺破	维持		合同	公司	一人公司
22	(2017)京03民终1932号	北京市第三中级人民法院	未刺破	维持		合同	自然人	公司+股东
23	(2021)京03民终6211号	北京市第三中级人民法院	未刺破	维持		合同	公司	公司+股东
24	(2022)京03民终8390号	北京市第三中级人民法院	刺破	维持		合同	自然人	公司+股东
25	(2020)京03民初584号	北京市第三中级人民法院	刺破			合同	公司	一人公司
26	(2018)京03民终9005号	北京市第三中级人民法院	刺破	维持		合同	自然人	夫妻公司
27	(2021)京03民终41号	北京市第三中级人民法院	刺破	维持		合同	公司	一人公司
28	(2021)京01民终8637号	北京市第一中级人民法院	未刺破	维持		合同	公司	关联公司
29	(2013)一中民终字第11037号	北京市第一中级人民法院	未刺破	维持		合同	公司	公司+股东
30	(2021)京01民终6222号	北京市第一中级人民法院	未刺破	维持		合同	公司	关联公司+实际控制人

续表

序号	案号	受理法院	一审结果	二审结果	再审结果	债权性质	原告	被告类型
31	(2021)京01民终8528号	北京市第一中级人民法院	未刺破	维持		合同	公司	关联公司+实际+高管
32	(2021)京01民终2618号	北京市第一中级人民法院	未刺破	维持		合同	公司	公司+股东
33	(2021)京0111民初6050号	北京市房山区人民法院	刺破			合同	自然人	公司+股东
34	(2018)京0108民初60656号	北京市海淀区人民法院	刺破			合同	非法人	一人公司
35	(2019)京0116民初9130号	北京市怀柔区人民法院	部分刺破			合同	公司	一人公司
36	(2021)京0109民初5649号	北京市门头沟区人民法院	刺破			合同	自然人	公司+股东
37	(2017)京0107民初18712号	北京市石景山区人民法院	未刺破			合同	公司	股东
38	(2019)京0113民初6474号	北京市顺义区人民法院	未刺破			合同	自然人	关联公司+股东
39	(2021)京0112民初3185号	北京市通州区人民法院	部分刺破			合同	自然人	关联公司+股东
40	(2021)京0112民初45834号	北京市通州区人民法院	刺破			合同	自然人	一人公司
41	(2020)京0112民初2500号	北京市通州区人民法院	未刺破			合同	自然人	公司+实际控制人
42	(2018)京0112民初41875号	北京市通州区人民法院	刺破			合同	非法人	关联公司+股东
43	(2018)闽0102民初9006号	福建省福州市鼓楼区人民法院	未刺破			合同	自然人	关联公司
44	(2022)闽01民终1790号	福建省福州市中级人民法院	刺破	维持		合同	公司	一人公司
45	(2020)闽0825民初33号	福建省连城县人民法院	未刺破			合同	公司	公司+股东
46	(2019)闽0303民初3856号	福建省莆田市涵江区人民法院	未刺破			合同	非法人	公司+股东
47	(2021)闽0304民初2654号	福建省莆田市荔城区人民法院	刺破			合同	自然人	公司+股东+实际控制人

续表

序号	案号	受理法院	一审结果	二审结果	再审结果	债权性质	原告	被告类型
48	(2018)闽04民终1755号	福建省三明市中级人民法院	刺破	改判		合同	公司	关联公司
49	(2015)海民初字第2645号	福建省厦门市海沧区人民法院	未刺破			合同	自然人	公司+股东
50	(2018)闽0212民初3469号	福建省厦门市同安区人民法院	未刺破			合同	自然人	公司+股东
51	(2018)闽0212民初3438号	福建省厦门市同安区人民法院	未刺破			合同	公司	公司+股东
52	(2018)闽0212民初3460号	福建省厦门市同安区人民法院	未刺破			合同	自然人	公司+股东
53	(2020)闽02民终5553号	福建省厦门市中级人民法院	刺破			合同	自然人	关联公司
54	(2018)闽02民终822号	福建省厦门市中级人民法院	刺破	维持		合同	自然人	公司+股东
55	(2021)甘0702民初6078号	甘肃省张掖市甘州区人民法院	未刺破			合同	自然人	关联公司
56	(2021)甘07民终224号	甘肃省张掖市中级人民法院	刺破	改判		合同	公司	一人公司
57	(2018)粤1972民初19771号	广东省东莞市第二人民法院	未刺破			合同	公司	公司+股东
58	(2019)粤1972民初1219号	广东省东莞市第二人民法院	未刺破			合同	自然人	公司+股东
59	(2018)粤1973民初21083号	广东省东莞市第三人民法院	未刺破			合同	自然人	公司+股东
60	(2020)粤1971民初28432号	广东省东莞市第一人民法院	未刺破			合同	公司	关联公司
61	(2021)粤1971民初9001号	广东省东莞市第一人民法院	未刺破			合同	公司	关联公司
62	(2021)粤1971民初699号	广东省东莞市第一人民法院	未刺破			合同	公司	关联公司
63	(2013)东中法民二终字第1269号	广东省东莞市中级人民法院	未刺破	维持		合同	公司	关联公司+股东
64	(2020)粤19民终10411号	广东省东莞市中级人民法院	刺破	改判		合同	公司	关联公司

续表

序号	案号	受理法院	一审结果	二审结果	再审结果	债权性质	原告	被告类型
65	(2019)粤0605民初10160号	广东省佛山市南海区人民法院	未刺破			合同	自然人	关联公司+股东
66	(2018)粤0607民初2058号	广东省佛山市三水区人民法院	未刺破			合同	公司	公司+股东
67	(2018)粤0607民初2058号	广东省佛山市三水区人民法院	未刺破			合同	公司	公司+股东
68	(2017)粤0606民初12311号	广东省佛山市顺德区人民法院	部分刺破			合同	非法人	关联公司+股东
69	(2015)佛顺法乐民初字第1489号	广东省佛山市顺德区人民法院	刺破			合同	公司	一人公司
70	(2013)佛顺法民二重字第5号	广东省佛山市顺德区人民法院	未刺破			合同	非法人	关联公司
71	(2014)佛顺法民二初字第225号	广东省佛山市顺德区人民法院	未刺破			合同	公司	公司+股东
72	(2017)粤0606民初9900号	广东省佛山市顺德区人民法院	未刺破			合同	非法人	关联公司+股东
73	(2018)粤0606民初8237号	广东省佛山市顺德区人民法院	未刺破			合同	公司	关联公司
74	(2017)粤0606民初22233号	广东省佛山市顺德区人民法院	未刺破			合同	非法人	公司+股东
75	(2021)粤0606民初18200号	广东省佛山市顺德区人民法院	未刺破			合同	自然人	公司+股东
76	(2017)粤06民终11126号	广东省佛山市中级人民法院	未刺破	维持		合同	非法人	关联公司
77	(2017)粤06民终4881号	广东省佛山市中级人民法院	未刺破	维持		合同	非法人	关联公司
78	(2019)粤06民终13171号	广东省佛山市中级人民法院	未刺破	维持		合同	公司	关联公司
79	(2020)粤06民终10825号	广东省佛山市中级人民法院	未刺破	维持		合同	公司	公司+股东
80	(2021)粤06民终1276号	广东省佛山市中级人民法院	未刺破	维持		合同	公司	关联公司
81	(2014)佛中法民二终字第313号	广东省佛山市中级人民法院	刺破	维持		合同	公司	关联公司

续表

序号	案号	受理法院	一审结果	二审结果	再审结果	债权性质	原告	被告类型
82	(2020)粤06民终5907号	广东省佛山市中级人民法院	刺破	维持		合同	公司	公司+股东
83	(2017)粤06民终4882号	广东省佛山市中级人民法院	未刺破	维持		合同	公司	关联公司
84	(2020)粤民再119号	广东省高级人民法院	刺破	改判	维持	合同	公司	公司+股东
85	(2021)粤0111民初3978号	广东省广州市白云区人民法院	未刺破			合同	自然人	公司+股东
86	(2017)粤0114民初2721号	广东省广州市花都区人民法院	未刺破			合同	自然人	公司+股东
87	(2020)粤0112民初6791号	广东省广州市黄埔区人民法院	未刺破			合同	公司	公司+股东+实际控制人
88	(2020)粤0112民初15449号	广东省广州市黄埔区人民法院	未刺破			合同	公司	公司+股东
89	(2021)粤0112民初15883号	广东省广州市黄埔区人民法院	未刺破			合同	公司	关联公司
90	(2021)粤0115民初20936号	广东省广州市南沙区人民法院	未刺破			合同	公司	关联公司+股东
91	(2022)粤0115民初602号	广东省广州市南沙区人民法院	部分刺破			合同	公司	一人公司+关联公司
92	(2021)粤0115民初13492号	广东省广州市南沙区人民法院	未刺破			合同	公司	一人公司
93	(2016)粤01民终509号	广东省广州市中级人民法院	未刺破	维持		合同	自然人	公司+股东
94	(2015)穗中法民二终字第1390号	广东省广州市中级人民法院	未刺破	维持		合同	自然人	公司+股东
95	(2017)粤01民终17520号	广东省广州市中级人民法院	未刺破	维持		合同	公司	关联公司
96	(2016)粤01民终13333号	广东省广州市中级人民法院	未刺破	维持		合同	公司	关联公司
97	(2021)粤01民终18375号	广东省广州市中级人民法院	刺破	维持		合同	公司	公司+股东
98	(2021)粤01民终28969号	广东省广州市中级人民法院	刺破	改判		合同	自然人	夫妻公司

续表

序号	案号	受理法院	一审结果	二审结果	再审结果	债权性质	原告	被告类型
99	(2022)粤01民终3639号	广东省广州市中级人民法院	未刺破	维持		合同	公司	公司+股东
100	(2019)粤01民终11219号	广东省广州市中级人民法院	刺破	改判		合同	自然人	公司+股东
101	(2015)穗中法民二终字第1532号	广东省广州市中级人民法院	未刺破	维持		合同	公司	公司+股东
102	(2015)江新法民一初字第76号	广东省江门市新会区人民法院	未刺破			合同	自然人	关联公司+股东
103	(2021)粤0705民初7337号	广东省江门市新会区人民法院	未刺破			合同	公司	公司+股东
104	(2021)粤0705民初7180号	广东省江门市新会区人民法院	未刺破			合同	非法人	公司+股东
105	(2020)粤07民终827号	广东省江门市中级人民法院	未刺破	维持		合同	自然人	关联公司+股东
106	(2018)粤07民终3459号	广东省江门市中级人民法院	刺破	改判		合同	公司	关联公司
107	(2021)粤07民终134号	广东省江门市中级人民法院	未刺破			合同	公司	公司+员工
108	(2022)粤14民终132号	广东省梅州市中级人民法院	未刺破	维持		合同	自然人	一人公司
109	(2017)粤18民终1764号	广东省清远市中级人民法院	刺破	维持		合同	自然人	一人公司
110	(2020)粤0203民初3065号	广东省韶关市武江区人民法院	未刺破			合同	公司	一人公司
111	(2022)粤02民终1289号	广东省韶关市中级人民法院	未刺破	维持		合同	自然人	公司+股东
112	(2021)粤0391民初1194号	广东省深圳前海合作区人民法院	未刺破			合同	自然人	关联公司+股东
113	(2019)粤0391民初323号	广东省深圳前海合作区人民法院	未刺破			合同	自然人	关联公司
114	(2016)粤0391民初431号	广东省深圳前海合作区人民法院	未刺破			合同	自然人	关联公司+股东
115	(2021)粤0391民初6363号	广东省深圳前海合作区人民法院	刺破			合同	自然人	一人公司

续表

序号	案号	受理法院	一审结果	二审结果	再审结果	债权性质	原告	被告类型
116	(2018)粤0306民初2511号	广东省深圳市宝安区人民法院	未刺破			合同	公司	关联公司
117	(2018)粤0305民初1965号	广东省深圳市南山区人民法院	未刺破			合同	自然人	公司+股东
118	(2018)粤03民初873号	广东省深圳市中级人民法院	刺破			合同	公司	一人公司
119	(2017)粤03民终14490号	广东省深圳市中级人民法院	刺破	改判		合同	公司	股东
120	(2021)粤03民终25266号	广东省深圳市中级人民法院	未刺破	维持		合同	自然人	公司+股东
121	(2020)粤03民终16050号	广东省深圳市中级人民法院	未刺破	维持		合同	公司	公司+股东
122	(2021)粤03民终19461号	广东省深圳市中级人民法院	未刺破	维持		合同	自然人	公司+股东
123	(2020)粤03民终746号	广东省深圳市中级人民法院	未刺破	维持		合同	公司	公司+股东
124	(2016)粤1284民初1548号	广东省四会市人民法院	未刺破			合同	自然人	公司+股东
125	(2021)粤0233民初1179号	广东省新丰县人民法院	未刺破			合同	公司	一人公司
126	(2018)粤1881民初3890号	广东省英德市人民法院	未刺破			合同	自然人	公司+股东
127	(2020)粤1881民初5668号	广东省英德市人民法院	未刺破			合同	自然人	公司+股东
128	(2013)中中法民二终字第620号	广东省中山市中级人民法院	未刺破	维持		合同	公司	关联公司
129	(2021)粤20民终3973号	广东省中山市中级人民法院	未刺破	维持		合同	公司	关联公司+股东
130	(2021)粤20民终1851号	广东省中山市中级人民法院	未刺破	维持		合同	自然人	公司+股东
131	(2020)粤0404民初648号	广东省珠海市金湾区人民法院	刺破			合同	公司	关联公司
132	(2020)粤0402民初15314号	广东省珠海市香洲区人民法院	未刺破			合同	公司	一人公司

续表

序号	案号	受理法院	一审结果	二审结果	再审结果	债权性质	原告	被告类型
133	(2020)粤04民终1810号	广东省珠海市中级人民法院	未刺破	维持		合同	自然人	公司+实际控制人
134	(2018)粤04民终255号	广东省珠海市中级人民法院	未刺破	维持		合同	公司	关联公司
135	(2020)粤04民终1810号	广东省珠海市中级人民法院	未刺破	维持		合同	自然人	公司+股东
136	(2019)桂05民终1036号	广西壮族自治区北海市中级人民法院	未刺破	维持		合同	自然人	公司+股东
137	(2020)桂05民终826号	广西壮族自治区北海市中级人民法院	部分刺破	维持		合同	自然人	公司+股东
138	(2020)桂民终15号	广西壮族自治区高级人民法院	刺破	维持		合同	自然人	公司+实际控制人
139	(2019)桂民终1070号	广西壮族自治区高级人民法院	部分刺破	维持		合同	公司	一人公司
140	(2019)桂民终718号	广西壮族自治区高级人民法院	刺破	改判		合同	自然人	公司+实际控制人
141	(2020)桂0803民初1169号	广西壮族自治区贵港市港南区人民法院	未刺破			合同	公司	公司+股东
142	(2013)秀民初字第43号	广西壮族自治区桂林市秀峰区人民法院	刺破			合同	自然人	一人公司
143	(2021)桂03民终1455号	广西壮族自治区桂林市中级人民法院	未刺破	维持		合同	公司	公司+股东
144	(2014)河市民二终字第86号	广西壮族自治区河池市中级人民法院	刺破			合同	自然人	公司+股东
145	(2017)桂0331民初1031号	广西壮族自治区荔浦市人民法院	刺破			合同	公司	公司+股东
146	(2020)桂02民终4715号	广西壮族自治区柳州市中级人民法院	刺破	改判		合同	公司	公司+实际控制人
147	(2021)桂02民终793号	广西壮族自治区柳州市中级人民法院	未刺破	维持		合同	公司	关联公司
148	(2016)桂0223民初354号	广西壮族自治区鹿寨县人民法院	刺破			合同	自然人	一人公司
149	(2018)桂0102民初6839号	广西壮族自治区南宁市兴宁区人民法院	刺破			合同	公司	一人公司

续表

序号	案号	受理法院	一审结果	二审结果	再审结果	债权性质	原告	被告类型
150	(2020)桂01民终5561号	广西壮族自治区南宁市中级人民法院	未刺破	改判		合同	公司	一人公司
151	(2019)桂0702民初695号	广西壮族自治区钦州市钦南区人民法院	未刺破			合同	公司	公司+股东
152	(2014)玉中民二终字第162号	广西壮族自治区玉林市中级人民法院	刺破	维持		合同	自然人	一人公司
153	(2018)黔2328民初1260号	贵州省安龙县人民法院	未刺破			劳动合同	自然人	公司+股东
154	(2019)黔0402民初6404号	贵州省安顺市西秀区人民法院	刺破			合同	自然人	公司+股东
155	(2021)黔04民终2249号	贵州省安顺市中级人民法院	刺破	维持		合同	公司	一人公司
156	(2020)黔民终1125号	贵州省高级人民法院	刺破	改判		合同	公司	公司+股东
157	(2019)黔民终775号	贵州省高级人民法院	未刺破	维持		合同	公司+自然人	公司+股东
158	(2015)黔高民商终字第122号	贵州省高级人民法院	未刺破	维持		合同	公司	公司+股东
159	(2020)黔0115民初8955号	贵州省贵阳市观山湖区人民法院	未刺破			合同	公司	关联公司
160	(2021)黔01民终2512号	贵州省贵阳市中级人民法院	未刺破	维持		合同	公司	关联公司
161	(2016)黔01民终5600号	贵州省贵阳市中级人民法院	未刺破	维持		合同	自然人	公司+股东
162	(2021)黔02民终356号	贵州省六盘水市中级人民法院	未刺破	维持		合同	公司	一人公司
163	(2017)黔23民初14号	贵州省黔西南布依族苗族自治州中级人民法院	未刺破			合同	公司	关联公司+股东
164	(2017)黔23民初112号	贵州省黔西南布依族苗族自治州中级人民法院	未刺破			合同	公司	公司+股东+实际控制人
165	(2021)黔0303民初4907号	贵州省遵义市汇川区人民法院	刺破			合同	自然人	公司+股东

续表

序号	案号	受理法院	一审结果	二审结果	再审结果	债权性质	原告	被告类型
166	(2021)黔03民终5213号	贵州省遵义市中级人民法院	刺破	维持		合同	自然人	公司+股东
167	(2018)琼01民终4715号	海南省海口市中级人民法院	未刺破	维持		合同	自然人	夫妻公司
168	(2019)琼9005民初1718号	海南省文昌市人民法院	未刺破			合同	自然人	公司+股东
169	(2019)冀0602民初3419号	河北省保定市竞秀区人民法院	刺破			合同	自然人	一人公司
170	(2021)冀民终417号	河北省高级人民法院	未刺破	改判		合同	公司	一人公司
171	(2021)冀04民终1705号	河北省邯郸市中级人民法院	未刺破	改判		合同	自然人	夫妻公司
172	(2017)冀0431民初628号	河北省鸡泽县人民法院	刺破			合同	自然人	公司+股东
173	(2019)冀10民终2271号	河北省廊坊市中级人民法院	刺破	改判		合同	自然人	公司+股东
174	(2020)冀0702民初113号	河北省张家口市桥东区人民法院	未刺破			合同	公司	关联公司
175	(2017)冀0636民初271号	河北省顺平县人民法院	刺破			合同	自然人	公司+股东
176	(2020)冀0702民初111号	河北省张家口市桥东区人民法院	未刺破			合同	公司	关联公司
177	(2020)冀07民终2420号	河北省张家口市中级人民法院	未刺破	维持		合同	公司	关联公司
178	(2020)豫0505民初1318号	河南省安阳市殷都区人民法院	未刺破			合同	自然人	股东
179	(2021)豫民终533号	河南省高级人民法院	刺破	改判		合同	公司	公司+股东
180	(2017)豫民终468号	河南省高级人民法院	刺破	维持		合同	自然人	关联公司+股东
181	(2016)豫1628民初2978号	河南省鹿邑县人民法院	刺破			合同	公司	关联公司
182	(2021)豫7102民初40号	河南省洛阳铁路运输法院	刺破			合同	公司	一人公司
183	(2020)豫1302民初2942号	河南省南阳市宛城区人民法院	刺破			合同	自然人	公司+实际控制人

续表

序号	案号	受理法院	一审结果	二审结果	再审结果	债权性质	原告	被告类型
184	(2020)豫14民终2803号	河南省商丘市中级人民法院	未刺破	维持		合同	公司	公司+股东
185	(2020)豫14民终2803号	河南省商丘市中级人民法院	未刺破	维持		合同	自然人	一人公司
186	(2022)豫14民初137号	河南省商丘市中级人民法院	刺破			合同	公司	一人公司
187	(2020)豫0223民初3657号	河南省尉氏县人民法院	刺破			侵权	自然人	夫妻公司
188	(2015)牧民二初字第544号	河南省新乡市牧野区人民法院	刺破			合同	公司	公司+股东
189	(2020)豫07民终5794号	河南省新乡市中级人民法院	未刺破	维持		合同	自然人	公司+股东
190	(2020)豫07民终4745号	河南省新乡市中级人民法院	刺破	改判		合同	公司	公司+股东
191	(2019)豫15民终795号	河南省信阳市中级人民法院	未刺破	维持		合同	自然人	公司+股东
192	(2021)豫10民终339号	河南省许昌市中级人民法院	未刺破	维持		合同	公司	关联公司
193	(2020)豫01民终10083号	河南省郑州市中级人民法院	未刺破	改判		合同	公司	公司+股东
194	(2020)豫16民再63号	河南省周口市中级人民法院	未刺破	维持	维持	合同	自然人	关联公司+股东
195	(2020)豫17民终1587号	河南省驻马店市中级人民法院	刺破			合同	公司	公司+股东
196	(2021)黑06民终89号	黑龙江省大庆市中级人民法院	刺破			合同	自然人	公司+股东
197	(2019)黑03民终157号	黑龙江省鸡西市中级人民法院	未刺破	改判		合同	自然人	关联公司+股东
198	(2020)鄂民再246号	湖北省高级人民法院	未刺破	维持	维持	合同	公司	公司+股东
199	(2013)鄂监二抗再终字第00067号	湖北省高级人民法院	未刺破	维持	维持	合同	公司	关联公司
200	(2020)鄂08民终289号	湖北省荆门市中级人民法院	未刺破	维持		合同	自然人	关联公司

续表

序号	案号	受理法院	一审结果	二审结果	再审结果	债权性质	原告	被告类型
201	(2020)鄂 08 民终 1060 号	湖北省荆门市中级人民法院	刺破	维持		合同	自然人	股东
202	(2021)鄂 1126 民初 4636 号	湖北省蕲春县人民法院	刺破			合同	自然人	公司 + 股东
203	(2020)鄂 0111 民初 294 号	湖北省武汉市洪山区人民法院	刺破			合同	公司	公司 + 股东
204	(2015)鄂江汉民二初字第 00952 号	湖北省武汉市江汉区人民法院	未刺破			合同	自然人	公司 + 股东
205	(2021)鄂 1125 民初 125 号	湖北省浠水县人民法院	部分刺破			合同	公司	公司 + 股东
206	(2019)鄂 0691 民初 3467 号	湖北省襄阳高新技术产业开发区人民法院	未刺破			合同	公司	公司 + 股东
207	(2018)鄂 0602 民初 1125 号	湖北省襄阳市襄城区人民法院	未刺破			合同	公司	公司 + 股东
208	(2020)鄂 0607 民初 3859 号	湖北省襄阳市襄州区人民法院	刺破			合同	公司	夫妻公司
209	(2020)鄂 06 民终 2212 号	湖北省襄阳市中级人民法院	未刺破	维持		合同	业委会	关联公司
210	(2015)鄂阳新民一初字第 00471 号	湖北省阳新县人民法院	刺破			合同	公司	公司 + 股东
211	(2021)鄂 05 民终 1761 号	湖北省宜昌市中级人民法院	未刺破	维持		合同	公司	关联公司
212	(2020)湘 07 民终 1536 号	湖南省常德市中级人民法院	刺破	维持		合同	公司	关联公司 + 实际控制人
213	(2019)湘 10 民终 3929 号	湖南省郴州市中级人民法院	未刺破	维持		合同	自然人	公司 + 股东
214	(2017)湘民终 76 号	湖南省高级人民法院	未刺破	维持		合同	公司	公司 + 股东
215	(2018)湘民再 149 号	湖南省高级人民法院	刺破	维持	维持	合同	自然人	一人公司
216	(2021)湘 0421 民初 2792 号	湖南省衡阳县人民法院	刺破			劳动合同	公司	关联公司
217	(2021)湘 12 民终 686 号	湖南省怀化市中级人民法院	未刺破	维持		合同	自然人	关联公司
218	(2018)湘 12 民终 551 号	湖南省怀化市中级人民法院	刺破	维持		合同	公司	公司 + 股东

续表

序号	案号	受理法院	一审结果	二审结果	再审结果	债权性质	原告	被告类型
219	(2018)湘12民再14号	湖南省怀化市中级人民法院	刺破	维持	维持	合同	公司	公司+实际控制人
220	(2022)湘0281民初214号	湖南省醴陵市人民法院	未刺破			合同	公司	公司+股东
221	(2021)湘0724民初17号	湖南省临澧县人民法院	刺破			合同	公司	关联公司+股东+一人公司
222	(2019)湘03民再68号	湖南省湘潭市中级人民法院	刺破	维持	维持	合同	自然人	公司+股东
223	(2020)湘03民终351号	湖南省湘潭市中级人民法院	刺破	改判		合同	自然人	关联公司+股东
224	(2020)湘03民终351号	湖南省湘潭市中级人民法院	未刺破			合同	自然人	公司+股东
225	(2020)湘1322民初1732号	湖南省新化县人民法院	刺破			合同	公司	公司+实际控制人
226	(2019)湘0903民初3560号	湖南省益阳市赫山区人民法院	刺破			合同	自然人	关联公司+股东
227	(2020)湘09民终1199号	湖南省益阳市中级人民法院	刺破	改判		合同	公司	关联公司
228	(2021)湘1103民初3558号	湖南省永州市冷水滩区人民法院	未刺破			合同	自然人	关联公司
229	(2020)湘1222民初835号	湖南省沅陵县人民法院	未刺破			合同	自然人	关联公司
230	(2021)湘06民终2845号	湖南省岳阳市中级人民法院	刺破	改判		合同	公司	公司+股东
231	(2022)湘0104民初7930号	湖南省长沙市岳麓区人民法院	刺破			合同	公司	一人公司
232	(2021)湘0121民初11308号	湖南省长沙县人民法院	刺破			合同	自然人	公司+股东
233	(2020)湘02民终647号	湖南省株洲市中级人民法院	刺破	改判		合同	公司	股东
234	(2018)吉民终460号	吉林省高级人民法院	未刺破	维持		合同	公司	关联公司
235	(2021)吉07民终1931号	吉林省松原市中级人民法院	未刺破	维持		合同	自然人	公司+股东

续表

序号	案号	受理法院	一审结果	二审结果	再审结果	债权性质	原告	被告类型
236	(2019)吉0105民初1566号	吉林省长春市二道区人民法院	未刺破			合同	公司	公司+股东
237	(2019)苏0492民初542号	江苏省常州经济开发区人民法院	刺破			合同	公司	一人公司
238	(2022)苏0413民初1414号	江苏省常州市金坛区人民法院	刺破			合同	自然人	一人公司
239	(2020)苏0402民初2767号	江苏省常州市天宁区人民法院	刺破			合同	政府	公司+股东
240	(2018)苏04民终1997号	江苏省常州市中级人民法院	刺破	维持		合同	自然人	关联公司
241	(2022)苏04民终1510号	江苏省常州市中级人民法院	未刺破	改判		合同	公司	夫妻公司
242	(2017)苏0404民初3632号	江苏省常州市钟楼区人民法院	未刺破			合同	公司	关联公司
243	(2020)苏0981民初4805号	江苏省东台市人民法院	刺破			合同	自然人	一人公司
244	(2013)苏商终字第0269号	江苏省高级人民法院	未刺破	维持		合同	公司	关联公司
245	(2021)苏0281民初12337号	江苏省江阴市人民法院	部分刺破			合同	公司	一人公司
246	(2020)苏07民终3814号	江苏省连云港市中级人民法院	未刺破	维持		合同	公司	公司+股东
247	(2017)苏0106民初5125号	江苏省南京市鼓楼区人民法院	未刺破			合同	公司	关联公司
248	(2017)苏01民终346号	江苏省南京市中级人民法院	刺破	维持		合同	公司	关联公司
249	(2013)宁商初字第196号	江苏省南京市中级人民法院	未刺破			合同	公司	公司+股东
250	(2020)苏01民初2681号	江苏省南京市中级人民法院	刺破			合同	公司	一人公司
251	(2015)宁商终字第1786号	江苏省南京市中级人民法院	未刺破	维持		合同	公司	一人公司
252	(2021)苏06民终4736号	江苏省南通市中级人民法院	未刺破	维持		合同	公司	关联公司+股东

续表

序号	案号	受理法院	一审结果	二审结果	再审结果	债权性质	原告	被告类型
253	(2020)苏06民终2358号	江苏省南通市中级人民法院	刺破	维持		合同	公司	公司+股东
254	(2019)苏1323民初7609号	江苏省泗阳县人民法院	未刺破			合同	自然人	关联公司
255	(2017)苏1323民初1348号	江苏省泗阳县人民法院	部分刺破			合同	自然人	关联公司+股东
256	(2019)苏0505民初3417号	江苏省苏州市虎丘区人民法院	未刺破			合同	公司	公司+股东
257	(2013)吴江商初字第0833号	江苏省苏州市吴江区人民法院	未刺破			合同	非法人	一人公司
258	(2017)苏05民终4778号	江苏省苏州市中级人民法院	未刺破	维持		合同	公司	股东
259	(2018)苏13民终4461号	江苏省宿迁市中级人民法院	刺破	改判		合同	自然人	关联公司+股东
260	(2021)苏0205民初6601号	江苏省无锡市锡山区人民法院	未刺破			合同	公司	公司+股东
261	(2021)苏02民终2341号	江苏省无锡市中级人民法院	未刺破	维持		合同	公司	关联公司
262	(2020)苏02民终1416号	江苏省无锡市中级人民法院	部分刺破	维持		合同	公司	关联公司+股东
263	(2020)苏02民初13号	江苏省无锡市中级人民法院	未刺破			合同	公司	公司+股东
264	(2022)苏02民终3072号	江苏省无锡市中级人民法院	刺破	维持		合同	自然人	公司+股东
265	(2020)苏03民终907号	江苏省徐州市中级人民法院	未刺破	改判		合同	公司	一人公司
266	(2019)苏0903民初1664号	江苏省盐城市盐都区人民法院	未刺破			合同	公司	关联公司
267	(2021)苏10民终835号	江苏省扬州市中级人民法院	未刺破	维持		合同	公司	公司+股东
268	(2022)苏10民终3488号	江苏省扬州市中级人民法院	刺破	维持		合同	自然人	一人公司
269	(2020)苏11民终2887号	江苏省镇江市中级人民法院	未刺破	维持		合同	公司	关联公司+股东

续表

序号	案号	受理法院	一审结果	二审结果	再审结果	债权性质	原告	被告类型
270	(2020)赣10民终73号	江西省抚州市中级人民法院	刺破	维持		合同	公司	关联公司
271	(2021)赣08民终197号	江西省吉安市中级人民法院	刺破	维持		合同	自然人	公司+股东
272	(2016)赣04民终1266号	江西省九江市中级人民法院	刺破	维持		合同	自然人	关联公司+股东
273	(2019)赣04民终1660号	江西省九江市中级人民法院	未刺破	维持		合同	公司	关联公司
274	(2019)赣1025民初108号	江西省乐安县人民法院	刺破			合同	公司	关联公司
275	(2020)赣01民终637号	江西省南昌市中级人民法院	未刺破	改判		合同	公司	夫妻公司
276	(2018)赣01民初164号	江西省南昌市中级人民法院	刺破			合同	公司	公司+股东
277	(2022)赣71民终3号	江西省南昌铁路运输中级法院	刺破			合同	非法人	一人公司
278	(2019)赣05民终1011号	江西省新余市中级人民法院	刺破	维持		合同	公司	一人公司
279	(2020)赣09民终505号	江西省宜春市中级人民法院	刺破	维持		合同	公司	公司+股东
280	(2022)辽03民终2429号	辽宁省鞍山市中级人民法院	刺破	维持		合同	自然人	一人公司
281	(2021)辽05民终1654号	辽宁省本溪市中级人民法院	刺破	改判		合同	公司	公司+股东
282	(2020)辽09民终407号	辽宁省阜新市中级人民法院	刺破	改判		合同	公司	关联公司+股东
283	(2022)辽09民终1283号	辽宁省阜新市中级人民法院	刺破	维持		合同	公司	公司+股东
284	(2015)辽民三终字第00299号	辽宁省高级人民法院	未刺破	改判		合同	公司	一人公司
285	(2019)辽0726民初808号	辽宁省黑山县人民法院	未刺破			合同	公司	公司+股东
286	(2021)辽07民终176号	辽宁省锦州市中级人民法院	刺破	维持		无因管理	政府	一人公司

续表

序号	案号	受理法院	一审结果	二审结果	再审结果	债权性质	原告	被告类型
287	(2022)辽0114民初5377号	辽宁省沈阳市于洪区人民法院	未刺破			合同	公司	公司+股东
288	(2019)辽01民终3290号	辽宁省沈阳市中级人民法院	未刺破	维持		合同	公司	关联公司
289	(2020)辽01民终9149号	辽宁省沈阳市中级人民法院	刺破	维持		合同	公司	股东
290	(2020)辽01民终14746号	辽宁省沈阳市中级人民法院	未刺破	维持		合同	公司	关联公司
291	(2021)辽71民终26号	辽宁省沈阳铁路运输中级法院	未刺破	维持		合同	公司	一人公司
292	(2020)辽08民终2156号	辽宁省营口市中级人民法院	刺破	维持		合同	自然人	关联公司+股东+实际控制人
293	(2014)石商初字第112号	内蒙古自治区包头市石拐区人民法院	未刺破			合同	自然人	公司+股东
294	(2017)内01民终4477号	内蒙古自治区呼和浩特市中级人民法院	未刺破	维持		合同	自然人	关联公司
295	(2017)内01民终13号	内蒙古自治区呼和浩特市中级人民法院	刺破	维持		合同	自然人	公司+股东
296	(2017)内01民再34号	内蒙古自治区呼和浩特市中级人民法院	刺破			合同	公司	关联公司
297	(2018)内01民终2704号	内蒙古自治区呼和浩特市中级人民法院	未刺破	维持		物权	公司	关联公司
298	(2015)乌中民一终字第7号	内蒙古自治区乌海市中级人民法院	未刺破			合同	自然人	公司+股东
299	(2021)内09民终1897号	内蒙古自治区乌兰察布市中级人民法院	未刺破	维持		合同	公司	关联公司
300	(2021)内0622民初897号	内蒙古自治区准格尔旗人民法院	未刺破			侵权	自然人	公司+股东
301	(2021)青02民终215号	青海省海东市中级人民法院	未刺破	维持		合同	公司	关联公司
302	(2016)鲁14民终1615号	山东省德州市中级人民法院	刺破	维持		合同	自然人	公司+股东
303	(2022)鲁14民终306号	山东省德州市中级人民法院	未刺破	维持		合同	公司	夫妻公司

续表

序号	案号	受理法院	一审结果	二审结果	再审结果	债权性质	原告	被告类型
304	(2016)鲁0923民初1814号	山东省东平县人民法院	刺破			合同	自然人	一人公司
305	(2021)鲁0591民初2716号	山东省东营经济技术开发区人民法院	未刺破			合同	公司	关联公司
306	(2022)鲁0591民初1711号	山东省东营经济技术开发区人民法院	刺破			合同	公司	一人公司
307	(2014)鲁商终字第214号	山东省高级人民法院	未刺破	维持		合同	公司	关联公司
308	(2019)鲁17民终2678号	山东省菏泽市中级人民法院	未刺破	维持		合同	公司	公司+股东
309	(2021)鲁0114民初7113号	山东省济南市章丘区人民法院	未刺破			合同	公司	关联公司
310	(2019)鲁01民终1572号	山东省济南市中级人民法院	刺破	改判		合同	自然人	一人公司
311	(2020)鲁01民终8210号	山东省济南市中级人民法院	刺破	维持		合同	公司	一人公司
312	(2017)鲁0828民初1530号	山东省金乡县人民法院	刺破			合同	非法人	一人公司
313	(2021)鲁0828民初2514号	山东省金乡县人民法院	未刺破			合同	自然人	关联公司+股东
314	(2017)鲁0828民初1310号	山东省金乡县人民法院	刺破			合同	公司	一人公司
315	(2017)鲁0828民初2365号	山东省金乡县人民法院	刺破			合同	自然人	一人公司
316	(2020)鲁13民终1637号	山东省临沂市中级人民法院	未刺破	维持		合同	公司	关联公司
317	(2019)鲁13民终2112号	山东省临沂市中级人民法院	未刺破	维持		合同	公司	一人公司+关联公司
318	(2020)鲁0211民初8408号	山东省青岛市黄岛区人民法院	未刺破			合同	公司	股东
319	(2022)鲁02民终4604号	山东省青岛市中级人民法院	未刺破	改判		合同	公司	公司+股东
320	(2017)鲁11民终1556号	山东省日照市中级人民法院	未刺破	维持		合同	公司	关联公司

续表

序号	案号	受理法院	一审结果	二审结果	再审结果	债权性质	原告	被告类型
321	（2022）鲁09民终1534号	山东省泰安市中级人民法院	刺破	维持		合同	自然人	公司+股东
322	（2017）鲁0481民初5227号	山东省滕州市人民法院	刺破			合同	自然人	关联公司
323	（2017）鲁1003民初2375号	山东省威海市文登区人民法院	未刺破			合同	公司	关联公司
324	（2021）鲁10民终1671号	山东省威海市中级人民法院	未刺破	维持		合同	公司	公司+股东
325	（2013）威商终字第288号	山东省威海市中级人民法院	未刺破	改判		合同	自然人	公司+股东
326	（2020）鲁10民终760号	山东省威海市中级人民法院	未刺破	维持		合同	公司	公司+实际控制人
327	（2022）鲁10民再13号	山东省威海市中级人民法院	未刺破	维持	维持	合同	特别法人	一人公司
328	（2021）鲁0704民初4665号	山东省潍坊市坊子区人民法院	未刺破			合同	公司	关联公司
329	（2022）鲁07民终4610号	山东省潍坊市中级人民法院	刺破	维持		合同	自然人	股东
330	（2016）鲁0982民初967号	山东省新泰市人民法院	刺破			合同	公司	公司+股东
331	（2016）鲁0612民初2476号	山东省烟台市牟平区人民法院	未刺破			合同	公司	关联公司
332	（2020）鲁06民终3839号	山东省烟台市中级人民法院	未刺破	维持		合同	公司	关联公司
333	（2020）鲁06民初108号	山东省烟台市中级人民法院	未刺破			合同	自然人	关联公司+股东
334	（2020）鲁06民终4222号	山东省烟台市中级人民法院	未刺破	维持		合同	公司	关联公司+股东
335	（2019）鲁04民终1342号	山东省枣庄市中级人民法院	未刺破	改判		合同	自然人	一人公司
336	（2019）鲁04民终1923号	山东省枣庄市中级人民法院	刺破	维持		合同	公司	关联公司+股东
337	（2015）淄商初字第157号	山东省淄博市中级人民法院	未刺破			合同	公司	关联公司

续表

序号	案号	受理法院	一审结果	二审结果	再审结果	债权性质	原告	被告类型
338	(2015)淄商终字第537号	山东省淄博市中级人民法院	未刺破	改判		合同	公司	关联公司
339	(2018)鲁0302民初2706号	山东省淄博市淄川区人民法院	部分刺破			合同	公司	公司+股东
340	(2019)晋民终459号	山西省高级人民法院	未刺破	维持		合同	公司	关联公司
341	(2019)晋1024民初2396号	山西省洪洞县人民法院	未刺破			合同	自然人	关联公司+股东
342	(2022)晋71民终8号	山西省太原铁路运输中级法院	未刺破	维持		合同	公司	一人公司
343	(2020)晋0881民初2734号	山西省永济市人民法院	未刺破			合同	公司	一人公司
344	(2020)晋0881民初2672号	山西省永济市人民法院	未刺破			合同	公司	公司+股东
345	(2020)陕09民终1241号	陕西省安康市中级人民法院	未刺破	维持		合同	公司	关联公司
346	(2019)陕0303民初2096号	陕西省宝鸡市金台区人民法院	未刺破			合同	自然人	关联公司
347	(2021)陕05民终396号	陕西省渭南市中级人民法院	刺破	维持		合同	自然人	关联公司
348	(2021)陕0113民初37025号	陕西省西安市雁塔区人民法院	未刺破			合同	公司	关联公司+股东
349	(2021)陕01民终16807号	陕西省西安市中级人民法院	刺破	维持		合同	公司	一人公司
350	(2017)沪72民初177号	上海海事法院	未刺破			合同	公司	关联公司
351	(2018)沪74民初1285号	上海金融法院	未刺破			合同	公司	关联公司
352	(2019)沪0113民初26237号	上海市宝山区人民法院	刺破			合同	公司	一人公司
353	(2021)沪02民终3181号	上海市第二中级人民法院	刺破			合同	公司	关联公司+股东
354	(2015)沪二中民二(民)终字第53号	上海市第二中级人民法院	未刺破	维持		合同	公司+自然人	一人公司

续表

序号	案号	受理法院	一审结果	二审结果	再审结果	债权性质	原告	被告类型
355	(2017)沪02民终198号	上海市第二中级人民法院	未刺破	维持		合同	公司	公司+股东
356	(2020)沪02民终9975号	上海市第二中级人民法院	未刺破			合同	自然人	关联公司
357	(2020)沪02民终5956号	上海市第二中级人民法院	未刺破	改判		合同	自然人	公司+股东
358	(2019)沪02民终4745号	上海市第二中级人民法院	未刺破	维持		合同	自然人	公司+股东
359	(2020)沪02民终2655号	上海市第二中级人民法院	刺破	维持		合同	公司	股东
360	(2020)沪01民终11655号	上海市第一中级人民法院	刺破	维持		合同	公司	一人公司
361	(2020)沪01民终12108号	上海市第一中级人民法院	未刺破	改判		合同	公司	公司+股东
362	(2018)沪01民终3291号	上海市第一中级人民法院	未刺破	维持		合同	公司	股东
363	(2014)沪一中民四(商)终字第1825号	上海市第一中级人民法院	未刺破	维持		合同	公司	关联公司+股东
364	(2016)沪01民终11107号	上海市第一中级人民法院	刺破			合同	公司	股东
365	(2016)沪01民终9348号	上海市第一中级人民法院	未刺破	维持		合同	自然人	关联公司
366	(2018)沪01民终3291号	上海市第一中级人民法院	未刺破	维持		合同	公司	股东
367	(2020)沪01民终10020号	上海市第一中级人民法院	刺破	改判		合同	自然人	公司+实际控制人
368	(2018)沪01民再41号	上海市第一中级人民法院	刺破	维持	改判	合同	自然人	关联公司
369	(2019)沪01民终15745号	上海市第一中级人民法院	未刺破	维持		合同	公司	关联公司
370	(2021)沪01民终7262号	上海市第一中级人民法院	刺破	维持		合同	自然人	公司+股东
371	(2016)沪0120民初14246号	上海市奉贤区人民法院	刺破			合同	公司	公司+股东

续表

序号	案号	受理法院	一审结果	二审结果	再审结果	债权性质	原告	被告类型
372	(2013)奉民二(商)初字第1376号	上海市奉贤区人民法院	未刺破			合同	公司	关联公司+股东
373	(2018)沪0120民初19323号	上海市奉贤区人民法院	刺破			劳动合同	公司	一人公司
374	(2018)沪0120民初19328号	上海市奉贤区人民法院	刺破			合同	自然人	一人公司
375	(2018)沪民终63号	上海市高级人民法院	未刺破	维持		合同	公司	关联公司
376	(2020)沪0101民初2451号	上海市黄浦区人民法院	未刺破			合同	公司	一人公司
377	(2021)沪0114民初13522号	上海市嘉定区人民法院	部分刺破			合同	公司	一人公司
378	(2019)沪0114民初8888号	上海市嘉定区人民法院	刺破			合同	公司	公司+股东
379	(2019)沪0114民初23257号	上海市嘉定区人民法院	刺破			合同	公司	关联公司
380	(2019)沪0116民初8849号	上海市金山区人民法院	未刺破			合同	自然人	股东
381	(2021)沪0116民初3689号	上海市金山区人民法院	未刺破			合同	公司	关联公司
382	(2016)沪0106民初22100号	上海市静安区人民法院	未刺破			合同	公司	关联公司
383	(2020)沪0112民初45469号	上海市闵行区人民法院	未刺破			合同	公司	夫妻公司
384	(2019)沪0112民初4366号	上海市闵行区人民法院	未刺破			合同	非法人	公司+股东
385	(2016)沪0112民初1998号	上海市闵行区人民法院	刺破			合同	自然人	公司+股东
386	(2018)沪0115民初15037号	上海市浦东新区人民法院	未刺破			合同	公司	关联公司
387	(2021)沪0115民初18945号	上海市浦东新区人民法院	未刺破			合同	自然人	关联公司+实际控制人
388	(2020)沪0115民初6434号	上海市浦东新区人民法院	未刺破			侵权	公司	公司+股东

续表

序号	案号	受理法院	一审结果	二审结果	再审结果	债权性质	原告	被告类型
389	(2021)沪0115民初7350号	上海市浦东新区人民法院	刺破			合同	公司	公司+股东
390	(2012)普民二(商)初字第S292号	上海市普陀区人民法院	刺破			合同	公司	关联公司
391	(2020)沪0118民初8586号	上海市青浦区人民法院	未刺破			合同	自然人	关联公司
392	(2020)沪0110民初12512号	上海市杨浦区人民法院	未刺破			合同	非法人	公司+股东
393	(2019)沪0105民初17215号	上海市长宁区人民法院	刺破			合同	公司	关联公司+实际控制人
394	(2021)川0191民初979号	四川省成都高新技术产业开发区人民法院	未刺破			合同	公司	关联公司
395	(2020)川0104民初5303号	四川省成都市锦江区人民法院	刺破			合同	自然人	关联公司
396	(2019)川0104民初12438号	四川省成都市锦江区人民法院	部分刺破			合同	自然人	公司+股东
397	(2021)川0104民初15705号	四川省成都市锦江区人民法院	未刺破			合同	自然人	公司+股东
398	(2019)川0105民初12061号	四川省成都市青羊区人民法院	未刺破			合同	公司	公司+股东
399	(2015)双流民初字第3898号	四川省成都市双流区人民法院	未刺破			合同	自然人	公司+股东
400	(2018)川0107民初5350号	四川省成都市武侯区人民法院	未刺破			合同	自然人	公司+股东
401	(2020)川0107民初8938号	四川省成都市武侯区人民法院	刺破			合同	公司	一人公司
402	(2017)川0114民初5098号	四川省成都市新都区人民法院	未刺破			合同	公司	公司+股东
403	(2019)川0114民初8602号	四川省成都市新都区人民法院	未刺破			合同	公司	关联公司
404	(2021)川01民终20151号	四川省成都市中级人民法院	刺破	维持		合同	公司	一人公司
405	(2020)川01民终10662号	四川省成都市中级人民法院	未刺破	维持		合同	公司	公司+股东

续表

序号	案号	受理法院	一审结果	二审结果	再审结果	债权性质	原告	被告类型
406	（2021）川 01 民终 22750 号	四川省成都市中级人民法院	未刺破	维持		合同	自然人	公司 + 股东
407	（2021）川 01 民终 9093 号	四川省成都市中级人民法院	未刺破	维持		合同	公司	关联公司
408	（2021）川 01 民终 19316 号	四川省成都市中级人民法院	刺破	维持		劳动合同	自然人	关联公司
409	（2021）川 01 民终 17007 号	四川省成都市中级人民法院	刺破	改判		合同	自然人	一人公司
410	（2021）川 01 民终 20151 号	四川省成都市中级人民法院	刺破	维持		合同	公司	一人公司
411	（2021）川 01 民终 22751 号	四川省成都市中级人民法院	未刺破	维持		合同	自然人	公司 + 股东
412	（2018）川 01 民终 13342 号	四川省成都市中级人民法院	未刺破	维持		合同	自然人	关联公司
413	（2020）川 0184 民初 1256 号	四川省崇州市人民法院	未刺破			合同	自然人	关联公司 + 股东
414	（2020）川 0184 民初 1 号	四川省崇州市人民法院	未刺破			合同	公司	关联公司
415	（2017）川民再 114 号	四川省高级人民法院	刺破	维持	改判	合同	自然人	关联公司
416	（2020）川民终 406 号	四川省高级人民法院	未刺破	维持		合同	公司	公司 + 股东
417	（2021）川 16 民终 147 号	四川省广安市中级人民法院	刺破	改判		合同	自然人	公司 + 股东
418	（2020）川 11 民终 1129 号	四川省乐山市中级人民法院	刺破	维持		合同	公司	股东
419	（2019）川 05 民终 982 号	四川省泸州市中级人民法院	刺破	维持		合同	自然人	关联公司
420	（2021）川 14 民终 8 号	四川省眉山市中级人民法院	刺破	维持		合同	自然人	公司 + 股东
421	（2020）川 1302 民初 391 号	四川省南充市顺庆区人民法院	未刺破			合同	自然人	公司 + 股东
422	（2017）川 1302 民初 4302 号	四川省南充市顺庆区人民法院	刺破			合同	自然人	关联公司 + 股东
423	（2015）内民终字第 884 号	四川省内江市中级人民法院	未刺破	维持		合同	自然人	公司 + 股东

续表

序号	案号	受理法院	一审结果	二审结果	再审结果	债权性质	原告	被告类型
424	(2020)川10民终87号	四川省内江市中级人民法院	未刺破	维持		合同	自然人	公司+股东
425	(2017)川0411民初816号	四川省攀枝花市仁和区人民法院	未刺破			合同	自然人	关联公司
426	(2019)川04民终459号	四川省攀枝花市中级人民法院	刺破	维持		合同	公司	关联公司
427	(2018)川15民终1733号	四川省宜宾市中级人民法院	刺破	维持		合同	公司	关联公司
428	(2018)川15民终2001号	四川省宜宾市中级人民法院	刺破	改判		合同	自然人	关联公司+法定代表人
429	(2018)川15民初171号	四川省宜宾市中级人民法院	未刺破			合同	公司	一人公司
430	(2018)川15民终1266号	四川省宜宾市中级人民法院	未刺破	维持		合同	特别法人	关联公司
431	(2016)川15民终2102号	四川省宜宾市中级人民法院	未刺破	维持		合同	公司	股东
432	(2016)川20民终184号	四川省资阳市中级人民法院	刺破	维持		合同	公司	关联公司
433	(2018)川03民终875号	四川省自贡市中级人民法院	刺破	维持		合同	自然人	公司+股东
434	(2018)津0113民初7037号	天津市北辰区人民法院	未刺破			合同	公司	公司+股东
435	(2019)津0113民初8457号	天津市北辰区人民法院	未刺破			合同	公司	关联公司
436	(2020)津0113民初2578号	天津市北辰区人民法院	未刺破			合同	公司	关联公司
437	(2022)津02民终583号	天津市第二中级人民法院	刺破	维持		合同	公司	关联公司
438	(2019)津民终258号	天津市高级人民法院	未刺破	维持		合同	公司	一人公司
439	(2018)津民初74号	天津市高级人民法院	未刺破			合同	公司	一人公司
440	(2020)津0112民初7497号	天津市津南区人民法院	未刺破			合同	自然人	公司+股东
441	(2014)新民一终字第146号	新疆维吾尔自治区高级人民法院	未刺破			合同	公司	公司+股东

续表

序号	案号	受理法院	一审结果	二审结果	再审结果	债权性质	原告	被告类型
442	(2017)新民终267号	新疆维吾尔自治区高级人民法院	刺破	维持		合同	公司	关联公司
443	(2020)新0203民初153号	新疆维吾尔自治区克拉玛依市克拉玛依区人民法院	未刺破			合同	自然人	一人公司
444	(2019)新4223民初3550号	新疆维吾尔自治区沙湾县人民法院	未刺破			合同	公司	关联公司
445	(2016)新4223民初2448号	新疆维吾尔自治区沙湾县人民法院	未刺破			合同	自然人	关联公司
446	(2021)兵9001民初4170号	新疆维吾尔自治区石河子市人民法院	刺破			合同	非法人	公司+股东
447	(2021)新42民终1433号	新疆维吾尔自治区塔城地区中级人民法院	未刺破	维持		合同	自然人	关联公司
448	(2021)新0105民初7814号	新疆维吾尔自治区乌鲁木齐市水磨沟区人民法院	刺破			合同	自然人	一人公司
449	(2021)新01民终4576号	新疆维吾尔自治区乌鲁木齐市中级人民法院	未刺破	改判		合同	公司	一人公司
450	(2020)云0111民初5858号	云南省昆明市官渡区人民法院	未刺破			合同	自然人	一人公司
451	(2019)云01民终9547号	云南省昆明市中级人民法院	未刺破	维持		合同	公司	公司+股东
452	(2018)云01民终4872号	云南省昆明市中级人民法院	未刺破	维持		合同	自然人	关联公司+股东
453	(2021)浙0523民初813号	浙江省安吉县人民法院	刺破			合同	公司	关联公司
454	(2016)浙0327民初309号	浙江省苍南县人民法院	未刺破			合同	自然人	公司+股东
455	(2013)温苍商初字第969号	浙江省苍南县人民法院	未刺破			合同	自然人	公司+股东
456	(2016)浙民终599号	浙江省高级人民法院	刺破	维持		合同	公司	关联公司
457	(2020)浙民终1093号	浙江省高级人民法院	未刺破	维持		合同	公司	关联公司

续表

序号	案号	受理法院	一审结果	二审结果	再审结果	债权性质	原告	被告类型
458	(2020)浙0111民初4761号	浙江省杭州市富阳区人民法院	未刺破			合同	自然人	公司＋股东
459	(2020)浙0111民初4761号	浙江省杭州市富阳区人民法院	未刺破			合同	自然人	公司＋股东
460	(2021)浙0105民初1778号	浙江省杭州市拱墅区人民法院	部分刺破			合同	自然人	一人公司
461	(2020)浙0109民初15548号	浙江省杭州市萧山区人民法院	未刺破			合同	公司	公司＋股东
462	(2018)浙0109民初13640号	浙江省杭州市萧山区人民法院	未刺破			合同	公司	关联公司
463	(2019)浙0109民初11180号	浙江省杭州市萧山区人民法院	未刺破			合同	自然人	公司＋股东
464	(2015)浙杭商外终字第45号	浙江省杭州市中级人民法院	未刺破	维持		合同	公司	关联公司
465	(2018)浙01民终838号	浙江省杭州市中级人民法院	未刺破	维持		合同	公司	关联公司
466	(2020)浙01民终8819号	浙江省杭州市中级人民法院	未刺破	维持		合同	自然人	公司＋股东
467	(2020)浙01民终5659号	浙江省杭州市中级人民法院	未刺破	维持		合同	自然人	公司＋股东
468	(2019)浙0502民初6303号	浙江省湖州市吴兴区人民法院	刺破			合同	自然人	一人公司
469	(2018)浙0402民初2965号	浙江省嘉兴市南湖区人民法院	未刺破			合同	公司	公司＋实际控制人
470	(2014)浙嘉商外初字第12号	浙江省嘉兴市中级人民法院	未刺破			合同	公司	关联公司
471	(2017)浙04民终2210号	浙江省嘉兴市中级人民法院	未刺破	维持		合同	公司	股东
472	(2020)浙04民终983号	浙江省嘉兴市中级人民法院	未刺破	维持		合同	公司	关联公司
473	(2021)浙04民终3476号	浙江省嘉兴市中级人民法院	刺破	维持		合同	公司	公司＋股东
474	(2015)温乐商初字第926号	浙江省乐清市人民法院	未刺破			合同	公司	公司＋股东

续表

序号	案号	受理法院	一审结果	二审结果	再审结果	债权性质	原告	被告类型
475	(2020)浙0203民初7145号	浙江省宁波市海曙区人民法院	未刺破			合同	公司	公司+股东
476	(2015)甬北慈商初字第25号	浙江省宁波市江北区人民法院	刺破			合同	公司	关联公司
477	(2013)浙甬商再终字第16号	浙江省宁波市中级人民法院	未刺破	改判	维持	合同	公司	关联公司
478	(2017)浙02民终1822号	浙江省宁波市中级人民法院	未刺破	维持		合同	公司	关联公司
479	(2021)浙0603民初330号	浙江省绍兴市柯桥区人民法院	未刺破			合同	公司	公司+股东
480	(2015)浙绍民终字第601号	浙江省绍兴市中级人民法院	未刺破			侵权	自然人	公司+股东
481	(2017)浙06民终3046号	浙江省绍兴市中级人民法院	未刺破	维持		合同	自然人	关联公司
482	(2015)浙绍商终字第1373号	浙江省绍兴市中级人民法院	刺破	维持		劳动合同	自然人	公司+股东
483	(2021)浙1081民初12604号	浙江省温岭市人民法院	未刺破			合同	公司	关联公司
484	(2020)浙0225民初5462号	浙江省象山县人民法院	刺破			合同	公司	一人公司
485	(2021)浙1021民初2864号	浙江省玉环市人民法院	刺破			合同	公司	一人公司
486	(2021)浙0522民初1688号	浙江省长兴县人民法院	未刺破			合同	公司	公司+股东
487	(2020)渝02民初1606号	重庆市第二中级人民法院	部分刺破			合同	公司	关联公司+股东
488	(2021)渝04民再33号	重庆市第四中级人民法院	未刺破	维持	改判	合同	自然人	公司+实际控制人
489	(2019)渝05民终2169号	重庆市第五中级人民法院	刺破	维持		合同	公司	公司+股东
490	(2022)渝01民终4686号	重庆市第一中级人民法院	未刺破	维持		合同	自然人	关联公司
491	(2020)渝民终584号	重庆市高级人民法院	未刺破	维持		合同	公司	公司+股东

续表

序号	案号	受理法院	一审结果	二审结果	再审结果	债权性质	原告	被告类型
492	(2021)渝0151民初6039号	重庆市铜梁区人民法院	刺破			合同	自然人	公司+股东
493	(2021)渝0101民初6415号	重庆市万州区人民法院	刺破			合同	自然人	关联公司
494	(2020)渝0112民初17869号	重庆市渝北区人民法院	刺破			合同	自然人	一人公司
495	(2015)民二终字第85号	最高人民法院	未刺破	维持		合同	公司	股东
496	(2019)最高法民终403号	最高人民法院	未刺破	维持		合同	自然人	公司+股东
497	(2019)最高法民终710号	最高人民法院	未刺破	维持		合同	公司	公司+股东
498	(2020)最高法民终70号	最高人民法院	未刺破	维持		合同	自然人	关联公司
499	(2020)最高法民终185号	最高人民法院	未刺破	维持		合同	自然人	关联公司
500	(2019)最高法民再107号	最高人民法院	未刺破	维持	维持	合同	政府	关联公司

附表二

关联企业实质合并破产165个实证分析案件表

序号	案号	受理法院	申请人	启动模式	合并企业数量	合并结果
1	(2020)皖11破3号	安徽省滁州市中级人民法院	管理人	分别受理,再进行合并	2	合并破产清算
2	(2021)皖0722民破4号	安徽省枞阳县人民法院	管理人	部分企业先进入破产程序,法院裁定其他企业并入破产程序	22	合并破产清算
3	(2019)皖破终9号	安徽省高级人民法院	管理人	部分企业先进入破产程序,法院裁定其他企业并入破产程序	2	合并破产清算
4	(2019)皖民辖5号	安徽省高级人民法院	债务人	分别受理,再进行合并	2	合并破产清算
5	(2020)皖01破申5号	安徽省合肥市中级人民法院	管理人	分别受理,再进行合并	2	合并破产清算
6	(2020)皖1824破5号	安徽省绩溪县人民法院	管理人	部分企业先进入破产程序,法院裁定其他企业并入破产程序	3	合并破产清算
7	(2020)皖0706破6、7号	安徽省铜陵市义安区人民法院	债务人	分别受理,再进行合并	2	合并破产清算
8	(2020)皖07破2、7号	安徽省铜陵市中级人民法院	管理人	部分企业先进入破产程序,法院裁定其他企业并入破产程序	6	合并破产清算
9	(2019)皖07破4号	安徽省铜陵市中级人民法院	债务人	部分企业先进入破产程序,法院裁定其他企业并入破产程序	2	合并破产清算
10	(2016)皖1802民破1－1号	安徽省宣城市宣州区人民法院	债务人	合并受理	2	合并破产重整
11	(2021)京01破申90号	北京市第一中级人民法院	债务人	不予受理		

续表

序号	案号	受理法院	申请人	启动模式	合并企业数量	合并结果
12	(2018)京0118破申10号	北京市密云区人民法院	债务人	分别受理,再进行合并	2	合并破产清算
13	(2019)闽05破37号	福建省泉州市中级人民法院	债权人	不予受理		
14	(2019)粤破终27、28号	广东省高级人民法院	债权人	合并受理	2	合并破产清算
15	(2019)粤破终15号	广东省高级人民法院	未披露	驳回上诉		
16	(2018)粤破终37号	广东省高级人民法院	未披露	分别受理,再进行合并	3	合并破产清算
17	(2018)粤破终35号	广东省高级人民法院	债务人	合并受理	2	合并破产清算
18	(2005)穗中法民破字第2号	广东省广州市中级人民法院	债务人	分别受理,再进行合并	2	合并破产清算
19	(2019)粤0304破28、29号	广东省深圳市福田区人民法院	管理人	分别受理,再进行合并	2	合并破产清算
20	(2021)桂10破3号	广西壮族自治区百色市中级人民法院	管理人	分别受理,再进行合并	6	合并破产重整
21	(2020)桂10破10号	广西壮族自治区百色市中级人民法院	管理人	部分企业先进入破产程序,法院裁定其他企业并入破产程序	2	合并破产重整
22	(2019)黔05破终1号	贵州省毕节市中级人民法院	债权人	驳回上诉		
23	(2020)浙0111破10、18、19号	杭州市富阳区人民法院	管理人	未披露	3	合并破产清算
24	(2020)浙0111破31、33、34号	杭州市富阳区人民法院	管理人	部分企业先进入破产程序,法院裁定其他企业并入破产程序	3	合并破产清算
25	(2019)浙0111破38号	杭州市富阳区人民法院	管理人	部分企业先进入破产程序,法院裁定其他企业并入破产程序	3	合并破产清算
26	(2020)浙0111破15、20号	杭州市富阳区人民法院	管理人	未披露	2	合并破产清算
27	(2020)浙0111破4、7号	杭州市富阳区人民法院	管理人	未披露	2	合并破产清算

续表

序号	案号	受理法院	申请人	启动模式	合并企业数量	合并结果
28	(2016)浙0111民破2号	杭州市富阳区人民法院	管理人	未披露	2	合并破产清算
29	(2018)冀0691破3号	河北省保定高新技术产业开发区人民法院	管理人	分别受理,再进行合并	3	合并破产重整
30	(2018)冀0730破1号	河北省怀来县人民法院	管理人	分别受理,再进行合并	2	合并破产重整
31	(2018)冀0208破1号	河北省唐山市丰润区人民法院	管理人	合并受理	2	合并破产重整
32	(2021)冀0627破4、5号	河北省唐县人民法院	管理人	分别受理,再进行合并	2	合并破产清算
33	(2021)豫0291破2号	河南省开封城乡一体化示范区人民法院	管理人	部分企业先进入破产程序,法院裁定其他企业并入破产程序	3	合并破产清算
34	(2020)豫07破1、2号	河南省新乡市中级人民法院	管理人	分别受理,再进行合并	2	合并破产清算
35	(2021)豫15破申7号	河南省信阳市中级人民法院	管理人、债务人	部分企业先进入破产程序,法院裁定其他企业并入破产程序	7	合并破产重整
36	(2019)鄂10破终3号	湖北省荆州市中级人民法院	债务人	分别受理,再进行合并	2	合并破产重整
37	(2017)鄂0112破2-3号	湖北省武汉市东西湖区人民法院	管理人	分别受理,再进行合并	6	合并破产重整
38	(2020)鄂0112破1-3号	湖北省武汉市东西湖区人民法院	管理人	分别受理,再进行合并	3	合并破产清算
39	(2021)鄂0107破4、13、14、15、16、17号	湖北省武汉市青山区人民法院	管理人	部分企业先进入破产程序,法院裁定其他企业并入破产程序	6	合并破产清算
40	(2021)鄂0107破1、20、21号	湖北省武汉市青山区人民法院	管理人	部分企业先进入破产程序,法院裁定其他企业并入破产程序	3	合并破产清算
41	(2021)鄂01破终7号	湖北省武汉市中级人民法院	债权人	驳回上诉		
42	(2020)苏0481破申20、21、22、23、24、25、26号	湖南省溧阳市人民法院	管理人	分别受理,再进行合并	12	合并破产重整

续表

序号	案号	受理法院	申请人	启动模式	合并企业数量	合并结果
43	(2021)湘 0724 破 1 号	湖南省临澧县人民法院	管理人	分别受理,再进行合并	2	合并破产重整
44	(2015)浏民破字第(00001–00006)–6 号	湖南省浏阳市人民法院	债务人	分别受理,再进行合并	6	合并破产重整
45	(2020)湘 1302 破申 7 号	湖南省娄底市娄星区人民法院	管理人	部分企业先进入破产程序,法院裁定其他企业并入破产程序	2	合并破产清算
46	(2021)湘 1302 破申 1 号	湖南省娄底市娄星区人民法院	管理人	部分企业先进入破产程序,法院裁定其他企业并入破产程序	2	合并破产清算
47	(2017)湘 08 破 2 号、破 3 号	湖南省张家界中级人民法院	管理人	分别受理,再进行合并	2	合并破产清算
48	(2018)湘 0121 破 1 号	湖南省长沙县人民法院	债务人	部分企业先进入破产程序,法院裁定其他企业并入破产程序	2	合并破产清算
49	(2020)苏 0404 破 2 号	江苏省常州市钟楼区人民法院	管理人	分别受理,再进行合并	3	合并破产清算
50	(2021)苏 1084 破 37 号	江苏省高邮市人民法院	管理人	分别受理,再进行合并	2	合并破产清算
51	(2018)苏 1084 破 3–2 号	江苏省高邮市人民法院	管理人	分别受理,再进行合并	2	合并破产清算
52	(2018)苏 1084 破 1–4 号	江苏省高邮市人民法院	管理人	分别受理,再进行合并	3	合并破产重整
53	(2021)苏 0481 破 26 号	江苏省溧阳市人民法院	管理人	合并受理	2	合并破产清算
54	(2017)苏 01 破 1、6、7、8、9、10 号	江苏省南京市中级人民法院	管理人	分别受理,再进行合并	6	合并破产重整
55	(2021)苏 0684 破 1 号	江苏省南通市海门区人民法院	管理人	分别受理,再进行合并	7	合并破产清算
56	(2020)苏 0612 破 11 号、12 号	江苏省南通市通州区人民法院	管理人	分别受理,再进行合并	2	合并破产清算
57	(2021)苏 1323 破 19、20、67 号	江苏省泗阳县人民法院	管理人	部分企业先进入破产程序,法院裁定其他企业并入破产程序	3	合并破产清算
58	(2021)苏 1323 破 13 号、48 号	江苏省泗阳县人民法院	管理人	部分企业先进入破产程序,法院裁定其他企业并入破产程序	2	合并破产清算

续表

序号	案号	受理法院	申请人	启动模式	合并企业数量	合并结果
59	(2020)苏0509破2号	江苏省苏州市吴江区人民法院	管理人	部分企业先进入破产程序,法院裁定其他企业并入破产程序	7	合并破产清算
60	(2019)苏05破终4号	江苏省苏州市中级人民法院	管理人	部分企业先进入破产程序,法院裁定其他企业并入破产程序	2	合并破产清算
61	(2020)苏1311破18－24号	江苏省宿迁市宿豫区人民法院	管理人	分别受理,再进行合并	7	合并破产清算
62	(2021)苏1311破11、12号	江苏省宿迁市宿豫区人民法院	管理人	分别受理,再进行合并	2	合并破产清算
63	(2020)苏1311破14、43号	江苏省宿迁市宿豫区人民法院	管理人	分别受理,再进行合并	2	合并破产清算
64	(2021)苏1311破18、45号	江苏省宿迁市宿豫区人民法院	管理人	分别受理,再进行合并	2	合并破产清算
65	(2019)苏1311破20号、(2021)苏1311破44号	江苏省宿迁市宿豫区人民法院	管理人	分别受理,再进行合并	2	合并破产清算
66	(2020)苏1311破31号、(2021)苏1311破15号	江苏省宿迁市宿豫区人民法院	管理人	分别受理,再进行合并	2	合并破产清算
67	(2020)苏1311破14、45号	江苏省宿迁市宿豫区人民法院	债权人、管理人	分别受理,再进行合并	12	合并破产清算
68	(2020)苏1311破8－17、19号	江苏省宿迁市宿豫区人民法院	管理人	分别受理,再进行合并	11	合并破产清算
69	(2019)苏1311破16号、17号、18号	江苏省宿迁市宿豫区人民法院	管理人	分别受理,再进行合并	3	合并破产清算
70	(2019)苏1311破10、11号	江苏省宿迁市宿豫区人民法院	管理人	分别受理,再进行合并	2	合并破产清算
71	(2017)苏13破6号	江苏省宿迁市中级人民法院	管理人	部分企业先进入破产程序,法院裁定其他企业并入破产程序	5	合并破产清算
72	(2022)苏13破终1号	江苏省宿迁市中级人民法院	债务人	合并受理	2	合并破产清算
73	(2018)苏0324破1号	江苏省睢宁县人民法院	管理人	合并受理	3	合并破产重整
74	(2021)苏1203破7号	江苏省泰州市高港区人民法院	管理人	分别受理,再进行合并	2	合并破产清算

续表

序号	案号	受理法院	申请人	启动模式	合并企业数量	合并结果
75	(2022)苏1203破申1号	江苏省泰州市高港区人民法院	管理人	合并受理	2	合并破产清算
76	(2019)苏0381破15号	江苏省新沂市人民法院	管理人	部分企业先进入破产程序,法院裁定其他企业并入破产程序	2	合并破产清算
77	(2021)苏1281破30-8号、(2021)苏1281破31-8号	江苏省兴化市人民法院	管理人	分别受理,再进行合并	2	合并破产重整
78	(2019)苏1182破9号、(2021)苏1182破1号	江苏省扬中市人民法院	债权人、管理人	分别受理,再进行合并	2	合并破产清算
79	(2018)苏1012破10号	江苏省扬州市江都区人民法院	未披露	分别受理,再进行合并	2	合并破产清算
80	(2021)苏10破4号	江苏省扬州市中级人民法院	管理人、债务人	分别受理,再进行合并	8	合并破产清算
81	(2016)苏10民破6号、(2021)苏10破18号	江苏省扬州市中级人民法院	管理人	分别受理,再进行合并	2	合并破产清算
82	(2019)苏10破5号、(2020)苏10破3号	江苏省扬州市中级人民法院	管理人	分别受理,再进行合并	2	合并破产清算
83	(2020)苏10破1、2号	江苏省扬州市中级人民法院	管理人	分别受理,再进行合并	2	合并破产清算
84	(2019)苏10破终3号	江苏省扬州市中级人民法院	债权人	不受理,二审改判撤销		
85	(2020)赣0723破1、2、3、4号	江西省大余县人民法院	管理人	分别受理,再进行合并	4	合并破产清算
86	(2020)赣1123破字第1-1号	江西省玉山县人民法院	管理人	部分企业先进入破产程序,法院裁定其他企业并入破产程序	3	合并破产清算
87	(2020)鲁1625破1号	山东省博兴县人民法院	管理人	部分企业先进入破产程序,法院裁定其他企业并入破产程序	5	合并破产重整
88	(2018)鲁1625破1号	山东省博兴县人民法院	管理人	合并受理	8	合并破产清算
89	(2019)鲁05破申13号	山东省东营市中级人民法院	管理人	分别受理,再进行合并	28	合并破产重整

续表

序号	案号	受理法院	申请人	启动模式	合并企业数量	合并结果
90	(2020)鲁0811破20号	山东省济宁市任城区人民法院	管理人	部分企业先进入破产程序,法院裁定其他企业并入破产程序	2	合并破产清算
91	(2020)鲁0811破33号	山东省济宁市任城区人民法院	管理人	部分企业先进入破产程序,法院裁定其他企业并入破产程序	3	合并破产清算
92	(2019)鲁0812破1号	山东省济宁市兖州区人民法院	未披露	未披露	3	合并破产重整
93	(2019)鲁15破1号	山东省聊城市中级人民法院	管理人	合并受理	3	合并破产重整
94	(2018)鲁1312破2号	山东省临沂市河东区人民法院	管理人	部分企业先进入破产程序,法院裁定其他企业并入破产程序	2	合并破产重整
95	(2021)鲁11破4、5号	山东省日照市中级人民法院	管理人	部分企业先进入破产程序,法院裁定其他企业并入破产程序	8	合并破产重整
96	(2020)鲁11破13号	山东省日照市中级人民法院	管理人	部分企业先进入破产程序,法院裁定其他企业并入破产程序	2	合并破产清算
97	(2019)鲁11破监4号	山东省日照市中级人民法院	管理人	部分企业先进入破产程序,法院裁定其他企业并入破产程序	21	合并破产重整
98	(2018)鲁1083破11号	山东省乳山市人民法院	管理人	分别受理,再进行合并	2	合并破产清算
99	(2019)鲁1083破3、4号	山东省乳山市人民法院	债权人、管理人	分别受理,再进行合并	2	合并破产清算
100	(2021)鲁0613破1、2号	山东省烟台市莱山区人民法院	管理人	部分企业先进入破产程序,法院裁定其他企业并入破产程序	5	合并破产重整
101	(2020)鲁0403破12号	山东省枣庄市薛城区人民法院	管理人	部分企业先进入破产程序,法院裁定其他企业并入破产程序	2	合并破产清算
102	(2016)鲁0305民破2号	山东省淄博市临淄区人民法院	管理人	部分企业先进入破产程序,法院裁定其他企业并入破产程序	25	合并破产重整
103	(2019)鲁03破12号	山东省淄博市中级人民法院	管理人	部分企业先进入破产程序,法院裁定其他企业并入破产程序	2	合并破产清算
104	(2020)晋0781破3号	山西省介休市人民法院	管理人	部分企业先进入破产程序,法院裁定其他企业并入破产程序	20	合并破产清算
105	(2021)鲁0782破4-1号	山西省诸城市人民法院	管理人	部分企业先进入破产程序,法院裁定其他企业并入破产程序	6	合并破产清算
106	(2020)陕06破3	陕西省延安市中级人民法院	管理人	部分企业先进入破产程序,法院裁定其他企业并入破产程序	6	合并破产清算

续表

序号	案号	受理法院	申请人	启动模式	合并企业数量	合并结果
107	(2021)陕 06 破 1 号	陕西省延安市中级人民法院	管理人	部分企业先进入破产程序，法院裁定其他企业并入破产程序	2	合并破产重整
108	(2017)陕 01 破 9-11 号	陕西省西安市中级人民法院	未披露	分别受理，再进行合并	2	合并破产清算
109	(2018)陕 01 破 47 号	陕西省西安市中级人民法院	管理人	部分企业先进入破产程序，法院裁定其他企业并入破产程序	3	合并破产重整
110	(2020)沪 03 破 9 号	上海市第三中级人民法院	管理人	部分企业先进入破产程序，法院裁定其他企业并入破产程序	11	合并破产清算
111	(2020)沪 03 破 196 号	上海市第三中级人民法院	管理人	分别受理，再进行合并	3	合并破产重整
112	(2020)沪 03 破 9 号	上海市第一中级人民法院	管理人	部分企业先进入破产程序，法院裁定其他企业并入破产程序	16	合并破产清算
113	(2015)浦民二(商)破字第 3、4、5 号	上海市浦东新区人民法院	管理人	分别受理，再进行合并	3	合并破产清算转重整
114	(2018)沪 0117 破 42 号	上海市松江区人民法院	管理人	分别受理，再进行合并	2	合并破产清算
115	(2019)川 0184 破 1 号	四川省崇州市人民法院	管理人	未披露	3	合并破产清算转重整
116	(2018)川 0781 破 4 号	四川省江油市人民法院	债务人	分别受理，再进行合并	7	合并破产重整
117	(2020)川 2022 破 3 号	四川省乐至县人民法院	管理人	分别受理，再进行合并	2	合并破产重整
118	(2020)川 0792 破 1 号	四川省绵阳高新技术产业开发区人民法院	管理人	部分企业先进入破产程序，法院裁定其他企业并入破产程序	10	合并破产重整
119	(2020)川 07 破 2 号	四川省绵阳市中级人民法	管理人	部分企业先进入破产程序，法院裁定其他企业并入破产程序	4	合并破产清算
120	(2020)川 0682 破 4 号	四川省什邡市人民法院	管理人、债务人	分别受理，再进行合并	3	合并破产清算
121	(2021)川 1803 破 3 号	四川省雅安市名山区人民法院	管理人	驳回申请		

续表

序号	案号	受理法院	申请人	启动模式	合并企业数量	合并结果
122	(2022)兵08破申1号	新疆生产建设兵团第八师中级人民法院	管理人	部分企业先进入破产程序,法院裁定其他企业并入破产程序	2	合并破产清算
123	(2020)新3101破申1号	新疆维吾尔自治区喀什市人民法院	债权人	分别受理,再进行合并	5	合并破产清算
124	(2019)新2701民破1号	新疆维吾尔自治区博乐市人民法院	未披露	分别受理,再进行合并	9	合并破产清算
125	(2020)新3101破1号	新疆维吾尔自治区喀什市人民法院	管理人	分别受理,再进行合并	5	合并破产重整
126	(2022)新01破申4号	新疆维吾尔自治区乌鲁木齐市中级人民法院	债权人	合并受理	2	合并破产清算
127	(2018)云2301破申2号	云南省楚雄市人民法院	管理人	分别受理,再进行合并	8	合并破产清算
128	(2020)云0923破1、2、3号	云南省永德县人民法院	未披露	未披露	63	合并破产重整
129	(2016)浙0481破1、2、3号	浙江省海宁市人民法院	管理人	分别受理,再进行合并	3	合并破产清算
130	(2018)浙0424破10、11、12、13号	浙江省海盐县人民法院	管理人	分别受理,再进行合并	3	合并破产重整
131	(2021)浙0111破17、19－23号	浙江省杭州市富阳区人民法院	管理人	部分企业先进入破产程序,法院裁定其他企业并入破产程序	6	合并破产清算
132	(2021)浙0111破40、53号	浙江省杭州市富阳区人民法院	管理人	部分企业先进入破产程序,法院裁定其他企业并入破产程序	2	合并破产清算
133	(2021)浙0111破45、46号	浙江省杭州市富阳区人民法院	管理人	部分企业先进入破产程序,法院裁定其他企业并入破产程序	2	合并破产清算
134	(2021)浙0111破25、29号	浙江省杭州市富阳区人民法院	管理人	部分企业先进入破产程序,法院裁定其他企业并入破产程序	2	合并破产清算
135	(2018)浙0111破1、4、5号	浙江省杭州市富阳区人民法院	管理人	部分企业先进入破产程序,法院裁定其他企业并入破产程序	3	合并破产重整
136	(2018)浙0111破2、3号	浙江省杭州市富阳区人民法院	管理人	合并受理	2	合并破产清算

续表

序号	案号	受理法院	申请人	启动模式	合并企业数量	合并结果
137	(2018)浙0111破1、4、5号	浙江省杭州市富阳区人民法院	管理人	合并受理	3	合并破产清算
138	(2014)杭富商破字第2-13号	浙江省杭州市富阳区人民法院	管理人	分别受理,再进行合并	3	合并破产清算
139	(2020)浙0111破12、22、23、24号	浙江省杭州市富阳区人民法院	管理人	部分企业先进入破产程序,法院裁定其他企业并入破产程序	4	合并破产清算
140	(2017)浙0109破3、4、5号	浙江省杭州市萧山区人民法院	管理人	分别受理,再进行合并	3	合并破产清算
141	(2016)浙0110民破2号	浙江省杭州市余杭区人民法院	管理人	合并受理	2	合并破产清算
142	(2021)浙0781破36号	浙江省兰溪市人民法院	管理人	分别受理,再进行合并	3	合并破产清算
143	(2020)浙0825破15号、(2021)浙0825破2号	浙江省龙游县人民法院	管理人	分别受理,再进行合并	2	合并破产清算
144	(2018)浙0726破2、3号	浙江省浦江县人民法院	管理人	分别受理,再进行合并	2	合并破产清算
145	(2018)浙0803破11/12/13-1号、(2019)浙0803破7/9-1号、(2020)浙0803破1/2-1号	浙江省衢州市衢江区人民法院	管理人	合并受理	7	合并破产清算
146	(2013)杭滨破字第1-11号	浙江省衢州市中级人民法院	管理人	分别受理,再进行合并	2	合并破产清算
147	(2014)绍越袍商破字第2-4号	浙江省绍兴市越城区人民法院	管理人	部分企业先进入破产程序,法院裁定其他企业并入破产程序	5	合并破产清算
148	(2016)浙1002民破1、2、3、4号	浙江省台州市椒江区人民法院	管理人	分别受理,再进行合并	4	合并破产重整
149	(2018)浙0225破1号	浙江省象山县人民法院	债权人	合并受理	4	合并破产清算
150	(2020)浙0903破2、3、4、5、6、7、8号	浙江省舟山市普陀区人民法院	管理人	分别受理,再进行合并	7	合并破产清算
151	(2018)浙0681破9号	浙江省诸暨市人民法院	管理人	合并受理	5	合并破产清算

续表

序号	案号	受理法院	申请人	启动模式	合并企业数量	合并结果
152	(2016)浙0681民破15号	浙江省诸暨市人民法院	管理人	分别受理,再进行合并	4	合并破产清算
153	(2017)浙0681破24号	浙江省诸暨市人民法院	管理人	分别受理,再进行合并	3	合并破产重整
154	(2017)浙0681破26号	浙江省诸暨市人民法院	管理人	合并受理	2	合并破产重整
155	(2018)渝0109破10号	重庆市北碚区人民法院	债务人	合并受理	7	合并破产重整
156	(2017)渝0109破8号	重庆市北碚区人民法院	债务人	分别受理,再进行合并	6	合并破产重整
157	(2016)渝0109民破字第00003号	重庆市北碚区人民法院	管理人	未披露	2	合并破产重整
158	(2019)渝03破终2号	重庆市第三中级人民法院	管理人	部分企业先进入破产程序,法院裁定其他企业并入破产程序	8	合并破产重整
159	(2019)渝05民他17、18、19号	重庆市第五中级人民法院	债权人	合并受理	3	合并破产重整
160	(2018)渝05民辖1号	重庆市第五中级人民法院	未披露	合并受理	2	合并破产重整
161	(2017)渝0102破申4号	重庆市涪陵区人民法院	管理人	部分企业先进入破产程序,法院裁定其他企业并入破产程序	2	合并破产重整
162	(2018)渝0116破8、9、10、11、12、13号	重庆市江津区人民法院	管理人	分别受理,再进行合并	6	合并破产重整
163	(2016)渝0116破6号	重庆市江津区人民法院	管理人	分别受理,再进行合并	2	合并破产重整
164	(2015)津法民破字第00001号	重庆市江津区人民法院	管理人	分别受理,再进行合并	2	合并破产清算
165	(2018)渝0101破申14号	重庆市万州区人民法院	债务人	部分企业先进入破产程序,法院裁定其他企业并入破产程序	2	合并破产清算